管理智慧
如何升级心智系统

王育民 著

人民东方出版传媒
People's Oriental Publishing & Media
东方出版社
The Oriental Press

**图书在版编目（CIP）数据**

管理智慧：如何升级心智系统 / 王育民 著 . —北京：东方出版社，2022.7
ISBN 978-7-5207-2809-6

Ⅰ . ①管… Ⅱ . ①王… Ⅲ . ①管理学 Ⅳ . ① C93

中国版本图书馆 CIP 数据核字（2022）第 088066 号

**管理智慧 : 如何升级心智系统**

（ GUANLI ZHIHUI: RUHE SHENGJI XINZHI XITONG ）

------------------------------------------------------------

作　　者：王育民
责任编辑：刘　峥
出　　版：东方出版社
发　　行：人民东方出版传媒有限公司
地　　址：北京市西城区北三环中路 6 号
邮　　编：100120
印　　刷：北京文昌阁彩色印刷有限责任公司
版　　次：2022 年 7 月第 1 版
印　　次：2022 年 7 月第 1 次印刷
开　　本：880 毫米 × 1230 毫米　1/32
印　　张：16.125
字　　数：320 千字
书　　号：ISBN 978-7-5207-2809-6
定　　价：79.80 元
发行电话：（010）85924663　85924644　85924641

------------------------------------------------------------

# 前 言

这是一本谈管理的书，但我有意略过管理学惯常讨论的那些话题，而聚焦在西方管理学不大讨论且有意回避的话题，即组织中的人心管理问题。中国文化有个好传统，即一以贯之地将"人心"看作国之大者。舜帝选准大禹做接班人，对大禹说：要想管理好家国，我教你个秘诀："人心惟危，道心惟微，惟精惟一，允执厥中。"唐太宗李世民说：民心如水，可以载舟，也可以覆舟。司马光在《资治通鉴》中也说："牧心者，牧天下。"意思是管好人心就能治理好天下。毛泽东说：人心向背决定事业的成败。习近平说："人心是最大的政治。""江山就是人民，人民就是江山。打江山守江山，守的是人民的心。"本书就是依照这个传统来发挥的。

企业管理是现代社会的显学。因此在不少人的潜意识里，所谓管理就是企业管理。其实，管理学问古已有之，且无处不在。春秋战国时的"百家争鸣"究竟在争什么？争论的核心问题是，如何治理好家国。有的主张"德治"，有的主张"法治"，有的主张"礼治"等等。政治的本质就是管理。如孙中山所说：什么是政治？"政"是大家的事情，"治"是管理，管理大家的事就是政治。

儒、释、道是管理的大学问。宋孝宗皇帝赵昚（shèn）说得好："以佛治心，以道治身，以儒治世。"在管理上，儒、释、道三家都走"以人为本，以心为归，以德治理"的路线。内圣外王、修齐治平，这是儒家管理学问的精髓。转凡成佛、打造和谐组织，这是佛家管理学问的精髓。道法自然、无为而治，这是道家管理学问的精髓。儒、释、道管理学问的特色，即管理直指人心。管理要从心下手，特别是要从自己的心下手。要想领导别人，首先要管好自己。关于人心是什么、人心在哪里、人心的结构如何、人心是怎样运作的、如何读懂人心、如何改造人心、改造人心有哪些方法、工具和流程等，儒、释、道都有系统的说法。

20 年的管理及咨询经验使我明白，管理学全盘西化不行，全盘中化也不行。这都是死路。"欲求超胜，必先会通"（徐光启）。中国管理学问假设人心向善，强调以文化人。西方管理学问假设人心本恶，强调以法管人。西方管理学问是科学，是技术，是工具，分门别类，是专才之学。中国管理学问是文化、是智慧、是修行，管理知识不分科目，是通才之学。西方管理学问偏刚性，中国管理学问偏柔性。两者有如阴阳太极图，刚柔相济，你中有我、我中有你，相互配合，鱼和熊掌可兼得。

人生问题、组织问题、社会问题乃至天下诸多问题何其复杂，但说到最后，都是人心问题。组织和社会由人组成，人的活动由大脑指挥，而大脑由心来操控。人心定义了人的世界。

关于人心的学问，我数十年来学到的精华有 6 点：

第一，心是"识"，心是缘生法，因缘而生。人心由 5 个互相关联的部分组成，包括大脑部分、认知部分、情绪部分、思想部分、决策行动部分等。人心的运作模式是这样：六根与六境的因缘生六识，根境识三者相互作用，生起情感活动、思想活动、决策行动等。

第二，大脑和人心的关系，好比阴阳太极图。大脑是人心的物质载体，人心是大脑的运作程序，它们是你中有我、我中有你。大脑是硬件，人心是软件，二者相反相成、相克相生。心力可以改变脑力，脑力也可以改变心力。所谓物质变精神、精神变物质。比如，禅修能使大脑分泌更多的多巴胺、血清素等神经递质，而这些神经递质的增加，能使人变得愉悦安详。大脑和心智的匹配度定义了生命的品质，爱因斯坦就是鲜活的事例。

第三，人心如同 APP。每个人心里都装有各种各样的心智程序。这些心智程序可分为两类：一类是正向的、良善的心智程序。如佛家的慈悲喜舍和戒定慧，如儒家的仁义礼智信，如道家的明智、为无为、按规律办事等。另一类是负向的、邪恶的心智程序，如贪嗔痴慢疑，如怨恨恼怒烦，如邪知邪念、无惭无愧、懈怠放逸、抱怨嫉妒等。并且，后者通常要比前者多。唯识宗就认为，人心中做善事的心智程序有 11 种，造不善业的有 26 种。其中，每一大类的心智程序又可细分为 5 种，即认知程序、情感程序、思考程序、决策程序和行为程序。面对同样的事情或境遇，你的认知与我的大相径庭，你的情绪反应与我的完全相反，你的决策判断与我的截然不同。为什么？因为我们之间的 APP 不一样。所谓一娘生九子、连娘十个样。你经常启动什么样的心智程序，那你就是什么样的人。

第四，大脑可以改良，人心可以改造，人生可以转型。所谓"改良"，就是善用左脑和右脑，增强四大脑区的协同性。所谓"改造"，就是修改删除、优化升级自己的心智程序。所谓"转型"，就是转变自己的认知模式、情感模式、语言模式、思考方式和行为方式等。

第五，怎么做？首先要有愿力。如爱因斯坦说的："我一定得先愿意放弃现在的我，然后才可能变成我想要的我。"其次要有正见，即明白人心的结构和运作模式。不懂人心的结构和运作模式，你就不知道人心改造"改什么、怎么改"，人生转型"转什么、怎么转"。最后，要有正确的修心方法，精进修行。基于因缘法的正见，在根境因缘生识的每个当下，修炼自己的情感模式、思想模式、语言模式和行为模式。

第六，认知和德行定义人生。人一辈子都在为自己的认知买单，一辈子都在为自己的德行买单。现实和你认知的不一样，你以为自己对的，是现实错了。这叫"愚痴"。想要的太多，真正需要的不多，这叫"贪婪"，愚痴加贪婪，是人生痛苦烦恼总开关。人生问题何其复杂，但这6条足以解释人们的命运为什么会千差万别，也足以指导人们怎样改变自己的命运。

人心管理，管什么、怎么管？人心管理有六个层面、两种视角。六个层面即管理认知、管理情绪、管理思想、管理言语、管理决策、管理行为。两种视角即组织角度和个人角度。每个角度的管理都包括六个方面：①认知管理，即看明白事实真相、建立正见；②情绪管理，即减少负面情绪、增长正面情绪；③思想管理，即思想的全面性和客观性，恪守中道思维，避免走极端；④语言管理，即管好自己的嘴巴，坚持四不说；⑤决策管理，即认知和行动与现实保持同步；⑥行为管理，即抓铁有痕、踏石留印的执行力等。管理人心不能愚弄人心，不能玩弄人心，不能操纵人心。管理人心就是管理因缘，包括管理认知的因缘，管理情绪、思想、言说、决策和行动的因缘。管理因缘，也就是在眼耳鼻舌身意六入处修智慧、修戒力、修定力。依正见、正念、正行来改善因缘。改善因缘就会有不一样的结果。坚持数年，就会有不一样的人生。

"管理""人心""文化"是本书的三个关键词。习近平说：文化是一个国家、一个民族的灵魂。历史和现实都表明，一个抛弃了或者背叛了自己历史文化的民族，不仅不可能发展起来，而且很可能上演一幕幕历史悲剧。因此，坚定文化自信，是事关国运兴衰、事关民族精神独立性的大问题（2016）。又说："中国有坚定的道路自信、理论自信、制度自信，其本质是建立在 5000 多年文明传承基础上的文化自信。"中华民族的伟大复兴，经济实力是基础，文化影响力是根本。美国前总统尼克松写过一本非常著名的书，叫《不战而胜》。书中说："当有一天，中国的年轻人不再相信他们老祖宗的教导和他们的传统文化，我们美国人就不战而胜了。"

我一辈子敬仰佛陀、孔子、毛泽东、马克思等，他们都是大彻大悟的圣哲。他们的思想和人生，不断地改造着我的三观。我也非常敬重管理学的那些大师们，比如德鲁克、科特勒、南怀瑾、彼得·圣吉、明茨伯格、戴明、波特、韦尔奇、乔布斯、博西迪、稻盛和夫、任正非等，他们的著作是我思考管理问题的重要精神食粮。

人类文明 5000 年，划分为三种社会形态，即农业社会、工业社会和 20 世纪末兴起的信息社会。我在西北农村出生并长大，在生产队还当过青年队长，因此对农业社会的人们是如何生活、如何生产、如何管理的，我有真切的体验。后来上大学，来到大城市，并且与工厂有不解之缘。因此我对工业社会的人们是如何生活、如何生产及如何管理的，有同样真切的体验。北大光华管理学院博士毕业后，我到中国信息通信研究院工作，为信息通信企业做战略规划和管理咨询近 20 年。这使我对信息技术和互联网如何改变传统生产方式和生活方式，如何挑战工业文明的管理范式，有非常直观的感受。三次文明浪潮叠加，给我的人生刻下深深的烙印，这构成我写作本书的底色。管理咨询使我养成一种职业习惯，即总是以"目标导向"来对待和思考问题，这成为我写作这本书的一个要求。

这首先是一本写给自己的书。书中的一些道理，可能有误，也不完善，但自我批判过，压力测试过，自己经验过。自己受用，发表出来，希望对别人也有用。怎么使用这本书？有两点建议，第一，不必按照书中的章节顺序去读。每次挑你感兴趣的章节，专注地读一小节就好。第二，管理是知行合一的学问，读懂了就应试着去做。

# 目 录

# PART

# 02
## 严以修身：由内明而外用

### 一、儒家的根本是学做人、学相处

### 二、儒家的修身路线图及方法

### 三、阳明心学：成圣之路

PART

# 03
## 善治其心：由正知而正行

### 一、 走向觉悟的正道

### 二、 生命转型的系统工程

### 三、 修心路线图及方法

### 四、 人心运作的普遍模式及自我革命

## 一、禅法与身心再造

## 二、大脑、人心和人生

## 三、认识自己，读懂人心，人生转型

PART

# 05

## 中国管理范式：家国管理

### 一、中国管理范式的三大基石

### 二、中国管理范式的四大核心理念

### 三、家的管理

### 四、中国经典著作中的管理智慧

PART

# 06

## 走向中西配合的管理学问

### 一、四大因素造就中西管理学问各自的特色

### 二、中西管理学问各有长短

### 三、大道至简

PART

# 01

## 轴心文明、社会转型和文化自信

# 一、轴心文明：人类精神文明的活水源头

## 1. 中华文明是轴心文明

### （1）轴心时代：圣哲缔造人类精神文明的时代

轴心时代是人类历史上圣人辈出、群星灿烂的时代。孔子、老子、佛陀、帕坦伽利、犹太先知、苏格拉底、柏拉图、亚里士多德等，都生活在那个时代。他们缔造了人类精神文明的根基和巅峰。创建了光耀千古、普照大地的世界观、历史观、人生观和价值观。德国大哲学家雅斯贝斯把这个时代命名为"轴心时代"。

雅斯贝斯是一位致力于探究人类历史整体画面、找寻历史真实发展过程的大思想家。他将人类历史划分为四个时代，即史前时代、古文化时代、轴心时代和科技时代。雅斯贝斯说，公元前 800 年到前 200 年之间，在地球北纬 30 度上下的四个地区，人类精神文明、精神境界有了空前绝后的重大突破，出现了影响至今的四大精神文明系统，即中国文明、印度文明、中东以色列文明和希腊文明。这些文明系统各有自己的思想领袖和精神导师。中国有孔子、老子、庄子、墨子等；印度有佛陀、帕坦伽利等；中东以色列有查拉图斯特拉、以赛亚、以赛亚第二等先知；古希腊有泰勒斯、德谟克利特、苏格拉底、柏拉图、亚里士多德等。轴心时代的圣人们，开创了不同的宗教人文模式，缔造了人类文明多元发展的方向，为人类后来的发

展，铸就了精神基础并树立了标准。"轴心时代"的历史观，破除了西方中心论的错误知见，还原了四大文明系统各有专长、平行发展的历史真相。

轴心时代的圣人们都是开悟者、觉悟者。他们的思想和精神，都达到至高无上的境界。他们的思想和著作，超越了时间和地域的局限性，至今依然是塑造人类精神文明的经典教科书。孔子教导人类如何学做人、如何学相处；他提出的伦理道德原则如仁义礼智信等，放之四海而皆准。释迦佛陀教导人们如何从愚痴无明走向觉悟解脱；他提供了生命改造、人生转型、转凡成佛的方法。苏格拉底、亚里士多德教人如何理性地思考、合理地辩论等等。

人类的根本问题，说到底就是生存和发展问题，而轴心时代的圣人们，为人类的生存和发展确立了最崇高的目标，即获得幸福感和成就感。为了保障人们追求和获得幸福和成就感，必须设计和倡导公道、仁爱、互助、和谐的制度、风俗、规矩和秩序。

轴心时代脱颖而出的四大文明，通过两千多年传承、交流和创新，已经演化为今天的六大文化圈：欧美文化、印度文化、中华文化、日本文化、伊斯兰文化和东正教文化等。每一种文化所影响的人口，多则十几亿，少则也有五六亿。这些不同文明之间的交流互鉴，形成了你中有我、我中有你、互用共荣的局面。

（2）轴心文明：人类精神文明飞跃的使者

轴心时代创造的四大文明系统，在此后的历史演变过程中逐渐成为人类文明取之不尽、用之不竭的精神动力。正如雅斯贝斯所说："人类靠轴心时代所创造、所思考的一切，生活到了今天。人类在每一次新的飞跃时，都要回望和忆念起轴心时代，并在那里重燃火焰。从轴心文明诞生以后，情况就一直如此。对轴心时代的回忆和复兴，引发了精神的飞跃。回归伟大的源头，这是在中国、印度乃至西方不断重复的故事。"(《历史的起源和目标》)

诚哉斯言。西方的现代化，始于文艺复兴运动，成于宗教改革和启蒙运动。文艺复兴所要复兴的，正是古希腊文化中的两个神圣传统，即人文主义和理性主义。文艺复兴有两路英雄豪杰，一路以人文主义为思想武器，向政教合一的神权政治发起攻击，将欧洲人从神权政治的统治下解放出来。另外一路以理性主义为工具，借助科学实验方法探究和认识自然规律。由此创生了近代科学技术，开启了西方工业革命的大门。

诚哉斯言。路德的宗教改革，矛头直指罗马教廷和传统教会势力。受理性主义思想的影响，路德认为，传统教会对上帝和《圣经》的解释是不合理的。因此他提出要重新认识上帝、重新认识人、重新认识上帝与人的关系。他说，上帝创造了世界，为自然界和社会制定了秩序。这里的意思是，认知秩序，就是认识上帝，相信秩序就是相信上帝，顺应秩序就是荣耀上帝。宗教改革促成了西方人上帝观、自然观和人性观的重大转变，为近代科学的发展营造出了宽松的精神环境。韦伯在《新教伦理与资本主义精神》中说，宗教改革产生了很多新教，卡尔文教是其代表。新教徒的工作伦理与天主教徒的工作伦理是根本不同的。新教伦理世俗化为资本主义精神，创生了资本主义社会。

诚哉斯言。生命科学和认知科学已逐渐成为 21 世纪的显学。从 20 世纪 80 年代开始，这两个领域的很多顶级科学家，开始将佛法和瑜伽引入自己的专业研究领域，把最先进的科学仪器和佛教的内观方法结合起来，研究心理过程，研究认知过程，并且出版了很多专著。

诚哉斯言。希腊文化的科学精神及世界观，印度文化的生命精神及生命观，中国文化的伦理精神和伦理观，这些都是人类精神文明的巅峰。读其经典，常读常新。真可谓"半亩方塘一鉴开，天光云影共徘徊。问渠那得清如许？为有源头活水来"。

### （3）文明冲突只是个假设，互学共生才是真相

我们知道，提出假设，然后找寻证据来证明或证伪假设，这是学者通用的研究方法。我们也知道，自然科学的假设与社会科学的假设完全不同。自然科学的假设，根本不影响事实。假设太阳绕地球转，并不影响地球绕太阳转的事实。但是，假设朋友可能是敌人，就真的会把朋友逼迫成敌人。

苏联解体、冷战结束后，美国的政治学家亨廷顿提出了"文明冲突论"。其核心观点是：冷战之后，国际冲突不再由政治意识形态主导，而是由不同的宗教文化来主导。文明的冲突既持久且难以调和。他说，当今世界有七大文明，其中伊斯兰文明和儒家文明，会威胁和挑战西方文明。"文明冲突论"一经提出，很快就成了某些大国制定国际战略的理论指

导。其实，"文明冲突论"只是个社会假设，并且是个很坏的假设。

近年来，伴随着中国快速的崛起，美国学界和政界遥相呼应地炒作所谓的"修昔底德陷阱"概念。这个概念的意思是：当一个新崛起的大国成为老二时，必然挑战老大的地位，而老大也必然要回应这种挑战，因此战争变得难以避免。此概念来自古希腊历史学家修昔底德对伯罗奔尼撒战争的研究。修昔底德说，雅典的日益壮大，引起了斯巴达的恐惧，最终引发了战争。其实，"修昔底德陷阱"和"文明冲突"论一样，只是个历史假设。中国文化从来没有主动挑战他国的基因，也根本不存在所谓的"老大与老二"那种游戏。世界上本无所谓"修昔底德陷阱"，但如果大国之间不断朝错误的方向互动，那就有可能走向"修昔底德陷阱"。

"文明冲突论"和"修昔底德陷阱"只是个假设。假设就是猜测。这两个猜测根本就经不起历史事实的检验。"历史经验反复证明，不同文明之间的交流，是人类文化进步的路标。希腊学习埃及，罗马借鉴希腊，阿拉伯参照罗马帝国，中世纪欧洲又模仿阿拉伯，而文艺复兴时期的欧洲，仿效的是拜占庭帝国。欧洲启蒙运动的思想家，大量学习吸收中国文化和印度文化。"这是大思想家罗素在大量比较研究不同文化之后得出的契合实际的结论。罗素还说过一段醍醐灌顶的话：世界上有三大文明系统，即欧美文明、中国文明和印度文明，它们各有特色。西方以探讨人与自然的关系见长，因此发展了惊人的物质科学。中国人擅长探讨人与人的社会关系，因此发展出和平的历史与优雅的文化。印度人则长于对人类内心世界的探索，因此发展了对自我及自我意识的无与伦比的知识。

习近平说："人类已经有了几千年的文明史，……世界是在人类各种文明交流交融中成为今天这个样子的。推进人类各种文明交流交融、互学互鉴，是让世界变得更加美丽、各国人民生活得更加美好的必由之路。"

历史是人类对过往经验的记忆，而记忆是选择性的。你选择记住什么，你就会做什么；你做什么，最后你也就会成为什么。如此就有了不同的个人、不同的家庭、不同的民族和不同的国家。

## 2. 希腊文化对世界的独一贡献和影响力

### （1）哲学思考范式：寻找理解和解释事物的终极"根据"

希腊文化对世界最了不起的贡献有两个方面，一是刨根问底的哲学思考范式，二是科学精神和形式逻辑。

希腊哲学思考范式有两个重点：一是本体论，二是知识论。本体论主要是找寻世界万有的本体、本原和根据。知识论主要是探究知识是什么、为什么以及如何才能获得真知。

希腊人创造了"哲学"这门学问。哲学的意思是爱智慧。什么是爱智慧？探究和找寻世界万有的本体、本原、本质和根据，这就是爱智慧。所谓本体、本原，就是世界万有存在的终极原因、最后根据，也叫"第一因"。前因复前因，前因复前因，一直追问到源头，这就叫本体、本原。只要找寻到了本体、本原，也就找到了理解和解释世界万物的钥匙。有了这把钥匙，世界万有便能解释得清清楚楚、明明白白。那这把钥匙究竟是什么?

泰勒斯说：世界万有的本体、本原、根据是"水"，阿那克西米尼说是"气"，赫拉克利特说是"火"，德谟克利特说是"原子"，柏拉图说是"理念"（idea），亚里士多德说是"substance"，莱布尼茨说是"单子"，黑格尔说是"绝对观念"。纵观西方哲学史，那就是一部寻找世界本原、本质、根据的历史。这个刨根问底的哲学范式，正是希腊哲学家开创的。马克思的社会历史观，也是这个哲学范式的延展。

希腊文化有发达的知识论：对于求知为什么、知识是什么、知识的类型以及认知的边界等问题，都有系统回答。亚里士多德的《形而上学》是哲学界的长青经典。书的开篇第一句就说"求知是人的本性"。希腊文化把知识列为人生的首要问题，把自由看作人生理想和人生成功的标志。这就是说，人的自由和成功，依赖于人的知识与认知。知识和智慧使人有自由的能力，无知者不可能是自由的，也不可能成功。为了摆脱无知，人们爱好智慧，进行哲学思考。

古希腊德尔菲神庙前的石碑上有一句传世铭文："人啊，认识你自己。"这句话被认为是希腊文化的精髓，它是苏格拉底说的。苏格拉底是古希腊最有智慧的人。但是他说："人们说我无所不知，其实呢，我只知道一件事：我无知。"古希腊的另一位大思想家泰勒斯，有人问他"何事最难"？他说"认识自己"。苏格拉底和泰勒斯都指向同一个东西：认识自我的认知能力。

对知识进行分类，是走向专业化研究的门槛。根据知识目的和特性，亚里士多德将一切知识或科学（希腊文里，知识和科学是同一个词）分为三类：经验知识、技艺知识和科学知识。技艺知识是知道怎么做的知识。科学知识是知道为什么的知识。OECD 将人类的全部知识分为四大类，即 Know — what（事实知识），Know–why（原理知识），Know — how（技能知识），Know–who（人与人如何相处知识）。OECD 对知识的分类，与亚里士多德的分类何其相似。

希腊文化的思考方式的两大特色：第一，思考要合乎理性。所谓思考的合理性，即追寻事物内在固有的、必然的、普遍的和确定性的根据，并遵循此根据，对知识进行内在推演扩展。这样，理性、知识和真理就此结成一体。推演法是理性思考最重要的方法。第二，哲学思考的只是形而上（metaphysics）的问题。人们平常能感觉和经验到的都是现象，现象问题都是形而下的问题。本体、本质、根据等，是不能经验和感知的。只有通过哲学思考，才能发现它们。因此，哲学才是逼近真实和真理的学问。

### （2）科学精神和科学工具（形式逻辑）

古希腊人崇尚知识、崇尚科学，这造就了希腊文化独特的科学传统。这一传统有两大法宝，一是科学精神，二是科学工具（形式逻辑）。

什么是科学精神？"科学精神就是只问是非，不计利害"（竺可桢）。求知的目的只是真相和真理，没有功利的考虑，不受私欲的驱动，真理是其唯一的目标。科学精神有四个特点：

第一，真在善前。亚里士多德说"吾爱吾师，吾尤爱真理"。科学研究，求真是第一位的，其他都靠后。第二，通过方法论来追求知识，如推演法。第三，合理的怀疑精神，也就是不迷信，不盲从、不愚蠢。第四，批判性。凡是科学知识都可以被质疑和批判。质疑、辩论和批判，可以去伪存真，去粗取精，并推动科学和知识向前向深发展。当然这要遵守同一律、矛盾律等逻辑规则。

所谓科学工具，即形式逻辑，特别是推演法。推演法是希腊文化贡献给人类最伟大的思想工具。它由亚里士多德发明，由欧几里得发扬光大。欧几里得的《几何原本》就是按照推演法写成的，它被认为是历史上最成功的教科书。亚里士多德是古希腊最博学的人，他是柏拉图的学生，是亚历山大大帝的老师。他创立了第一个形式逻辑系统。

所谓推演法，即三段论的推理模式，它是由一个真的命题推出另外一个真的命题的方法。三段论由大前提、小前提和结论构成。例如：

大前提：凡人皆会犯错误；

小前提：圣人也是人；

结论：圣人也会犯错误。

三段论推理是保真推理的典型方法。为什么？因为结论已包含在前提之中。当前提真实时，结论必定真实。当前提虚假时，结论也必定虚假。推演法是建立确定性知识的最好方法。因此，它成了近现代科学的主要方法。杨振宁说过，中国文化传统里有归纳法，却没有推演式的思维方法，这正是近代科学没能在中国产生的主要原因之一。形式逻辑与实验方法相结合，才创生了近代西方自然科学。

### （3）古希腊文化的世界影响力

希腊文化大致是公元前 700 到公元前 200 年创造出来的。其间出了一批大圣哲，如泰勒斯、德谟克利特、苏格拉底、柏拉图、亚里士多德、欧几里得等等。古希腊文明持续的时间不是很长。在公元前 1 世纪，它开始走向衰落，隐没中断了 1000 多年，直到文艺复兴。

希腊文化对人类历史的影响持久且巨大。现代世界文明，很多方面都烙有古希腊文化的印记。它是哲学思考范式的产生地，现代人谈哲学，经常从泰勒斯、苏格拉底、柏拉图、亚里士多德等圣哲谈起。它是科学精神和演绎法的发源地。现代人谈科学、讲逻辑，经常要从德谟克利特、亚里士多德、欧几里得说起。

西方工业文明和近代科学始于文艺复兴。所谓文艺复兴，就是复兴古希腊文化，复兴它的理性传统、科学精神和人文主义，它是一场伟大的思想解放运动，它将西方人的思想从宗教神学的统治下解放出来。文艺复兴起源于 15 世纪的意大利，随后扩展到西欧各国，16 世纪达到鼎盛。文艺复兴持续了 200 多年，对世界文明和文化的发展影响至深至远。以但丁为代表的"文学三杰"，用诗歌戏剧挑战神权政治，以"人性"对抗"神性"。以达·芬奇为代表的"美学三杰"，用绘画和建筑来展示人性的伟大与崇高，来表达个性解放和对现世幸福的追求。马丁·路德发起了宗教革命，哥白尼、伽利略、培根、笛卡尔开启了近代科学的征程。人类对物质世界的认识达到了空前的高度。在近代科学技术的推动下，欧洲的很多国家，一个个地从封建社会质变为资本主义社会，从农业游牧社会转型为工业社会。欧洲逐渐成为世界的领导者。

西方科学的源头在古希腊的文化中。西方近代的哲学、数学、物理学、天文学、生物学、医学、心理学等等，都是在希腊文化的土壤中生长出来的。希腊文化不仅提供了哲学范式、科学精神，它还提供了非常重要的科学研究工具。正如爱因斯坦所说，西方科学的发展，是以两个伟大成就为基础。第一个是希腊哲学家发明的形式逻辑体系（在欧几里得的《几何原本》中），第二个是文艺复兴时期发展出的科学实验方法。系统的实验方法有两大功能，即寻找事物间可能因果关系和验证理论假说是否正确。比如伽利略用两个铁球，在比萨斜塔做了个实验，来验证亚里士多德的"物体下降速度与其重量成正比"原理是否正确。没有形式逻辑和科学实验方法，也就没有近现代科学。

我们知道，《几何原本》是欧几里得按照亚里士多德的形式逻辑构建的几何学演绎体系。这套体系从"定义"概念开始，接着提出公理，然后用推理、证明、演绎的方法，推出全书所有的命题。《几何原本》的思想和方法，深刻地影响了两千多年的数学和自然科学历程。

牛顿是科学史的伟大里程碑。他的《自然哲学的数学原理》，即完全是仿照欧几里得的《几何原本》写的。它从最基本的定义和公理出发，接着提出定理并推演出很多结论。杨振宁说"欧氏几何学是人类历史上一个大贡献，它第一次把推演法规律化，其影响不可估计"。诚哉斯言。现代管理咨询方法，也是这个套路：以定义和假设为导向，以事实为基础，严格的结构化。

### 3. 印度文化对世界的独一贡献和影响力

印度文化对世界最宝贵的馈赠有两方面：一是佛教和佛法，二是瑜伽。佛教是宗教，而佛法和瑜伽是改造和修炼身心的禅修方法。佛法是走向觉悟的道路，瑜伽是身心健康的钥匙。它们都是改造生命的系统工程。

#### （1）佛教和佛法：走向觉悟解脱的道路

公元前6世纪，佛陀创立了佛教。佛者，觉也，佛陀是觉悟者，他教导人们走向觉悟的方法。佛其实有三种存在形态：一是佛教，二是佛学，三是佛法。佛教是宗教，重点在信仰。佛学是哲学，重点在解释世界和人生。佛法是修行方法，它是生命改造工程，是人生转型方法。

佛教有五大特质区别于其他宗教：第一，它是以人为本、以心为归的宗教。佛教中没有神（God），没有造物主的观念。第二，佛教的宗旨是教人觉悟，根本解决人生的痛苦烦恼问题。第三，因缘观是佛教的理论基础和指导思想。世界的一切都是因缘而生、因缘而灭的、没有不相互依存、永恒不变的东西。第四，戒定慧是人生修行的根本方法。第五，六和敬是寺庙管理的基本理念。所谓六和敬，即身和、口和、意和、戒和、利和及见和。甘地是印度的国父，他以倡导非暴力运动而影响了世界。他说过一段名言，很好地诠释了佛教文化的社会精神。甘地说：有七件事，件件都能毁灭掉我们：一是没有原则而从政。二是没有道德而经商。三是没有付出而富有。四是没有人品而博学。五是没有良知而享乐。六是不讲奉献的信仰。七是没有人性的科研。

佛陀教人走向觉悟，现代名词叫人生转型。走向觉悟或人生转型，从内容上说，有五个层面，即身体转型、情感转型、思想转型、行动转型和认知转型。从修行流程上说，有三大流程、七个步骤（佛学名词叫"七觉分"）。从修行结果讲，有五种修证成果（详细内容参见本书第3章）。

佛陀说：人因无明和贪婪，会制造出无尽的烦恼痛苦。若想从烦恼痛苦的逼迫下获得解脱和自在，那就必须断除无明和贪欲。无明和贪欲如何断除？明见因缘法，勤修八正道。因缘法是人生的实相，八正道是人生修行的真理。从修行流程上讲，有三大流程和七个步骤。

人生要觉悟，必须经过三次彻底转型：第一次转型，见因缘法、悟八正道。第二次转型，基于因缘法的正见，精进修习八正道。第三次转型：证道解脱获得自在。

什么是"因缘法"？世界上的一切，都是在相互影响中发生，在相互影响中存续，在相互影响中变化，在相互影响中灭亡。世界上的一切，不能自生，不是它生，不能无因生，通通都是因缘生。这就是"因缘法"。什么是"八正道"？八正道是走向觉悟圆满的八个修行项目，即正见→正思维→正语→正业→正命→正精进→正念→正定。佛陀说："明为前相，能生正见。正见生已，起正思维、正语、正业、正命、正精进、正念、正定，次第而起。正定起已，修习者从贪欲、嗔恚和愚痴中获得解脱。"

人生走向觉悟圆满，在操作上有7个步骤，佛学名词叫"七觉支"。7个步骤如下：①念觉支→②择法觉支→③精进觉支→④喜觉支→⑤轻安觉支→⑥定觉支→⑦舍觉支。第一步是修念觉支，怎么修？从眼耳鼻舌身意处下手，如实观察身体、情感、思想、行动和认知活动是如何运作的，也就是观十二因缘法。禅观有成就，明见因缘法。如此破除无明、确立正见。第二步是修择法觉支：见因缘法后，就明白八正道是走向解脱之道，因此要选择八正道来修行。第三步是修精进觉支：即依照因缘法的正见，精进修习八正道。核心内容是修正自己的行为模式、语言模式和思想模式。修行有成就，心生欢喜，身体轻安、定力增强，这就是喜觉支→轻安觉支→定觉支。对合心意的不生贪欲，对不合心意的不生嗔恨，这就是定力成就。最后一步是舍觉支，即从贪嗔痴的束缚中彻底解脱出来。

假如修行方法正确且精进努力，就会有五种修行成果：一是破除无明、成就正觉。二是断除了贪婪与仇恨。三是人变得慈悲喜舍。四是从痛苦烦恼的逼迫中获得解脱。五是成就无上正等正觉。

（2）瑜伽：身心健康和转凡成圣

印度瑜伽有五千多年的历史。瑜伽既是哲学，也是禅修方法。从哲学看，瑜伽有理论化的宇宙观、生命观和人生观。从禅修方法说，瑜伽有八大修行项目，叫八支瑜伽：①道德戒；②自净戒；③体位法；④调息法；⑤摄心向内；⑥念头专注；⑦禅定（冥想）；⑧三摩地。瑜伽不只是锻炼身体，它更是一种发现自己、改造自己、超越自我的方法，是生命改造的系统工程。

**瑜伽对生命的定义和理解**

人是由身（body）、心（mind）、灵（atman）三个东西组成的，而灵性是生命的终极实相（ultimate reality）。梵文 atman，翻译成汉语有很多词：灵魂、神我、本我、真我、觉者、观者等。中国人习惯称之为"灵魂"，灵魂是非物质存在，它是纯意识。身体是灵魂的载体，灵魂有三种载体，叫"三身"，即色身（粗身）、微细身、因业身。人的身体由地、水、火、风、空这五大元素组成。

身体是包裹灵魂的外鞘，共有五层，叫"五鞘"。第一层是食物层，从食物中获得生命能量。第二层是气能层，通过呼吸获得生命能量。第三层是心识层，从意念中获得生命力。第四层是觉悟（智慧）层。第五层是喜乐层，这是离灵魂最近的层。

"三身"与"五层"的关系是：色身由食物层构成。微细身由气能层、心识层、智慧层构成。因业身由喜悦层构成。人在死亡之际，灵魂离开色身（食物层），而其他两身四层离开身体去到其他世界。就是说，人死后，还有两身四层依附于灵魂。修炼瑜伽的最高成就，即同时离开三身五层，证得涅槃身，并获得最终解脱。所谓"证得涅槃身"，即身体中的地、水、火三大元素消解掉了，只有风大和空大元素，身体变得不可见。所谓"最终解脱"，意思是色身之我转变为 atman。atman 即灵性存在，灵性即纯意识、纯精神、纯能量。它永恒存在、不再生灭。

**瑜伽修行的目标和方法**

瑜伽修行的目标，分世俗目标和终极目标。世俗目标是：健康身体、平衡心境、稳定情绪、身心合一，自信地应对挑战。瑜伽修行的终极目标是证得涅槃身和彻底解脱，即把色身之我转变为 atman，也就是把物质之我转变为纯粹的精神之我或灵性存在，解脱的意思是从物质束缚中解放出来。瑜伽修行者到达三摩地的境界，他就会获得"无上觉知力"（Supreme intellect），成为觉悟者。而觉者就可以体验到生命的终极实相（Supreme Reality），证悟到灵性真相（Spirit Truths），明白灵魂 (Soul) 究竟为何。

瑜伽修行的方法，即八支瑜伽。修炼八支瑜伽能转凡成圣。看那些伟大的宗教领袖，如佛陀、耶稣、穆罕默德等，个个都有高深的瑜伽功夫，都有大神通，如水上行走、分身术、飞行术等等，这些在经典中都有记录。

八支瑜伽的戒律部分，是修炼瑜伽的基本要求。其他六个项目分成三大部分，即哈达瑜伽（Hatha Yoga）、禅定瑜伽（Laya Yoga）、圣王瑜伽（Raja Yoga）。哈达瑜伽主要是修身，即改造和净化身体。禅定瑜伽主要是管控心识和情绪。圣王瑜伽主要是体证灵性。三者相互支撑，是缺一不可的整体。修炼瑜伽，要从哈达瑜伽开始。修炼哈达瑜伽有成就，转向修炼禅定瑜伽。修炼禅定瑜伽有成就，转向修炼圣王瑜伽。没有哈达瑜伽的修炼，不可能成就禅定瑜伽。

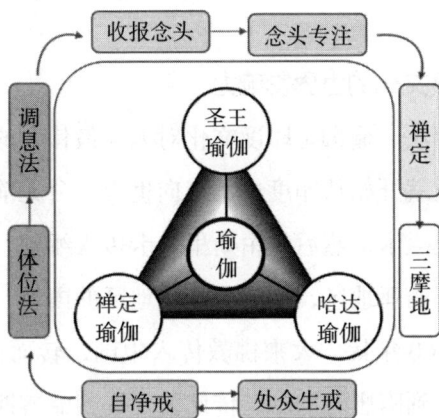

体位法是瑜伽修炼的第一个流程。修炼体位法有成就，修习者的身体变得轻快、柔软与稳定，身材变好、皮肤变好。体位法修习有成就，转向修习调息法。这是瑜伽修炼的第二个流程。修炼调息法，可以排解身体脉管里的杂质，畅通七经八脉。淡化对食物的执着和依恋。身体被净化后，修习者会变得精瘦，很少生病，能驾驭呼吸，能听见内在的微细声音。这是修炼哈达瑜伽的顶点。接下来转而进入修习禅定瑜伽阶段。将心识从各种感官中抽离出来。向内观察，这是瑜伽修炼的第三个流程。进而训练心的专注力，这是瑜伽修炼的第四个流程。当善心专注一处无有散乱时，就可以禅观（Janna），也叫冥想。禅观成功即是"开悟"。禅定依靠微细声音。倾听内在微细的声音，心会变得全神贯注，呼吸成功地停止。如此，修行者就达到了禅定瑜伽的顶点。这是瑜伽修炼的第五个流程。接下来转而进入圣王瑜伽阶段，这是瑜伽修行的第六个流程，也是最后一个流程。基于觉悟的智慧到达三摩地，这是彻底解脱的境界。

### （3）印度文化的世界影响力

佛教、佛法、瑜伽是印度文化对人类最伟大的贡献。阿育王时期，佛教就开始从印度中部走向世界。公元前3世纪，佛教传播到斯里兰卡，然后经由斯里兰卡传入缅甸、泰国、柬埔寨、老挝等东南亚地区，并成为这些地区的国教，史称"南传佛教"。公元60年代，大乘佛教传入中国，转而传播到朝鲜、韩国、日本。到隋唐时期，汉传佛教发展到鼎盛期，产生了隋唐八宗，如禅宗、天台、净土、华严、唯识宗等。从那以来，中国文化就形成了儒释道三足鼎立的局面。公元7世纪，佛教从印度传入西藏，即为"藏传佛教"。20世纪初，佛教开始在欧美传播。汤因比说，佛教的西传，是20世纪人类历史上的一件大事。为什么如此说？"拯救21世纪人类心灵的，只有中国的儒家思想和大乘佛法。"

爱因斯坦说：佛教是唯一既能应对现代科学需求、又能与科学相依共存的宗教。妙哉斯言。20世纪80年代，美国的一大批顶级科学家和医学家等，开始与佛学家和佛法行者举行对谈。其对话内容包括心智科学、生命科学、认知科学、医学、伦理学等方方面面，并发表了大量研究成果。进入21世纪后，佛法和禅修主题多次登上美国《时代》杂志的封面。比如2013年的封面文章叫《禅修的科学》。文章说：禅修是科学，它已风行全美，美国已成为"禅修国度"。硅谷是美国的科技创新中心。走进硅谷会发现，很多大公司，如苹果、谷歌、微软、福特、宝洁等，公司里都有禅修中心，并开设了很多门禅修课程。受乔布斯的影响，这些公司的CEO都非常推崇打坐禅修。

20世纪传入并且盛行于西方的，不仅有佛教、佛法，还有瑜伽。2015年，联合国大会宣布，每年的6月21日为国际瑜伽节。今天放眼全球，从德拉敦到都柏林，从上海到芝加哥，从雅加达到约翰内斯堡，瑜伽无处不在。瑜伽超越了地域、种族、肤色、性别，超越了宗教信仰。瑜伽不仅可以用来强身健体，还可以用来训练思维、整合身心灵，可以用来创造无冲突的世界和增进人类福祉（莫迪）。莫迪说：瑜伽是我生活的锚，是让我多工作少睡觉的秘诀。

## 4. 中国文化对世界的独一贡献和影响力

### （1）人伦大道：人们如何相处

人的本质是一切社会关系的总和（马克思）。一切社会关系，包括了政治的、经济的、文化的、家庭的、族群的、老乡的、阶级的、民族的关系等等，而伦理道德是处理这些关系的根本。因为伦理道德是人与禽兽区别的标志，人不讲道德，禽兽不如。中国文化的根本是学做人、学相处。学做人即学为君子，学相处即依照伦理道德来约束和规范自己的行为。伦理和道德是两个概念，含义有交叉有侧重。伦理有两层含义，"伦"是指人与人之间的关系，"理"是指调节人们如何相处的规范或规则。伦理是用来规范我们社会行为的。道德也有两层含义，一是指道德自觉，即自觉遵守社会道德规范，二是指规范自我的身语意行为，比如自我反省、自我净化、知足常乐等等。中国文化讲"五伦"和"五常"，五伦即五种普遍的人伦关系，包括上下级关系（君臣）、父母与子女的关系、夫妻关系、亲戚关系、朋友关系。五常即人们交往相处必须遵守的五种普遍道德规范，即仁义礼智信。

学做人、学相处，核心是修身。《大学》说，从天子到百姓，壹是皆以修身为本。修身以德，建立根本，如此以德齐家，以德治国，以德管人，以德平天下，这是中国文化一以贯之的"道统"。如孙中山说的："中国有一个正统的道德，自尧、舜、禹、汤、文、武、周公、孔子、孟子而未绝。我的思想，就是继承这一个正统的道德思想来发扬光大的。"

中国人的道德观念，源于人生经验和生活经验，这与西方是不同的。西方的道德观念源于上帝的启示，例如《圣经》中的摩西十戒，就是摩西到西奈山接受上帝的启示而颁布的。中国的伦理文化博大精深。有人统计说，中国文化讲人们如何相处的道德规范有上百个，但放之四海而皆准的大概有 10 个，即仁义礼信智，公诚中和行。

第一是"仁"，其定义是关爱他人、帮助他人、不伤害他人。怎么做？孔子说"我欲仁，斯仁至矣"。又说"己欲立而立人，己欲达而达人"。自己想在社会上立得住，那也要让别人立得住。自己想发达，那也要让别人发达。这是实行仁的方法。

第二是"义"，其定义是道义（普遍行得通）、正义（理所当然）和情义。所谓"道义"，它类似于康德绝对命令的第一条原则："要只按照你同时也能成为普遍规律的准则去行动。"面对利益，要见利思义、以义制利。在交往上，人不能寡情、绝情、无情。

第三是"礼"，其定义是规矩或游戏规则。人与人相处，要懂规矩守本分。领导要像领导的样子，下属要像下属的样子，父亲要像父亲的样子，儿女要像儿女的样子，大家不能没有样子。

第四是"信"，其定义是不骗人。孔子说：人而无信，就像车没有轮子，怎么走呢？司马光说："夫信者，人君之大宝也。国保于民，民保于信；非信无以使民，非民无以守国。是故古之王者不欺四海，霸者不欺四邻，善为国者不欺其民，善为家者不欺其亲。不善者反之。"

第五是"智"，其定义是理智、不惑。人与人相处，关系要想持久，不仅靠情义，也靠智慧。

第六是"公"，其定义是不偏私、不能双重标准。公即公道，人无公道心，无法交往和相处。怎么做？办法是"己所不欲，勿施于人"。

第七是"诚"，其定义是诚实，是什么就是什么，不欺骗自己。儒家讲"至诚如神（God），不诚无物"。修身以诚，至诚才能感动自己，感动自己才能感化别人。所谓"精诚所至，金石为开"。人们相处，不能颠倒妄想。

第八是"中"，其定义无过无不及、恰到好处。人们相处，说话办事要掌握分寸，既不能做过头，也不能做得不到位。怎么做？执两用中（也叫允执厥中），这可是千古秘传的治国宝训。知道两端是什么，然后向中心目标调整。调整是动态过程，叫"时中"。就像开车，要根据路况随时调整方向盘和速度。

第九是"和"，其定义是和谐、和平、和睦、和合。人们之间理应和谐相处，邻里之间理应和睦相处，国家之间理应和平共处。怎么做？君子爱其所同、敬其所异，和而不同。

第十是"行"，其定义是"学而时习之"，所谓学以致用、身体力行。孔子说："好仁不好学，其蔽也愚；好知不好学，其蔽也荡；好信不好学，其蔽也贼；好直不好学，其蔽也绞；好勇不好学，其蔽也乱；好刚不好学，其蔽也狂。"（《论语》）

### （2）自强之道：如何强大自己

什么是"强"？老子、孔子、佛陀给出的定义基本一样。老子说：战胜别人叫"有力量"，战胜自己才叫"强大"（"胜人者有力，自胜者强"）。佛陀说：能战胜自己的贪欲、嗔恨、愚痴、傲慢、疑惑的，或者说，内心不受这些东西的困扰和驱使，就叫"强大"。孔子说：做人随和但不随波逐流，独立自主而不偏不倚，这就叫"强大"。总的来说，"强大"有三方面的含义：第一，强大的根本是自强，战胜自我的人才是"强者"。第二，强大靠自己，不能靠别人。想靠别人强大，根本靠不住。所谓天助自助者，人助自强者。第三，自己强大了，才能帮助组织强大、帮助别人强大。

自强干什么？提高生命品质和人生境界。生命品质是由烦恼痛苦的多少和轻重权衡的，人生境界是由自私程度来度量的。毫不利己专门利人、大公无私、全心全意为人民服务而无功利心，这就是世俗社会最高的人生境界。自强不息、厚德载物，这是人类精神文明的精髓。弱肉强食，那叫动物精神。

如何自强？自强之道即"内圣外王"之道。内圣外王是转凡成圣、转凡成佛的根本方法。包括两套修行功夫：一是"内圣"功夫，即修炼自己、建立人格人品。二是"外王"功夫，即干事业、当领导。外王的"王"是泛指，可以是家长，可以是政治领导，可以是企业管理者等等。内圣才能外王，先内圣后外王，这个顺序是不能错乱的，错乱了就是本末倒置。内圣外王之道有两种修行路线，即儒家路线和佛家路线。参考 P26 图。

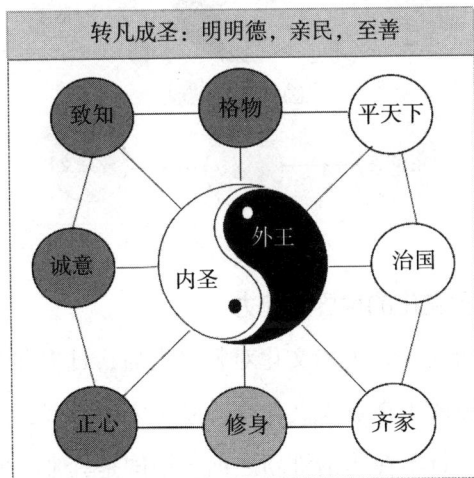

转凡成圣：明明德，亲民，至善

致知　格物　平天下

诚意　内圣　外王　治国

正心　修身　齐家

儒家修习自强之道，有三大目标和八个修行项目。三大目标即明明德、亲民、至善。八个修炼项目，包括格物、致知、诚意、正心、修身、齐家、治国、平天下。

　　佛家修习自强之道，有七觉支和八正道。七觉支是修行流程，八正道是修行项目。具体修行要从六入处下手，即在六根六境的因缘生六识的当下，修因缘观，见因缘法，生起正见，破除无明和我见。整个修行过程是：依照七觉支的流程，精进修习八正道，以成就慧力、戒力、定力，成就无上正等正觉。

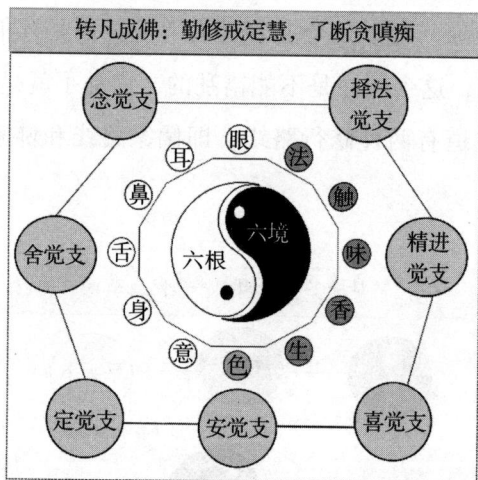

转凡成佛：勤修戒定慧，了断贪嗔痴

念觉支　择法觉支　舍觉支　精进觉支　定觉支　安觉支　喜觉支　六根　六境　眼　耳　鼻　舌　身　意　法　触　味　香　色　生

## （3）中国文化的世界影响力

　　早在汉唐时期，中华文化对朝鲜半岛、日本和东南亚就有很大影响，形成了东亚汉文化圈。到了宋明时代，东亚汉文化圈基本定型。日本在明治维新之前，中国是其唯一的学习标杆和榜样。公元645年，日本实行大化革新，全面学习唐朝制度，直到明治维新，日本才转换了学习标杆。

明末清初，欧洲传教士来到中国。他们发现了一个与西方完全不同的文明类型。他们一方面向中国人讲西方文化，另一方面向欧洲传播中国文化。中国文化传到欧洲，造成很大震动。举个例子：伏尔泰是启蒙运动的思想领袖，也是孔子的铁粉。他将"己所不欲，勿施于人"写入法国最早的《人权和公民权宣言》中。伏尔泰还给乾隆皇帝写了很多有去无回的信。启蒙运动的思想领袖之一霍尔巴哈，主张要学习中国的以德治国、以德育人。被马克思称为"天才思想家"的魁奈，他有个外号叫"欧洲的孔夫子"。德国大哲学家莱布尼茨说得明白：全人类最伟大的文化，在地球的两端。这一端是欧洲，那一端是中国。他说：欧洲与中国相比，自然知识方面，我们强于中国，但在伦理和治国方面，我们实在不及中国。因此他主张中国文化与欧洲文化应沟通融合。称霸欧洲的一代雄主法国路易十四（1638—1715），外号叫"太阳王"。他曾谋划与中国的康熙大帝和俄国的彼得大帝建立战略伙伴关系。为此他派使臣和多位传教士来华，觐见康熙皇帝。康熙给他回赠了很多中国书籍。到18世纪，中国文化逐渐在法、德上流社会流行开了。喝茶穿绸缎，过年放鞭炮，贵族坐轿子……这种时髦后来也传到美国。你看美国国父华盛顿，他的发型，就是清朝人的长辫子。

李光耀是新加坡的缔造者。美国总统尼克松称赞他是小国家出了个世界领袖。他给世界留下的宝贵遗产，即举世闻名的新加坡社会治理模式。洞观这个模式发现，它本质是儒家内圣外王的鲜活样板。李光耀曾说：我成长于三世同堂的家庭，这就不知不觉地使我推崇儒家思想，这种思想潜移默化地渗透进大脑。儒家思想认为：如果人人都争做"君子"，那么社会就能实现良性运转。这意味着不要做邪恶的事，努力做善事，孝顺父母，忠于妻子，好好抚养孩子，善待朋友，这样他就是忠于皇帝的好公民……儒家内在的哲学观念认为，一个社会要实现良性运作，就必须考虑到大部分人的利益，社会利益必须优先于个人利益。这是与美国文化的主要差别所在，因为美国文化是把个人利益放在首位。1991年，新加坡国会通过了政府提出的"共同价值观"，有五条：第一，国家至上，社会为先；第二，家庭为根，社会为本；第三，社会关怀，尊重个人；第四，协商共识，避免冲突；第五，种族和谐，宗教宽容。

东亚很多有大成就的企业家，他们信仰儒释道文化，社会上称他们为"儒商"或"佛商"。这些企业家以儒家伦理或佛教伦理作为根本经营理念。比如日本的涩泽荣一、松下幸之助、稻盛和夫，值得一提的还有美国的乔布斯。

汤因比是20世纪公认的伟大历史学家。他在晚年说过一段有先见之明但有争议的话。他说：拯救21世纪人类社会的，只有中国的儒家思想和大乘佛法。

# 二、千年未有之大变局和艰难困苦的社会大转型

## 1. 千年未有之大变局与应对危机的国家战略

### （1）中华民族遭遇到了千年未有之大变局

以蒸汽机的发明和普遍应用为标志，欧洲开启了工业革命的进程。也就是 100 多年时间，英、法、德、美等西方国家，相继完成了工业革命。科技革命引发产业革命，产业革命成就社会转型，这些国家从农业社会转型为工业社会，从封建社会转型为资本主义社会。欧洲工业革命和工业文明的兴起，彻底打破了原来的世界格局。中华民族遭遇到数千年来从未遇到过的挑战者，中国人面对的是千年未有之大变局。

伴随着工业化进程，西方列强开始在全球扩张，它们用暴力或非暴力的方式开拓海外市场并寻找原料产地。到 19 世纪末年，西方列强已占领了美洲的全部、非洲局部及亚洲的大部。例如，1876 年，英国占领的殖民地面积，大约有 2250 万平方公里，这是英国本土面积的 92 倍。殖民地人口有 2.5 亿，这是本国人口的 8 倍。资本主义野蛮生长，演进为帝国主义。

19 世纪以前的两千多年，中国一直是世界上数一数二的头号强国。物质文明和精神文明都达到极高的水平。数千年来，能挑战中原帝国的，都是一些文明程度相对较低的周边游牧民族。到了 19 世纪，世道彻底变了。来找我们麻烦的，是我们知之甚少的西洋人。他们都是新兴的工业强国，是真老虎，他

们的文明和文化，与中华文化完全不同。

面对几千年未有之大变局，中国当时的领导阶级，有目无睹。直到 1894 年中日甲午海战失败乃至八国联军打进北京城，国家的统治阶级才醒悟过来。但觉醒得太晚了，中国落后得太多了。

### （2）妄自尊大：18—19 世纪中国领导阶级的世界观

18—19 世纪的中国最高领导阶层，他们是如何看待世界变化的？是如何给自己定位的？是如何处理中国和西方国家关系的？下面讲三个故事，这些故事可圈可点。

第一个故事：乾隆皇帝过 80 大寿（1792 年）时，英国派使臣马戛尔尼来华祝寿，并想借此机会向中国提些要求，如派使臣常驻北京，增加通商口岸，明确公开关税标准等。1793 年 9 月 14 日，乾隆皇帝在承德避暑山庄召见了英国使团。马戛尔尼向乾隆献礼，并呈上英国国王给乾隆皇帝的书信和礼品清单。乾隆皇帝也给英国国王写了回信并回赠礼品。这封信现在被陈列在大英博物馆内，学术价值无比。读此信的内容，我们能知晓当时的国家最高领导人，对中国与西方世界的总体看法及应对策略。

乾隆皇帝给英国国王写的书信，全文共 976 个字。摘其要点如下：奉天承运，皇帝敕谕英吉利国王知悉：你们国家远在重洋，倾心向化，特遣使臣赍持表章，并备进方物，叩祝万寿。朕披阅表文，词意肫恳，足见国王恭顺之诚，深为嘉许。你国恳请派使臣常住天朝，管理你国商务，这个既不合天朝体制，其实也无益处。因为凡遇各国贸易之事，天朝无不照料周备。如果你们是仰慕天朝的文化制度，想学习效法，这断不可行。因为天朝自有天朝的礼法，你们自有你们的风俗制度。天朝抚有四海，惟励精图治，办理政务。奇珍异宝，并不贵重。国王此次进献的各种物品，念其诚心，我们就收纳了。天朝德威远被，万国来朝，种种贵重之物，无所不有。这方面你国使臣都见证过了。然而天朝从不贵奇巧，对你们的物件并无需要。请国王善体朕意，益励款诚，永大恭顺，共享太平之福。现在使臣归国，特颁敕谕，并赐赍国王文绮珍物，具如常仪。加赐彩缎罗绮，文玩器具诸珍，另有清单，王其祗受，悉朕眷怀。特此敕谕。

我们看看英国进献给乾隆皇帝的礼品是些什么：蒸汽机、织布机、皇家海军战舰模型，步枪、连发手枪，四轮马车模型，天体运行仪、地球仪、望远镜等。这些"物品"所代表的，是当时最先进的生产力、军事装备和科技水平。我们再看看乾隆皇帝回赠的礼品，它们是：如意和绸缎，玉器和瓷器，茶叶和香袋，扇子和画绢等。两者比较，其世界观和社会观，使人昭昭。

英国使节来访，这是有史以来，西方国家第一次对中国进行正式访问。马戛尔尼带来的是当时全世界最先进的生产工具、武器装备和科学仪器，但乾隆认为这些只是奇巧的玩具，根本不屑一顾。对于工业文明正在兴起并且正在重构世界秩序，对于我们大大落后于西方的现实竟然混沌无知。就这样，乾隆朝代，中华民族与最先进的生产力和高科技失之交臂。国家最高领导人妄自尊大，闭关锁国，这才是中国近代百年落后挨打、受尽屈辱的总根源。

第二个故事：鸦片战争失败后，道光皇帝找来一个懂英国的人，问了三个问题：英国有多少人口？国土有多大？从新疆能否到达英国？从这三个问题可以想见，中国当时的最高统治者，对于打败自己的对手竟然如此无知。18世纪60年代，英国开始了工业革命，到19世纪三四十年代，大机器生产成为最主要的生产方式，英国完成了工业革命，英国已经变成世界头号工业强国。鸦片战争的失败，本质上是工业生产方式打败了农业生产方式，工业文明战胜了农业文明。

第三个故事：1864年，李鸿章给恭亲王奕䜣（朝廷中的改革派）写信，谈了他对世界形势和国内状况的三点看法：第一，中国的文官阶级，沉浸于辞章小楷，而武官阶级粗蠢不务正业。平时，他们贬斥洋人的武器是奇技淫巧，以为不必学。战争一打起来，他们又惊叹说，洋人的武器太神奇了，以为不能学。第二，看人家日本人，君臣发愤图强，选派皇亲国戚中最聪明的人，去西洋学习制造轮船、枪炮等技术，逐渐变得强大起来。第三，一个国家孰强孰弱，最要紧的是看谁能最快地学到西洋人武器制造技术。因此，中国要想强大就必须这样做。办法是改革科举制度，从培养人才下手，即设立专门的军事工程科，承诺给考取者终身的富贵功名，激励他们尽快成才。由此开始，开启了朝廷内外合作的自强运动，即所谓的"同治中兴"。

上面三个故事确实可圈可点。在19世纪，除了极少数的几个有远见卓识的领导者外，如恭亲王、文祥、曾国藩、左宗棠、李鸿章等，中国的整个统治阶级，特别是最高领导人，对欧洲科技发展带来的工业革命，对地理大发现和海权时代的到来，对工业文明浪潮即将席卷全球的大趋势，完全无知。整个统治阶级妄自尊大，思想僵化，依然认为中国就是世界的中心，周边都是些蛮夷之邦，把西洋人当成琉球人、高丽人看待。他们根本不知道，地球原来分两个世界，一个是东方世界，一个是西方世界。在东方世界里，我们是领袖，是老大哥，周边的那些小兄弟，挑战不了老大的地位。但是还有个西方世界，它们凭借工业革命正在兴起，它们野心勃勃，正在征服全世界。

### （3）落后挨打和不平等条约

1840 年，由于鸦片贸易起了摩擦，大英帝国向大清帝国开战。当时的英国是世界头号工业强国，而中国是世界头号农业大国。土枪土炮打不过洋枪洋炮，木制船赢不了铁甲舰。我们战败了。这就是鸦片战争。战败后，大英帝国胁迫清朝政府签订了《中英南京条约》，有六个要点：第一，赔款白银 2100 万两。第二，割香港。第三，开放广州、厦门、福州、宁波、上海为通商口岸（所谓五口通商）。第四，海关税则详细载明于条约，非经两国同意不得修改（所谓协定关税）。第五，在中国的英国人，只受英国法律约束（所谓治外法权）。第六，中英官吏平等往来。《中英南京条约》后来成了外国列强与清政府签订一系列不平等条约的范式。

鸦片战争是中国近代历史的分水岭。从此之后，中华民族掉进了外侵内乱、内乱外侵、内外交困的恶性循环里。说内乱，嘉庆、道光、咸丰三朝 60 多年（1796 到 1861 年），有白莲教之乱、西北回教之乱、西南苗瑶之乱、东南沿海海盗猖獗。当然最大的是太平天国。中国内乱，列强乘虚而入。咸丰末年，俄国趁太平天国运动，强占黑龙江以北及乌苏里江以东的地方，大约 80 万平方公里。1897 年秋天，山东曹州杀了两个传教士，德国借口占领了青岛。俄国看见德国占了便宜，便派兵占了旅顺、大连。接下来，英、法、日都提出领土要求，清政府全都答应了，侵略演变成瓜分。

1894 年 7 月中日甲午海战，中国人输了本来能赢的战争。第二年，李鸿章与伊藤签订《马关条约》，割台湾及辽东半岛，赔款白银二亿两，这相当于大清王朝两年的财政收入。后来，在俄、德、法三国的调停下，日本退还辽东，但增加赔款三千万两。"扶清灭洋"的义和拳运动后，西方列强逼迫清政府签订了《辛丑条约》（1901）。有两个严重条款：第一，向俄、英、德、法、美、日等国，赔款 4 亿 5000 万两白银，分 39 年还清。在未还清以前，按每年四厘加利，总计 9.8 亿两。第二，各国有权在北京到山海关沿铁路线驻兵。

从鸦片战争到辛亥革命，清朝政府共签订不平等条约 1175 件。割让土地数百万平方公里，赔款不计其数。落后挨打，打败了就割地赔款，真是受尽了屈辱。清朝政府应对危机的国家战略是彻底失败的。

（4）假如大清朝皇帝搞改革开放，中国会怎样？

近百年来，中国社会问题成堆、千头万绪。但归根到底是一句话，即中国如何现代化？包括经济如何现代化、军事如何现代化、政治如何现代化等等。中国的领导集团和社会精英，对此问题的觉悟程度和战略决策，决定了中华民族的前途和命运。

日本是一个非常好的参照。自古以来，日本一直以中国为师。日本文化多半是从中国学过去的。但在 19 世纪的四五十年代，日本出了一批先知先觉者，如吉田松阴、坂本龙马、大久保利通、木户孝允、西乡隆盛等。他们敏锐地发现，世界变了，欧洲在领导世界潮流。他们变换学习榜样，以欧洲为师，全面学习和模仿英法德的政治、经济、法律制度，学习它们的生产技术和企业生产方式。这就是所谓的明治维新。明治维新成功了，从此日本逐渐变成与西方列强齐头并进的东方强国。

俄国也是一个不错的参照。俄国的彼得大帝与中国的康熙皇帝，他们都有雄才大略，都是名垂千古的伟大帝王，并且他们应该算是同时代人，彼得大帝小康熙皇帝 18 岁。康熙（1654—1722）8 岁登基，14 岁亲政，在位 61 年。彼得大帝（1672—1725）10 岁登基，17 岁亲政，在位 36 年。彼得大帝是一位有世界眼光的人，被公认为"俄国现代化之父"。1697年，彼得大帝派遣使团前往西欧学习最先进的制造技术，他本人放下帝王的至尊身份，变名改姓，随团出访。使团首先到荷兰，参访学习造船和航海技术，接着去英国观摩议会如何开会。然后到普鲁士学炼钢……他在西欧学到了最先进的制造技术及行政管理方法。回国后，彼得大帝制定了一系列改革政策，对军事、经济、政治进行了一系列改革。他还聘请外国技术专家到俄国，帮助他落实改革。为了摆脱强大的反对力量，他甚至把首都从莫斯科迁到偏僻的涅瓦河边（现在的圣彼得堡）。在他的治理下，俄罗斯迅速成长为世界帝国。后来俄国能与西方列强平起平坐，正是他打下的基础。

我们作个合理且大胆的假设：假如鸦片战争后，道光、咸丰、同治等任何一个皇帝，能像日本的明治天皇那样，或者能像彼得大帝那样，近代中国会怎样？历史不能重新来过，但可以做合理假设和推演。不做假设，就不能深入地理解和解释历史，也不能深刻地洞察现实。

## 2. 社会转型和现代化道路的艰辛探求

### （1）中国现代化道路的艰辛探索

18世纪，由于科技革命，工业文明在欧洲兴起，到19世纪，欧洲诸多国家，如英、法、德等都完成了工业化，转型为现代化国家。现代化有五大特点：一是生产组织企业化，二是生产方式机械化，三是人口城市化，四是社会治理法制化、民主化，五是教育普及。19世纪，中国还是农业社会。当农业文明遭遇到工业文明，几乎不堪一击，没有还手之力。这正是中国近代百年屈辱的根本原因。面对西方列强（工业文明）的挑战和逼迫，先进的中国人开始思考，如何应对这些挑战，如何才能摆脱内外交困的恶性循环？洋务运动、维新变法、辛亥革命、新文化运动、五四运动、新民主主义革命、社会主义革命和建设，这些都是中国现代化的里程碑。

#### 洋务运动

洋务运动是中国人探求现代化的第一个方案。时间在同治年间，前后搞了近 20 年，史书上叫"同治中兴"。洋务运动的核心是"中学为体，西学为用"，具体说就是在不改变政体的前提下，尽力学习西方的工业制造技术，特别是武器制造技术，即所谓的"师夷长技以自强"。这场运动由五大领袖人物领导，他们是恭亲王奕䜣、文祥、曾国藩、李鸿章、左宗棠等。洋务派的基本观点是这样：我们打不过洋人，主要是因为两点：第一是武器不如人家，洋人的武器都是机械制造的洋枪洋炮。第二是洋人的军队训练有素。因此，强国战略要从学习西洋人的军事技术下手，所谓的"师夷长技以制夷"。重要举措有：聘请外国军官在天津训练新军，在上海创办江南机器制造局、译书局。在福州创办造船厂并附设船政学校。选派军官赴德学陆军、赴英法学习造船（1876）。成立北洋海军（1888），为了筹措国防经费，开办煤矿、金矿、机器织布局等。

1894 年的甲午海战是个划时代的事件。本来，中日双方的军事力量差不多。当时，全世界海军排名，中国是第 8，日本是第 11。我们的两个主力舰，定远和镇远有七千吨，而日本最大的战舰不过四千吨。但日本的船比我们快，船上的炮比我们多。我们的船只参差不齐。开打没几个回合，我们就被日本人打败了。失败原因很复杂，但有一点可以肯定，失败不是因为武器。我们的总指挥是刘步蟾，英国海军学院的优等生。原定战略是"人"字形，即定远和镇远在前。当两军距离越来越近时，刘总命令改变队形，从"人"字形变换成"丫"字形。这样整个阵线就乱了。战术上，自己的炮手开炮，误中指挥台，打伤了主帅丁汝昌。战场很壮烈，输得很窝囊。东方最强大的北洋水师就此覆灭。甲午战败，宣告洋务运动失败。

**戊戌维新**

孙中山说：中国人的真正觉醒，是在甲午战争后。甲午战败，证明"师夷长技以自强"的战略不可行。清朝政府的最高领导人光绪皇帝和社会精英都在思考和探究变法图强的新路线。康有为认为，我们的落后挨打，根源在政府管理体制上。日本就是一面镜子，并且老祖宗孔子也主张，政体是要与时俱进的。梁启超也说：洋务运动只知有兵事而不知有民政，只知有朝廷而不知有国民，只知有洋务而不知有国务，以为中国之政教风俗，无一不优于他国，不如人的，只是枪炮、轮船和机器。不懂得政体改革的重要性。如此这般，强国战略就从一味强调学习西方的工业技术，转向了改良国家政治体制。这就是维新变法的背景。

维新变法是探求现代化的第二个方案。该战略方案的主要设计者是康有为和梁启超，根本目标是要改良政治体制，即实行君主立宪制。康有为是个有战略头脑的人。他明白，维新变法要想做成，必须抓住两个关键：一个是孔子，一个是皇帝。抓住孔子，维新思想就能战胜守旧派。抓住皇帝，维新变法才能从上而下有力地推动。为此，他做了两件事：第一，写了《孔子改制考》，把孔子塑造成真正的改革家。第二，他不断上书给光绪皇帝，大讲维新变法才是强国救民之道。他说服了光绪皇帝并赢得了信任。维新变法的时间很短，总共也就百十来天，所以叫"百日维新"。戊戌维新时间虽短，但推出了不少新政，最重要有两项：第一，改革科举考试制度，即废八股文，改试策论。第二，改革行政机构，裁撤合并了很多政府部门，新设农工商总局，主抓经济建设。这两件事，砸了太多人的饭碗，结果，皇帝被囚禁，康梁逃到日本，六君子被砍头。维新变法在轰轰烈烈中就这样失败了。

### 三民主义、辛亥革命、共和政体

1905 年 8 月，孙中山在日本组织成立同盟会。在成立大会上，孙中山发表演讲："抛弃君主专制，选择地球上最文明的政治法律制度来救中国，把中国建成 20 世纪头号的共和国。"所谓"共和"，有两方面的意思：第一，国家和政府是公共的，不是私人的。政府应该为公众利益奋斗，而不能为私人利益奋斗。第二，国家权力机构的领导人，由选举产生并有任期制。同盟会的纲领是 16 个字，即"驱除鞑虏，恢复中华，创立民国，平均地权"。该纲领后来完善成为三民主义，即民族主义、民权主义、民生主义。民族主义的核心是民族平等。民权主义的核心有两个要点，一是人民拥有政权，即选举、罢免、创制、复决四权。二是政府拥有治权，即立法、司法、行政、考试、监察五权。政府治理国家，人民监督政府。民生主义的核心有三个要点，一是耕者有其田；二是节制私人资本，即私人资本不能操纵国计民生；三是从衣食住行四大方面持续改善民生。孙中山认为，实现三民主义要分三步走：军政时期，训政时期，宪政时期。军政时期，由信奉三民主义的政党领导军队夺取政权，扫清政治障碍。训政时期，由革命党精进地缔造宪政所必需的物质及精神条件。宪政时期，依照宪法来治理国家和社会。

同盟会创立后，组织了很多次推翻清政府的武装起义，但都失败了，直到 1911 年的辛亥革命。在中国历史上，有两次伟大的社会转型。第一次是由封建制转型为帝王制。此次转型，从商鞅变法开始，经过秦始皇，到汉武帝才定型。此后，这种大一统的帝王专政体制延续了两千多年。辛亥革命推翻了清王朝，结束了两千多年的帝王专政体制，建立了"中华民国"，开启了中国政治社会的第二次大转型，即由帝王专权体制转型为现代共和政体。此次转型，由孙中山开创，到 1949 年中华人民共和国成立才定型。

## （2）中国共产党找到了中国现代化的正确道路

辛亥革命，建立了"中华民国"，袁世凯当上了大总统。当了几年大总统，袁世凯觉得当总统不如当皇帝过瘾。于是在 1915 年 12 月 12 日，他宣布推翻共和，回归帝制，改"中华民国"为"中华帝国"。

奇怪了，为什么别人玩得挺好的东西，到了我们手里，怎么就玩成这个烂样子？中国的社会精英阶层，开始从更深层面思考和探索中国的现代化转型问题。如陈独秀所说："辛亥革命后，袁世凯复辟称帝，使中国的先进知识分子认识到，我们中国多数国民口里虽然不反对共和，但脑子里实在是装满了帝制时代的旧思想。如今要巩固共和，非先将国民脑子里所有反对共和的旧思想，一一洗刷干净不可。"鲁迅也说："最要紧的是改造国民性，否则，无论是专制，是共和，或者其他什么，招牌虽换，货色照旧，全不行的。"这就是新文化运动的缘起。所谓"新文化运动"，其根本追求就是转变观念、解放思想。

新文化主要"新"在四个方面：一是倡导民主，反对专制；二是倡导科学，反对迷信；三是倡导新文学，反对旧文学；四是提倡新道德，反对旧道德。

新文化运动的核心人物有：陈独秀、李大钊、蔡元培、胡适、鲁迅等。他们以《新青年》和北京大学为主要阵地，高举科学与民主两面旗帜，主张从思想文化下手，全面推动社会改造，为政治、经济、社会转型奠定牢固的思想文化基础。新文化运动引发了中西文化是非优劣的大论战。粗糙地说有两派主张，即全盘西化派和文化本位派。全盘西化派认为，中国的落后挨打，传统文化是主因。传统文化是实现现代化的最大障碍。因此实现现代化就必须抛弃传统文化，全盘接受西方文化。文化本位派与此相反。他们认为，没有了中国文化，我们还算是中国人吗？全盘西化肯定不行。建设中国本位文化才是出路。中西文化是非优劣是持久战。伴随着中华民族的伟大复兴，共识越来越多，结论也越来越清晰。

新文化运动大大地促进了中华民族的全面觉醒，它成就了五四运动。五四运动的最伟大贡献，就是中国共产党的成立。中国共产党以马克思主义为指导思想，以俄国为学习榜样，主张走社会主义道路，用社会主义的办法来实现中国的全面现代化。历史证明，这是最正确的选择，也是最有效的路线。

（3）李约瑟难题：中国科技为什么落后？

科学技术是第一生产力，工业文明始于科技革命。科学发现转化为重大的技术发明（如蒸汽机、电动机），重大的技术发明引发生产方式的革命，生产方式的革命促成社会的转型，这是人类社会发展的基本规律。如马克思所说："手推磨产生的是封建主为首的社会，蒸汽磨产生的是工业资本家为首的社会。"

李约瑟是研究中国科技史的头号权威。他是英国人，娶了个中国夫人。偏爱道家，学习养生，活得挺长寿。自称是"毛派基督徒""道家社会主义"。他研究发现，从公元前3世纪到公元15世纪，中国文明在获取自然知识并将其应用于人的实际需要方面，要比西方文明卓有成效得多。比如造纸术、指南针、火药、活字印刷术等。从公元6世纪到16世纪，世界重大科技成果中，中国的贡献一直保持在54%以上。但到了19世纪，这一比例降到了0.4%。对这样的事实，李约瑟觉得难以理解。因此他提出个问题：为什么近代科学和工业革命，是发生在欧洲而不是出现在中国？这就是著名的李约瑟难题。对此难题，长期以来有很多讨论。归纳起来大概有五种道理：

第一，中国的学问传统比较注重实用，而不太注重抽象的理论架构。因此我们的很多发现，只停留在经验阶段，没能抽象上升为理论。

第二，科举制度。科举制度是最重要的激励制度。"学而优则仕"，激励社会精英分子去做官。当官成了读书人的第一追求。科举考试的内容，主要是儒家经典，四书五经。这就是说，只要你懂四书五经，不必学逻辑和数学，也不用做实验，就可以考取功名，去当官。如此，读书人养成了引经据典的习惯，不必用数据说话，也不讲究逻辑。这样一种社会生态，科学当然没有办法发展。再者，科举制度下，科学发现和技术发

明的评价奖励机制，基本没有。

第三，数学的不足。数学是科学和技术的基础。我们没有欧几里得几何学，不擅长用数学来对自然现象进行描述和研究。由于没有合适的数学工具，对事物的研究偏重定性分析，而定量分析欠缺。李约瑟说：中国人不懂得用数字进行管理，不屑于定量管理。

第四，中国传统里面无推演式的思维方法。杨振宁说：近代科学有两套寻求自然规律的方法，一是推演法，二是归纳法。中华传统中有归纳法，可没有推演法。在科学研究中，推演法比归纳法容易。

第五，"天人合一"的观念，也妨碍了近代自然科学在中国的诞生。

## 3. 中国特色的现代化道路

### （1）中国特色的现代化道路

1949年新中国成立，结束了百年屈辱和百年战乱。中国人民从此站立起来了。站立起来的中国人，在一穷二白的农业大国开启了全面建设现代化国家的征程。那时，现代化有两种样板、两条道路，一是欧美的现代化样板，走的是资本主义道路。另一种是苏俄的现代化样板，走的是社会主义道路。我们选择了社会主义道路，学习苏联搞现代化的办法。在经历了曲折后，我们开始独立自主地探索符合中国国情的现代化道路。

什么是现代化（modernization）？现代化是一个高度综合的概念，有一系列衡量指标，包括很多方面，如经济工业化、政治民主化和法制化、人口城镇化等等，但最根本的是工业化。而工业化是一个持续演进的过程，有不同发展阶段。从18世纪工业革命以来，工业化经历了三个大的阶段：工业1.0，即蒸汽机时代；工业2.0，即电气化时代；工业3.0，即信息化时代。现在正在转向工业4.0，即智能化时代。这意味着，中国的工业化，要与时俱进，不能走西方工业化的老路。

中国的现代化过程，从经济社会体制和发展特点的维度，大体分两个阶段，政府计划主导的发展阶段和市场机制主导的发展阶段。两个阶段的关系，好比建楼房，政府用计划的方式，变更土地产权、拆除违建、三通一平，打好地基，然后用市场的办法来盖楼房。"两个阶段、两种体制，各有合理性和必然性，各自创造了史无前例的伟大奇迹"。

政府计划主导的发展阶段：此阶段是全面社会改造、全面社会建设和全面社会转型的阶段。主要有4大方面：政治革命和政治建设，经济革命和经济建设，社会革命和社会建设，文化教育革命和建设等。这一阶段从1949年到1978年，大约有30年。这期间，国家实行的是高度集中的计划经济体制，通过政府计划配置资源，全力推动现代化建设。其间制定实施了5个五年计划，启动了大规模工业建设，创建了一系列工业部门。开展了全民扫盲运动，脱盲人口以亿计。独立研制出"两弹一星"，使中国成为在世界上有重要影响的大国。到第五个五年计划完成时，在一穷二白的条件下，快速建立起独立自主的、比较完整的工业体系和国民经济体系。今天联合国产业目录中的所有产业，中国都有，这基础就是那时打下的。这为后来改革开放创造经济发展奇迹，积累了丰富知识和经验，打下宽厚坚实的基础。

市场机制主导、政府与市场两只手配合的发展阶段：从1979年开始，改革计划体制，转向市场配置资源的体制，由此开启了全面建设现代化国家的新征程。其间制定实施了8个五年规划，到十三五结束时，中国一跃成为全球第二大经济体、第一大制造国、第一大贸易国。我们用几十年的时间，走完了西方发达国家几百年走过的工业化历程。中国创造了举世公认的现代化奇迹。

中国人从没路的地方，从天荆地棘的地方开辟出中国特色的社会主义现代化道路。经过70多年艰苦卓绝的奋斗，中国人的现代化梦想成真，中国走完了发达国家几百年走过的发展历程，这是人类历史上的不二奇迹。70年的现代化道路，中国共产党领导中国人民创造了很多奇迹，中华民族迎来从站起来、富起来到强起来的伟大飞跃。

（2）中国现代化模式的四大特质

传统农业大国，百年战乱、百年屈辱，在这样的大背景下，如何搞现代化、如何追赶发达国家、如何成为现代化强国？曲折奋斗成全了世界瞩目的中国现代化模式。它有四大特色：

第一，中国共产党的领导。中国共产党是中国现代化事业领导核心和总设计师。没有中国共产党，就没有现代化的中国。中共是很独特的政党，表现在五个方面：一是有非常明确的宗旨、使命和愿景。宗旨就是为人民服务。使命是为人民谋幸福、为民族谋复兴。愿景是全面建成社会主义现代化强国。三是战略谋划能力和战略执行能力俱佳，通过五年发展规划，将国家的长期目标、中期目标、短期任务对接得很好。四是有超强的学习能力。中共是世界上罕见的学习型政党。学习型组织的 5 项修炼（共同愿景、自我超越、团队学习、持续改善心智模式和系统思考），每一项都有上乘功夫。五是有超强的自我纠错能力和无畏的自我批判和革命能力。总而言之，中国共产党是爱商、智商、情商、逆商都很高的组织。全心全意为人民服务使其有很高的爱商；民主集中制和群众路线使其有很高的智商；勇于批评和自我批评、面对大风大浪始终保持定力，使其有极高的情商；越是艰难困苦，越能表现出战斗力、创造力和凝聚力，表明其有极强的逆商。所有这些品质在很大程度上要归功于毛泽东的伟大。中国共产党的领导是中国成为现代化强国的根本。

第二，以人民为中心。现代化为什么？说到底就是为了让人民群众过上好日子，过上更好的日子。发展是为了人民，发展依靠人民，发展成果由人民共享。一切以人民为中心，这是中国共产党领导中国人民创造现代化奇迹的关键。共产党天不怕，地不怕，但敬畏百姓，看重民心，"始终要把人民放在心中最高的位置"（习近平）。减贫脱贫，消灭了贫困，持续改善民生福祉，人民群众有获得感、幸福感、安全感。新中国叫"中华人民共和国"，"人民"定义了国体，"共和"定义了政体，共和政体的精髓是民主集中制。为了让人民当家做主，共产党设计了一系列制度并且持续完善，如人民代表大会制度、多党合作和政治协商制度、统一战线等等。

第三，政府与市场两只手协调配合。正确处理政府与市场的关系，是中国现代化成功的又一重大关键。政府与市场的关系，就像阴阳太极图，相反相成，相克相生，你中有我，我中有你，但你还是你，我还是我。中国现代化过程的前30年，政府用计划体制推动现代化事业的发展，创造了国家快速工业化的奇迹。接下来的40多年，我们用市场体制来驱动现代化事业的发展。让市场在资源配置中起决定作用，更好地发挥政府作用。政府与市场两只手协调配合，因时而变，与时偕行，创造了举世瞩目的经济奇迹。

第四，以五年发展规划为主要抓手，统筹协调，全面推进现代化建设。规划提出发展目标和指标，制定发展策略，明确重大项目建设，然后细化落实。五年规划根据党中央建议制定，经全国人民代表大会批准后颁布实施，它是政府确定工作重点和履职的重要依据。从1953年开始到2000年，中国共搞了13个五年发展规划。每个五年规划，都是中国现代化建设成就的最显著路标。一个接一个的五年规划，一步步地迈向社会主义现代化强国的目标。

（3）最根本的是文化自信

什么是文化？文化的定义很多，但基本含义是以"文"化人。将理想的人文精神内化为人品、转化为言行、固化成习惯，这个就叫"以文化人"。文化的主要功能是塑造人们的思维模式、情感模式、语言模式和行为模式，对人的认知方式也有很大影响。中国文化讲"己所不欲，勿施于人"，美国文化是"己所欲，施于人"。两种文化造就了不同的思想行为方式。

文化大致有四种类型：精神文化、器物文化、制度文化、科技文化。精神文化具有超越时空的特点。轴心时代产生的四大精神文化系统传承了数千年，至今依然影响着全世界。器物文化、制度文化，其时代地域特点非常明显，比如建筑文化和服饰文化等。近代以来，西方的器物文化和科技文化优于中国，而精神文化方面，中国文化整体上优于西方。在制度文化方面，中国和西方各有特色和优势。西方的企业管理卓越，中国的家庭管理卓越。讨论中西文化的是非优劣，要细分文化类型，要明白文化有二重性。这里面的学问大得很。

几千年来，中国一直是头号文明大国和文化强国。但鸦片战争后的百余年，由于实力不行，总是挨打，屡遭屈辱，渐渐地失去了对自己文化的自信。崇洋媚外几乎是主流的社会心态。不论物质产品还是精神产品，只要是洋货，就想当然地认定比国货好。在学术界，很多人习惯于以西方文化为标准，来批判和否定中华传统文化。我们老祖宗创造的很多东西究竟怎么样，那得看西方人怎么说。二战时，有位美国军官和中国驻美武官聊天。美国将军问：你看过《孙子兵法》吗？武官说：看过。问：怎么样？答：早就过时了。美国将军说：大错特错。20世纪末，当我们听说美国将军、巴西足球教练、日本企业家都把《孙子兵法》奉若神明时，于是国内掀起了《孙子兵法》热。

习近平说："文化是一个国家、一个民族的灵魂。历史和现实都表明，一个抛弃了或者背叛了自己历史文化的民族，不仅不可能发展起来，而且很可能上演一幕幕历史悲剧。文化自信，是更基础、更广泛、更深厚的自信，是更基本、更深沉、更持久的力量。坚定文化自信，是事关国运兴衰、事关文化安全、事关民族精神独立性的大问题。"美国前总统尼克松写过一本书很有名，叫《1999，不战而胜》，书中说：当有一天，中国的年轻人不再相信他们的老祖宗的教导，不再相信他们的传统文化的时候，那我们美国人就不战而胜了。

文化自信包括三类：一是中华传统优秀文化，主要是儒释道文化。二是革命文化，即中国人民在革命斗争中形成的精神文化，比如长征精神、延安精神等。三是社会主义先进文化，主要是中国化的马克思主义，包括毛泽东思想、邓小平理论、习近平新时代中国特色社会主义思想、24字的社会主义核心价值观等。

文化自信需要文化自觉。所谓文化自觉，就是对本民族文化要有正知正见，要有自知之明。明白它的来历和形成过程，明白它的特色和发展趋向。所谓文化自觉，要反对两种极端，要么全盘西化，要么回归传统。所谓文化自觉，就是要统筹协调好文化的传承和创新，使之能够面向世界、面向未来。

中国文化是中国面向世界、走向未来的最大本钱。有人发明了一个计算综合国力的公式：综合国力 ≈ 物质国力 × 精神国力。物质国力包括经济力量＋军事力量＋人口＋国土面积。精神国力从1%—100%。这就是说，物质力量的发挥，受限于精神力量。如果一个国家的民众精神颓废、心力散乱，即使物质国力很强大，综合国力也不会强大。物质国力是硬实力，精神文化是软实力，两者的匹配度决定一个国家的综合实力，进而决定国家的竞争力和影响力。在中国历史上，唐朝的硬实力与软实力匹配度最好，元朝的硬实力与软实力匹配度很差，因此就分别成了强大的帝国、短命的王朝。

# 三、儒释道文化与文化自信

## 1. 中国传统优秀文化的三个代表

中国传统文化博大精深。所谓"博大"，即从物质生活到精神生活无所不包。比如吃的有八大菜系，穿的有中式服装，治病养生有中医中药，陶冶性情有诗词书画，精神修炼有儒释道，社会人生有诸子百家、经史子集。所谓"精深"，即文化的精巧和厚度举世无双。比如中国的二十五史，用纪传体巧妙方便地保存了几千年的民族历史记忆。博大精深的中国文化有三个优秀代表：一是汉字，二是中医，三是儒释道文化。它们是中华民族生生不息的吉祥三宝。几千年来，中华民族遇到过无数艰难困苦，但都挺过来了、走过来了，为什么？因为我们有汉字，有中医中药，有儒释道文化。

### （1）汉字

孔子说：上古时代，伏羲治理天下。他仰观天象，俯察地理，近取诸身，远取诸物，始作八卦。以通神明之德，以类万物之情（《易传》）。这意味着，汉字始于《易经》八卦，《易经》的思维方式，深深地影响了汉字的构造、语义和组词模式等。举例来说，汉字的组词模式，很多都体现了阴阳相反相成、相克相生的思维模式。如危机（机会都在危险中）、矛盾（进攻与防守是一枚硬币的两面）、祸福（祸兮福所倚，福兮祸所伏），再如是非、得失、进退、利害等通通如此。汉字到了东周末期，已经炉火纯青。读书人用方块字和文言文来辩论政事、表达情感，如鱼得水。看看《诗经》和先秦诸子的著作，自然就明白了。

秦始皇统一中国后，搞"书同文"，即文字统一改革。改革方向是推广隶书和小篆。由于隶书的书写效率极高，堪称方便，到了汉代，隶书已通行天下。汉朝兴起，尽废秦法，但隶书却沿用至今。这是一次空前绝后的文字革命，由隶书到楷书和行书，其字体变化微不足道。19世纪以前，汉字保存的人类文化，总量超过世界其他所有文字的总和。在今天的中国，四五岁的小孩能方便地阅读背诵两千多年前的诗文，这在世界上是独一的。

中国古人造字，用心极其深。仔细观察琢磨这些方块字的构造，能明白事理、启发智慧。因此说，汉字也是智慧的符号。比如"真"字，十分具体就是"真"。再看"假"字，从人，世界上一切假事都是人干的，真假只与人有关。繁体字圣人的"聖"字，由耳、口、王三部分组成。会说话、会听话的人，才可能是圣人。"武"字的构造是止戈为武。学武功，造武器，目的是制止暴力和战争。再看道德的"德"字：做人内心直而正即有"德"性。"贸"字，它由两部分组成：卯是时间，早上五到六点这段时间叫卯时。贝是金钱。做买卖赶早不赶晚，别错过时机。贸音通冒，做买卖有风险，等等。

汉字的组词能力超级强大：认识"电"字，与电相关的事物全都OK：电话、电灯、电报、电影、电视、电脑……认识一个"羊"字，与羊相关所有事物全都OK。拼音文字就不同了。

比如英文中，羊是 sheep，羊毛是 wool，羊羔是 lamb，羊肉是 mutton 等等，都是不同的单词，词汇多得令人烦心。

世界上的文字大体分两类：一类是字母拼音文字，如英文、法文、德文；一类是象形表意文字，如汉字。拼音文字，字随声变。这就为文字地方化和方言化开了方便之门。地方方言助长地方民族主义的兴起。罗马帝国灭亡后，欧洲人用 26 个拉丁字母，拼写出十几种语言文字来。拉丁文的方言化，增益地方民族主义的兴起。从此大一统的欧洲再无可能。汉语方块字与此不同。字不随音转。方言虽多，但字形字体不变。因为方块字是不能分拆重新组装的文字。这就产生了神奇的效果：虽然大家都说方言，但由于有统一的文字做媒介，使得今人与古人、不同地方的人，交流很容易，沟通很方便。"方块字是维系中华民族两千多年来大一统的大功臣，是我们'分久必合'的最大能源"（唐德刚）。文字、教育、政治具有内在一致性，它们是相互效力的。看文艺复兴后的欧洲，教育愈发达，方言就愈流行。方言愈流行，民族和政治认同就愈困难。

因此说，汉字是中国文化之根本，是中华民族的至宝。顺便说一句，方块字也是电脑输入速度最快的文字。

## （2）中医

中医是中国传统优秀文化的第二个代表。几千年来，中国人都是靠中医中药来治病和养生的。习近平说"中医药学包含着中华民族几千年的健康养生理念及其实践经验"。在中国传统文化中，中医的分量很重。毛主席说：中医是中国人对世界的一大贡献。

在中国文化中，治国、治人、治病的道理是一脉相承、融会贯通的。所谓"上医治国，中医治人，下医治病"。所谓"不为良相，便为良医"（范仲淹）。良相是治国的，良医是治人的。就治病而言，《黄帝内经》的观念是"上医治未病，中医治欲病，下医治已病"。"上医治未病之病，谓之养生；中医治欲病之病，谓之保健；下医治已病之病，谓之医疗。"

中医是生命智慧和生命艺术，也是生命哲学。它有四方面的意思：第一，中医治人，即中医是生命健康管理的学问。第二，中医治病，但"不治已病、治未病"，即中医重养生、重保健。第三，中医用药极其讲究和慎重，"是药三分毒"。开药方讲究"君药、臣药、佐药和使药"的搭配。中医认为，药只起辅助作用。第四，中医讲究"中正平和"，中、正、平、和这四点是中医防病治病和中医养生的根本原则（楼宇烈）。

中医的思维方式，即《易经》的太极思维方式。中医的理论框架，即阴阳五行干支。生命即阴阳。阴阳相反相成，其关系包括阴阳相对、阴阳互根、阴阳消长、阴阳转化、阴阳平衡等。阴阳失衡就会生病。五行即金木水火土五大类物质要素，它们对应于人的五脏、五味、五种情绪等等，五行相生相克。"相生"即相互滋生和相互助长。"相克"即相互克制和相互约束。如果五行相生相克过头或不及，就会破坏健康，导致病情发生。钱学森说：中医理论托附于阴阳五行干支的思维框架，这个框架了不起，因为它把复杂的关系明朗化了。当然它也有局限性，因为这个框架太僵硬了，所以中医名医还要靠临床经验。

中医和西医各有长短，有四个方面：第一，中医讲究人的思想、情绪、精神对人体有很大的反作用。著名医学科学家吴阶平对另一位科学泰斗钱学森说："医生要激发病人的心理功能，不然治不好病。"而西医是忌讳这些的。第二，中医重养生。不得病才是硬道理。西医讲卫生，治好病才是硬道理。两种理念引导的行为是不一样的。第三，中医不分科。中医治病，不会头痛医头、脚痛医脚，它讲究整体调适，标本兼治。西医是分科的，西医治病，就事论事。西医认为，人体就是一架机器，由各种器官（零部件）组成。零部件坏都可以换。第四，中医擅长宏观，认为人体是个复杂且开放的系统。看病治病着眼于整体，能避免微观方法的因小失大。西医擅长微观，即从细胞以及细胞内部的物理与化学过程看问题和解决问题。

中医药是个宝藏。毛泽东说："中国医药学是一个伟大宝库，应当努力发掘，加以提高。"习近平说：中医药学"凝聚着深邃的哲学智慧和中华民族几千年的健康养生理念及其实践经验"，是"中华民族的瑰宝"，也是"打开中华文明宝库的钥匙"。钱学森说：中医这个宝库，用现代科学技术打开后，能放出前所未有的光明。屠呦呦发现青蒿素是非常好的例证。

钱学森说：中医的前途是现代化。要走人体科学的路子。要用现代科学解读中医药学原理，要走中西医结合的道路。将来的医学，一定是中医与西医融合而成的新医学。

### （3）儒释道文化

中华民族几千年来，有个一脉相承的、至今从未中断过的学问传统，这就是儒释道文化。儒释道文化对中国的影响是长周期和全方位的，从日常的衣食住行用，到语言、文学、艺术、心理、思想、精神等无所不包。儒释道文化塑造了中国人的情感模式、思维模式、语言模式、行为模式，对认知模式也有极大影响。中国人的世界观、人生观、价值观、审美观等，无不刻着儒释道文化的烙印。儒释道文化对中国人的作用，南怀瑾有个形象比喻：儒家是粮食店，道家是药店，佛家是百货店。

自秦汉以来，中华民族就建立了中央集权的大一统治理模式。它由三部分组成：一是中央集权的政治体制，二是以家庭为基础的小农经济，三是以儒释道为指导思想的文化系统。高度集中的权力结构与极端分散的家庭经济，构成了社会的基本矛盾，而儒释道文化契合其中，协调着两者的运行。在实际运作中，儒释道三家是这样的："儒家偏重在朝，道家偏重在野。在朝讲孔孟，在野讲老庄。"（任继愈）而佛家是朝野都不缺席。离开儒释道文化，就不能正确理解中国社会几千年发展的大画面。

秦汉之前，中国文化是百家争鸣。百家争鸣，儒道胜出，成为中国文化的轴心。西汉初年，文帝和景帝用道家的思想来治国理政。到了汉武帝，接受了董仲舒的建议，正式把儒家确立为国家的指导思想。其实在社会上是儒道并用，以儒为主。东汉初年（公元60年左右），佛教由印度传入中国。在与儒家和道家的交流互动中，佛教迅速发展壮大。到隋唐时期，佛教就演绎出有中国特色的八大宗派，即"隋唐八宗"，如天台宗、唯识宗、华严宗、禅宗、净土宗、律宗、密宗等。在唐朝，儒释道三教并用、三足鼎立，合力支持大一统国家的有效运作。从宋朝开始一直到辛亥革命结束帝制，中国文化一直延续着以儒家为主体、儒释道三家共存并进的格局。

儒、释、道三家之间有矛盾、有竞争、有融合也有创新。中国历史上三教并立有两千多年，但从未发生大规模的宗教战争。所谓4次废佛运动，时间都很短，规模都很小。这与西方情况完全不同。在中国历史文化中，儒释道是"你中有我、我中有你"，当然"你还是你、我还是我"。这种现象在世界历史上，唯中国有。南北朝时期有个大德叫善慧菩萨。梁武帝经常向他请教佛法。一天，善慧菩萨穿着和尚的袈裟、戴着道士的帽子、穿着儒家的鞋子来见梁武帝。梁武帝见他这身打扮觉得怪怪的，便问道：你是和尚？善慧指了指帽子。梁武帝问：那你是道士？善慧指了指鞋子。梁武帝最后说，那你是儒生？善慧指了指袈裟。这就是"道冠儒履佛袈裟，会成三家作一家"。

为什么是这样？因为儒释道三家有共同价值取向：以人为本，以德为基，以心为归。所谓"以人为本"，就是儒释道既反对以"神"为本，也反对以"物"为本。所谓"以德为基"，就是儒释道都主张道德是社会良好秩序的基础。道德的根本是约束自己，与他人和睦相处。儒家讲"孝悌忠信、礼义廉耻"，讲仁义礼智信。佛家讲"五戒"，即不杀生、不偷盗、不邪淫、不妄语、不饮酒。讲"诸恶莫作，众善奉行，自净其心"。道家讲慈爱、讲节俭，讲"利万物而不争"等等。所谓"以心为归"，即做人的根本是修身修心。《大学》讲"自天子以至庶人，壹是皆以修身为本，其本乱而末治者否矣"。人生的终极追求是"止于至善"。

习近平说："中华文明5000多年绵延不断、经久不衰，在长期演进过程中，形成了中国人看待世界、看待社会、看待人生的独特价值体系、文化内涵和精神品质，这是我们区别于其他国家和民族的根本特征，也铸就了中华民族博采众长的文化自信。"

## 2. 儒释道文化与马克思主义

### （1）儒释道是中华文化的根脉

儒释道是中华民族的文化根脉和基因，它们共同塑造了中国人的思想方式、情感模式、语言模式和行为特征。儒家包括儒学和儒教，儒家有四大圣人，即孔孟朱王。孔子是儒家的祖师。孟子是儒学的集大成者。朱熹是理学的集大成者。王阳明是心学的集大成者。道家包括道学和道教，道教是地地道道的中国本土宗教。道家有三位大圣人，老子、庄子、列子。佛家包括佛学、佛法和佛教。释迦牟尼佛是始祖。佛教的圣人很多。仅汉传佛教就有隋唐八宗，每一宗都有自己的祖师大德。春秋战国时，中华文化是百家争鸣。到汉朝时，儒道两家胜出。东汉初年，佛教传入中国并且迅速发展壮大。到唐朝，儒释道三足鼎立，构成中华文化的大格局。

**孔子儒家**

儒家的中心是学做人、学相处，即学为君子。有三个基本点，一是如何修身，二是如何齐家，三是如何治国。严以修身，这是干事业、做管理、当领导的根本。儒家的人生追求是实现三大目标：明明德、亲民、止于至善。实行三大目标，修身是根本。严以修身，从内到外、从微观到宏观共有八个项目，即格物、致知、诚意、正心、修身、齐家、治国、平天下。

孔子儒家有三次大的改造，一是在汉朝，董仲舒结合阴阳家把孔子儒家改造为"汉代经学"，把儒家政治化、意识形态化。二是在宋朝，宋朝的朱熹，吸收了佛家和道家的思想，将儒家发展为"程朱理学"，推动儒家向儒教演化。三是在明朝，明朝的王阳明，吸收了佛教、道教的心性思想，将儒家发展为"阳明心学"，推动儒家向哲学系统演进。

从管理学看，儒家认为，道德是管理的总纲，是管理的最好抓手。儒家讲"为政以德"，讲"修身为本"，就是用道德来管理自己、管理家庭、管理国家。用道德规范来调节人际关系。儒家对世界的无比贡献，重要在人与人如何相处上。它提出了一系列普世的原则和规范，如己所不欲，勿施于人；如孝悌忠信、礼义廉耻；如仁义礼智信；如和而不同、讲信修睦、协和万邦、求同存异等等。

**老子道家**

道家的核心是"道法自然"，意思是做人做事不能违背自然规律（天道），要尊重自然规律，要按照自然规律说话办事。有四大要点：第一，如实认知自然规律（天道）。凡不是基于对规律正确认识的行为都是胡作非为，必定会受到天罚。第二，规律就是"道"，道就是规律。"道"有道理和道路两层含义。

规律的特点是自然而然。认知了规律就是掌握了道理，按照客观道理为人处世才是人生应走的道路。第三，认识规律并且按照规律办事，这是成为圣人的根本办法，也是人生应该走的正确路线。第四，人生成功有三大法宝：一是慈爱。"爱"是统领天地万物运行的最强大的力量。爱就是利而不争，不争利、不争功、不争名等。"功成事遂，百姓皆谓我自然。"二是节俭，少私寡欲。三是别主观主义和一厢情愿地做事。要向"道"学习，"道常无为而无不为"。以无为当基准去积极作为，以无事当基准去干事。道家也有三次大的改变。第一，两汉之前有所谓的黄老之学。第二，东汉的张道陵把老子的道家改造为道教，老子被尊为教主。第三，唐朝道家盛行，大量吸收了佛教的修行方法，发展为形态完整的中国宗教，即道教。道家对世界的无比贡献，主要在如何对待人与自然关系上，即人与自然要和睦相处，破坏自然必定摧残人类。所谓天人合一、天人不二。

### 佛陀的佛教和佛法

佛家的核心是转凡成佛、了生脱死。佛者，觉也。"佛"是觉悟的意思。转凡成佛就是从愚痴凡夫修炼成为觉悟者。人一旦觉悟，就能够从烦恼痛苦的压迫中解脱出来，获得自在。它有四个基本点：第一，见法悟道。所谓"见法"，就是看清楚生命的五个组成部分——身体、情感、思想、行动、认知等，都是因缘而生因缘而灭的。所谓"悟道"，就是明白八正道——正见、正思维、正语、正业、正命、正精进、正念、正定，是走向觉悟之道，是解脱痛苦烦恼之道。第二，精进修道，即依照佛陀教导的七大觉悟流程，精进修行八正道。第三，解脱证道。只要按照正确的流程和方法修行，修行者就会走向觉悟和解脱自在。第四，因缘法是佛家的根本。因缘法讲，生命的一切、世界的一切，通通都是在相互影响和相互作用中发生、存续、变异、灭去的。世界上的一切，没有独立存在者，没有自满自足者，没有最终主宰者，没有独善其身者。因缘果报是铁律。选择行善就得善报，选择作恶就得恶报。因此，"诸恶莫作，众善奉行"，永远都是人生最好的选择。为此，人必须"勤修戒定慧，熄灭贪嗔痴"。佛法是人生转型和提高生命品质的科学方法。今天，禅修在全世界都很流行，美国的硅谷就开办了很多禅修课。东汉初年，佛教从印度传到中国后，与儒家和道家互动互鉴，形成了儒释道三足鼎立的局面，成了中国文化的一支根脉。佛教对人类最伟大的贡献，是在身心关系的改造上。它为人生转型提供了科学的理论指导。

儒释道三家有很多共同点。在个人层面，都探求人生转型的道路，儒家是成圣，佛家是成佛，道家是成仙。儒释道都强调人要节制欲望、先公后私、大公无私、天下为公。在社会层面，儒释道都追求和谐社会和大同世界。在管理原则上，它们都认为道德是管理的根本，以文化人，先管好自己才能领导他人，领导组织等等。

### （2）孔夫子与马克思

孔子儒家与马克思主义都是人类历史上最伟大的思想体系和话语体系。马克思主义是外来的，孔子儒家是本土的。在中华民族伟大复兴的过程中，两者结下了很深的因缘。它们和而不同，相资相助。下面先说不同，后说相助。

马克思的理论逻辑是这样的：人要生活就必须生产。人们在生产活动中要建立关系即生产关系。生产关系是一切社会关系的基础和根本。在生产关系中，谁占有生产资料，谁就在生产活动和利益分配中处于优势地位。资本雇佣劳动，地主雇佣农民。因此人群就分为有产阶级和无产阶级。有了阶级就有剥削和压迫，因此而有阶级斗争。阶级斗争会唤醒阶级意识，因此无产阶级联合起来成立政党，推翻有产阶级的统治，建立无产阶级的政权，进行彻底的社会革命，因此而建立社会主义。社会主义实行生产资料公有制度，大力发展生产力，促进阶级走向消亡。剥削和压迫没有了。当生产力发展到很高水平，社会财富极大增长，就可按需分配。从阶级解放到全人类解放，这就是共产主义的目标。

孔夫子的思想逻辑是这样的：孔子说：有天地然后有万物，有万物然后有男女，有男女然后有夫妇，有夫妇然后有父子，有父子然后有君臣，有君臣然后有上下，有上下然后有礼义制度的安排（《易经·序卦》）。家庭是人类社会的根本。由家庭演化出五种人伦关系：夫妻关系、父子关系、兄姊关系、上下关系、朋友关系。无论社会如何变化，这五种人伦关系永恒存在。因此，社会的中心问题、人生的核心问题，是人与人如何相处、邻里之间如何相处、族群之间如何相处、国家之间如何相处的问题。人与人相处是一场修行，从天子到百姓，都应以"修身为本"。孔子儒家追求的理想社会是大同世界，天下为公。这样的社会，讲信修睦，选贤任能，对任何人都要设计社会保障。

马克思与孔夫子，不同而互补，抽象其大，列举四点：

第一，马克思有句名言：人的本质，在其现实性上，它是一切社会关系的总和。在一切社会关系中，马克思以生产为根本，聚焦于生产关系和阶级斗争，推动社会革命，消灭阶级，建立没有阶级统治的自由社会。与马克思不同，在一切社会关系中，孔子以道德为根本，聚焦于伦理关系和人格修炼，致力于思想行为、语言行为、身体行为的改造，建立大同社会。

第二，马克思发现了人类社会发展的普遍规律，生产力与生产关系的矛盾、经济基础与上层建筑的矛盾，推动社会向前发展。科技是第一生产力，重大的科学发现及技术应用，通常引发生产方式的革命，推动社会转型。孔子发明了人与人相处的普适道德法则。比如仁义礼智信，它们为人们之间、家庭、邻里、单位、民族、国家之间如何相处，提供了最好的规范。

第三，马克思的关键词是阶级和阶级斗争。阶级是个经济概念，划分标准是生产资料的占有关系。据此，人群分为有产阶级和无产阶级。人们的经济地位决定了他们的社会地位。孔夫子的关键词是小人与君子及其斗争。君子和小人是伦理学概念。划分标准是行为方式。关于君子与小人行为方式的区别，孔子论述很多，这里列举四点：①君子说话办事，用心中正，恪守中道，不走极端。小人相反，用心不中不正，爱走极端（君子中庸，小人反中庸）。②"君子成人之美，不成人之恶。小人反是。"③君子凡事都严格要求自己。有问题先反省自己，从自身找原因。小人永远都是要求别人，出了问题，从别人身上找原因（君子求诸己，小人求诸人）。④君子坦荡自在，小人忧惧不安（君子坦荡荡，小人长戚戚）。君子和小人是横贯阶级的。穷人阶级中有君子也有小人，富人阶级中也一样。

第四，从学问角度说，马克思最伟大的是他的政治经济学，其中心思想是社会革命、社会改造，其终极追求是创建共产主义社会，实现全人类的解放。孔夫子最伟大的是他的社会伦理学。其中心思想是学做人、学相处、修身为本，提高人的道德水准和精神境界。其终极追求是创建天下为公的大同世界。他们都是人类良知的践行者和守望者。

在马克思主义与孔子儒家的关系上，要明确反对两种错误倾向：一是"以马代儒"，二是"以儒代马"。在中华民族伟大复兴过程中，孔夫子和马克思，谁都不能少，谁都不能丢，丢了要吃大亏。孔子儒家几千年来一脉相传，它是中华民族文化的重要符号。毛泽东也说："从孔夫子到孙中山，我们应当给以总结，承继这一份珍贵遗产。"

### （3）儒释道文化与马克思主义结合融通

中国共产党是领导中国现代化事业的核心力量，马克思主义是其指导思想，而儒释道是其文化沃土。中国共产党、马克思主义、儒释道文化三缘和合，造就了中国特色的社会主义现代化，也将成就中华民族的伟大复兴。三缘和合的意思是：没有马克思主义，就没有中国共产党。如果共产党不能把马克思主义中国化，马克思主义也很难能在中国生根、开花、结果。儒释道文化是中华文化的根脉，它为马克思主义中国化提供了丰厚滋养。三者如果不能相互效力，三者中缺少任何一个，就不可能有中国特色的现代化和中华民族的伟大复兴。

三缘和合中，核心纽带是中国共产党。好比良种，得有人去选择和播种。20世纪初，在中国流行的西方思潮和主义很多。先知先觉的李大钊、陈独秀、毛泽东等，选择了马克思主义，并把它播种到中华文化的沃土里。中国共产党一直致力于把马克思主义与中国实际相结合。"中国实际"其实包括三件事，一是中国的社会现实，二是时代任务，三是中国的历史文化。中国共产党从中国社会的实际出发，结合时代任务，从儒释道文化中汲取了大量的思想、智慧和精神，形成了中国化的马克思主义，如毛泽东思想、邓小平理论、习近平新时代中国特色社会主义思想，用以指导中国的社会革命和现代化建设，指导中华民族的伟大复兴。

毛泽东思想的精髓和灵魂有三个大的方面，即实事求是，群众路线，独立自主。"实事求是"是悬挂在岳麓书院大讲堂的匾额。青年毛泽东在长沙读书时曾寄居此处。毛泽东用马克思主义的观点对它做了定义和解释："实事"是客观存在的一切事物；"是"是客观事物的内部联系，即规律性；"求"就是我们去探究。后来，实事求是被写入党章。再后来，成为中央党校的校训。再比如群众路线，这是共产党的领导方法和工作方法。它是唯物史观和儒家传统的有机结合。毛泽东多次讲：想解决问题就要到群众中做调查研究，学个孔夫子的每事问。

中国共产党可能是世界上最经典的学习型组织。学习型组织的五项修炼——共同愿景、自我超越、改善心智模式、团队学习、系统思考等，早在延安时期就已成型。那时，学习型组织理论的创立者彼得·圣吉还没出生。中国共产党人的好学乐学精神，和儒家传统是一脉相承的。看孔子《论语》20篇，开篇就说"子曰：学而时习之，不亦乐乎"，最后一篇的结尾说"孔子曰：不知命，无以为君子。不知礼，无以立。不知言，无以知人"。儒释道文化对中国共产党人的人品特征，如情感模式、思维模式、语言模式，行为模式乃至认知模型，有很深的塑造和影响。

儒释道文化与马克思主义在很多方面恰好是相辅相成的。比如马克思主义的目标是人类解放和人的自由。儒释道的目标是人生转型和行为上的解脱（随心所欲不逾矩）。马克思主义比较重斗争，包括政治斗争、经济斗争、文化斗争，特别是阶级斗争。儒释道文化比较重和谐，包括人与人的和谐、身与心的和谐、人与自然的和谐、民族之间的和谐、国家之间的和谐等等，所谓和为贵、和而不同、协和万邦等。

儒释道是中华文化的根本和灵魂，是马克思主义中国化的沃土，是国家综合实力中软实力的重要组成部分。中华民族的伟大复兴，需要马克思主义的与时俱进，也需要儒释道文化的传承创新。它们是中华民族面对百年未有之大变局的两套看家本领，这正是文化自信底蕴和底气。

## 3. 人类文明的三大难言之痛及破解办法

### （1）人类文明的三大难言之痛

人是万物之灵，发展出高等文明，但人类文明始终有三大难言之痛：一是天人交战，即人对自然的悖逆不轨导致生态环境的破坏以及大自然对人类的报复。二是人与人交恶互害，即人对人的悖逆恶斗导致自己的烦恼痛苦和社会生态的破坏。三是身心负向互动，即身心失调、负面的心理和情绪毁坏了人类的身、心、灵健康。对这三大难题的应对和解决方式，决定着个人健康幸福和人类的前途命运。

三大难言之痛，根子在人心，而人心问题，根子在无明和贪婪。如佛陀说的"无明为父，贪婪为母"，会制造出无尽的烦恼痛苦和灾难来。什么是"无明"？它包括了无知偏见、邪知邪见等。无明表现在三大错误主张上：第一，在人与自然的关系上，主张人是万物的尺度，自然界的一切都由人来定价，唯人独尊，即所谓的"人类中心主义"。第二，在人与人的关系上，主张唯我独尊的个人主义，并且把权力、财物、名望等身外之物，作为量定自我价值的标准，即所谓的"自我中心主义"。第三，在人的身心关系上，心为身奴，全部心思都用在满足身体欲望上。

什么是"贪婪"？实际需要的不多，想要的太多。要不到就怨恨恼怒烦，受种种苦，遭种种罪。贪婪表现在两个方面：一是"最大化"，二是"不知足"。所谓"最大化"，就是最大化自己的利益，或者最小化自己的付出。为了那个最大化，经常不择手段，经常突破道德底线。所谓"不知足"，就如清朝人写的那首打油诗："终日奔波只为饥，方才一饱便思衣。衣食两般皆具足，又想娇容美貌妻。娶得美妻生下子，恨无田地少根基。置得良田千万顷，出入无船少马骑。槽头扣了骡和马，叹无官职被人欺。县丞主簿还嫌小，又要朝中挂紫衣。做了皇帝求仙术，更想登天跨鹤飞。若要世人心里足，除非南柯一梦西。"甘地说：地球可以满足每个人的需要，但不足以满足每个人的贪欲。无明＋贪婪，必定扭曲人与自然、人与人、身与心的关系。

### （2）儒释道的祖传秘方

如何破解人类文明的这三大难言之痛？儒释道文化里有祖传秘方。这不是我说的。西方一些懂中国文化的大思想家和大科学家都如是说。汤因比说：19世纪是英国人的世纪，20世纪是美国人的世纪，而21世纪将是中国人的世纪。在21世纪，能够拯救人类劫难的，只有孔子儒家和大乘佛法。罗素说，道家清静无为和儒家追求伦理人格的精神，可以用来补救西方文化的偏倚之弊（诺贝尔文学奖颁奖辞）。1988年，西方75位诺贝尔奖得主，在巴黎发表共同宣言说："人类如果想在21世纪生存下去，必须向孔子寻求智慧。"普里高津是诺贝尔化学奖获得者，他说"中国文明具有了不起的技术实践，中国文明对人类、社会与自然之间的关系，有着极深刻的理解"。

中国文化的祖传秘方是什么？概而言之，就是天人合一、自他合一、身心合一。所谓"合一"就是不二。天人不二、自他不二、身心不二。就是说，不能把人与自然、人与人、身与心看成是相互对立的两个场景，分别开来思考，用零和博弈的办法来对待。相反，应把它们看成是相克相生、相辅相成的命运共同体，用双赢多赢的办法来对待。它们之间是你中有我、我中有你、你离不开我、我离不开你的依存关系。伤害对方，必定损害自己。

### 人与自然的关系：天人合一

中国文化中"天"有四性：物质性，自然之天；主宰性，命运之天；道德性，义理之天；最后是规律性。所谓"天人合一"，大致包括这四个方面：第一，天为父，地为母，天地生养了人类。人类遗传了天地的基因，天人相应。天地就是自然。破坏自然就是损毁父母。第二，天命与人生是贯通的。第三，天道是人类道德的最终根据，探究天道以发明人道。第四，人应认识规律并按照规律办事。所谓"天人合一"，就是敬畏天道、顺应自然，向大自然学习规律，与自然和谐共生。

《庄子》中有一则寓言故事，讲两个聪明人是如何把自然大帝搞死的。故事说：南海有个大帝叫儵，北海有个大帝叫忽，中央有个大帝叫浑沌。一天，南帝和北帝来到浑沌大帝那里做客。浑沌好吃好喝招待了他们。临走前，儵帝和忽帝商量，如何报答浑沌大帝。他们说：人都有七窍，所以能看，能听，能吃，能呼吸。只是我们这浑沌大帝没有。于是决定给混沌大帝开窍。每天打一个洞，"日凿一窍，七日而浑沌死"。这个故事的寓意太深刻、太玄妙了。地球给了我们人类太多的恩惠，作为回报，我们到处在地球上破土挖洞，搞得百孔千疮，破坏了大自然的生态……人类破坏自然，自然也在报复人类。

钱穆是名副其实的国学大师。94岁那年，他开悟了。悟到了什么？悟到了"天人合一"的人生境界。他说：人生与天命不是两个场景，它们是相互贯通的，不能分开对待。"天命"就表露在"人生"上。离开人生，无从讲"天命"。离开"天命"，也无从讲"人生"。因此中国人不需要在"天命"之外，另外搞一套宗教信仰。"天命"就是中国人的宗教信仰，是中国人的世界观和人生观。天生万物，万物中唯独人能走近天命，最能与天命和合为一，所以说"天人合一"。天人合一观，是中华文化对世界人类未来求生存最伟大的贡献。西方文化把人生与天命（自然）分作两个完全不同的场景来思考和对待。自然是自然，人生是人生。天命与人生分别各有所归。此种观念，难得宇宙人生会通合一之真相。在这种观念的支配下，科学愈发达，对人类生存产生的不良影响也越大。

天人合一的观念是道家庄子提出的。庄子是开悟的人，他体验到天人合一的境界。因此说，天人合一不只是哲学观念，不仅仅是生态学理论，它更是一种人生境界，是实实在在的生命体验。体验的因缘场景虽然不同，但人们体验到的东西大体是一样的。钱穆晚年住在宾馆里突然开悟，体验到了天人合一的境界，那是一种场景。美国脑科学家吉尔·泰勒博士，左脑中风，右脑开悟，体验到天人合一，那是另外一种场景。但他们体验到的境界是一样的。

### 人与人的关系：自他不二

孔子儒家认为，人与禽兽不同。人讲伦理道德，禽兽不讲。因此，社会要想安定和发展，就必须用伦理道德来调节人与人之间的各种社会关系，包括政治关系、经济关系、文化关系、军事关系、家庭关系、邻里关系、民族关系、国家关系等。

人们的社会关系虽然多种多样且非常复杂，但最基本的是五种人伦关系：一是君臣关系（泛指任何上下级关系），二是夫妻关系，三是父子关系，四是兄弟姊妹关系，五是朋友关系。对于这五种人伦关系，儒家明确定义了如何相处的伦理规则：父子有亲，君臣有义，夫妇有别，长幼有序，朋友有信。所谓"父子有亲"，即父慈子孝，父母对子女要慈爱慈慧，子女对父母要孝敬孝顺。所谓"君臣有义"，即"义者，宜也""义者，谊也""义者，路也""义者，心之制、事之宜也"。上下级相处，是君子之交，彼此要守住义礼。下属要忠于职守，领导要以礼相待。所谓"夫妇有别"，即夫妻要分工要协调要配合好。所谓"长幼有序"，即兄弟相处，兄友弟恭，互相帮助。所谓"朋友有信"，即朋友相交，信用第一。社会中的其他关系，都可类比参照。比如民族关系，好比兄弟关系，所谓民族兄弟，兄长要照顾小弟，小弟也要尊敬兄长。比如国家关系，好比朋友关系和兄弟关系。所谓"四海之内皆兄弟"。在儒家的人伦关系中，绝对没有唯我独大、唯我独尊、唯我优先等观念。

儒家讲，人与人交往有五项普适原则，即仁、义、礼、智、信。所谓"普适"的，就是超时空、超领域限制的。比如处理政治关系，要不要讲仁义礼智信？当然要。处理经济关系、邻里关系、民族关系、国家关系等，都必须讲仁义礼智信。仁义礼智信是放之四海而皆准的道德原则。

人与人相处，根本是个"和"字，而"礼"是人与人和谐相处的门户。所谓"礼之用，和为贵"。儒释道都讲中和之道，都讲和而不同。人与人的竞争很正常，但要用"礼"（规矩理路）来调节规范。如此才能成就家庭和谐、社会和谐、民族和睦、世界和平。

仁、义、礼、智、信、和的践行方法是"忠恕之道"。一次，孔子叫曾参到他的办公室，孔子说：曾参啊，我告诉你，我的全部教法有个一以贯之的东西（吾道一以贯之）。曾参说"是的，我明白"。曾参出来，同学们问："老师给你讲什么了？"曾参说："夫子之道，忠恕而已。""忠"就是公正、不偏私，"恕"就是推己及人，就是"己所不欲，勿施于人"，就是"己欲立而立人，己欲达而达人"。

人与人如何相处就是一场修行。要善用其心，以心相交，才能行稳致远。星云大师说："以金相交，金耗则忘；以利相交，利尽则散；以势相交，势去则倾；以权相交，权失则弃；以情相交，情逝人伤；以心相交，静行致远。"

**身心关系：身心合一**

身心关系虽然神秘而复杂，但有一点是简单清楚的，即身心关系决定生命的品质。身心分离、身心负向互动、重身轻心、心为身奴，人生难得有健康幸福者。边吃饭、边看电视，心里还想着工作上的事，这叫"身心分离"。怨恨恼怒烦等引起身体诸多器官的功能性病变，所谓"恨伤心、怨伤脾、怒伤肝、恼伤肺、烦伤肾"。身体病痛的折磨，又会助长怨恨恼怒烦等心理情绪，这叫身心"负向互动"。拼命挣钱，然后花大价钱去整容美容，这叫"重身轻心、心为身奴"，人被脸累。

佛陀的佛法是整合身心的科学方法，它能帮助人走向觉悟，重建生命，提高生命品质。佛陀发现，人的生命由五个相互关联的部分组成：身体（包括眼、耳、鼻、舌、身、意）、情感、思想、决策行动和认知。这五个部分之间存在着极其复杂的互动关系。比如身体有病会影响情绪、思想、行为和认知等。反之亦然，人的认知也会影响自己的身体、情绪、思想和决策行动。身体有病，心里就难受，情绪会低落，思想受干扰。身体衰老，记忆力衰退，心境悲凉，进取心全无，这就是没有禅修功夫者的一般生活状态。

佛陀说，人的身心运作模式是这样的：六根与六境的因缘生六识，根、境、识三者因触而感，生起情感活动、思想活动、决策行动以及心智活动。在根境因缘生识的当下，不正思维，就会生出错误知见，即无明。无明导致身心负向互动、心为身奴、身心分裂，并进而生出无尽的烦恼痛苦。在根境因缘生识的当下，正思维，就会生出正见，正见能破除无明，使身心走向良性互动、身心不二。

如何做？佛陀教导人们按照七觉支的流程来修行。七觉支的流程如下：①念觉支→②择法觉支→③精进觉支→④喜觉支→⑤轻安觉支→⑥定觉支→⑦舍觉支。第一，念觉支：在六入处修因缘观，明见身心运作的真相和修行的真理，即所谓的"见法悟道"。第二，择法觉支：基于因缘法的正见，在六入处修习八正道。第三，精进觉支：持续且精进地在六入处修习八正道。修改、删除不善的心智应用程序，优化升级良善的心智应用程序。第四喜觉支和第五轻安觉支：如果修行得法，身体得到净化，心理也得到净化。心生喜乐、身体轻安。第六，定觉支：修专注力和定力，即制心一处的能力。旷世奇才苏东坡向禅宗大师请教修行方法，大师回答说：吃饭就是吃饭，睡觉就是睡觉。意思是，吃饭时心在舌识上，觉知我在吃饭。睡觉时，心在身识上，觉知我在睡觉。如能制心一处，那将无事不办。第七，舍觉支：即舍断贪嗔痴，身心彻底解脱（参看第4章）。

整合身心，从何下手？要从眼耳鼻舌身意"六触入处"下手。做法是这样：在根境因缘生识的当下，如理作意，住于正念，修八正道，生起正见，"正见生已，正志、正语、正业、正命、正精进、正念、正定次第而起。正定起已，修习者得正解脱"。比如在眼色因缘生眼识的当下，修八正道，在耳声因缘生耳识的当下，修八正道。在鼻香因缘、舌味因缘、身触因缘、意法因缘生意识的当下，修八正道等。

中国优秀传统文化中，蕴藏着解决当代人类面临的难题的重要启示。比如，关于道法自然、天人合一的思想，关于天下为公、大同世界的思想，关于自强不息、厚德载物的思想，关于以民为本、安民富民乐民的思想，关于为政以德、政者正也的思想，关于苟日新日日新又日新、革故鼎新、与时俱进的思想，关于脚踏实地、实事求是的思想，关于经世致用、知行合一、躬行实践的思想，关于集思广益、博施众利、群策群力的思想，关于仁者爱人、以德立人的思想，关于以诚待人、讲信修睦的思想，关于清廉从政、勤勉奉公的思想，关于俭约自守、力戒奢华的思想，关于中和、泰和、求同存异、和而不同、和谐相处的思想，关于安不忘危、存不忘亡、治不忘乱、居安思危的思想等。中华优秀传统文化的丰富哲学思想、人文精神、教化思想、道德理念等，可以为人们认识和改造世界提供有益启迪，可以为治国理政提供有益启示，也可以为道德建设提供有益启发。

PART

# 02

## 严以修身：由内明而外用

# 一、儒家的根本是学做人学相处

## 1. 从孔子的心路历程看人生修行

### （1）孔子的心路历程

《论语》中，孔子自道其心路历程，说了一段千古名言："吾十有五而志于学，三十而立，四十而不惑，五十而知天命，六十而耳顺，七十而从心所欲不逾矩。"

孔子没说他"为政于鲁，道不拾遗"（韩非子）。孔子当过鲁国的司法部长，其间社会很安定。孔子没说他培养了三千弟子，功名成就者七十多人。孔子也没说他删《诗》《书》、定《礼》《乐》、著《春秋》，以及如何向几十个国君提供治国理政的方案。这些名垂千古的事，他半个字都没讲。他只是讲了自己学做人的心路历程。

孔子讲自己心路历程的30多个字，绝对是微言大义。由于个人学养不同，人生阅历和境界的差异，对这段千古名言就有各种理解和解释。钱穆的理解：我十五岁时，始有志于学。到三十岁，能坚定自立了。到四十岁，对一切道理，能通达不再有疑惑。到五十岁，我知道什么是天命了。到六十岁，无论听到什么，都能明白贯通，不再感到于心有违逆。到七十岁，放任我心所欲，也不会有逾越规矩法度之处了。李泽厚的理解：我十五岁下决心学习，三十岁建立起自我，四十岁不再迷惑，五十岁认同自己的命运，六十岁自然地包容各种批评，七十岁时，心想做什么就做什么，却不违反礼制规矩。

**"十五志于学"**

15 岁明确了人生志向，把学做人当成自己一辈子的事业。看《论语》20 篇，开篇第一句就是"学而时习之，不亦说乎"。最后一篇的结尾是"不知命，无以为君子也；不知礼，无以立也；不知言，无以知人也"。如此开头、如此结尾，有很深的寓意。

观孔子一生，好学乐学，学做君子、学为圣人，一辈子不忘初心。孔子说自己经常是："终日不食，终夜不寝，以思无益，不如学也。"（《卫灵公》）《论语》有这样一个故事：叶公问孔子的学生子路：孔子是个什么样的人？子路没回答，回来告诉了老师。孔子说：你为什么不这样回答他：他这个人呀，发愤忘食，乐以忘忧，不知老之将至。你可以这样说老师嘛。

孔子所谓的"志于学"主要是三大方面：一是学谋生。《论语》中太宰曾感慨地说：孔老夫子是大圣人啊。他怎么有那么多的才艺？孔子听到后说：太宰了解我吗？我年少时穷苦，所以学了很多技艺。这些才艺对君子来说多了吗？不多的呀。二是学做人。一天，孔子问儿子孔鲤"学诗了吗"。孔鲤说"没有"。孔子说"不学诗，无以言"。隔了几天，孔子又问孔鲤"学礼了吗"。孔鲤说"没有"。孔子说"不学礼，无以立"。孔子办学，教"六艺"，教内圣外王之道。内圣外王之道是中国管理学问的精髓，是放之四海而皆准的管理学真理。管理好自己，才能管理好家庭、才能治理好你所服务的组织。三是践行仁义礼智信必须好学。有一天，孔子问子路：你听说过有六种美德和六种毛病吗？子路说"没有"。孔子说我告诉你：好仁爱而不好学习，毛病是愚蠢；好聪明而不好学习，毛病是放荡；好信实而不好学习，毛病是狭隘；好直率而不好学习，毛病是急躁（绞）；好勇敢而不好学习，毛病是闯祸；好刚强而不好学习，毛病是狂妄。好学才能避免德行走偏走歪。（《论语·阳货》）

## "三十而立"

三十而立，"立"个什么？儒家讲人生有三个安身立命的重点，即立功、立德、立言。这也是学做人的三大重心。30岁上下，是人生安身立命非常重要的一个时间节点。佛陀30多岁创立了佛法，耶稣29岁创立基督教。爱因斯坦二十六·七岁提出相对论。

孔子的"三十而立"包括立德、立功、立言。所谓"立德"，就是建立起了自己的人格，掌握了做人做事的礼制规范。礼制使人成立。所谓"立功"就是建立了自己的事业基础。30岁那年，孔子辞官不做了，创办了世界历史上第一所私立学校。教什么呢？教六艺，教管理学，即内圣外王之道。这比美国MBA早了2500多年。所谓"立言"，就是孔子边教书，边系统整理古代文献，如《诗经》《尚书》《礼》《周易》等。

## "四十而不惑"

四十而不惑。所谓"惑"就是迷惑、疑惑。不惑有两方面的含义，一是明白。无明会造成"困惑"。"不惑"就是明白了。明白什么了？对如何学为君子，心里明白了，不再感到有疑惑了。知之明而居之安。二是内心不再受情绪的困扰。《论语·颜回》中孔子说：爱某人时希望他长命百岁，痛恨他时又巴不得他马上死去。一会儿要他活，一会儿又要他死，这就是惑。四十岁的时候，孔子已经建立起强大的内心，完全能够管控自己的情绪了。孔子说"四十不惑"，孟子说"吾四十不动心"。

### "五十而知天命"：天人关系，搞明白了

所谓"知天命"就是知道"天命"与"人生"的关系了。孔子说"不知命，无以为君子"。不知天命，到达不了圣人境界。"天命"与"人生"不是两种场景，是一种场景的两个方面，不能分开。天命就表露在人生上。那什么是天命、什么是人生？所谓"天命"有两大特点：一是天生万物，人是其中之一。二是天命是必然，不能违背，只能顺应。所谓"人生"也有两大特点：一是人能认知天命。二是能把天命与人生和合为一。用现代名词说：第一，知道人是二重性存在，既受必然性（天）支配，又能发挥主观能动性；第二，发挥能动性，不断接近天命，实现天人契合，这才是生命的价值和意义。如果只信天，必定走向迷信。如果只信人，必定走向狂妄。"知天命"就是知道天命与人生的究竟关系，知道如何做才能到达天人合一境界。

### "六十而耳顺"

孔子50岁已知天命。达到天人合一的境界，那"六十耳顺"是什么境界？"耳顺"的字面意思就是，无论听到什么，

好听的难听的、赞扬的批判的甚至诋毁的话，心里不会疙疙瘩瘩，不会受到困扰障碍。

所谓"耳顺"，就是"知人"，就是听其言而知其人。孔子说：舜是有大智慧的人。他喜好问问题，善于考察别人浅近的言说，对听到的不善不好的言说隐而不论，对善的好的发扬光大，对过头与不及这两种极端意见，他都掌握，统筹综合后，用来治理社会和服务百姓。这就是舜之所以为大圣人的缘故吧（《中庸》）。耳顺，即好问好察，无论什么话都能听进去，都能入耳入心。知善知恶，隐恶扬善，心里通达无碍。这就是耳顺的境界。

六十而耳顺：为什么不说"六十而眼顺""六十而口顺"？耳是用来听人言的。全部《论语》的结束语是"不知言，无以知人"。学会听话，如朱熹所说："声入心通，无所违逆，知之之至，不思而得。"听其言而知其人，听某人说什么，就能无误地知道他是个什么人，这是很高的人生境界。

### "七十随心所欲不逾矩"

七十岁的时候，随心所欲地说话办事，主观能动性与客观必然性完全匹配与契合。这是天人不二的境界，是智慧与道德合二为一的境界，即人生的最高境界。70岁时，孔子达到了这样的境界。

细读《论语》就能体察到，离开天命就很难读懂孔子。孔子的人生即是天命，天命即是人生。孔子说过"没有人真的知道我啊"。子贡问原因，孔子说："我不怨天，不尤人，下学而上达，知道我的，只有天吧！"看孔子一生，经历过那么多挫折，栽了那么多跟头，受到那么多打击。自强不息，直到天人合一的境界。

孔子一辈子好学乐学，是活到老学到老的人生榜样。正如苏格拉底塑造了希腊文化"爱智慧"的特质一样，孔子塑造了中华民族"好学乐学"的品质。

### （2）学做人的两种价值取向

学做人，为谁学？孔子说："古之学者为己，今之学者为人。"西汉的儒学大家孔安国对此的解释是："为己，履而行之。为人，徒能言之。"什么意思？所谓的"为己之学"，即学习是为了最大限度地改进自己、完善自己，是为了做最好的自己，是为了实现自我超越。所谓的"为人之学"就不同了，学习是为了炫耀自己，是为了教训别人，从来就没想过自己去实行。为己之学，也就是君子之学。荀子说："君子之学也，以美其身。"

"为己之学"和"为人之学"是学做人的两种不同的价值导向。导向不同，所走的修行路线就不同。孔子主张"为己之学"。它引导我们把注意力转向自己的内心和言行，面对真我。那里才是心灵转化的出发点。由此出发，建立真正的自我，并通过人际交往互动，践行孝悌忠信，仁义礼智，实现自我转变、自我超越。"为人之学"，它的注意力在外面，他所追求的是如何出人头地、如何超越别人、如何战胜别人。为此，他总是盯住别人，渴望赢了他们。为此常常会不择手段，只要能赢就好。结果是，即使赢了别人，也彻底输掉了自己。

总之，这个"为己之学"，是君子之学，是内圣外王之学。佛家的说法是自觉觉他、自利利他、觉行圆满之学。如梁漱溟先生说的，"孔子的学问是反躬修己之学"。所谓"反躬修己"，就是做人做事先要求自己，先修正自己。己欲立而立人，己欲达而达人，己所不欲，勿施于人……这个"己"绝非一身之"己"，而是以天下为己任的"己"。孔子不是待在家里坐而论道的人，他50多岁了，还周游列国，为各诸侯国如何富民强国，贡献智慧。

孔子一辈子，做官时间很短，绝大部分时间是在办学当老师，主要教弟子们如何学做人、学做君子。这门课不好教。因为教人如何做君子，自己首先必须是样板。他的学生们在议论老师的为人时说：老师的为人，温、良、恭、俭、让。这五个字精准绝妙，孔子的君子气度跃然纸上。"温"就是为人温柔敦厚，不尖酸、不刻薄、不嚣张。"良"就是良善，对人对事抱持良心、良知，不心怀恶意。"恭"就是对人对事物有恭敬心，有谦卑心，不暴戾、不骄慢。"俭"就是生活简单，节制节俭。"让"就是谦让、忍让，待人宽厚。这种品格，本质上就是内圣功夫的在外流露，看得见、能感受。不是表演，不是作秀，那是深厚的人品修养。

孔子"十五志于学"，修学到五十岁而知天命。知天命那是君子的境界（"不知命，无以为君子"）。修学到六十岁，"六十而耳顺"，这是"知人"的境界。修学到七十岁，"七十从心所欲不逾矩"，这是圣人境界。

## 2. 君子有三大人格特质

### （1）智者不惑，仁者不忧，勇者不惧

孔子说"君子不器"。"器"是器具，凡是器具都有特定用途，如锅碗瓢勺各有用途。君子是人品，不是某种固定的角色。孔子说君子有三大人格特质：智、仁、勇。智是智慧，仁是仁爱，勇是勇敢，这三者很类似于西方心理学的智商、爱商、逆境商。"智"=IQ（Intelligence Quotient），"仁"=LQ（Love Quotient），"勇"=AQ（Adversity Quotient）。

孔子说："君子之道三，智者不惑，仁者不忧，勇者不惧。"学做君子就是要把君子的三大人格特质，内化为自己的情感和思想，外化为自己的言语和行动。仁、智、勇怎么做？孔子教导的方法是："好学近乎智，力行近乎仁，知耻近乎勇。"（《中庸》）

所谓"好学近乎智"，智慧源于好学乐学。智慧与知识不同。智慧是掌握使用知识的能力，它是个性化的，不能复制。智慧的定义是"不惑"，说话办事不疑惑才算有智慧。所谓"力行近乎仁"，有两方面的意思，第一，仁的特点是有爱心，仁者爱人。第二，仁的重点是切切实实地去做。光说不练那是假仁假义。孝顺父母、关爱他人、见义勇为等等，这是要身体力行的。所谓"知耻近乎勇"，也有两方面的意思：一是要"知耻"，要有反省精神；二是要有知错就改的勇气。

#### 智者不惑

什么是有智慧的人？孔子说"智者不惑"。这个定义实在是高明。"不惑"大体包括四层意思：第一，做人做事，什么

对什么错，心中清楚明白，没有疑惑。第二，不会被人迷惑。第三，不给别人制造疑惑。"子不语怪、力、乱、神"。谈论奇奇怪怪的事情，会让人疑惑。第四，一次孔子对子路说：子路啊，我告诉你什么是智慧吧。知之为知之，不知为不知，是知也。知道自己什么知道、什么不知道，这就叫有智慧。

关于什么是智慧，禅宗六祖也有一个定义："智者不起愚心，慧者善用方便。"真正有智慧的人有两个特点：一是起心动念，不颠倒妄想，不生愚痴心。二是做人做事，善用方便，把事情做成并且做好。

智慧不是知识。读书可以增长知识，但并不一定增长智慧。很多有知识的人呆头呆脑，一根筋，说话办事，一塌糊涂。智慧也不是聪明，聪明是记忆力好，反应速度快。因此佛陀对智慧的定义是"觉悟"。智者即觉者。什么是觉悟？破除无明和我见就叫"觉悟"。

**仁者不忧**

仁者为什么"不忧"？有四方面的理由：第一，"仁者爱人"。第二，仁者，恭、宽、信、敏、惠（《论语·阳货》）。第三，不怨天，不尤人。第四，约束自己，坚守做人做事的规矩（克己复礼为仁）。这四项如果能做到位，就无忧。

"仁者爱人"。爱有两个特点：一是发自内心，二是身体力行。看繁体字的"愛"，秃宝盖下面是"心"和"文"。爱要用心，以心交心，以文化人。这是人与人相处的根本原则。学做君子，一定要用心去爱人。孔子说：仁很远吗？不远啊，我想要就可以得到（《论语·述而》）。爱心就是利他心。孔子说："夫仁者，己欲立而立人，己欲达而达人。"曾国藩对此的发挥是："我要步步站得稳，须知他人也要站得稳，所谓立也。我要处处行得通，须知他人也要行得通，所谓达也。今日我处顺境，预想他日也有处逆境之时；今日我以盛气凌人，预想他日人亦有以盛气凌我之身，或凌我之子孙。常以'恕'字自惕，常留余地处人，则荆棘少矣。"

孔子说："苟志于仁矣，无恶也。"一个人如果真的爱人，那对好人要爱，对坏人也不必厌恶。像佛陀、耶稣一样，悲悯他、感化他、改变他。这样才算是真的有仁爱之心。假如看到不善者就讨厌，那为仁的境界还不算很高。

孔子的学生子张问老师如何是仁。孔子说：能践行五种德行就算是做到仁了。子张问哪五种，孔子说："恭、宽、信、敏、惠。恭则不侮，宽则得众，信则人任，敏则有功，惠则足以使人。"恭敬就不会侮慢人，宽厚才能得到人，信实才会有人可用，勤敏才会有功效，有实惠才能指挥动人。

无论得意还是失意、顺境还是逆境，说话办事，不埋怨天，也不怪罪于人。顺境时，要依靠"仁"来赢得成功，倒霉时，也要依靠"仁"来安然处之，所以无忧。克己复礼是践行仁爱的基本方法。"礼"通常有两层含义，一是规矩和规则，二是仪轨仪式。做人做事，说话办事，既要守住规矩，也要讲究礼仪。孔子说：恭敬而不懂规矩礼仪则会劳累，谨慎而不懂规矩礼仪则会怯懦，勇敢而不懂规矩礼仪则会乱来，直率而不懂规矩礼仪则会伤人（《论语·泰伯》）。做人做事，一定要注意礼仪。孔子说："君子无所争。如果必须竞争，那也就像是射箭比赛。相互作揖上场，比赛结束后，下来喝一杯老酒，聊一聊。"

孔子说：花言巧语奉承人，虚容假色取悦人，过分谦恭讨好人，这样的人，很少是仁者。

总而言之，内心有爱的人，对人恭敬、宽厚、信实，办事敏捷、给人实惠的人，不怨天尤人的人，守规矩懂礼仪的人，才能安详而无忧。

**勇者不惧**

孔子说：见义不为，那是无勇。反之亦然。见义勇为，那就是有勇。见义勇为，不做缩头乌龟，否则就是活千年，不过是千年的禽兽。勇敢必须由"义"来节制。孔子说："君子有勇而无义，就会犯上作乱；小人有勇而无义，就会做强盗。"如何勇敢是要好好琢磨学习体会的。孔子说：喜好勇敢而不喜欢学习，其毛病就是祸乱；喜好刚猛而不喜欢学习，其毛病就是狂妄（《论语·阳虎》）。

**（2）仁智勇三者的关系**

仁智勇三者关系中，仁爱是中心。智和勇要由仁来主导，由礼来规制。离开"仁爱"的勇敢和高智，必定给社会和他人带来痛苦乃至灾难。在孔子的弟子中，子路因勇而著名。但孔子对子路的勇敢多有批评。孔子说：好勇敢而痛恨贫穷，肯定会出乱子。对不仁的人极端地痛恨，肯定会出乱子（《论语·泰伯》）。又说："一朝之忿，忘其身及其亲，非惑欤？"

当然，要想真正做到仁爱，需要智慧，也需要勇气。孔子说："仁者必有勇，勇者不必有仁。"有仁德的人必定勇敢，勇敢的人不一定有仁德。有勇无智会送命，有勇无仁会乱来。勇敢要由仁爱和智慧来节制和掌控。

《中庸》说："好学近乎智，力行近乎仁，知耻近乎勇。"这是践行智仁勇的方法。三者相互效力，能增强君子的品行。

北京汇文学校是清朝末年开办的。它的校训是蔡元培题词："智仁勇。"孙中山在黄埔军校《军人精神教育》读本中说："军人精神有三要素：智、仁、勇。所谓智，就是能别是非，明利害，识时势，知彼己，然后左右逢源，无不如志。所谓仁，就是切实践行三民主义。所谓勇，就是有技能，始足应敌，又须明于生死之辨，乃不至临事依违，有所顾忌。能发扬这三种精神，始可救民，始可救国。"学校是干什么的？学校是塑造君子人品的地方。

## 3. 君子与小人有三大不同

在中国文化中，君子和小人有两种指称，一是指人品，人品好即为君子，人品不好就是小人。二是指社会地位，君子泛指领导人、管理者，小人泛指普通百姓。如"君子之德风，小人之德草"。两种指称，前者用得最广泛。

君子与小人是两种典型的人品类型。凡有人的地方，就有君子和小人。当然君子和小人是相对的，你中有我，我中有你。百分之百的君子就是圣人，人中少见。多数人在某些事上像君子，在另一些事上像小人。如孔子所说，君子没仁德的时候是有的，但没有一个小人是有仁德的呀。那如何是君子、如何是小人？君子与小人有四大不同：人生观及人生态度不同，义利观念不同，行为方式不同，说话办事的原则不同。通过对比，君子什么样、小人什么样，一目了然。

（1）人生观不同

君子人生观有两大特质，一是"自强不息"，二是"厚德载物"。君子的品行全都由此而出。所谓"自强不息"，就是通过不间断地战胜自我来强大自我。自强可不是通过战胜别人来强大自己。老子说的，"胜人者有力，自胜者强"。所谓"厚德载物"，就是通过厚实自己的道德承载自己的所有，如声望、财富、权力、家庭等等。道德是人生事业的基础，基础不牢，地动山摇。

君子的强是"自强"，即战胜自我。小人的所谓的"强"，就是不择手段战胜别人。有一次子路问孔子什么是"强"，孔子说："君子和而不流，强哉矫！中立而不移，强哉矫！国有道，不变塞也，强哉矫！国无道，至死不变，强哉矫！"向善不屈不挠，行善不避艰险，这就是"强"。小人不同，他们通常是得过且过、自暴自弃，遇到困境就破罐子破摔。孔子说：君子上达，小人下达。君子天天向上奋斗，小人天天向下沉沦。

小人缺德，表现在五个方面：第一，"心达而险"，头脑聪明，用心险恶，不走正道，专干坏事；第二，"行辟而坚"，行为邪僻还非常坚定。第三，"言伪而辩"，能言善辩，能把歪理讲得头头是道。第四，"记丑而博"，博闻强记，但所记住的，都是一些丑陋、怪异、荒诞、邪恶、不正经的东西。第五，"顺非而泽"，粉饰自己的邪恶行为，把它包装成很完美（《荀子·宥坐》）。

君子有敬畏心，小人没有。孔子说："君子有三畏：畏天命，畏大人，畏圣人之言。小人不知天命而不畏也，狎大人，侮圣人之言。""畏"是敬畏、敬服的意思。君子敬畏"天命"，小人不知天命也不敬畏。君子敬畏德高位重者。小人对待德高望重者，不仅不敬服，还戏弄、轻慢、嘲讽。君子敬服圣人之言，比如对《论语》《道德经》《阿含经》等，是认真地阅读、仔细地思考、切实地修行。小人不同，经常歪曲、批判、亵渎圣人之言。

在穷困潦倒时，如何是君子、如何是小人，看得最清楚。孔子周游列国时，在陈国断绝了粮食，随行弟子都饿病了。子路问老师：君子也有穷困潦倒的时候吗？孔子说：是呀。君子即使陷于困境，依然固守自己的志向，君子修道立德，不为穷困而改节。小人不一样了，遇到困境就会胡作非为。（子路问："君子亦有穷乎？"子曰："君子固穷，小人穷斯滥矣。"）

君子和小人的人生态度还有一点不同，即"君子役物，小人役于物"（《荀子》）。君子能掌控自己的欲望，不受物欲的驱使和奴役。小人就不同了，经常被物欲掌控和驱使。

（2）义利观不同

在义利问题上，小人永远是利益当头。君子不同，永远是道义优先。所谓的"君子喻于义，小人喻于利"。孔子说："君子怀德，小人怀土。君子怀刑，小人怀惠。"君子的心里，永远装着两个东西：一个是道德，一个是法律。小人呢，也是怀揣两个东西：一个是钱财，一个是实惠。君子求利，爱财有道。违背道德、违反法律的事情，绝对不做。小人就不一样了，道德不道德、法律不法律无所谓。只要有实惠就做，只要有钱就干。小人的信念是，万般皆下品，唯独利益高。为了利益故，法律道德都可抛。现代经济学的说法，小人是道德风险很高的人。他们经常利用自己的信息优势，想方设法占别人的便宜。为了最大化自己的利益，如钱财、权力、声望等，他们经常不择手段地损人利己。君子反是。

孔子说："发财和做官，人人所欲求。若用不正当的方法得到了，得到了也不安心呀。贫穷和卑贱，人们都厌恶。不用正当的方法摆脱，摆脱了也不安心呀。君子失掉了仁，还算什么君子？"（《论语·里仁》）君子也谋利，也想摆脱贫贱。但是，君子求富贵，会走正道，不会不择手段。手段不正当，就是得到想要的结果，也于心不安啊。所以孔子说"不义而富且贵，于我如浮云"。

### （3）行为方式不同

孔子说：内君子而外小人，这是君子的行为路线。内小人而外君子，这是小人的行为路线。孔子解释《易经·泰卦》时说："内阳而外阴，内健而外顺，内君子而外小人，君子道长，小人道消也。"内心光明，外表柔和。内心刚正，外表柔顺。外柔而内刚。君子的德性在成长，小人的德性在退减。在解释《易经·否卦》时，孔子说："内阴而外阳，内柔而外刚，内小人而外君子，小人道长，君子道消也。"内心阴暗，外在表现得阳光，内心软弱，外在表现得刚强。内柔而外刚。小人的德性在成长，君子的德性在消退。君子的行为像"泰卦"，所以人生道路越走越通达。小人的行为像"否卦"，所以人生的道路越走越不通。

孔子说"君子中庸，小人反中庸"。君子说话办事，善用其心，恪守中道，不走极端。小人就不同了，他们总是用偏心、用歪心、用邪心，就是不用正心。由于用心不中不正，因此说话办事，要么过头，要么不及，厚此薄彼，常走极端。比如说话，君子从来都不会乱说话，该说才说，不该说就不说。即使说话，力求说得恰到好处，简单明了。君子很少讲过头话，说偏激话。细心阅读那些有大成就的人，无不如此。小人相反，多言而躁，经常胡言乱语，不该说乱说一通，该说的也说不到点子上。

孔子说"君子泰而不骄，小人骄而不泰"。君子用心中正，行为表现得厚重自若而彬彬有礼。小人用心要么偏倚要么歪邪，行为表现总是傲慢粗野无礼。

孔子说"君子周而不比，小人比而不周"：君子用心中正，因此待人厚道周全，绝不搞团伙。小人用心不善，待人厚此薄彼，不公正也不周全。

孔子说"君子和而不同，小人同而不和"。君子与人交往，尽管别人的立场、观点、利益乃至信仰等，可能与自己不同，但照样可以和谐相处。小人就不同了，即使别人的立场、观点、利益及信仰与自己相同，也很难和谐相处。

孔子说："君子求诸己，小人求诸人。"（《论语·卫灵公》）君子善用其心，凡事都严格要求自己。小人用心不善，凡事总要求别人。假如出了问题，君子总是先反省自己，找自己的不足，勇于认错并且改正。小人永远都是要求别人，对别人求全责备，出了问题，从来不会检讨自己，总是把责任一推了之。

孔子说："君子成人之美，不成人之恶。小人反是。"君子用心中正，因此成全别人的好事美事，而不会帮助别人作恶、干坏事。小人与此相反。

君子为人处世、与人交往，开始的时候，其人品并不显然。但随着交往向深，君子品格就逐渐彰显出来（"暗然而日章"）。与此相反，小人为人处世、与人交往，一开始很像君子。但交往越多越深，君子品行就逐渐地消失不见了（"明然而日亡"），而小人的本性日益凸显。总之，君子用心中正，活得很坦荡。小人用心险恶，活得忧惧不安（君子坦荡荡，小人长戚戚）。

## 4. 学为君子有五大法门

儒家的根本是学做君子。学做君子有五大法门：一是向标杆人物学习。二是慎独功夫。三是行有不得、反求诸己。四是文质彬彬，在事上磨。五是忠恕之道。

### （1）找个榜样，向其学习

学为君子的最好办法，是找个人生榜样，向他学习，模仿其思想、语言、行为举止。每当遇到问题，扪心自问，榜样会怎么做？这个叫以心印心。通过经常对标，找出差距，持续改进自己。看古今中外那些功成名就的人，都是这样做的。孔子一生把周文王作为自己的人生榜样。投资圣人巴菲特也是这样做的，他说学做人最好的方法是找个英雄做榜样。

人生榜样不一定局限于一个人。孔子对子路说，学做人就是要学习不同人的优点，比如学臧武仲的智慧，学孟公绰的少欲，学卞庄子的勇敢，学冉求的多才多艺。智、仁、勇、艺，再加上礼乐修养，如此就可学成德才兼备的人（《论语·宪问》）。

榜样有两类，好的和坏的。孔子说：见贤思齐，见不贤而自我反省。见到好的，就应向他们学习，向他们看齐。看到坏家伙，要把他们当成反面教员，去自我反省。即使是好的榜样人物，他们也会有缺点，应该"择其善者而从之，其不善者而改之"。

### （2）慎独功夫

所谓"慎独功夫"，即独自一人时，在别人看不见听不到的地方，用心观察自己，诚实地面对自己的起心动念，省察自己内心情感的微细征兆，探究自己的真实想法和本来面目，进行自我批判、自我改进。儒家四书都强调要修炼慎独功夫，这是解决两面人问题的重要功夫。所谓"两面人"，即人前一个样，人后一个样。说的是一套，做的是另一套。没有定力的人，没有慎独功夫的人，都会程度不同地有两面性。

"慎独"功夫包括两个方面：第一，在独自一人时，不放纵自己，就像在大庭广众面前约束自己的言行一样。第二，在独自一人时，诚实地面对自己，用心去观察和检查自己的思想言行，是君子还是小人，以此不断地改进自我。慎独功夫修炼的目标是，情感、思想、言语、行为的一贯性。

《中庸》说："君子戒慎乎其所不睹，恐惧乎其所不闻。莫见乎隐，莫显乎微，故君子慎其独也。"这就是说，学做君子，就要在别人看见的地方坚守规矩，谨慎再谨慎。学做君子，就要在别人听不到的地方，坚守规矩，谨慎再谨慎。越是隐蔽的地方，越能看清楚自己的人品，越是细微的地方，越能彰显自己的人品。在看不见听不到的地方，人就容易干坏事。有人做过调查，问：假如你可以隐形，最想干什么？70%的受访者说抢银行。现在为什么到处都有摄像头？有如"十目所视，十手所指"，防止人们干坏事。

### （3）反求诸己

孔子说："射有似乎君子，失诸正鹄，反求诸其身。"学做君子像射箭一样，射不中，不能怪靶子不正，只能说自己箭术不行，要回到自己身上找原因。说话办事，永远都是要求自己，修正自己，改进自我，从不苛求别人。孔子说君子都有这样的修养，"不迁怒，不贰过"。凡事不迁怒于人，怨恨的心理也没有，并且不重复犯同样的错误。

孟子说："爱人不亲，反其仁；治人不治，反其智；礼人不答，反其敬。行有不得者，反求诸己，其身正而天下归之。"关爱他人却得不到他人的亲近，那就应该反省自己是否真做到了仁爱。管人管得不好，那就应反省自己是否真的有管理智慧。礼待他人却得不到别人相应的礼貌，那就应反省自己是否恭敬。爱人、治人、礼人以及做任何事，若得不到应有的效果，那就应该从自身找原因。这就是反求诸己。

所谓"诸己"是指自己的方方面面。孔子讲君子经常从九个方面思量反省自己："君子有九思：视思明，听思聪，色思温，貌思恭，言思忠，事思敬，疑思问，忿思难，见得思义。"第一，看，要反复思量看明白了没有、看明白了多少。

第二，听，要反复思量听清楚了没有，听清楚了多少，别偏听偏信。第三，脸色，要反复思量是否温和。脸色不能难看，脸色难看会把气氛搞得紧张不安。第四，态度，要反复思量是否恭敬。态度不可以骄慢和盛气凌人。谦谦君子，温润如玉。不能像炭火那样炽热，也不能像冰水那么寒冷，温温的，让人觉得舒服。第五，说话，要反复考量是否忠诚。有没有说妄语。做人不能口是心非，人前一套，人后一套。第六，做事，要反复思量是否敬业。做事必须认真，没有随随便便就能把事情做好的。第七，遇到疑难，要反复考量向谁请教，怎样请教。第八，如果生起愤怒，就要立刻想到麻烦困难就在前面。第九，看见所得利益，要反复考量是否符合道义。

### （4）在事上磨

孔子说"质胜文则野，文胜质则史。文质彬彬，然后君子"。"质"是事物实质或内容，"文"是人文，即给事物附加上思想观念。比如饮食男女，从实质看，古今中外并无不同，但饮食文化、男女相处的文化，古今中外很不一样。文明人与野蛮人的差别主要在文化。孔子说，做人做事，一方面，不能只看重实质内容而忽略了文化形式。质胜文则粗野、不文明。另一方面，也不能过分讲形式或仪式。比如你对某人并无真实感情，但用非常隆重夸张的仪式来欢迎他，这个就"文胜质则史"，现代名词叫"形式主义"。形式主义不是君子作风。将实质和礼仪、内容和形式相匹配契合，才是君子。文质彬彬，然后君子。

孔子说："君子之道，譬如行远必自迩，譬如登高必自卑。"学做君子，要从平常事做起，在事上磨炼。王阳明的《传习录》中有个故事说，有一天，陆澄（阳明的学生）接到家信，说儿子病危。陆澄忧闷不堪。阳明对陆澄说：此时正是修行用功的时机，若此时放弃，那平时讲学修行有何用？人正要在此等时机好好磨炼。父亲爱儿子，那是最真最实的感情，但自有个中和处（节度），过头即是私欲。忧苦太过，心已经失去了中正。因此必须调整适中才好。就如父母之丧，子女不能哭死才算是孝顺。天理自有分限，不可过头。

### （5）忠恕之道

学做君子有很多项目，如仁义礼智、孝悌忠信等等，其中有没有一个一以贯之的纲领？有，即忠恕之道。忠恕之道是仁道、是孝道，是为人处世之道。下面这个故事很著名也很精彩。一天，孔子和他的学生坐在那里禅思。孔子叫曾参过来一下。曾参过来后，孔子对他说：我的全部教法，有个一以贯之的东西（吾道一以贯之）。曾参心领神会，鞠了躬说"老师，我知道了"。一会儿，孔子起身离开。其他学生就问曾参：老师给你说什么了？曾参说：老师告诉我说，他的全部教法，有个一以贯之的纲领，那就是忠和恕（夫子之道，忠恕而已矣）。

什么是忠，什么是恕？从文字的角度看，"忠"字是心上有中，"恕"字是心上有如。《周礼》说"中心曰忠，如心曰恕"。意思是用心中正不偏就是"忠"，将心比心、推己及人就是"恕"。朱熹的定义是：尽己之心以待人叫"忠"，推己之心以及人心叫"恕"。由上可知，忠恕之道即是正确用心之道，善用其心之道。读懂自己的心，就可读懂别人心。人心大体相同，以心印心。

如何做到忠？做到忠的根本是诚实。诚实就是不欺骗。不欺骗别人，即待人以诚；不欺骗自己，即待己以诚。不欺骗自己是不欺骗别人的前提。连自己都欺骗的人，能希望他不骗人？忠于自己才能忠于他人。如何做到"恕"？将心比心，推己及人。现代名词叫换位思考。比如，我不接受别人在背后说我的坏话，那我也不在背后说别人的坏话。我不希望别人那样对待我，我也就不能用此方式对待别人。子贡问孔子："有没有一句话一辈子可以恪守奉行的？"孔子说：有啊，己所不欲，勿施于人（《论语·卫灵公》）。这是人类行为的黄金法则。己所不欲，勿施于人，这是中国文化基本的价值取向。己所欲，施于人，这是有些西方人的价值取向。比如认为自己的民主制度好，就不择手段地把它推广给别人。

经常问自己一些简单问题：假如我是父亲或儿子、我是丈夫或妻子、我是领导或下属……那我想得到他们什么样的对待？那我应该如何对待他们？对仁义礼智、孝悌忠信每一个项目都如此问，慢慢地就越来越像君子了。忠恕之道是学为君子的切实功夫，是通向和谐人际关系、和谐社会的大道。

# 二、儒家的修身路线图及方法

## 1. 儒家修身路线图

孔子儒家有三大主题：即为人、为政、为学。"为人"就是学习如何做个好人，"为政"就是学习如何治理好家国、当个好领导。"为学"就是学什么及如何学习。三大主题的核心，即如何学为君子。

学做君子是实实在在的修行，其修行的路线图包括三大目标、三大功夫、一个纲领。所谓"三大目标"，即明明德、亲民、止于至善。所谓三大功夫，一是内圣功夫，二是外王功夫，三是遍行功夫。所谓"一个纲领"，即修心至诚。参见下图：

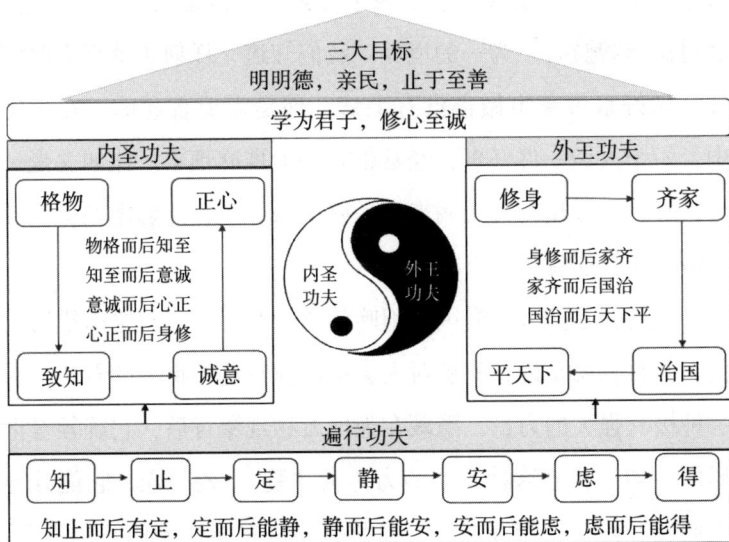

三大目标
明明德，亲民，止于至善

学为君子，修心至诚

内圣功夫

格物　　正心

物格而后知至
知至而后意诚
意诚而后心正
心正而后身修

致知　　诚意

内圣功夫　外王功夫

外王功夫

修身　→　齐家

身修而后家齐
家齐而后国治
国治而后天下平

平天下　←　治国

遍行功夫

知　→　止　→　定　→　静　→　安　→　虑　→　得

知止而后有定，定而后能静，静而后能安，安而后能虑，虑而后能得

## （1）修身路线图

人生即修行，修行有三大目标，即明明德，亲民，止于至善。什么是"明明德"？东汉大儒郑玄的解释是："明明德，谓显明其至德也。"第一个"明"是动词，有彰明显扬、照亮四方的意思。第二个"明"是形容词，形容道德聪慧或有智慧的道德。把聪慧的道德显扬于世、照临四方、教化家国、治理天下，这就是"明明德于天下"。

什么是"亲民"？亲民就是亲近人、关爱人、帮助人、善待人。从亲近关爱家人，到亲近关爱亲戚朋友……一圈一圈地扩大，直至无分别地亲近关爱对待一切人，不管是地位高的还是地位低的、不管是富有的还是贫穷的，只是无差别地关爱对待，这就是亲民。

什么是"至善"？简单地说，做好事做善事做得没有毛病，就是"至善"。"至善"包括两个要素，一是道德，二是智慧，是道德与智慧合二为一的境界。我们知道，任何事情都有两面性。做好事做善事做得没有毛病，那是需要智慧的。在现实中，一个人做一件好事，经常带来一大堆麻烦事。比如关爱子女，经常会爱出一堆毛病来。做好人做好事，能够做到负面效应最小化，那就叫"至善"。

至善也是至爱。爱因斯坦晚年给女儿写了一封空前绝后的信。大致意思是说：我想对人类谈谈我对这个世界的看法：有一种极其强大的力量，隐藏在天地万物现象背后，它统领着世界的一切。我把这种万能的力称为"爱"。爱是光，它能开导人们相互给予、相互接纳。爱是引力，它能让人们互相吸引。

爱是包容，它既能增长我们本来就有的好东西，也能接受人类隐蔽的利己主义。爱能开发，爱能显示。我们因爱而活，因爱而死。爱是神，神是爱。爱的力量可以解释一切，爱是生命的精髓，它给生命赋予意义。爱能降服仇恨、自私和贪婪，爱能降服一切。假如我们想要自己的物种得以存续，假如我们想要找到生命的意义，假如我们想要拯救世界，爱是唯一的答案。

### （2）细论修身路线图

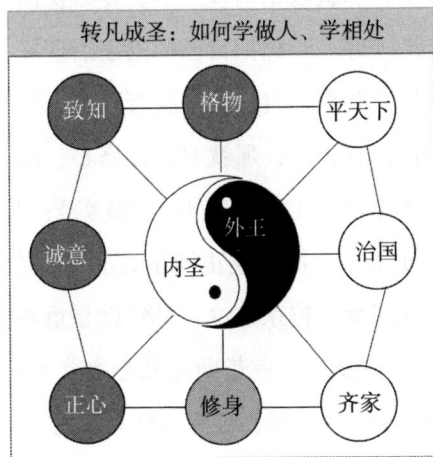

转凡成圣：如何学做人、学相处

### 内圣功夫和外王功夫

"内圣外王"是两套功夫。所谓"内圣"，即修炼自己、建立人格、培养人品。所谓"外王"，泛指干事业、做管理、当领导。先内圣而后外王，先内明而后外用。内圣是根本，外王是功用。由内圣而外王，这个次第顺序是不能错乱，不能颠倒的。

《大学》所说："古之欲明明德于天下者，先治其国；欲治其国者，先齐其家；欲齐其家者，先修其身；欲修其身者，先正其心；欲正其心者，先诚其意；欲诚其意者，先致其知；致知在格物。物格而后知至，知至而后意诚，意诚而后心正，心正而后身修，身修而后家齐，家齐而后国治，国治而后天下平。自天子以至庶人，壹是皆以修身为本，其本乱而末治者，否矣。"

什么意思？意思是：君子以"明德、亲民、至善"为己任。若有机会当圣王，那就以德治理天下。要以德治天下，那就先把自己的国家治理好。要想把自己的国家治理好，那就先把自己的家庭管理好。要想把自己的家庭管理好，那就先把自己管理好。要想把自己管理好，那就要好好修心，即"先正其心"，要想正其心，就要先诚其意（对自己要诚实）；要想先诚其意，那就要确立正知正见，而确立正知正见的关键在"格物"。什么是"格物"，"格"就是格杀勿论，"格"就是重新格式化。"物"是指私欲、贪心。"格物"就是断除私心贪欲（王阳明）。佛家的说法，格物就是修因缘观，破除贪婪和我见。

总的来说，内圣功夫的重心是修炼自己，建立人格。为此要修四个项目，即格物→致知→诚意→正心。所谓"物格而后知至，知至而后意诚，意诚而后心正，心正而后身修……"外王功夫的重心主要是干事业、做好管理、当好领导，也要修炼四个项目，即修身→齐家→治国→平天下。所谓"身修而后家齐，家齐而后国治，国治而后天下平"。这四个项目又可细分为九项修炼，即《中庸》上说的：凡为天下国家有九经，即修身也，尊贤也，亲亲也，敬大臣也，体群臣也，子庶民也，来百工也，柔远人也，怀诸侯也。

## 遍行功夫

《大学》上说："知止而后有定，定而后能静，静而后能安，安而后能虑，虑而后能得。物有本末，事有终始，知所先后，则近道矣。"知→止→定→静→安→虑→得，这是儒家的修心功夫，是内圣外王的前行功夫。传统解释称之为"七证"功夫。我给它重新起了个名字，即"遍行功夫"。意思是，这七个东西是一套神奇的程序，普遍运行于内圣功夫和外王功夫中。无论是修炼内圣功夫还是修炼外王功夫，都离不开它。它很像电脑或手机的操作系统。

由上可知，严以修身包括三套功夫，内圣功夫、外王功夫、遍行功夫。首先要修遍行功夫，即知→止→定→静→安→虑→得。修习多修习，可以成就定力和慧力。有了这个基础，再精进修行内圣外王的八个项目，即格物、致知、诚意、正心，修身、齐家、治国、平天下。修行的目标是要实现"明明德，亲民，止于至善"。所谓"止于至善"，就是能全心全意地为人民服务。

## 人生修行的总纲领：修心至诚

内圣功夫、外王功夫、遍行功夫，纵贯其中的纲领是"诚实"。诚实就是没有颠倒妄想，诚实就是真实无妄。"诚则明矣，明则诚矣。"诚实能使人走向觉悟，觉悟了也能使人变得诚实。宋朝大儒周敦颐说："诚是五常之本、百行之源。"就是说，"诚实"是践行仁义礼智信（五常）的根本，是一切道德行为的活水源头。如果心不诚，"仁"是假仁，"义"是假义，"礼"会蜕变成形式主义，"智"会变成玩花招、搞阴谋诡计，"信"会变成骗人的手段。用心不诚，一切行为都会走偏、走歪、走邪。

《中庸》说：唯天下至诚，能尽人之性，能尽物之性，可以赞天地之化育，与天地可以为叁。唯天下至诚能为化。至诚尽性，至诚如神，至诚不息。不诚无物。儒家的"诚者"，即佛家的"觉者"。修心到达"至诚"境界，儒家叫"成圣"，佛家叫"成佛"。

总而言之，儒家的这套修行路线，博厚且高明，是人生成功的大道，是做管理当领导的正道。古今中外，概莫能外。英国伦敦威斯敏斯特大教堂地下室，摆放着很多世界名人的墓碑，其中一块是无名氏的墓碑。上面刻着一行文字：当我年轻的时候，我的想象力不受限制，我梦想改变这个世界。当我成熟以后，我发现我不能改变这个世界，我将目光缩短了些，决定只改变我的国家。当我进入暮年后，我发现不能改变我的国家，我的最后愿望仅仅是改变一下我的家庭。但是，这也不可能。当我躺在床上行将就木时，我突然意识到：如果一开始我就着眼于改变我自己，然后作为一个榜样，我可能改变我的家庭；在家人的帮助鼓励下，我可能为国家做一些事情。然后……谁知道呢？我甚至可能改变这个世界。据说，年轻的曼德拉看到这篇碑文时，他突然开悟了。他说自己找到了改变南非甚至整个世界的金钥匙。回国后，这个志向远大、原本主张以暴制暴、填平种族歧视的黑人青年，顿时改变了自己的思想和处事风格。他从改变自己思想和行为开始，逐渐地影响和改变自己的家庭，进而感化和改变他的部族，进而改变他领导的政党。1994年，坐了27年大牢的曼德拉，成为南非的第一位黑人总统。经过几十年的奋斗，他终于改变了他的国家，并且影响了世界。曼德拉的故事是儒家修行路线的典型写照。

## 2. 遍行功夫：知止定静安虑得

任何修行都有两个层面，一是修心，二是修身。心是身的主宰者、是统帅。擒贼先擒王，修身先修心。修心就是降服其心，让它能堪当大用。修心挺难。王阳明说：破山中贼易，破心中贼难。难在什么地方？一般人不知道心长啥样，也不知道修心从何下手。

儒家的修心方法，就是《大学》说的"知止而后有定，定而后能静，静而后能安，安而后能虑，虑而后能得"。知→止→定→静→安→虑→得，这套修心功夫非常高明，很深奥微细。说它高明，因为它把修心流程定义得很清楚。说它深奥微细，是因为一般人不知道怎么操作。南怀瑾是大修行人，他的禅修功夫十分了得。他对这套修心方法心领神会。

知→止→定→静→安→虑→得，我们称它为"遍行功夫"。意思是它是普遍运行于内圣功夫和外王功夫中的一种殊胜程序，就像电脑的操作系统。无论是修炼内圣功夫还是修炼外王功夫，知→止→定→静→安→虑→得都是必需的。

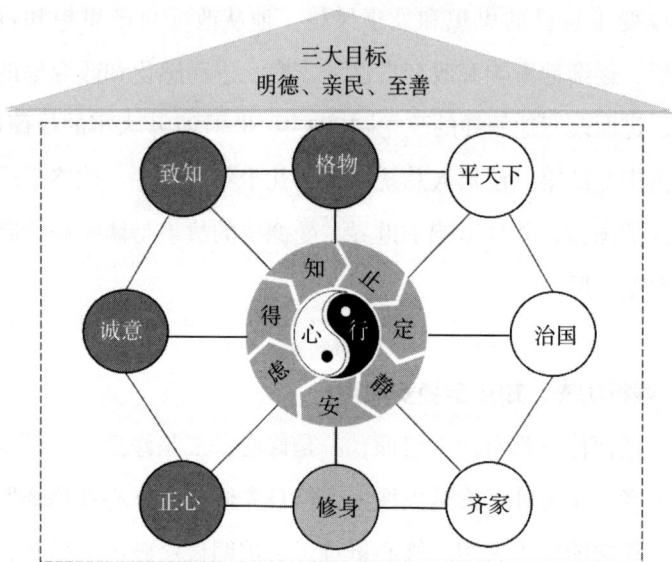

三大目标
明德、亲民、至善

知道如何把川流不息的心念锚定，这就是"知止而后定"。让心在锚定的范围内活动，它慢慢就会平静。这就是"定而后能静"。心很专注、很寂静，就会感觉到身心轻安，这就是"静而后能安"。当身心变得轻柔安稳时，就能进入静虑，即禅观。这个就是"安而后能虑"。禅观能使人看明白事物的真相和本末，这个就是"虑而后能得"。"虑而后能得"的"得"具体指什么？指践行"内圣外王之道"，先内圣，后外王。从内到外，即格物→致知→诚意→正心→修身→齐家→治国→平天下。这是人生修行和事业发达的自然次序，不能违背的。

### （1）知止而后有定

禅宗有句名言说："知之一字，众妙之门。"一语道破"知"的真谛。"知"是门户，什么门户？它是思想的门户，是情感的门户，是行为的门户……"知"也是善恶之门、是非之门、成败之门、苦乐之门……所以叫"众妙之门"。

"知止而后有定"的"知"是什么意思？有很多种解释。其实这个"知"是指良知（王阳明）。知道是什么（What）、知道为什么（Why）、知道怎么做（How），谓之"良知"。人有良知才懂得反躬自省、反观自心。

"止"是停留、安住的意思。让乱七八糟片刻不停的念头，安住在某一个对象上。佛学的名词叫"制心一处"。我们知道，一般人的思想和情绪，心猿意马，没办法管理。所谓"止"，就是找个"锚"，把这个不服管教的心固定住，好比弄个拴马桩子，把野马拴上。这叫"知止而后有定"。

儒家的"修止"，主要是伦理场景，也就是把心安住于普适的伦理原则上。"为人君，止于仁；为人臣，止于敬；为人子，止于孝；为人父，止于慈；与国人交，止于信。"（《大学》）

若是日常生活和工作，"知止而后有定"，就是今天常说的保持宏观定力。任你东南西北风，就是不动心。做人做事，心有定力，所谓"知止不殆"，这需要很高的觉知力。

知→止→定是个因果链条。"知"是觉知自己的起心动念，一个念头出现，马上能觉察到。"止"，将心安住在一个对象上，比如呼吸。"定"即是使心保持在同一个对象上不离开、不乱跑。

## （2）定而后能静

所谓"定而后能静"，是指心消除散乱之后的那种平静状态。好比把浑浊的水装到一个干净的玻璃杯中，水不流动了，这是"定"的状态。杂质慢慢地沉底，水逐渐变得清澈，这就是"静"的状态。心不散乱，心很专注，心很清净。此时，心的觉知力很强。

从"定"到"静"是这样的：首先将心锚定在一个东西上，如此就能限制住心乱跑乱动的范围。然后，心慢慢会变得宁静。然后，六根就慢慢变得清静。

（3）静而后能安

"静而后能安"的这个"安"，是指身心轻安。经过"定"和"静"的淬炼，心意到达这样一种状态：心意安稳，心不再有起起伏伏的波动。心身轻安的感觉生起，即感觉到身心轻柔空灵。"静安"是进入禅观的门户。

（4）安而后能虑

"虑"即观察思考。玄奘大师把禅观翻译成"静虑"，是由此而来。经过"知、止、定、静、安"的修心功夫后，猴子般的心已被降服。此时的心，能堪当大用，也就是能如实观察、实事求是地探究事物的真相。其实平常我们也有这样的经验：当心彻底安静下来后，想看，才看得很清楚；想听，才听得很明白，眼耳鼻舌身意的觉知力都有极大增强。此时是思考决策的最佳状态。

（5）虑而后能得

"虑而后能得"，"得"是"得明"，也就是"搞明白"的意思。借助禅观或静虑，搞明白了人生事业的本和末，即内明为本，外用是末。搞明白了人生事业的先后次序，内圣才能外王。具体说就是：要想使天下太平，先把自己的国家治理好；要想把国家治理好，先把自己的家庭管理好；要想把自己的家庭管理好，那自己就要严以修身。修身的关键是先正其心；要想正其心，必定先诚其意；要想诚其意，必定先致其知，而致知在格物，即清理自己的私心私欲。没有私欲才能认知事物的实相真相，认知到事物的实相真理，心意才能诚实。心意诚实心态才能端正。如此，心正而后身修，身修而后家齐，家齐而后国治，国治而后天下平。

知→止→定→静→安→虑→得，这就是儒家的修心系统。这里修心次第是不能错乱的。流程错乱，修不起来，不可能成功。

古今中外，名垂千古者，大体都是走这条路线。比如诸葛亮，我们看他的人生事业，看他的《隆中对》《出师表》《诫子书》，内明方可外用，内圣承诺外王，这全都在字里行间。

儒家与佛家的修心系统非常相像，核心要素有三个，并且是大致相同的，即道德——定力——慧力。在道德方面，儒家讲"明明德、亲民、止于至善"，佛家讲"诸恶莫作，众善奉行"。在定力方面，儒家把定力分为两个方面，一是"内明"的定力，因内心明白而心力强大，宠辱不惊。二是"外用"的定力，表现在对道德事业的专注力。佛家讲"定力"非常系统，比如四禅八定，每个级层的定力都有判别标准，很容易测试。不同的定力状态，人的自由程度不同，也就是抗诱惑、抗干扰能力不同。定力很浅的人，思想、情绪、决策基本由外力掌控。就像一台电视机，遥控器握在别人手里。在智慧方面：佛家的智慧，即因缘观、因缘法。儒家的智慧，即人生事业要知本末，知先后，即内明外用、内圣外王之道。

### 3. 严以修身：如何修炼"内圣"功夫

#### （1）内圣功夫要修炼四个项目

内圣功夫的重心是修炼自己、建立人品。修炼自己，包括修正自己的情感行为、思想行为、身体行为、言语行为乃至认知行为。"内圣"功夫有四个项目，即格物→致知→诚意→正心。所谓"物格而后知至，知至而后意诚，意诚而后心正，心正而后身修……"。

一个人如果真的想在社会上干点事，必须先修炼自己，建立人格品质。《大学》说：不管你是帝王还是百姓，壹是皆以修身为本。人格是根本，人品是根本，如果根本错乱，自己管理不了自己，想管理好家庭或管理好任何其他组织，想干成一点事业，从来没有过的事。这就是说，修身才是成就人生事业的根本。没有修身功夫，做人做事必定乱七八糟。如果当领导，必定祸乱组织。知道这个，就是大智慧。

#### （2）致知在格物，物格而后知至

格物致知是外王功夫的立足点，全部修行由此出发并贯彻始终。什么是"格物"，什么是"致知"？这是要命的问题。对它的不同定义，就有了不同的儒家学派，也就有了不同的修行路线。

朱熹对"格物"的定义："格"是探究，"物"是隐藏在事物中的道理。格物致知就是用天赋的认知能力，去探究外在事物的义理或真理。其目的是为了"明善"。这是一条由外而内、由真转善的修行路线。为人处世，首先要即物穷理、即事观理，然后存留天理，除去人欲（不善）。

王阳明早年崇信朱熹。朱熹说"物有表里粗精，一草一木

皆具至理"，他依照朱熹的教导，亲身去体验探究。一天，王阳明对着竹子坐下来，用心去探究（格物），坐了七天七夜，累得大病一场。含藏在竹子中的道理，一点也没有感悟。从此他对朱熹的理学路线产生了怀疑。此后的十多年，他苦苦思索，直到龙场开悟后，才完全搞明白。

龙场悟道，悟出了什么？王阳明说"心外无物"、"心外无理"，心物一元。他说："格物者，是格其心之物，格其意之物，格其知之物。""格物"即"正其非心"，也就是格去心中的私欲、物欲。因为私心、物欲会生出偏见，妨碍正知、良知。王阳明说"格物之功，只在身心上做"。

格物致知就是除去内心的私心和物欲，把心打扫干净，由此到达良知。这就是"物格而后知至"。打个比方：人心就像APP，个人经验不断被编程，如此内心里就有越来越多的应用程序，其中有很多是恶意程序。格物致知就是清除这些恶意程序，达到良知。这就是王阳明的心学路线。其特点是向内心探求，若能到达良知，君子圣人的品格自然建立。因此，修行的关键是要在革除私心物欲上下功夫。近观现代人的修行，多数人走的是朱熹的路线。由于求真不能至善，心被物转，物迷心窍，精神紧张且空虚。近年来王阳明大热，不少人推崇王阳明的修行路线。

以我自己的修行经验，用佛法解读和操作格物致知，很方便：根境因缘生识，根境识三者相互作用，就会生起情感、思想和行动。假如在根、境因缘生识的当下，如理作意、即正思维，生起正知正见。有正知正见，才会有正确思想、正当的情感、合适的行动。

内圣外王的八个修行项目中，从头到尾，一以贯之的，就是这个"格物"功夫。"格物"者，要格心中之物，格意中之物，格知中之物。

### （3）知至而后意诚

什么是"意"？心之发动处便是"意"。心发动后就会出现念头，这就是"意"。心与意的关系，就像工厂与产品的关系。"意"有好多种存在形态，如意见——个人主观的看法，意志——起心动念时隐含的志向，意气——起心动念时伴随着复杂的情绪情感，意欲——起心动念时掺杂欲望等等。我们平常为人处世，大部分的言语行为，都是在意气用事，都受意见左右，都受意欲驱使。

人一起心动念，就会有善恶，如阳明说的"有善有恶意之动"，这地方需要自觉，若能如理作意，那就是"诚意"，"诚其意者，勿自欺也"。这是《大学》对"诚意"的定义。起心动念时不欺骗误导自己。只有不自欺，才能做到不骗人。

用心观察就会发现，平常说话办事，真正做到既不自欺也不骗人的，不容易。多多少少都会夹杂一点自欺或欺人的东西。人的认知有主观性，受欲望的牵引。特别是经常受情绪的左右，有的时候，脾气一来，六亲不认，不管不顾，胡言乱语，胡作非为。所有这些都叫"意不诚"。

"诚其意"的关键在"诚"。对自己想要什么、想说什么、想做什么，明觉精察，心里清清楚楚，不欺骗自己。"诚则明矣"。"不诚无物"，骗自己、骗别人，一事无成。

## （4）意诚而后心正

意诚而后心正，"心正"就是用心不偏、用心不歪、用心不邪。什么东西使人心走偏、走歪甚至走邪？有五种情绪会使心不得其正。愤怒、恐惧、好恶、忧虑以及心不在焉。如《大学》所说："有所愤怒，心不得其正。有所恐惧，心不得其正。有所好恶，心不得其正。有所忧虑，心不得其正。心不在焉，视而不见，听而不闻，食而不知其味。"

人在愤怒的时候，能理智地思考和行动吗？人在恐惧、好恶、忧虑、心不在焉的时候，能理智地思考和行动吗？绝对不可能。当心思完全被情绪掌控，人就失去理智。学会处理自己的情绪，自主掌握情绪而不被情绪掌控，这就是"正心"的功夫，也叫修炼情商。

对自己的起心动念，如讨厌、愤怒、恐惧、心不在焉等，要能明觉精察，立即处理它们。怎么处理？喜怒哀乐之未发，谓之中。发而皆中节，谓之和。力求达到中和的境界。现实中，遇到悖逆的事情人很容易愤怒。小人物愤怒，最多就是坏了自己的小事情，有权力的大人物愤怒，则会毁了组织、毁了社会。愤怒就是一把火，会把你的所有烧个干净。看"怒"字的构成，心被奴隶。愤怒就是心被愤怒的对象所控制，心不能做主。很多有权有势的人在书房里挂一"制怒"的条幅，这就是提醒自己修炼"正心"功夫。有人引用孟子的话：文王一怒安天下。所以愤怒也有好的一面啊。看孟子上下文，这里的"怒"是指勇，智仁勇的"勇"，你别搞错了。现代流行的说法是"性格决定命运"。性格是什么？习惯性情绪。因此，是情商决定命运。

### （5）心正而后身修

格物致知、诚意正心，都属于修心，是思维修，是内修。所谓"修身"，主要是指修炼如何管理自己的言行。言语和行为属于说话办事的范畴，因此修身属于外修。

"修身"要解决的重点问题是什么？纠正五大心理偏差。它们是：亲爱、贱恶、畏敬、哀矜、傲惰。《大学》说：有所亲爱而辟焉，有所贱恶而辟焉，有所畏敬而辟焉，有所哀矜而辟焉，有所傲惰而辟焉。

因"亲爱"而产生言行偏差。一牵扯到亲情、爱情、感情，人们的认知、言行就会走偏，严重的会变态，会歇斯底里。理性良知通通被感情所扭曲。可人世间最难解脱的是亲情、爱情、感情啊。

因"贱恶"产生的认知和言行偏差。看不起、瞧不上，讨厌、厌恶、仇恨。这在经验上很平常。

因"畏敬"产生的认知和言行偏差。畏是畏惧、担心、害怕，敬是尊敬、敬仰、崇拜。人老了，怕病、怕死、怕动不了的时候没人管。另一种是迷信权威、崇拜英雄。比如敬畏领导者，明显领导错了，也愿意相信领导是对的。无论哪种情况，人的思想、语言、行为都会走偏。

因"哀矜"产生的认知和言行偏差。哀矜即怜悯心、同情心。因悲悯同情心而产生认知和言行偏差很多。

因"傲惰"产生认知和言行偏差。"傲"是骄傲，"惰"是不敬。傲慢和不敬会导致思想语言行为走偏。这方面的例子很多。

"修身"属于内外兼修的一个项目，是内圣功夫的落脚点，又是外王功夫的出发点。身不修，不可以齐家，不可以治国。因此，修身是管理家庭、治理社会和国家的基本功。

## 4. 严以修身：如何修炼"外王"功夫

### （1）修身与齐家

中国文化中，"王"有两层含义。第一，泛指某种活动的组织者、管理者、领导者。比如某孩子经常组织一帮小孩一起玩，叫"孩子王"。第二，泛指把小事情干成大事业的人。比如做豆腐卖豆腐本来是小本生意，但做大了的人就叫"豆腐王"。在儒家体系中，"外王"是指干事业、做管理、当领导。

什么叫当领导？当领导就是走在前面、干在前面，带领大家一起干事业。要想干成事业，要想当一个好的领导，修身是根本。管理之道，修身为本。没有修身功夫，想管理好家庭、管理好企业、管理好政府等，没有的事。

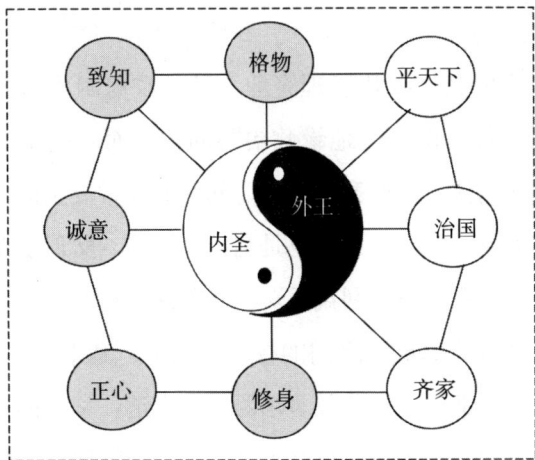

《大学》说：要想治理好国，首先要管理好自己的家。要管理好自己的家，首先要管理好自己。管理好自己，才能管理好家庭。管理好家庭，才可能管理好更大一点的组织。这是管理的次序，不能乱来的。家庭是社会的细胞。先"家齐"后"国治"，意在强调，家庭是人生事业的根据地。家里后院经常起火，哪有精力去干事业？因此儒家认为，齐家是组织管理的基本功。

"齐家"就是经营管理好自己的家庭。家庭管理微妙而玄通，其实是高难度的管理工作。儒家用"齐"字来定位和概括家庭管理的奥义，实在是妙不可言。"齐"字有很多意思，比如整理、整治；比如使一致、使同等；比如同时、共同；比如调配、调制等等。用"齐家"来概论家庭管理，意在凸显四个要点：第一，家庭成员齐心合力、分工协作配合好。第二，家庭成员要平等对待，不能用两把尺子来度量。第三，见德思齐，向有德行者看齐。第四，家庭整齐有序，不能参差不齐、乱七八糟。

管理家庭其实要比管理企业、管理政府困难得多。企业是利益共同体，国家的地缘政治共同体，而家庭是血缘、利益、感情共同体。因此家庭成员之间有着非常复杂的关系。夫妻是情感关系、契约关系，也是利益共同体。父母子女是血缘关系、亲情关系，还有利益瓜葛。兄弟姊妹是亲情关系，有利益瓜葛。并且家庭成员之间的权利与义务，基本是不对称的。因此一个问题常常纠缠着很多东西。常言道：家家都有一本难念的经。唐朝高宗年间山东有个张公艺，他管理着一个由九代人组成的大家庭。有一次唐高宗路过他家，问他有什么秘诀，能使九代人一起吃大锅饭。张公艺提笔一连写了一百个"忍"字。忍耐和包容虽然是管理家庭的重要办法，但也只能说是办法之一。

中华民族是农业文明达到巅峰的民族。农业文明的组织基础是家庭。因此，如何管理好家庭，靠的是中国人丰富的管理经验和管理智慧。简单地说，管理好家庭有三大法宝和六项基本原则。

管理好家庭的第一大法宝是，人品服众的大家长。家长以礼治家，以身作则，以德服人。家庭成员都信任他。第二大法宝是家规、家训，即家庭管理规约。第三大法宝是祠堂和家谱。祠堂摆放着祖宗的牌位，是家庭成员宗教活动场所。家谱记载了本家族的世系繁衍、迁徙轨迹、家规家训等。看家谱，就知道自己的根系血脉，知道自己是从哪里来的。家谱和祠堂互为表里，团结和凝聚着家人。

管理好家庭有六项基本原则：第一，订立规矩。有规矩，家人的行为就有所遵循。有规矩，后悔和麻烦的事情能极大减少。第二，夫妻要分工配合。第三，家庭管理要宽严相济、以严为主。宽松不失礼节，严谨不能让家人感到紧张压抑。第四，全家人要相亲相爱，要营造融洽和乐氛围。处理家庭矛盾，要以和为贵。第五，当家长的要严格要求自己，为家人做出表率。家里出了问题，不能抱怨、甩锅、推诿。第六，用礼法治家。"礼法"是融合了道德、礼仪、规矩的一整套行为规范。

### （2）干大事的九项修炼

孔子说：要想干大事业，要想做一个好领导，需要九项修炼：一是修身；二是尊贤；三是亲亲；四是敬大臣；五是体群臣；六是子庶民；七是来百工；八是柔远人；九是怀诸侯。修身则道立，尊贤则不惑，亲亲则诸父昆弟不怨，敬大臣则不眩，体群臣则士之报礼重，子庶民则百姓劝，来百工则财用足，柔远人则四方归之，怀诸侯则天下畏之。

鲁哀公问孔子怎么做？孔子说：齐明盛服，非礼不动，所以修身也；去谗远色，贱货而贵德，所以劝贤也；尊其位，重其禄，同其好恶，所以劝亲亲也；官盛任使，所以劝大臣也；忠信重禄，所以劝士也；时使薄敛，所以劝百姓也；日省月试，既廪称事，所以劝百工也；送往迎来，嘉善而矜不能，所以柔远人也；继绝世，举废国，治乱持危。朝聘以时，厚往而薄来，所以怀诸侯也。这九条是治理天下国家的经典原则。要把它们真正做到位，根本说，就是一个"诚"字（《孔子家语》《中庸》）。我用下表（P122）分析其微言大义，并挑选前五条做一些简单的解释。

第一是修身："修身则道立"，人品不好，在社会上立不住、站不稳。修身要内外兼修。这里是外王功夫的修身。"齐（斋）明盛服，非礼不动。""斋明"是指清除心里的贪欲杂念，使心变得干净而明亮。"盛服"是指衣冠干净整洁。"齐明盛服"的意思是，从心里到外表，干净而整洁。"非礼不动"是指不做任何不合规矩的事。现代名词叫干净、担当、守规矩。这是修身的方法。

第二是尊贤：为什么要"尊贤"？"尊贤则不惑"。身在领导高位的人，经常会有各种困惑。遇到困惑怎么办？放下身段，向有德行有学问的人请教。向人请教也是一门学问。注意事项是"去谗远色，贱货而贵德"。一是不听信谗言。谗言就是"小话"。"小话天天有，最近特别多"。领导爱听小话、爱听小报告，所以特别多。小话、小报告有真有假，核实起来费劲，所以"去谗"并不容易。二是远离女色。三是对贤者不能吝啬，向人家请教，你就不能太小气。四是让贤者有尊贵的感觉。这些是尊贤的方法。

第三是亲亲：领导者如何处理好亲戚朋友关系？亲戚关系处理不好，会怨恨一片。"亲亲则诸父昆弟不怨"。不怨恨是个标准。对于亲戚朋友，领导者既不能用手中的权力关照他们，又不能割断亲情，不理不睬。怎么办？办法是"劝"，期望是"不怨"。具体做法，就是"尊其位，重其禄，同其好恶，所以劝亲亲也"。这个"劝"字很妙，有劝导、劝勉、劝诫、连哄带劝等意思，也有勉励、鼓励、奖励的意思。劝亲戚朋友是一门艺术。既不能不讲道理，也不能全讲道理。尊其位——对亲戚朋友，不管他们是干什么的，一律尊重。重其禄——给他们一些钱财方面的帮助。同其好恶——别表现得和他们不一样。

第四是敬大臣："敬大臣则不眩"。"眩"就是头脑发昏、眼花缭乱、晕头转向。当领导的，身处高位，看问题、做决策，难免头脑发热、头昏脑眩。因此，领导者要礼敬和信任自己的左膀右臂（敬大臣），给他们履行职责充分授权。对自己的左膀右臂，切忌用之如牛马，防之如盗贼。这是避免自己头脑发热和勉励大臣尽职的方法。

第五是体群臣："体群臣则士之报礼重"。"群臣"是指核心团队之外的所有成员。"体"是体验、体察、体谅、体贴、体恤。当领导要经常体验员工的工作和生活实际，体谅他们，帮助他们解决实际问题。如此他们就会竭力报效组织、回报领导。体群臣怎么做？"忠信重禄，所以劝士也。"这里说的是三件事：一是"忠"。所谓"忠"就是领导者对组织一心一意，非常忠诚，如此就能激励员工对组织的忠诚。二是"信"。领导者对员工讲诚信，才能激励员工对组织和领导讲诚信。三是"待遇"。尽量给员工好的待遇，减轻他们的后顾之忧，让他们安心工作。这是激励员工的方法。

······

| 九经 | 实际成果 | 具体做法 | 应用思考 |
|---|---|---|---|
| 修身 | 修身则道立 | 齐明盛服，非礼不动，所以修身也 | |
| 尊贤 | 尊贤则不惑 | 去谗远色，贱货而贵德，所以劝贤也 | |
| 亲亲 | 亲亲则诸父昆弟不怨 | 尊其位，重其禄，同其好恶，所以劝亲亲也 | |
| 敬大臣 | 敬大臣则不眩 | 官盛任使，所以劝大臣也 | |
| 体群臣 | 体群臣则士之报礼重 | 忠信重禄，所以劝士也 | |
| 子庶民 | 子庶民则百姓劝 | 时使薄敛，所以劝百姓也 | |
| 来百工 | 来百工则财用足 | 日省月试，既廪称事，所以劝百工也 | |
| 柔远人 | 柔远人则四方归之 | 送往迎来，嘉善而矜不能，所以柔远人也 | |
| 怀诸侯 | 怀诸侯则天下畏之 | 继绝世，举废国，治乱持危。朝聘以时，厚往而薄来，所以怀诸侯也 | |

九项修炼也是打造可信赖组织的基本遵循。如果领导者想把每一条都做好、做到位，最根本的就是一个"诚"字。往诚实的方向修炼自己，将自己修炼成一个完全诚实的人，一个真实无妄的人。至诚如神，不诚无物。波特有分析企业竞争力的价值链模型，麦肯锡有总揽企业的 7S 模型。九经是什么？它是打造可信赖组织的"九大关系模型"。

### 5. 学为君子的根本是修心至诚

#### （1）修心至诚，不诚无物

儒家的根本是学做君子，而学做君子必走的是"内圣外王"路线。而纵贯其中的纲领，即是修心至诚。心不诚实非君子，用心不善非君子。所谓"修心至诚"，即做人做事要朝着"至诚"的方向去修行，也就是按照"诚实"这个大原则来修正自己的认知模式、情感模式、思维模式、语言模式、行为模式等，切实且持续地改进自己，一直修到凡是起心动念，就一个"诚"字，一直修到在各种因缘中，都能善用其心。

什么是"诚"？"诚"的定义是：不欺骗、不颠倒妄想、真实无妄。"修心至诚"怎么修呢？总的方法是"择善而固执之"（《中庸》）。也就是在每个因缘中都要力求用心至善、用心至诚，修炼而多修炼，把它养成一种习惯。在修行次序上，首先是诚己，其次是诚人进而诚物。所谓"诚己"，就是对自己诚实，不欺骗自己。修心首先要做到对自己诚实，不骗哄自己，然后才有可能做到不欺骗别人，不欺骗组织，不欺骗社会和历史。假如一个人对自己都不诚实，他能对别人诚实、对组织诚实、对社会历史诚实，这绝无可能。清朝奇人龚自珍说过一段警世恒言。他说：人生三件事，自欺、欺人、被人欺，如此而已。人们一辈子都在哄骗自己，一辈子都在哄骗别人，一辈子被人哄骗。这样说虽然令人沮丧，听起来刺耳，但也不能说这不是某种人生现实。

修心至诚有两条路径。《中庸》说："自诚明，谓之性；自明诚，谓之教。诚则明矣，明则诚矣。""自诚明，谓之性"是第一条路径，其特点是无师自通。这是圣者如佛陀、孔子所走的修行路线。"自明诚，谓之教"是第二条修学路线，其特点是跟着老师学修行，这是平常人所走的修行路线。两条路线的修行结果是一样的，"诚则明矣，明则诚矣"。诚实能使人明白和觉悟。明白和觉悟了也会使人变得诚实。

不诚无物：做人不诚实，必定是烂人；做事不诚实，必定是烂事。不会有什么成就的。所以《中庸》说："诚者，物之终始，不诚无物。是故君子诚之为贵。"儒家的根本是学为君子，其修学路线是由内圣而外王。内圣外王总共有八个修行项目，而"诚"是其纲，纲举目张。

内圣外王的功夫始于"格物"。所谓"格物"就是删除私心贪欲，破除"我见"，由此人才能变得诚实。这是建立正知正见的根本。认知上有受贪欲和我见的影响，就不可能有正知正见。基于正知正见，思想才能诚实。思想诚实，用心才能中正。用心不偏不倚，行为上就不会搞歪的搞邪的。这叫"明乎善而诚其身"。如此，以诚修身、以诚齐家、以诚治国、以诚平天下。由管好自己而治理天下。

### （2）修心至诚的流程、路标及效果

修心至诚，在操作上有五大流程，即"博学之，审问之，慎思之，明辨之，笃行之"。这五大流程每个都要做到位，必须有大愿力和精进力。不学则已，要学就必须学懂弄通，否则绝不停止。不问则已，要问就要问个明白，否则绝不停止。不思考则已，要思考就要慎终思远、融会贯通，否则绝不停止。不分辨则已，要分辨就要分辨明白，否则绝不停止。不做则已，要做就要实实在在地把它做成做好，否则绝不停止。别人一次就能做好的，我三次也做不好，那我就做他十次。别人十次能做好的，我做一百次也得把它做好。

在修心至诚的路上，从无形到有形、从微细到显著、从变动到变化，有一系列路标，所谓"诚则形，形则著，著则明，明则动，动则变，变则化。唯天下至诚为能化"。当一个人修行到达"至诚"境界时，其内心变得明觉诚实，其行为发生微妙的变化。这些变化逐渐显扬光大，开始影响周围的人，开始

感动和感化周围的人。

修心是否达到了"至诚"的境界，有内在和外在两个测量标准，内在测量标准是，看自己的认知模式、情感模式、思想模式、语言模式、行为模式是否真实无妄、不再颠倒妄想。外在的测量标准是，看自己的思想行为是否能感动他人、感化他人，是否能影响社会风气的变化。修行达到"至诚"境界，自然就有了改变和感化他人的力量。对自己诚实才能感动和感化自己，对别人诚实才能感动和感化别人。感动不了自己，别指望感化教化别人。这个就叫"唯至诚能化"。

修行若是修到了"至诚"的境界，即真实无妄的境界，有三大效果：至诚尽性，至诚如神，至诚无息（《中庸》）。所谓"至诚尽性"，就是能把人性发挥到善美的极致，把物力发挥到善美的极致，能参与天地之化育，这个就叫"至诚尽性"。所谓"至诚如神"，就是可以预知未来，心诚则灵。灵就是神通。"至诚之道，可以前知"，善有善报，恶有恶报，祸福当然可以前知。什么是"至诚无息"，"无息"就是做人做事可持续，不会中断，不会人亡政息。"至诚无息，不息则久远，久远则博厚，博厚则高明"。修心至诚的人，其思想、语言、行为，"不勉而中，不思而得，从容中道"（《中庸》）。如孔子说的"从心所欲不逾矩"。

### （3）如何善用诚心

善用诚心就是做人做事不颠倒妄想，做人做事不用偏心、不用歪心、不用邪心。这是正确的用心之道，是人生和组织成功发达的大原则。用心不诚，行为必定走偏、走歪、走邪。比如讲团结，就搞团团伙伙；讲斗争，就没有节制、不讲道理、不权衡利害。如何善用诚心？有很多妙法，下面列举四种。

第一，善用诚心，要远离四种错误的认知习惯，即"毋意、毋必、毋固、毋我"（《论语》）。"毋意"，即说话办事、解决问题，不主观臆断、想当然。"毋必"，即说话办事、解决问题，不绝对偏执、自以为是。"毋固"，即说话办事、解决问题，不固执己见、画地为牢。"毋我"，即说话办事、解决问题，不唯我独尊、非我不可。

第二，善用诚心，要执两用中。所谓"执两"是指说话办事、解决问题、决策方案时，始终要掌握住事物的两端。所谓"用中"是指说话办事、解决问题、决策方案时，要兼顾两头关照整体，最大限度地做到周全。孔子说，尧、舜这些千古圣王，他们治理国家的办法很高明。什么办法？"执其两端，用其中于民"。就是说，说话办事、处理问题、决策方案，要掌握住两端，避免走极端。要掌握节度，拿捏好分寸，尽量做出能让人们满意的决策。

第三，善用诚心，要善观因缘。孟子说：历史上有很多的圣人，而孔子可谓是集大成者。为什么孔子能够成为大圣人？"孔子是圣之时者也。"（《孟子·万章》）"圣之时者也"的"时"指什么？指现实的因缘、具体的场景。孔子在每个具体的因缘和场景下，都能善用其心。举例说：若能认真践行恭、宽、信、敏、惠五种德行，那应该就算是仁者了。恭敬他人，就不会被人侮慢。宽厚待人，就能得到大家的拥护。言而有信，就会得到人们的信任。做事敏捷就会有成效。对人有恩惠，才能指挥得动人。这些原则放之四海而皆准，是不能违背的。但实际做的时候，如何才能做得没有毛病，那就必须善观因缘。比如给人恩惠，给多少、怎么给、什么时间给、什么地方给，这就要用心看时机观因缘。时机不合适、因缘不对，给人恩惠有可能会搞出一堆问题来。并且给人恩惠也不是越多越好。俗话说，恩多成怨，爱多生害。再比如对人恭敬，遇见老师鞠躬作揖就好。如果磕头就会让人感到很不舒服。仁义礼智、孝悌忠信这些善德，每一个要想做好，都要善用其心，都要善观因缘。孔子在《易传》中说"凡益之道，与时偕行"，"时止则止，时行则行，动静不失其时，其道光明"。

第四，善用诚心，要恪守中道。孔子说：君子说话办事能善用中道，不走极端。小人则相反。君子之所以能够恪守中道，是因为君子在每个因缘中或场景下，都能用心中正，不偏不邪，不走极端。小人不同，做人做事总是肆无忌惮。（原文："君子中庸，小人反中庸。君子之中庸也，君子而时中。小人之中庸也，小人而无忌惮也。"）

# 三、阳明心学：成圣之路

## 1. 阳明心学及影响力

### （1）阳明心学的真义

阳明心学的真义，即学为君子、学做圣人，必须走"致良知"的道路。这是一整套修身修心的学问。若把它看成是宇宙观或世界观，那它会变得很费解，就会给它贴主观唯心主义的标签。阳明心学的核心，是讲人的主观能动性和精神创造活动。"心即理、心外无物"，这个"理"是指人文道理，如仁义礼智信等，而不是指自然界的科学道理。这个"物"是指伦理行为，比如孝悌忠信、礼义廉耻的行为，而不是指山川大地等自然事物。否则就不可思议了。

阳明心学由三部分组成：第一是心即理；第二是知行合一；第三是致良知。学做圣人的道理就在人的心里，修身要向内心追求，别去心外寻找，这就是"心即理"。修身只是一个功夫，知行不可分作两件事，这就是"知行合一"。而"致良知"则是通贯一切修行功夫的总纲领。如图所示。

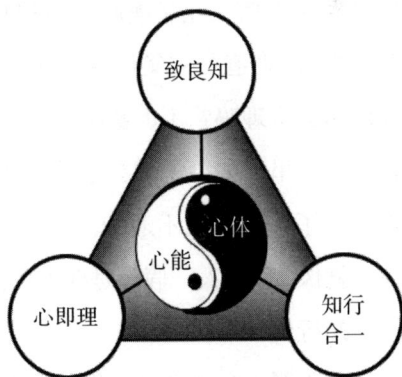

**心即理**

龙场开悟时，王阳明说：圣人之道，吾性自足，向之求理于事物者，误也。把四书五经的道理全部拿来印证，没有不符合的。转凡成圣的道理就在人心里。心就是理。心外无理，心外无事，心外无物。因此，要转凡成圣，就应该向内心求证。到外面的事物上去找寻，那是找错了地方。比如人们常说，鬼迷心窍，非鬼迷也，是邪心自迷耳。别去外面找鬼，鬼都在自己心里。有好色心，就会色迷心窍；有贪财心，就会财迷心窍。概而言之，成圣之道，此心具足，不假外求。

阳明心学的"心即理"，大致有四方面的意思：第一，心是指能觉知，"凡知觉处便是心"。心能觉知天之高、地之厚、人的善恶。第二，心是理的本体，理是心的功能。现代名词叫本体即功能。比如，眼有看的功能，耳有听的功能，大脑有思维功能。假如心体没有被无知贪欲污染遮盖，心体就自然能发挥出孝悌忠信、礼义廉耻等道德功能。第三，"心外无理，不假外求"，难道要去父母身上找孝顺的道理吗？要去朋友那里找信用的道理吗？不能够啊。孝顺、守信等等的道理，全都在自己的心里。如果说理在心外，那父母去世了，孝顺的道理也就消失了，这是说不通的。第四，"心即理"是阳明心学的公理，就像"理性人"假设是西方经济的公理。

**知行合一**

在阳明心学体系中，知行合一是学做圣人、转凡成圣的修行实践。这里的"知"就是道德良知，这里的"行"是道德实践。王阳明说：如果真修行，只说一个"知"字，行就在其中了；

只说一个"行"字，知也就在其中了。知行两个字，原本说的只是一个功夫。"知是行的主意，行是知的功夫。知是行之始，行是知之成。"良知与德行是一以贯之的，像是拧成一根绳子的两股线头，在持续交互中由凡夫走向圣者。

王阳明说：知行合一是对症下药。所对的病症，就是把知行分为两件事。心生不善念，只要没干坏事，这念头就被轻轻放过。我提出知行合一，是要人们明白，起心动念就是行。起心动念有不善，立即将它克服根除，这才是转凡成圣的修行功夫。人生本来就是一场修行。知行合一的程度，反映一个人内在的修养。知而不能行，那就不是真知。无知而行那是冥行和蛮干。知行合一，才是转凡成圣的正确道路。知行合一必须求理于自心。如果心外求理，知行就不能合一。

### 致良知

《大学》讲"格物"，其定义是清除私欲。《孟子》讲"良知"，其定义是"不学而能、不虑而知"。王阳明把这两种修心功夫贯通起来，提出"致良知"的修行路线。王阳明说：人人心中都有良知。只是由于私欲遮蔽阻隔，良知便不能发挥作用。修行就是要去掉私欲、彰显良知，这就叫"致良知"。王阳明说："千思万虑，只是要致良知。良知愈思愈精明。若不精思，漫然随事应去，良知便粗了。"由此看，良知有精明与粗昏之别，修行就是要把良知打磨到"明觉精察"的程度。"若人真肯在良知上用功，时时精明，不蔽于欲，自能临事不动。不动真体，自能应变无言。"对自己的起心动念随时保持明觉精察，觉知是善念，领其增长广大，觉知是不善念，立马克服根除。这就是"致良知"的功夫。

总的来说，儒家心法的传承，孔子传心法给曾子，曾子著《大学》。曾子传心法给子思，子思作《中庸》。子思传心法给孟子。孟子以后2000多年，儒家心法就失传了。直到宋明时期，出现了程朱理学和陆王心学。程朱理学和陆王心学是两大修行系统，它们走不同的路线。程朱理学走的是穷理尽性的路子，即从外在事物探究天理（真理），修行就是存天理、去人欲。知先行后，由此超凡入圣。阳明心学不同，他认为"心即理"，天理就在人的心里。只要下功夫致良知、向内心追求，就能超凡入圣。由于阳明心学直指人心，方便易行，因此，它逐渐成为修行学问中的显学。

## （2）阳明心学的影响力

阳明心学是王阳明一辈子人生修行实践的理论化呈现。其核心思想都可还原到具体的修行场景。如是知、如是行，转凡成圣，他修炼成伟大的思想家、军事家、政治家、教育家。如其故居的那副对联论定的："立德立功立言，真三不朽；明理明知明教，乃万人师。"

阳明心学的宗旨，是学为圣贤、学做圣人。什么是圣人？圣人者，立德、立功、立言，有三不朽的功业。学做圣人的根本，首先是立德，即建立人格、塑造人品，立正自己的人生观。为此必须持续地斗私批欲，强大自己的心力，强化自己的定力。

自阳明心学创立以来，其影响至深至远。特别是近代以来，阳明心学影响了许多大政治家、军事家、革命家以及大企业家。

日本的国家现代化始于明治维新，而明治维新的指导思想是"和魂洋才"。什么是"和魂洋才"？日本人叫"大和民族"，"和魂"即日本人的民族精神。什么是"洋才"，洋才即西方科技。大家知道，大和民族的精神灵魂中，有阳明心学的血脉。如孙中山先生说的：日本明治维新的诸豪杰，都醉心于王阳明的知行合一学说，他们救国人于水火，成就了大功。经常出入日本的章太炎也说：日本的明治维新，由阳明心学为其指导。西乡隆盛是明治维新的领袖人物，他说：王阳明是他的精神偶像。修心炼胆，全从阳明心学而来。东乡平八郎被日本人称为"海上战神"。他曾以弱胜强，打败俄国海军。此举开启了日本军事强国的征程。日本天皇为他摆庆功宴。宴会上他拿出一个手牌，上面写着"一生伏首拜阳明"。稻盛和夫是日本著名企业家，也是很有影响力的企业管理思想家。他的管理思想中，就深深地刻着阳明心学的烙印。

杨昌济是青年毛泽东的恩师，受其影响，毛泽东通读了《王阳明全集》，还写过一篇气势非凡的文章，即《心之力》。毛泽东一辈子都重视人的精神力量，强调发挥人的主观能动性。他有一句参透世界的名言：物质可以变精神，精神可以变物质（物理科学叫"物质可以转变为能量，能量也可以转变为物质"）。毛泽东一直把"人心向背"看作判断政治和政策的主要依据，看作事业成败的根本。他写的传世经典《实践论》，副标题就是"论认识和实践的关系——知和行的关系"。

近年来，习近平在很多场合数十次提到王阳明。习近平说："王阳明的心学，正是中国传统文化中的精华，也是增强中国人文化自信的切入点之一。""党性教育是共产党人修身养性的必修课，也是共产党人的'心学'。"从严治党，要从心下手。2016年初，习近平在中纪委的一次会上说：全面从严治党，既要注重规范惩戒，更要引导人向善向上。他引用了王阳明的"身之主宰便是心"和龚自珍的"不能胜寸心，安能胜苍穹"后说："'本'在人心，内心净化、志向高远便力量无穷。……只有在立根固本上下功夫，才能防止歪风邪气近身附体。"

习近平说："人心是最大的政治，共识是奋进的动力。"阳明心学最了不起的地方就在于它直指人心，直指自己的心。"人人自有定盘针，万化根缘总在心。却笑从前颠倒见，枝枝叶叶外头寻。"有问题，别总是到外面去找原因，根本原因就在人的心里，就在自己的心里。比如说拜物教，那是拜自己的物欲。比如说社会风气不良、败德坏行，别胡乱归因。原因在那些对社会有影响力的人心里。梁启超说：阳明心学绝非独善其身之学，而是救世良药。

## 2. 龙场悟道、人生转型和修心秘诀

### （1）龙场悟道

1505年5月，明孝宗驾崩，15岁的太子朱厚照继位，这就是明武宗皇帝。武宗贪玩，太监刘瑾很会玩，每天陪皇帝玩得不亦乐乎。就这样，刘瑾逐渐赢得了武宗皇帝的宠信。刘瑾

虽是太监，但喜欢干政弄权，且很懂权术，干掉了一批对他不满的朝廷重臣。王阳明看不过去，上疏弹劾刘瑾。结果被捕入狱，坐了半年多牢狱，廷杖 40 大板，被贬到贵州修文县龙场驿站做驿丞。那一年王阳明 36 岁。

那时的龙场是蛮荒之地，蛇蝎魍魉，蛊毒瘴疠，贬到那儿的官员，基本是九死一生。初到龙场，水土不服，经常生病。没有住处，自建茅屋，真是艰难困苦。王阳明是心力强大的人。他乐观向上，一如既往地读书思考，静坐冥想。身处如此境地，他经常沉思自问：假如圣人陷此困境，他们将如何自处？

关于龙场悟道，《阳明先生年谱》是这样叙说的："因念'圣人处此，更有何道'，忽中夜大悟格物致知之旨，寤寐中若有人语之者，不觉呼跃，从者皆惊！始知圣人之道，吾性自足，向之求理于事物者误也。乃以默记《五经》之言证之，莫不吻合。"这段文字太重要，要仔细品味和解读：

来到龙场，我经常扪心自问，假如圣人身处此境，他们会怎样？反复思考，并无答案。一天深夜，我突然开悟，明白了"格物致知"的宗旨是什么，即学做君子、成为圣人的道理和道路，不在外面，全都在自己的心里。从前我们一向都是在外在事物上去找寻成为圣人的道理，这大错特错。也就是说，学做君子、成为圣人，必须从心下手，认真修心。只有修心，才是成就圣人的正确路线，而修心的钥匙在"格物"。什么是"格物"？这个"物"是指心中的"物欲"，而非外在的事物。所谓"格物致知"，是指只有革除心中物欲，才能使心中"良知"发挥作用。"格物"就是"格心"。"格心"就是对心中存在的贪欲杂念格杀勿论，彻底删除、彻底清空。朱熹把"格物"的"物"定义为外在事物。因此，学做君子、成为圣人的道理，要到外在事物中探究。由此，朱子把知和行分作两件事，主张"先知而后行"。朱子的解释是错误的，他的修心路线根本上不对。我用"五经四书"去印证我所觉悟的道理，没有不符合的，完全相应。于是一下子就全然贯通了。我终于搞明白，"圣人之道，坦如大路"。

王阳明"龙场悟道"，究竟悟了个什么"道"？千言万语一句话，他参透了"格物致知"的真义：心即理——学做圣人的道理全都在人的心里。只要删除清空心中的物欲，就可直达良知。按照良知说话办事，这是学做圣人的正确路线。

龙场开悟时，王阳明说："圣人之道，吾性自足……"禅宗六祖慧能开悟后说："何期自性，本自清净；何期自性，本不生灭；何期自性，本自具足。"两者比较，发现儒家开悟的境界与佛教禅宗开悟的境界其实是一样的。成圣与成佛其实是一条道。

龙场悟道，标志阳明心学的诞生，而阳明心学的诞生，标志儒家从此就有了两大修行系统，即程朱理学和阳明心学。程朱理学走的是向外探求的路线，阳明心学走的是向内心追求的路线。是君子还是小人，是好人还是坏人，道理和道路不在外面，而在人的心里。

### （2）人生转型

王阳明从小就是有大志向的人。12岁时，他就向老师请教："人生的头等大事是什么？"老师说"当然是读书做大官啊"（"惟读书登第耳"）。王阳明并不认同这个答案。他说：人生的头等大事，我想应该是读书做圣贤（"读书学圣贤耳"）。从王阳明一生的心路历程看，他不忘初心，一辈子都在践行这个志向。

青少年时的王阳明，志向远大勤奋好学。起初他对侠客很着迷，想做一个大侠，游走四方，主持公道。后来发现这和他学做圣人的志向不一样。转而学习兵法，还模拟排兵布阵。很快他又对道家和佛家发生兴趣，喜欢寻仙问道、阅读佛经。17岁那年，他结婚成亲。结婚当天，众人忙里忙外，他出去逛街，竟然溜达进道观，和道观的住持聊了一整夜，忘了回家。18岁那年，王阳明拜见了著名理学大家娄谅，向他请教如何学做成圣的方法。娄谅说：圣人的最高成就就是内圣外王。先内圣后外王。王阳明问娄谅：那内圣的方法是什么呢？娄谅引用朱熹的话说：欲做圣人，先修格物。学为圣人要走"格物致知"的道路。王阳明觉得有点开窍。

王阳明是重行动的人。既然"格物致知"是学做圣人的根本方法，那就开干吧。他叫来一位钱姓同学，对他说："格物致知"乃学做圣人的基本功夫，咱俩今天就从"格"这竹子下手，探究其中蕴含的圣人之道。坐了三天三夜后，钱姓同学劳神成疾，就撤了。王阳明坚持了七天七夜。结果怎样？"早夜不得其理，到七日，也劳思致疾。"这次试验，使他对朱熹教导的修行方法产生了怀疑。

28岁那年，王阳明考中了进士、步入了仕途。他开始研修儒家学问。但他很快发现，儒家流派众多，众说纷纭，茫然不知从何下手。因此他又转向学习道家和佛家。"心中有所领悟，非常高兴，以为学做圣人的真学问就在于此"（《朱子晚年定论》序言）。31 岁那年，在云南办完公务后，他顺道前往九华山，偶遇一位高人，两人探讨儒释道三家的要义，说到儒家，老者说：周敦颐和程颢是儒家的集大成者，思想境界高，朱熹就差一些。回到北京，王阳明上书告病请辞。回老家隐居，研修佛道。但他很快又发现，道家和佛家的学问，与孔子儒家的教导多有出入。若将它们用于平常的工作生活，常有所缺漏。因此又转向笃信儒家。从此后，他以儒家为根本，以佛家道家为辅助，再无变化。以上所述，是王阳明龙场开悟前的心路历程。

龙场悟道是阳明心学创立的标志。从此后，他开始对自己大彻大悟的东西进行系统化和理论化。龙场开悟后，王阳明随即创办了龙冈书院，并写了《教条示龙场诸生》，共四条。这四条可以被看作龙场悟道所觉悟的主要内容。值得一提的是，这四条入选了香港中小学课本。

第一是立志：志不立，天下无可成之事。立志做圣人，就走上了成为圣人的道路。立志做贤人，就走上了成为贤人的道路。人无志向，就像船没有舵木，只能随波逐流。

第二是勤学：立志成为圣者，就应当勤奋精进地学习。立志后而不勤学，说明志向不笃定。勤奋而谦卑是做人最高尚的品质。

第三是改过：人人都会犯错，圣人也不例外。但圣者与常人的区别在于，有错能改。

第四是责善：责善是朋友相处之道。朋友有过错，就应善巧地提醒和告诫。什么叫善巧？朋友听了，能接受且愿意改。让其有所感而无所怒，这就是善巧。

**（3）修心要诀**

55 岁那年，王阳明接到圣旨，要他去湖广平定叛乱。临走前，他在天泉桥上对两个弟子说："我要上任去了。心学之精髓，你们好像还没有领悟到位。我有四句话传给你们。我的毕生所学，都在这四句话里了。你们要用心领会，发扬光大，普济世人。这四句话是：'无善无恶心之体，有善有恶意之动。知善知恶是良知，为善去恶是格物。'心是本体，它无善无恶。一起心动念，这念头就有了善恶是非。能知善知恶的，就是良知。为善去恶，就必须要有格物（清除私欲）的功夫。"

王阳明自己讲过一个故事，能清楚地说明修心的操作方法。有一天，一个老农来找王阳明，说自己生活陷入困境，岁数也大了，想把土地卖给他。阳明对老农说：土地可是你的命根子，不能卖啊。我借你几两银子，帮助你渡过困难吧。过了一些天，王阳明和他的弟子们到山间游玩。看见一块地，风水极好。王阳明说"这是风水宝地啊"。有弟子说，这就是那个老农要卖给你的地块。听到此，王阳明心生悔意，但他马上打了个寒战。他默问自己怎么能有这样的念头？这可是不善念啊。立刻除掉它。他马上盘膝而坐，静默不语，过了一会儿起身说道："我终于把它克除掉了，真难啊！"弟子们问："克掉了什么？"王阳明说："私欲啊！"

这个故事很好地展现了王阳明的修心要诀。当没见到那块地的时候，心里很平静，没有善恶是非。当看到这地方风水很好，并且听到这就是老农要卖给他的那块地后，心里生出"后悔"的念头，这叫"有善有恶意之动"。由于有修行功夫，警觉性很高，立马觉知这是不善的念头。买地就等于夺了老人家的饭碗。这就是"知善知恶是良知"。他立刻坐下来，用良知祛除不善念，最后克服了私欲。这就是"为善去恶是格物"。

这就是阳明心学所教导的学做圣人的修行方法。心即理——学做圣人的道理就在人的心里。别心外求理。心外求理，知和行分裂为二，统一不起来。如果求理于自己的心，知和行是一以贯之、不能分开的。知行原是两个字说一个功夫。"知行合一"的关键是"致良知"。致良知的关键是断除私心物欲。私欲有如烟云，良知有如明月。私欲遮蔽明月，人生一片黑暗。除去私欲，人生一片光明。王阳明临终时，随行弟子问他还有什么要嘱咐的，王阳明说："我心光明，亦复何言。"这是王阳明留给世人的最后一句话。

王阳明的诗句："人人自有定盘针，万化根源总在心。却笑从前颠倒见，枝枝叶叶外头寻。"人生的一切问题，刨根究底到最后，其实都是人心问题。因此，治本办法就是从心下手。修身先修心，管人先管心。这是阳明心学的真谛。

## 3. 知行合一：强大内心和人生境界

### （1）知行合一是强大内心的修行

有一次，王阳明的几个弟子讨论如何才是知行合一，讨论中发生了激烈的争论，他们来请教老师。王阳明对他们说：我讲知行合一，是对症下药，是知病说药。"今人学问只因知行分作两件事，故有一念发动虽是不善，然却未曾实行，便不去禁止。我今说个知行合一，正要人们晓得，一念发动处便是行了。发动处有不善，就将这不善念头降服克倒，彻底根除，不能让这个不善念头潜伏在心中，这是我立言宗旨。""如果知道宗旨，说知和行是两个还是一个都可以。如果不知道这个宗旨，说一个、说两个，那只是说闲话，无济于事的。"

王阳明说得明白，在修行上，若把知行分开来，把知行当成两件事、搞成两张皮，结果会怎样？后果很严重。人干坏事，那是因为有邪恶念头。以为心里虽有邪恶念头，但什么也没干，因此就不去管它。如此慢慢地就会对邪恶念头失去警觉，就会泯灭良知。比如说当官，见钱眼开，心里经常生起贪腐念头。由于并没有实际去做，就把这贪腐的念头放过去了。但这念头还在，不知不觉地增长广大。后来当遇到机缘巧合，给钱办事，因此就腐败了。修行上如果把知、行分作两件事，"知"的功夫不管"行"的事，"行"的功夫不管"知"的事，知与行分裂为二，渐渐地，人们就会失去对自己起心动念的明觉精察，也就会不认真对待思想改造。这是最要命的。

王阳明说："转凡成圣之学只是一个功夫，知行不可分作两事。"如果分作两件事去做，知行就不能统一。因此说一套做一套，这就是伪君子、两面人。有一次，王阳明的大弟子徐爱问老师：古人都说知行是两件事，可您总说知行是一件事。我们还是搞不明白啊。王阳明说：那你举个例子。徐爱说：比如人们当然知道对父母要孝顺，对兄长要敬重，对朋友要讲信用。但他们既不孝顺父母，也不敬重兄长，对朋友也不怎么讲信用。如此看，知与行分明就是两件事吗？王阳明说：没有知而不行的，知而不行，那就不是真知。知之真切笃实处就是行，行之明觉精察处即是知，知行功夫根本分不开的。就如《大学》上说的，"如好好色，如恶恶臭"。看见美色或美食，这是知，随即动了偏爱想吃的念头，这就是行了。再比如闻到恶臭味道，这是知，随即起了厌恶的念头，这就是行了。修行正是要在此处下苦功夫。

**（2）知行合一有四种类型**

人类有四大活动领域，即人文、科技、管理和思想认知。四大领域中的知行关系，有共性也有个性。在人文领域，"知"是人文知识，"行"是伦理道德行为。在科技领域，"知"是科技知识，"行"是科研生产服务行为。在管理领域，"知"是管理知识，"行"是组织管理行为。在思想认知领域，"知"是认识论方面的知识，"行"是逻辑思考行为。因此说，知与行的关系绝对是大学问。

第一，人文领域中的知行关系：人文的核心问题是求善，即如何做人、如何与人相处。在该领域，做人做事都直接关系着伦理道德。做人要讲修身明德、砥砺品行。与人相处，要讲仁义礼智信、温良恭俭让。该领域的知行合一，根本目标是学为君子、学做圣人。王阳明的知行合一，主要聚焦于人文领域。学为君子、转凡成圣，知行本来是一个功夫，不分先后、不分轻重的，比如孝顺父母，知与行能分辨出先后轻重吗？不能够啊。

第二，科技领域中的知行关系：科技的核心问题是求真，即获得对事物的正确认识（真理）和提高生产力。在该领域，做人做事，如科学发现、技术发明与伦理道德并无直接关系。所谓科技向善，那是科技应用问题，是科研动机问题。该领域的知行合一，其根本目标是科学发现和技术发明（包括创新）。其最基本的工作流程是：（1）专家首先提出假设——（2）根据假设推演结论——（3）观察或设计实验对结论进行检验——（4）证明或证伪结论。在科技领域，知行合一的特点是，先知后行、知难行易。

第三，管理领域中的知行关系：管理的核心问题是如何高效地完成任务。包括为组织设定目标，确保工作富有生产力，并使员工有所成就，创造价值，承担社会责任。这意味着，管理追求真善美。管理领域中的知行合一，表现为定义组织的使命，并组织人、激励人去实现这个使命。其根本目标是创造价值。知行统一，统一在目标的设定和目标的实现上。德鲁克说：管理是一种实践。其本质不在于"知"，而在于"行"；其验证不在于逻辑，而在于成果。其唯一的权威就是成就。这成就，一是把事情做成，这是成就事；二是把人做好，这是成就人。

第四，思想认知领域中的知行关系：该领域的核心问题是，人的正确思想是从哪里来的？判断思想认知对错的最后标准是什么？该领域的知行合一，其根本目标是正确地认识世界和合理地改造世界。实践是认识的来源和发展动力，也是检验思想认识正确与否的唯一标准。知行统一于"实践"。人在实践中，既改造主观世界，也改造客观世界。知与行是辩证关系，其最形象的呈现是太极图。知与行首先是相反相成、相克相生的关系。"知是行的主意，行是知的功夫。知是行之始，行是知之成。"其次，知与行是你中有我、我中有你的交错关系。知中自有行在，行中自有知在。最后，知和行是一个整体。假如割裂开来，知与行的任何一方面，绝对不会有成就。所谓"孤阳不生、独阴不长"。

### （3）从知行合一看三种人生境界

王阳明说：知是行的主意，行是知的功夫。知是行之始，行是知之成。如果你懂，只说一个"知"字，其中自有行在，或者只说一个"行"字，其中自有知在。那为什么要说一个"知"，还要说一个"行"呢？因为社会上有两种人：第一种人，做人做事懵懵懂懂，很随意很随便，全不懂得思维省察。他们是冥行者，是蛮干者，是妄作者。对于此类人，必须强调"知"的重要，唯有如此，他们才可能"行"得是、做得好。第二种人，做人做事夸夸其谈、悬空思索，全不肯脚踏实地地去行去做。他们是空谈妄想家。对于此类人，必须强调"行"的重要，唯有如此，他们才可能"知"得真、"知"得深。

这就是说，从知行合一的程度看，大致有三种人生境界：第一种是空谈妄想的境界，第二种是冥行瞎干的境界，第三种是知行合一的境界。人类活动的四大领域，即人文、科技、管理、思想等领域中，每一个都存在着这三种人生境界。参看下图。

高

知识力

低

空谈妄想者　　知行合一者

冥行瞎干者

弱　　　　行动力　　　　强

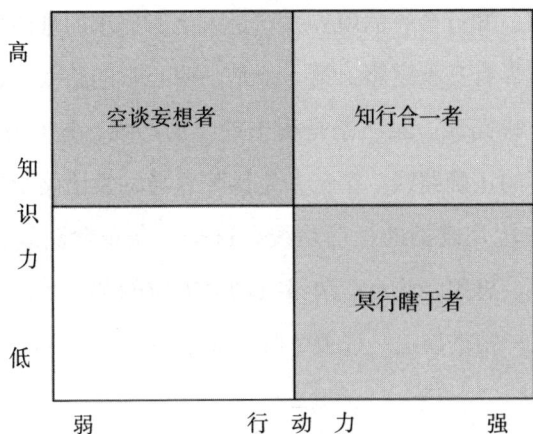

第一，空想者的境界：此种人生境界，知行是分裂的。此类人生贵重知识而小看行动。他们是叶公好龙者，喜欢坐而论道。他们整天谈论仁爱，但并不怎么关心别人的疾苦。整天讲论孝道，但并不怎么孝敬父母。做人做事，说的头头是道，做的却一塌糊涂。其实，他们的所知，缺乏正见，缺乏正信。他们讲的理论是不能实践的理论。

第二，冥行者的境界：此种人生境界，知行也是割裂的。此类人生贵重行动而小看知识。他们做修行，盲修瞎练。搞管理，瞎子摸鱼。成事不足败事有余。此类人生，就像孔子所说，好仁而不知其理，愚弄人也被人愚弄。好智而不知其理，做事任性，常干蠢事。好信义而不知其理，害人也害己；好直率而不知其理，伤人也伤己；好勇敢而不知其理，经常闯祸。为人刚愎自用，狂妄自大。有一副对联，用在这两类人身上非常恰当：墙上芦苇，头重脚轻根底浅；山间竹笋，嘴尖皮厚腹中空。

第三，知行合一的境界：这是人生所追求的理想境界。逼近此种境界有三条道路：第一条是阳明心学的路线，这是学做圣人的正确路线。第二条是程朱理学的路线，这是探究真理、成功做事的正确路线。第三条是佛陀教导的觉悟路线，它是四大领域中转凡成圣的正确路线。这是一条革命路线，包括认知、情感、思想、语言、决策行动全方位的革命。其方法就是见法悟道→精进修道→证道解脱。如是知，如是行。

## 4. 致良知：失传的儒家修心方法

### （1）致良知是孔子儒家修心方法的总纲领

致良知是孔子儒家修心方法的总纲，抓住这个"纲"，即可贯通一切修心功夫。王阳明说：致良知是"千古圣学的秘传"。"自孔孟之后，此学已失传千百年。赖上天之灵，使我偶尔得见此学，真是千古的一大快乐！"又说："致良知是儒家孔门的正法眼藏。从前的儒者，大多不曾觉悟到此。因此他们的学说最终不免坠入支离破碎。""自龙场悟道，明白'致良知'这三个字后，我的平生讲学，无非就是发挥这三个字。这三个字可是我从百死千难中得来的呀。"王阳明说："近来有人请我讲学。来人问我：'除了良知，还有什么要讲的？'我回答他说：'除了良知，还有什么可讲的！'"

什么是良知，如何致良知？

什么是"良知"？知善知恶即是良知。那良知在哪里？良知就在自家心里。心是什么？"心不是一块血肉，凡知觉处便是心。"那如何致良知呢？致良知的钥匙在"格物"，即清除心中的物欲。

王阳明的著名弟子陈九川，有次对老师说：近来，如何用功修心，我掌握到了一些关键，但还没找到使心安稳快乐之处。王阳明对陈九川说：从心上找寻良知，这是对的。不过此间有个诀窍。陈问什么诀窍，答：诀窍就是致知。陈问如何致知？答：你那一点良知，是你自家的准则。你的意念所到处，是便是，非便非。一点也不要隐瞒。你只要不欺骗它，实实在在按照他的指示去做，善便存，恶便去。割除物欲就能达到良知。这就是心之稳当快乐处啊。此是"格物"的真正秘诀，是"致知"的实在功夫。这要慢慢体会，才能明白。

人人心中都有与生俱来的良知，那为什么有些人一有机会就干坏事？根本原因在于，良知被私欲所遮盖，心就不能发挥正常功能。就如人患有白内障，眼睛就不能发挥正常的功能一样。人有私欲，心就会用偏用歪用邪，就会干坏事。"格物"是干什么？王阳明说：格者，正也。正其不正以归于正。正其不正就是去恶。归于正就是为善。物者，事也。凡意之所发必有其事，意所在之事谓之物。又说：所谓致知在格物者，致吾心之良知于事事物物也。……致吾心之良知者，致知也；致吾心之良知于事事物物，事事物物各得其正，格物也。王阳明对九川说：致良知的功夫，只有在心上体验，才能明白。心明白了，书中讲的那些道理自然就融会贯通了。心不明白，想通过读书融会贯通，只会自生意见。

王阳明说："心是身的主宰。目虽视而所以视者，心也。耳虽听而所以听者，心也。口与四肢虽言动而所以言动者，心也。""人若念念去贪欲、存良知（天理），这就是圣贤的心。虽口不能言、耳不能听，也是个不能言不能听的圣贤。此心若不存良知，那就是禽兽的心；口虽能言，耳虽能听，也只是个能言能听的禽兽。"

总而言之，致良知是孔子儒家的正法眼藏，是千古圣学的秘传。由于孔孟之后失传，后世儒者的学问，大都不免陷入支离。龙场悟道，找回了失传的修心秘法。这个秘法叫"致良知"。良知即天理，良知就在人心里。致良知，要从清除心上的物欲杂念下手。人行善还是作恶，只在这一念间。念念存养良知（天理），即是立志。若能不忘这一点，久而久之，心自然会凝聚在良知上，就像道家所谓的"结圣胎"。此良知之念常存，并且让它逐渐扩充出去，就可逐渐达到神明的境界。这是学成圣人的要害。

### （2）如何是"格物"？省察克己，学做减法

"格物"的功夫怎么做？"省察克己"便是。所谓省察克己，就是对自己的起心动念，对自己的身体行为、语言行为、思想行为，要"明觉精察"。当善念萌发时，及时觉察，增长扩充它；当恶念萌发时，及时察觉，克制除掉它。人必须自觉修心，也就是随时随地清理心理污染，不善念头或邪恶的应用程序刚要启动，觉察它、停止它，不要让它继续往下运行。这就叫"省察克己"。能克制战胜自己，方能成全自己。

省察克己就是做加减法，即增加良知，减少贪欲。王阳明说：吾辈用功，只求日减，不求日增。减得一分贪欲，便复得一分天理（良知），这是何等的轻快洒脱，这是何等的简捷易

行！如果内心装了太多的私心欲望、利害得失，人生自然处处受其牵累，生命不能承受之重。格物致良知，就要把贪嗔痴慢疑、怨恨恼怒烦这些不净的东西一个一个挑拣出来损减，到最后，回归自己的本心。本心是简单的，只有天理良心。省察克治的功夫要精进修炼，不要间断。

人心就像 APP。你心里装什么，你就是什么。心里装着大爱，你就是仁者。心里装着太多的怨恨情仇，那你必定就是一个恨天怨地的人。王阳明说："无事时，将好色好货好名等私心杂念，逐一追究、搜寻出来，定要拔去病根，永不复起，那才叫痛快。如灵猫捕鼠，一眼看着，一耳听着，才有一念萌动，随即克去，斩钉截铁，不可姑容，包括与它方便，不可窝藏，不可放它出路。……克己须要扫除廓清，一毫不存，方是。有一毫在，则众恶相引而来。"克制自己务必要将私心彻底扫除干净，一点私欲没有才算可以。有一点私欲存在，众多的恶念就会接踵而至。当把财、色、名、利等物欲都铲除干净了，只有心本体，看看还有甚闲思妄虑？

七情六欲人人都会有，差别只在修行不修行以及功夫程度。面对同样的事情，比如功名利禄、荣辱毁誉等，有修行的人与没有修行的人，行为选择会很不一样。面对功名利禄，不修行者很动心，还会不择手段。有修行者很淡定，安然自在。这就是"格物"功夫。物格而后致良知，良知使人不动心。注意啊，是修不动心，而不是修不动念。不动心是可以的，不动念做不到。不动念，那是植物人。心的定力功夫越深，人受外境影响的程度就越小。有弟子问王阳明，您用兵如神，有什么秘诀？王阳明回答：哪里有什么秘诀？如果非要说有，那就叫心有所主、此心不动。王阳明举了平叛朱宸濠和南赣剿匪例子，在错综复杂的情况下，心有定力往往是成功关键。

（3）如何操作？静坐用功、在事上磨

守持和妙用良知有两种方法：一是打坐静修。二是在事上磨。两种方法相辅相成、相互效力。有一次，陈九川问老师：静坐用功，颇觉此心收敛。一遇到事情就中断了。于是马上起个念头来省察这事情。事情过后，又寻找原来的功夫。总觉得内在修行与外在做事不能够连贯。王阳明回答说：这是由于对"格物"之说没搞通透。心如何能区分内外？功夫是一以贯之、全然贯通的，何必再起一个念头？人须在事上磨炼，功夫才会有长进。假如把静修当修行，遇事便乱，这不会有长进的。

另一次，陈九川问老师：我每天静坐，求其止息虑念。不仅做不到，反而觉得更纷扰。该怎么办？王阳明对九川说：念头怎么能止息呢？只是要念头中正。九川问：有没有无念的时候？王阳明毫不犹豫地说："确实没有。"又问：那如何理解"主静"？阳明答：静是指"定"。"主"是指心体。心体有定力，良知自行显现。又问：当用功收心的时候，突然有声色在前，就如往常一样，去看去听，这不能算是专一吧？王阳明回答说：怎么可能不看不听呢？除非是聋子瞎子或植物人。所谓心专一，是指心不随这看见或听到的东西流转。

王阳明的另一位高足弟子陆澄有一次问老师："主一"（意思是很专注，佛学名词叫制心一处）是不是这样的：读书时就一心在读书上。招待客人时则一心只在客人上？王阳明回答说：贪色就一心在美色上，贪财就一心在钱财上。这不叫专注，这叫逐物。专注就是专注于一个良知。也就是无论遇到什么事情，都让良知来做主。

王阳明认为，修心一定要在事上磨。有一天，陆澄收到家信，说儿子病危。陆澄忧愁苦闷，难以自持。王阳明说："这正是用功修行的时候。如果这时候不用功，平时讲学有什么用？平时天天讲'喜怒哀乐之未发谓之中，发而中节谓之和'。这正是磨炼'致中和'的时候呀。"

王阳明说：世间磨难，皆是砥砺。如果真修行，平常就应该把逆境、困苦、污损、毁谤、讥讽、慢待等等，全都当成是磨炼强大内心的机会，看作进德修业的资源。若不是这样修行用功，那修行是不会有长进的。总的来说，别把修心等同于冥想打坐。应该多在事上磨炼，久久为功，心会变得稳定且强大。静坐时有定力，做事时很专注，遇到事情冲击时也能一心不乱。这个就叫"静也定，动也定"。

# 一、走向觉悟的正道

## 1. 别把佛教、佛学和佛法混为一谈

经过两千多年的演化，佛家有三种存在形态，即佛教、佛学和佛法。佛教是宗教，重点在信仰；佛学是哲学，重点在解释世界；佛法是修行方法，重点在人生转型、生命再造和提高生命品质。三者有重合，但出发点和落脚点不同。

### （1）佛教是宗教

佛者，觉也。"佛"就是觉悟者的意思。"佛教"原本是教育，它是教人觉悟的，自觉、觉他、觉行圆满。这是佛教最原始的含义和真义。用现代名词说，佛教是教育，即人文教育和生命教育。它教人如何走向觉悟，如何实现自我解脱，如何实现自我超越。佛教最初是释迦牟尼佛办的教育，就像孔夫子办教育一样。我们知道办教育有四大要素：老师、学生、课程体系和教学场所。佛陀是老师，僧团是学员。教学场所叫竹林精舍或大讲堂。佛陀在世时，很多国王及富豪为佛陀建造了数十个大讲堂。佛陀教授的课程体系，即三十七道品，包括四念处、四正勤、四神足、五根、五力、七觉支、八正道等，总共有三十七种修行方法。教学目的，就是教人从贪、嗔、痴、慢、疑、不正见等束缚中解脱出来，从人生的烦恼痛苦中解脱出来，提升生命的品质，走向觉悟，转凡成佛。现代名词叫生命转型、人生再造。

经过两千多年的演变，佛教逐渐宗教化，成为一种信仰体系。尽管如此，佛教与"以神为本"宗教根本不同。佛教有四大特质：第一，佛教是以人为本的宗教。佛教中没有神（God），没有造物主的观念，这和其他宗教不一样。佛教的终极追求是修行成佛，即成为觉悟者，而不是要成为上帝的选民，得到神的恩典上天堂。佛教中也有神鬼，但神鬼只是六道众生之一，它们是另一种生命形态。第二，四圣谛是佛教的基本教义。四圣谛包括苦、集、灭、道。"苦"是指错误认知和行为带来的各种各样的烦恼痛苦，这是人生的实相，每天都要面对。"集"是造成痛苦烦恼的原因，具体是指贪婪、嗔恨、愚痴、傲慢、疑惑、邪知偏见等等的相互作用。"灭"是指消除了制造痛苦烦恼原因后的解脱自在状态。"道"是指消除人生痛苦烦恼的修行方法。四圣谛包括两个基本方面：一是明见因缘法，二是精进修习八正道。因缘法是人生的真相，八正道是修行的真理。依因缘法的正见，精进修习八正道，人生就能消除痛苦烦恼、走向解脱自在。第三，佛教有三皈依的要求，即皈依佛、皈依法、皈依僧。皈依佛就是皈依觉悟者，而不是皈依 God（神）。"法"是觉悟的方法，皈依法就是皈依觉悟的方法即佛法。佛法是帮助人走向觉悟的方法。"僧"是精进修行佛法的人。皈依僧就是皈依精进修行佛法的人。第四，六和敬是佛教的组织理念。所谓六和敬包括：①身和同住，即和睦共处，不起肢体冲突。②口和无诤，即说和谐的话，不起语言冲突。③意和同悦，即认识和思想方面互相悦纳。④戒和同修，即共同守持戒律，绝不犯戒。⑤见和同解，即研讨问题求同存异。⑥利和同均，即利益共享。

### （2）佛学是哲学

佛学，即佛教哲学。它从世界观、社会观、人生观和价值观等角度，将佛教、佛法的内容理论化、体系化。佛教中有三藏经典，即经、律、论。论典主要是历代论师们的著作，属于佛学的范畴。如南传佛教的根本论典，是觉音尊者的《清净道论》。大乘唯识宗的根本论典，是无著菩萨的《瑜伽师地论》。唐三藏西天取经，取回来的最重要经典，就是这部《瑜伽师地论》。藏传佛教最根本的论典，是宗喀巴大师的《菩提道次第广论》。中国禅宗的主要论典，是六祖慧能的《六祖坛经》等等。佛学的特色在理论化和体系化，即对佛教、佛法的诸多名词概念，进行定义，进行分类，进行归纳和演绎。例如：它们把觉悟分为解悟、行悟、证悟；把智慧分为闻慧、思慧、修慧。《清净道论》把佛教的全部教法分成戒学、定学、慧学等三大部分。对戒、定、慧给出详细的定义和分类，比如定学：从八个方面加以系统论述：什么是禅定？禅定的特点、功能、生起、依因；禅定的分类；定的杂染；定的净化；如何修习禅定；修习禅定的成果等。慧学也是这样来系统化的。

佛学包括佛教的世界观、人生观、价值观、伦理观、社会观和生命观等。佛学的世界观就是因缘观（因果法则）。因缘观不是唯心论，也不是唯物论，而是缘生论（相互作用中发生）。佛学的人生观，即苦乐人生。人生有八苦：生、老、病、死，爱别离、怨憎会、求不得、五阴炽盛。人生的目的是离苦得乐、解脱自在。佛学的价值观，即诸恶莫作，众善奉行，自净其心。佛学的伦理观，即十善业道：①不杀生；②不偷盗；③不邪淫；④不恶；⑤不两舌；⑥不妄语；⑦不绮语；⑧不贪；⑨不嗔；⑩不痴。佛学的社会观，即平等互助、共存共荣、社会和谐。佛学的生命观，即众生平等、相互尊重。

### （3）佛法是修心方法

佛法是通向觉悟的道路（修炼成佛的方法）。它教人从贪欲、嗔恨、愚痴、傲慢、不正见等束缚中解脱出来，成就无上正等正觉。用现代名词说：佛法是改造身心的方法，是人生转型的方法，是自我超越的方法。精进地修炼佛法，就会有不一样的人生。

**佛法有九大特质：**

①因缘法是佛法的根本。"因"是指相互作用、相互影响因素，"缘"是指相互作用、相互影响的条件。"因缘法"的意思是：世界上的一切人、事、物，都是在互相影响中发生、存续、变化和灭亡的。一切都在因缘中，没有不受影响者，没有永恒不变者，没有独善其身者。释迦牟尼在菩提树下洞见因缘法、彻悟八正道而成佛。所以佛陀总是说："见因缘即是见法，见法即见佛，见佛即见我。"

②佛法是佛陀亲自体验和证悟的。他出家苦修六年，试验过各种修行方法，都不能使他了生脱死，从痛苦烦恼中彻底解放出来。最后，他决定自己独立探索。他发现了因缘法人生的实相，八正道是修行的真理，由此而开悟成佛。佛陀是"由禅出教"，即通过自修自证而见法悟道。他教弟子们修行方法是"由教入禅"，即先见法悟道，然后再精进修道。明确这一点，

对正确修行很重要。

③佛教禅法的重心在实修和体验，不在理论和说教。只有通过自修亲证，才可能走向觉悟，才能解脱自在。佛法的修行结果可测量、可验证。佛法没有秘密。佛陀是觉悟者，觉悟者教人修行，不会错乱颠倒。

④佛法不离人的身心，它以人的身心为修证的对象。人的身心包括身体活动、情感活动、思想活动、决策行动和认知活动。修行就是要改变自己的认知模式、语言模式、思想模式、情感模式、行为模式。经过五大模式的彻底革命，才能成就无上的觉行圆满者。修行方面，只有自己和佛法靠得住。

⑤佛法修行系统由三大部分组成：一是见法悟道，二是精进修习八正道，三是依照七觉支的流程修行。八正道是八个修心项目，七觉支是修心的七大流程。只要精进修行，就能逐渐地断除愚痴、贪欲、嗔恚、疑惑及各种偏见和邪见。只要精进修行，就能逐渐增长智慧、增强信心、坚固正念、增厚定力。

⑥修行必须首先破除无明（无知、偏见、邪见），确立正见，由正见切入修行，最后修到正定。得五种成果：正觉、断除贪嗔痴、得到慈悲喜舍、成就解脱及无上正等正觉。

⑦佛法也叫"中道禅法"，"中道"的意思是"离于二边，说于中道"。例如，佛陀说：如实正观生命五项活动如何生起，则不生"无我"之见；如实正观生命五项活动如何灭去，则不生"有我"之见（《杂阿含经》第262经）。

⑧佛法是生命再造和人生转型的系统工程。它由六大构件组成：①"四圣谛"，②"五蕴"，③"六入处"，④"七觉支"，

⑤ "八正道"，⑥ "十二因缘法"。简称4、5、6、7、8、12。

⑨佛法是改造身心的科学方法。佛法具有科学的四大特质：第一，通过方法论获取知识。第二，重实验，也重逻辑。第三，普遍有效性，也叫可重复性原则。第四，别迷信权威，只信实践检验。比如《杂阿含经》中，佛陀经常告诫弟子们：对我所教的一切法，你们应该反复地去观察、思考、体证并加以检验。就像到金店买金子一样，要用各种方法去测量金子的质料与纯度。佛陀这样一种开放态度，直接鼓励了后来人持续探索和试验各种修行方法。这就是为什么佛教禅法中有那么多的修行方法。

## 2. 佛陀是如何觉悟的？

### （1）洞见生命真相而觉悟

佛陀成佛前是迦毗罗卫国的太子，王位合法继承人。年轻的太子受过最好的文武教育，享受着荣华富贵。但有些问题一直困扰和折磨着他，挥之不去。比如人为什么会有生老病死？人生为什么有那么多的痛苦烦恼？如何了脱生死、解脱自在等等。为了探究人生的真相，29岁那年，他离开王宫到苦行林出家了。他试过当时印度流行的所有修行方法，并跟过两位顶级大师学习禅定。苦修了5年多，并没有找到令他满意的答案。于是决定另辟蹊径，开始独自探索。35岁那年，他终于开悟成佛了。

关于释迦太子是如何觉悟成佛的，戏说的很多。真实的记载是在《杂阿含经》中。佛陀后来对弟子说：我记得尚未觉悟成佛时，独一静处，专精禅思。我问自己：人为什么会有老病死？老病死的缘由是什么？我实事求是地探究，如实正观：生有故老死有，生缘故老死有。如此生起正见：因为无明（无知和妄见），人们对自己的身心活动生起"我见"；因为有我见，所以对眼识、耳识、鼻识、舌识、身识、意识等"六识"生起贪爱。本来贪爱的是六识，却误以为贪爱是六境（色声香味触法），于是六根追逐六境。六根追逐六境，又增长六识的因缘。如此循环往复，人生就被锁定在痛苦烦恼、生死轮回的环路里。六根和六境的因缘生六识，在根境识三者接触的当下，不实事求是地观察，就生起无明（颠倒妄想），无明就生我见，就生贪爱。我见和贪爱，驱使眼、耳、鼻、舌、身、意六根追逐色声香味触法六境。根境因缘生识，根境识三者接触，生起情感活动、思想活动、决策行动。这就是人生运作的模式，这是人有生老病死、忧悲恼苦的原因。

佛陀说：既然无明是人生痛苦烦恼和生老病死的总源头、总开关，那脱离痛苦烦恼、实现解脱自在的办法，首先就应破除无明。破除无明就不起我见、不生贪爱。对六识（六种感觉经验）不生贪爱，眼耳鼻舌身意六根，就不会追逐色声香味触法六境。因此贪嗔痴不起乃至灭尽。这样人就可以从生死轮回和烦恼痛苦中解脱出来。

那无明如何才能断除？在六根和六境的因缘生六识的当下，修因缘观，正确思维，就能够破除无明。破除无明、建立正见就是觉悟。人觉悟后就不会对"自我"存有颠倒妄想。觉悟后就不再生贪爱。没有贪爱的驱使，六根就不会追逐六境。

因此，贪爱六识的因缘就不再增长。这就是"无明灭则行灭，行灭则识灭，名色、六入、触、受、爱、取、有灭……"如此，人就可以从生老病死的轮转、忧悲恼苦的逼迫下解脱出来。

那成佛的道路和方法是什么呢？佛陀说：古代所有成佛的人，都走这样一条道，这条路叫"八圣道"，它是从觉悟走向解脱自在的八个修心项目，具体包括：正见、正志（正思维）、正语、正业、正命、正方便、正念、正定。这是人生转型的大道和正道。佛陀说：我于因缘法和八正道自知自觉，成等正觉。

佛陀是如何觉悟成佛的，大体可归总为六点：

1）独一静处，专精禅观，对人的生老病死、痛苦烦恼究竟是如何发生和运作的，进行实事求是的观察探究，由此破除无明，生起正见。

2）所谓"正见"就是见证到了人的生老病死、忧悲苦恼，实际上是依照十二因缘法的模式运作的："无明缘行，行缘识，识缘名色，六入、触、受、爱、取、有，有缘生、生缘老病死、忧悲恼苦。无明灭则行灭，行灭则识，名色、六入、触、受、爱、取、有、生老病死、忧悲恼苦灭。"一句话，就是见证到了十二因缘的集法和灭法。

3）"无明"是造成人生痛苦烦恼的总根源。无明就生欲贪、生仇恨、生愚痴、生疑惑。无明也生我见、生偏见、生邪见。贪爱和我见双轮驱动，制造了人生的痛苦烦恼、生死流转。如何破除无明和贪爱？

4）破除无明的办法是确立正见。正见如何确立？在根境因缘生识的当下，修因缘观，即实事求是地观察，就能破除无明，生起正见。所谓"正见"，就是见证到人生的5项基本活动——认知、情感、思想、决策、行动——都是因缘生、因缘灭的。

5）彻悟八正道是灭苦之道，是解决人生痛苦烦恼的正道，是走向解脱自在的根本大法。

6）总的来说，佛陀是由于洞见因缘法、彻悟八正道而觉悟成佛的。因缘法是人生的实相，八正道修行的真理。由此看，判断一个人是否开悟有两条标准：第一，是否见证到因缘法；第二，是否彻悟了八正道。既没有明见因缘法，也没有彻悟八正道，说自己觉悟了，这是瞎说。

总结一下：佛陀是由于明见十二因缘法、彻悟八正道而觉悟成佛的。因缘法是生命的真相，八正道是修行的真理，是生命再造的根本方法。所谓"明见因缘法"，就是搞明白了人生的痛苦烦恼、生老病死是如何发生的、是如何运作的。所谓"彻悟八正道"，就是彻悟八正道是断除烦恼痛苦、走向解脱自在的正道。两者结合，赋能人生彻底转型。

佛陀觉悟解脱后，出于对人类的慈悲，开始传播这套人生转型和生命再造的方法。佛陀第一次讲法，讲的就是因缘法和八正道。佛陀说：人们要想觉悟、要想解脱自在，就必须依照四谛三转十二行的路线图精进地修行。所谓"四谛"，即苦、集、灭、道，它们是生命的真相或实相。"苦"——现实与你想要的不一样，因此痛苦烦恼。"集"——愚痴、贪欲、嗔恨是烦恼痛苦的原因。"灭"——贪嗔痴熄灭的状态。"道"——

八正道是灭苦之道。"三转"即走向觉悟解脱，必须经过三次大的转型：一是见法悟道，二是精进修道，三是证道解脱。这是改造命运、再造人生的基本过程。

佛陀是一个至高无上的觉者（正等正觉），他发现了人生的真相，发明了修行的真理。为自我超越、人生转型提供了根本方法。

### （2）正知正行是走向觉悟自在的本根

因缘法是生命的真相，八正道是修行的真理。它们是佛家的世界观和方法论。《杂阿含经》中有个故事说：佛陀的一位弟子临终前提出一项请求，希望最后能见佛陀一面。佛陀慈悲，来看望这位弟子。佛陀对他说：见因缘即见法，见法即见佛，见佛即见我。什么意思？因缘法就是佛法，见到佛法就是见到了佛，也就是见到了佛陀本人，绝对不是看见佛陀这个人才叫见到了佛。在《金刚经》中佛陀也说："若以色见我，以音声求我，是人行邪道，不能见如来。"

佛陀说：缘生法无常，缘生法是苦，缘生法非我、非我所有。用因缘法、缘生法实事求是地看人生，人生无非如此。人生由五种基本活动组成，即生理活动、情感活动、思想活动、决策活动和认知活动。每一种活动都是因缘而生、因缘而灭。身体是在因缘中变化的，情感是在因缘中变化的，思想是在因缘中变化的，行为决策也是在因缘中变化。一切都是随因缘变化而变化的。这就叫无常。由于相互影响，实际过程不以哪个人的意志为转移。用因缘法观察现实就会发现：人们想做主但根本做不了主，人们想说了算但根本说了不算。不如意、不称心，人们为此感到痛苦烦恼。本来，世界上根本就没有一个不变的"我"，没有一个能做主宰的"我"，所以佛陀说"缘生法非我、非我所有"。

佛法中有很多修行方法，而八正道是总纲，纲举才能目张。八正道是八个修行项目，即正见、正思维、正语、正业、正命、正精进、正念、正定。八正道对应的是人生八个方面的转型：正见是认知模式的转型。正思维是思维模式的转型。正语是语言沟通模式的转型。正业是行为模式的转型。正命是生活方式的转型。正精进是习性模式的转型。正念是观念模式的转型。正定是精神境界的转型。依照八正道次第修行，才能真正实现人生转型。

佛经中有这样一个故事：须跋陀罗是苦行林中的一位老修行。100多岁了。听说佛陀当夜要圆寂，他匆忙赶来见佛陀，想请教觉悟和解脱的真理。见面顶礼后，他问佛陀：修行界有好几位大德，自称已经成佛。他们是否真的掌握了觉悟的真理？佛陀说：须跋陀罗，别自寻烦恼了，我告诉你什么是觉悟和解脱的真理，你要谛听善思：任何修行方法、任何教法，假如没有八正道，就不会有初果、二果、三果乃至四果。假如依照八正道修行，那必定有初果、二果、三果、四果。29岁我出家求道，35岁我见法悟道，到现在45年了，我所教授的修行方法，就是这个。

因缘法和八正道，是判断佛法与外道的基本标准。佛陀说：见因缘法即是见法，见法就是见佛。千万注意啊，见佛还不是成佛，要想成佛，必须修八正道。精进地修习八正道，才能走向解脱自在。

### （3）佛陀说自己是良医和向导

佛陀离世前对弟子们说："我如良医！知病说药。服与不服，非医咎也。又如善导，导人善道。闻之不行，非导过也。"（《佛遗教经》）用白话文说就是：我是良医，知道人心中痛苦烦恼及病因。我有治病的药方，按方吃药就能灭除病根。有良药你们不吃，那不是医生的错。我是向导，知道人生的正确方向，向你们指出。如果不听，那不是向导的过错。

佛陀不是宗教家，因为宗教家的重点是传播信仰。佛陀不是哲学家，因为哲学家的重点在如何解释世界。佛陀是觉悟者，他发现了觉悟的方法，教人如何走向觉悟。觉悟者的特点是拥有最高的智慧和最大的诚实。舍利弗是佛陀的大弟子。有一次，他赞叹佛陀说：我认为，佛陀的智慧无与伦比，无论过去、现在还是未来，再不可能有这样的觉行圆满者了。佛陀听后对舍利弗说：舍利弗，过去和未来的诸佛你并不全知，不可如此喜悦赞叹如来。佛陀反对任何形式的个人崇拜。佛陀离世前曾对阿难说：阿难，你应依法而住，如理修习，依法正行，这才是对如来最高的崇拜和赞美。

凡宗教领袖大都拥有神通。如犹太教的先知、基督教的耶稣、伊斯兰教的穆罕默德等。为了让人相信，耶稣经常地会显露一些神通和神迹。比如在迦拿的婚宴上变水为酒，让死者拉萨路复活，让瞎子复明，在水上行走等。佛陀也有大神通，如神足通（水上行走、分身术、隐身法等）、天眼通、他心通等。但佛陀反对利用神通来传播佛法，来增加信众。曾经有位在家居士向佛陀建议说：世尊，那烂陀是人口众多、很富有的大城市。假如您或某位弟子在大众面前展现神通，那就一定会有非常多的人信仰佛陀和佛教。佛陀怎么回答？佛陀说：我教人们正法，让人们自求自证解脱，走向觉悟自在。而不是让人们来信仰我（《长阿含》24经）。

### 3. 因果法则与认知革命和行为革命

#### （1）因果法则：因地不真，果招纡曲

世界上的一切人事物，不自生，不他生，也不是无因生，通通都是因缘生。"因"是指相互作用的主要因素。"缘"是指相互作用、相互影响的过程和条件。所谓"因缘生"，就是在相互影响中发生、在相互影响中存续、在相互影响中变化、在相互影响中灭亡。所谓"诸法（一切人事物）因缘生，缘谢法还灭"。

因果法则（因缘法）有五大要点：第一，影响是相互的。你影响我，与此同时也受我的影响。不存在单向度的影响。当然，相互影响的双方，其影响力是不对称的。第二，影响是你中有我，我中有你。即你对我的影响，包含着我对你的影响，我对你的影响，包含着你对我的影响。第三，相互影响的东西彼此都在改变。世界上没有不变者。但彼此改变的程度和方面不等同。第四，相互影响是同时的，分不出前后。分先分后，那是为了方便，那是思维逻辑，但不是现实。第五，世界上的一切，都是在相互影响中发生、在相互影响中存续、在相互影响中变化、在相互影响中消亡。世上没有不受影响者、没有单

一存在者、没有终极主宰者。精准地描述相互作用、相互影响并不容易。因为现实中，它们是剪不断、理还乱的。

佛陀教导人们用因果法则（因缘法）来观察世界、看待人生，引发认知革命和行为革命。

### （2）因果法则带来的认知革命

人生问题何其复杂，但可以简化。简化到最后发现，人们一辈子都在为自己的认知及行为买单。如是知，如是想，如是行。人的认知决定人的思想和情感，而思想和情感影响其决策和行动。那认识是如何发生的？佛陀说："二因缘生识。"什么是"二因缘生识"？眼色因缘生眼识，视觉经验生起；耳声因缘生耳识，听觉经验生起；鼻香因缘生鼻识，嗅觉经验生起；舌味因缘生舌识，味觉经验生起；身触因缘生身识，触觉经验生起；意法因缘生意识，意识经验生起。六根六境的因缘生六识，根、境、识的因缘又生起情感活动、思想活动、决策行动。这就是认知的发生及其运作模式。

因缘观教人看明白生命的真相、人生的真理。一切都在因缘中，一切都是因缘生。美丑由眼色的因缘生，好吃难吃由舌味的因缘生，真善美由意法的因缘生等。所谓"因缘生"，即一切都是在相互影响中发生、在相互影响中存续、在相互影响中变化、在相互影响中消亡。因缘生不是分别生，因缘观也不是分别观。因缘生不是大伙儿一块儿生，因缘观不是共生观。

因果法则（因缘法）教人探求自我的实相。通常人们是通过观察别人来认识自己，或透过人际关系来认识自我。所谓"以铜为镜，可以正衣冠，以史为镜，可以知兴替，以人为镜，可以明得失"。这当然有用，但并不究竟。因缘观教人们从审察自我的认知模式下手，看清自我的本来面目。比如贪欲、嗔恨、愚痴、傲慢、疑惑、偏见、邪见、颠倒妄想等，这些东西究竟是从哪里来、在哪里生发的？佛陀说：人只有从六根、六境、六识的因缘中，才能看清楚"自我"的本来面目，才能明白人生的真相。说得具体一点，就是在六根与六境的因缘生六识的当下，假如能实事求是、修因缘观，就能看明白"自我"的真相，即自我的身心结构和身心运作模式。否则，就会对"自我"产生颠倒妄想、邪知和偏见。而错误的自我认知，必定会带来无尽的烦恼之流、痛苦之流、生死之流。举例说：在舌头接触食物生起舌识的当下，假如你明白，好吃难吃，并非那东西本身，而是自己的味觉经验，由此不对食物生贪爱。相反，假如你认为，好吃是这东西本身，错误地把感觉经验当成实体存在，对它生贪爱或嗔恨，这就是颠倒妄想。记住了，在根境因缘生识的当下，修因缘观，正确认识自我，就叫觉悟。因缘观教人走向觉悟。

正确认知自我的核心是破除"我见"，而因缘观教人破除"我见"的方法。所谓"我见"，就是认为"色、受、想、行、识"就是我：这是我的身体、这是我的感受、这是我的想法、这是我的决策、这是我的行动、这是我的认知等等。所谓"我见"就是假定有一个能够独立存在并且能主宰认知、情感、思想、行为、身体等活动的不变的"我"。佛陀说：缘生法无常，缘生法非我、非我所有。就是说，人的认知活动、生理活动、情感活动、思想活动、决策行动等，都是因缘生和因缘灭的，这是正知正见。有正见才能破除我见。破除我见就能破解贪爱、嗔恚、愚痴、傲慢、疑惑以及不正见等。若能破除"我见"，做人做事就不会起邪心邪念。如佛陀说的："慧根为其首，统摄一切。"

因缘观突破了前因后果的认知模式。前因后果的认知模式，在解决问题时，常常会使人陷入两种困境：一个是源头困境。任何问题都有前因，原因前还有原因，前因复前因，前因复前因，一直追寻下去，最后就追到神那里去了。另一个是焦点困境。这种认知模式在解决问题方面，很难聚焦。缺乏焦点去解决问题，就不可能找到有效解决问题的办法。从因缘法的认知模式解决问题，聚焦于当下的现实，聚焦于当下的自我，一切由此展开。

### （3）因果法则带来的行为革命

如果真懂因果法则（因缘法），并按照因缘法办事，就知道如何改造命运。人的命运掌握在谁的手里？在上帝的手里吗？不是。在领导的手里吗？不是。在别人的手里吗？不是。在自己手里吗？不全是。人的命运在因缘里。懂因缘法、缘生法，就掌握了改造命运的钥匙。人不能主宰自己的命运，但可以改变因缘。改变因缘就会有不一样的命运。所谓改变因缘，可不是直接去改变别人，也不是直接去改变环境，主要是改变自己的起心动念及行为方式。善用其心就能改变因缘，改变因缘就会影响结果。假如能按照因缘法说话办事，那你的命运就越来越趋向于你所想要的。

如果真懂因缘法，并且按照因缘法办事，就知道如何改造自我，包括修正自己的认知模式、情感模式、语言模式、行为模式。在根境因缘生识的当下，在根境识三者接触的当下，假如能修因缘观，能实事求是，认知上就会生起正知正见，而不会产生颠倒妄想，更不会生起邪知邪见。有正知正见，就会生发出正向的情感模式、语言模式和行为模式。所谓正知正见，即你不能完全掌控事情本身，但可以管好自己的思想、语言、行为。如果在各种因缘中总是努力"诸恶莫作，众善奉行"，用正知、正语、正行往良好的方向互动，而不是朝糟糕的境地推动，由小见大，事情慢慢就会朝好的方向演变。佛陀在离世前对阿难说："因缘法才是你们真正的依靠。你们应该如此自我训练：愿自己以因缘法而住，如理修习，以法正行，渐渐走向解脱"（《觉悟之路》）。修行要从六入处下手。在六入处修正认知模式，在六入处修正思维模式，在六入处修正语言模式，在六入处修正行为模式，并把它做成一种习惯。一切都在因缘中。因此需要用因缘观来认知和行动。依照因缘观来做事，方可使认知与现实（fact）同步，做到知行合一。

　　因缘果报是铁定法则，这不是理论，也无关信仰。所谓因缘果报，即你做出的任何思想行为，必定会以某种方式对你产生相当的影响。只要行为影响还在。比如贪污腐败，行为一旦做出，其负面影响就会相伴一生。所谓"报应"就是行为对行为者的影响。影响有正向有负面。所谓"善有善报、恶有恶报"。网上有一篇转发量很大的文章，《美国科学家的惊人发现：善恶有报是真正的科学》。文章说：当一个人心怀善念、情绪正面时，体内的生化过程就正常和健康，免疫细胞活跃，人不容易生病。当一个人心怀恶念、负面情绪占主导时，血液中就会产生毒素，免疫力降低，人容易生病。有人对"社会关系如何影响人的死亡率"做过长时间的系统研究。研究者随机抽取了7000人进行了长达9年的跟踪调查。统计发现，乐于助人的、与他人关系融洽的，其健康状况和实际寿命，明显好于损人利己者、嫉妒愤恨者。这也是孔子讲的"仁者寿"的道理。

当然，因缘果报并不简单。有的行为立马产生看得见的报应。有些行为做出后，报应慢慢才会显现。有的人干好事却招来一堆是非，有的人干很多坏事却还能春风得意。还有，一人干坏事却全家或全国遭殃。希特勒发动二战，德国人承担后果，如此等等。由于人们不明白因缘果报实际上是如何运作的，因此常会有人对这个"天下第一法则"产生质疑。因缘果报尽管复杂，但屡试不爽啊。"因缘绝对不空，报应丝毫不少，自作必定自受，谁也替你不了。"

按照因缘法来思考问题、说话办事，在每个具体因缘中善用其心，就必定有好的结果。虚云老和尚说"凡夫畏果，菩萨畏因"。在具体因缘中正用心，别在结果上瞎费心。比如贪污腐败后，向上帝祈祷、给菩萨磕头，有用没用？肯定没用。因为上帝不在你贪污腐败的因缘中，菩萨也不在。祈祷磕头不能改变因缘，当然也不会改变结果。

因缘法是大智慧。不懂因缘法难有大智慧。在做人做事上，常有五大败笔：第一，对自己，很自以为是。对别人，很不以为然。第二，经常以偏概全，把片面当全面。第三，经常以邪为正，把邪见当正见。第四，经常一厢情愿并且一意孤行。第五，认知与现实总不同步，或者超前或者落后。哲学家称之为主观主义，毛泽东说"主观主义害死人"。佛陀称之为"我见"。佛陀说："一切诸见，唯有我见，斯能断人智慧命根。"社会上为什么失败者很多、成功者少见？为什么烦恼痛苦者很多、喜乐自在少见？这就是根本原因。

## 二、生命转型的系统工程

### 1. 体验身心的实相

#### （1）体悟生命的真相（因缘法）

佛陀出家，是为了搞明白生命的真相。艰难困苦地探究了6年后，有一天他终于发现：人的生命是依照十二因缘法的模式运作的，因缘法是人生的实相，八正道是修行的真理，他因此而觉悟成佛了。

开悟成佛后，佛陀说："此有故彼有，此生故彼生。无明缘行。行缘识。识缘名色。名色缘六入。六入缘触。触缘受。受缘爱。爱缘取。取缘有。有缘生。生缘老死。如是如是，纯大苦聚集。"这是讲人的生老病死、忧悲苦恼是如何发生和运作的。"此无故彼无，此灭故彼灭。无明灭则行灭。行灭则识灭。识灭则名色灭。名色灭则六入灭。六入灭则触灭。触灭则受灭。受灭则爱灭。爱灭则取灭。取灭则有灭。有灭则生灭。生灭则老死灭。如是如是，众苦皆灭。"这是讲人的生老病死、忧悲苦恼是如何灭去了断的。十二因缘法及运作模式图示如下：

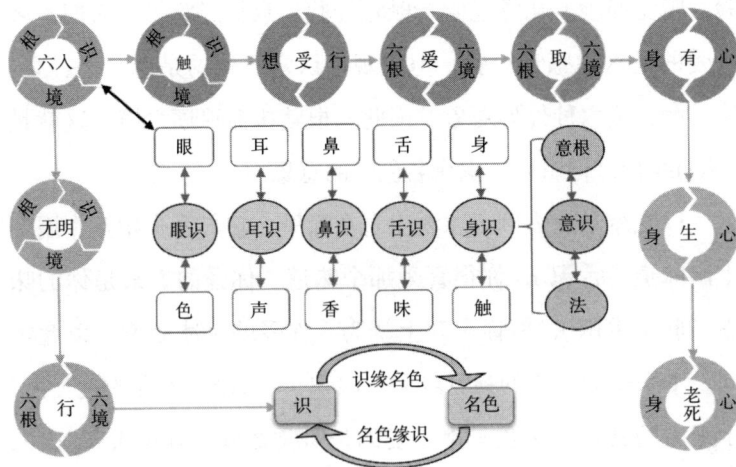

　　十二因缘法是个口诀，读懂它需要读《杂阿含经》上百篇经文。佛陀讲十二因缘法，在"六入处"分位。分三段：最后一段是"生—老—死"，这是平常的人生现实，人人所见。中间一段是"六入—触—受—爱—取—有"，这是现实生命的实相、人生的真相。假如人们能实事求是、如实正观，就可以体验到这样的运作过程。最开始一段是"无明—行—识—名色"，这是人心的微观运作机制，它含藏有不同人生的密码。

　　对照上图，先看开头一段："无明缘行，行缘识，识缘名色。""无明"的定义是："对五蕴的集灭法不如实知。"用白话说就是：不明白生命的五项活动——身体、情感、思想、行为、认知——都是因缘而生、因缘而灭，这就是"无明"。无明就生我见。所谓"我见"，就是把身体、情感、思想、行动、认识等，当成是"我的"并且为我所有。无明就生贪爱，贪爱的对象是"六识"，即六种感觉经验，包括视觉经验、听觉经验、嗅觉经验、味觉经验、触觉经验、意觉经验等。人们本来所爱的是六种感觉经验，但主观上认定所爱的是色、声、香、味、触、法六种外界对象。因此六根就拼命追逐六境。这就是"无明缘行，行缘识，识缘名色"的意思。

以吃冰激凌为例：冰激凌吃在嘴里，它与舌头相互作用产生出味道（舌识），你很喜爱那个味道。你爱的本来是你的味觉经验（舌识），但你主观上认为，你爱的是冰激凌。以此类同，本来爱的是你的视觉经验（眼识），却误以为爱的是美色，于是眼睛就追逐美色。本来爱的是听觉经验（耳识），却误以为爱的是美声，于是耳根就追逐声音。本来爱的是味觉经验（舌识），却误以为爱的是美味，于是舌根就追逐味境。本来爱的是与某人在一起的感觉经验，但主观上认为，是爱上了某人等等。总而言之，人因无明而生出爱恨情仇。本来所爱、所恨的是视觉、听觉、嗅觉、味觉、触觉、意觉等经验，但误以为所爱或所恨的是外部的人、事、物。

贪爱六识驱使六根追逐六境，即眼睛追逐美色，耳朵追逐美声，舌头追逐美味，心头经常想起美好的事情或不愉快的经历等等。六根追逐六境，就增长六识的因缘。贪爱六识，再驱使六根追逐六境。如此循环往复，无有穷尽。佛陀把这叫作"识缘名色，名色缘识。……喜贪润泽，生长增广"。逐渐地人们把自己的感觉经验内化成了习性反应模式。在这个模式中，贪爱提供动力和能量。佛陀说：贪爱会推动六根和六境不断打结。贪欲就像一根绳子，把眼色、耳声、鼻香、舌味、身触、意法等等，死死地捆绑在了一起。眼睛看见美色，贪欲流出，痛苦烦恼相伴而生。耳朵听闻美声,贪欲流出,痛苦烦恼相伴而生。舌头品尝美味,贪欲流出,痛苦烦恼相伴而生……这就是人生实相。

对照上图,再看中间那段:"六入缘触,触缘受,受缘爱,爱缘取,取缘有。"六根与六境的因缘生六识,即眼色因缘生眼识,耳声因缘生耳识,鼻香因缘生鼻识,舌味因缘生舌识,身触因缘生身识,意法因缘生意识。六根、六境、六识三者接触,每一种都会引起认知活动、情感活动、思想活动、决策行动。比如,眼色因缘生眼识,眼根、色境、眼识三者接触,生起情感活动、思想活动、决策行动。耳声因缘……意法因缘等等,通通如此。接下来看,受缘爱,爱缘取,取缘有。千万要注意,爱不是由受而生。爱是由无明而生。佛陀说:无明凡夫,对五蕴的集灭法不如实知,所以对五蕴生贪爱。如此,六根追逐六境。取缘有:"有"是指身心活动。认定色受想行识是我,驱使六根追逐六境,以满足身心的需要。

对照上图,看最后一段:"有缘生,生缘老死。"这是讲生死轮转。因为贪爱六识,驱使六根不断追逐六境。此生的六根败坏,彼生的六根生起。生死流转,循环往复。

## (2)因果法则的两种解释

其实,十二因缘法是为了方便记忆和传播的一个口诀。佛陀生活的时代,印度已有文字,但没有纸也没有笔,识字的人极少。文字主要是用来记述帝王功绩和颁布重要法令的,在石头上。那时,佛陀向弟子们传授修心方法,弟子们要照此修行,并且还要向大众传播,只能靠记忆。因此,最古老的经文都很短，并且大都是押韵的顺口溜。看《杂阿含经》，这个特点最明显。

口诀模式带来两大问题：第一，口口相传，传着传着就走样了。《杂阿含经》中有个故事说：佛陀离世后，有一天，阿难听一个小和尚背一首偈子："若人生百岁，不见水老鹤，不如生一日，得见水老鹤。"阿难一听，这错得太离谱了。阿难对小和尚说，你背的不对，佛陀是这样说的："若人生百岁，不见因缘法，不如生一日，得见因缘法。"小和尚回去报告了师父。师父说：阿难老朽，别听他的。第二，口诀模式导致了对同一段经文，经常有完全不同的理解和解释，有的还是相互矛盾的解释。例如：十二因缘法的口诀说："无明缘行，行缘识，识缘名色……"经文的解说是：不正思维起无明。无明就生贪爱，无明就生我见。而部派佛教以来对此的主流解释是：无明就会制造善恶之业。而此生所造的善恶之业，会在此人临死时决定他投胎再生的去向。

自部派佛教以来，对十二因缘法就有了两套解释，一套是佛陀在《杂阿含经》中的解释，一套是部派论师的解释。按照论师的解释，十二因缘法分三世：过去世——现在世——未来世。以此表达人生的三世因果、六道轮回。"无明缘行，行缘识"，这是人的过去世。"识缘名色，名色缘六入，六入缘触，触缘受，受缘爱，爱缘取，取缘有"，这是人的现在世。"有缘生，生缘老死"，这是人的未来世。具体解说是这样：人因无明而造善恶之业。人的善恶行为一旦做出，其行为最终都有报应。所谓"假使百千劫，所作业不亡。因缘会遇时，果报还自

178

受"。按照唯识论观点，人一辈子所做的一切善恶行为，就像种子一样都会进入阿赖耶识中。这就是"无明缘行，行缘识"的意思。人死后，阿赖耶识会离开其身体。受业力驱使，阿赖耶识去投胎。阿赖耶识和受精胚胎结合，新一期的生命就开始了，这就是"识缘名色"。胎儿发育成熟，眼耳鼻舌身意六根成型，出生来到这个世界。这就是"名色缘六入"。婴儿长大，眼耳鼻舌身意与外界的六境（色声香味触法）接触，这就是"六入缘触"。六根与六境接触，就会生起各种各样的感受，有苦受，有乐受，有不苦不乐受。这就是"触缘受"。对喜欢的就生起贪爱，对不喜欢的就生起嗔恨，因贪爱就会想办法去获取，想占为己有，以满足自己的身心欲望。这就是"受缘爱，爱缘取，取缘有"。人这一辈子，就是如此地循环往复，直到死去。死后阿赖耶识再投胎，从此又开始新一期的生命。如此生生死死，流转不已。

从上面的解释看，第一，十二因缘法在"名色"处分位，"名色"前是上一辈子的事。从"名色"到"有"是这辈子的事，"有"之后轮回到下辈子。第二，"识"（阿赖耶识或结生识）是连接前世今生的载体。第三，修行路线图是这样：首先持戒，然后是修定，最后是修慧。通过修慧走向觉悟。这叫"由戒生定，由定发慧"。这和佛陀教导的修行方法是不太一样的。佛陀的教法是先开悟、断无明，接着悟后起修，即依照八正道的方法和七觉支流程精进修行，走向解脱自在。

总的来说，哲学解释，在逻辑上很完美。但很难照此禅修。因为经教与禅法不匹配，修不起来。依照论典来修行，最重要的是多做善事，善行累积多了，就能够改变自己的业力状态。如此这样，再投胎时就能够投到一个好人家、好地方。

### （3）略说人心结构及微观运作机制

佛陀发现的十二因缘法，是人生的实相。它含藏有心之结构及微妙的运作机理。人之身心由五个相互关联的部分组成，佛学名词叫色、受、想、行、识。"色"是身体生理的部分，它是人心载体。"受"是情感、情绪的部分，"想"是思考、思想的部分，"行"是决策行动的部分，"识"是认知的部分。佛陀说：对人的认知活动、生理活动、情感活动、思想活动、决策行动不如实知，就是愚痴凡夫。所谓"不如实知"就是不懂得它们都是因缘法、缘生法。对人的生理活动、认知活动、情感活动、思想活动、决策活动、认知活动等如实知，就是觉悟者。所谓"如实知"，就是明白认知活动、身体活动、情感活动、思想活动、决策行动等，都是因缘法、缘生法。

根境因缘生识，根境识三者联结，生起情感活动、思想活动及决策行动，这就是心之微观运作机理。它有四大真义：

第一，无明会生贪爱。眼色因缘生眼识，即视觉经验生起。对视觉经验颠倒妄想并且生起贪爱，就会制造出种种烦恼痛苦。耳声因缘生耳识，听觉经验生起。对听觉经验颠倒妄想并且生起贪爱，就会制造出种种烦恼痛苦。对嗅觉经验、味觉经验、触觉经验和意识经验等颠倒妄想并且生起贪爱，就会制造出无尽的烦恼痛苦来。

第二，本来贪爱的是自己的感觉经验，即视觉经验、听觉经验、嗅觉经验、味觉经验、触觉经验和意识经验，但误认为贪爱的是美色、美声、美味、美感、美好的回忆等外在对象。比如，你本来贪爱的是视觉经验，却误以为爱的是美色，于是眼睛就不断地去追求美色。本来贪爱的是听觉经验，但误以为爱上的是悦耳的声音，于是耳朵就不断地去追逐声音。本来爱上的是味觉经验，但却误以为爱上的是美味，所以舌头就不断地去追逐美味，本来爱上的是意识经验，但却误以为爱上的是留下美好记忆的那个对象，所以头脑就不断地去忆念那个对象等等。

第三，六根不间断地追逐六境，就增长六识的因缘，即强化视觉经验，强化听觉、嗅觉、味觉、触觉和意识等经验。贪爱六识，又增长六根追逐六境的因缘。如此循环往复，渐渐地，它固化成为人们一辈子的习性反应模式。这样，人生就被锁定在生死轮回、烦恼痛苦的轮回里。

第四，人心运作的微观机理有七个步骤：①根境因缘生识，即感觉印象生起。②连接：将感觉印象与大脑中的记忆相连接。③将新信息与大脑中存储的信息进行比对和分析。④进行判断和推理。⑤新的认知在心理和生理上生起反应。⑥情感浮现（爱或恨）。⑦决策行动。人心运作太过复杂，这里只是大而化之的描述。

人生如何才能解脱痛苦烦恼的束缚、走上幸福自在的道路？佛陀告诉我们，最根本是破除"无明"（无知、偏见、邪见等等），确立正见。因为人生的逻辑是这样：认知影响情绪，认知和情绪交互作用影响思想，认知和情绪交互作用影响决策，认知和情绪交互作用影响行动。不同的认知造就了每个人的人生和命运。人生说到底，一辈子都是在为自己的认知买单。如是知、如是行、如是果。破除"无明"怎么做？简单地说，就是在根境因缘生识的当下，实事求是，即正思维，看明白身心运作都是因缘法，破除我见，确立正见。由此开始，精进地修八正道，这是离苦得乐、转凡成圣之路。

## 2. 修心的八个项目

### （1）从正见正语到正行正定

佛陀教人觉悟成佛的方法，是先见法，后悟道，接着再修道。"见法"就是明见因缘法，"悟道"就是彻悟八正道，"修道"就是在六入处精进修习八正道。对此，佛陀说得明白："明为前相，能生正见。正见生已，起正志（正思维）、正语、正业、正命、正精进、正念、正定，次第而起。正定起已，圣弟子从贪欲、嗔恚、愚痴中得正解脱，并且自知已经解脱。"

明为前相，能生正见：明见因缘法就是"明为前相"。明见因缘法，就是看明白人的身心活动（五蕴）是依照十二因缘法的模式运作的，十二因缘法就是人生的实相。见因缘法，得明、断无明。无明了断，生起八正道的"正见"。十二因缘法中"无明"排第一位，八正道中"正见"排在第一位。破除无明才能生起正见。十二因缘法和八正道是有先后次序的，不能错乱。

正见生已，起正志（正思维）："正见"的定义是破除了我见。所谓"我见"，即认为生命的五种活动（身体、认知、情感、思想和决策行动），是"我的"，为我所有。佛陀说："一切诸见，唯有我见，斯能断人智慧命根。"在一切认知活动中，只要是"我"字当头，掺和进"私欲"，那就不可能有正知和正见。多半是偏见、邪见、不正见。我见源于无明，无明就生我见。我见就生贪爱。无明为父，贪爱为母，就会制造出无尽的烦恼痛苦来。因此任何修行，首先必须确立正见。修行缺乏正见，多半是盲修瞎练。破除无明，确立了正见（因缘法），接下来就要发大愿力，下大决心，在六入处精进修行八正道。

起正语、正业、正命、正精进、正念、正定，次第而起。正语——在六入处修习多修习正语，努力修正、改造和转变自己的语言模式；正业——在六入处修习多修习正业，努力修正、改造和转变自己的行为模式。正命——在六入处修习多修习正命，努力修正、改造和转变自己的生活方式。正精进——在六入处修习多修习正精进，努力修正、改造和转变自己的习性模式。正念——在六入处修习多修习正念，努力修正、改造和转变自己的观念模式。正定：在六入处修习多修习正定，努力修正、改造和转变自己的心识模式，增强定力，培养一心不乱。

八正道是次第而修的。破除无明、确立正见后，就应发大愿力，持续改善自己的语言模式，持续改善自己的行为模式，持续改善自己的生活方式，持续改善自己的习性反应模式。保持正见，不离正念（即不忘初心），一直修到"正定"。修习正定圆满，修习者从贪欲、嗔恚、愚痴、傲慢中解脱出来。从慧解脱走向心解脱，这就是佛陀教导的转凡成圣（自我超越）的方法。

### （2）细说自我超越的八个项目

八正道是转凡成圣（自我超越、生命再造）的修行八个项目，即正见→正思维→正语→正业→正命→正精进→正念→正定，它们是次第而修的。

正见：佛陀教导的修行方法，正见排第一位。正见是走向觉悟的出发点，是人生转型的关键。"正见"就是明白生命的五项活动都是缘生法、因缘法。用因缘法来认识和思考、来观察和管控自己的身体行为、语言行为、思想行为。这样，人生就步入自我超越和自我解放的轨道上。

正思维：人的思维模式被设计成一段一段的思维程序。遇到类似情境，就启动相应的一段思维程序。"见人说人话，见鬼说鬼话。"正思维有两个层面的意思，一是依照因缘法的正见，来观察和思考一切问题。二是依照因缘法的正见，来修正错误的思维程序。因此正思维起着双重作用，一方面是消除负面的心态、情感、语言和行为，另一方面是增长正向的心态、情绪、语言和行为。基于因缘法的思维，将导向三种精神境界：第一，思考问题不再以自我为中心。第二，在一切因缘中永远选择向善。第三，慈悲喜舍。

正语：基于因缘法的正见和正思维而产生正语。它有四项内容：①不妄语，即不说骗人的话；②不恶口，即不用语言伤害人；③不两舌，即不说挑拨离间的话；④不绮语，即不说无用且无聊的话。正语有四大特质：①它是真实的；②它是良善的；③它能正向激励人；④远离两种片面性。语言很重要。良言一句三冬暖，恶语伤人六月寒。谎言、恶语、两舌、绮语，会给人制造出无尽的麻烦来。

正业：基于因缘法的正见和正思维产生正确的行为方式。有很多项内容，如不杀生、不偷盗、不邪淫等等。修习正业，就是依照因缘法的正知和正见来修正、改善和改造自己的行为方式。

正命：基于因缘法的正见，从事正当的职业，过简单且合理的生活方式，这就是"正命"。修习正命，一是要断除生活恶习，过简单而合理的生活。二是随时检视自己的谋生方式是否存在道德问题，比如制造出售假冒伪劣产品等。

正精进：基于因缘法的正见，努力克服修行路上的5种障碍（五盖），包括贪欲、嗔恨、愚痴、昏沉和掉举。努力增长支持修行的5大助力（五根），包括智慧、信念、勤奋、正念、定力。用智慧战胜愚痴，用信念战胜疑惑，用勤奋战胜懒惰，以正念战胜邪念，以定力战胜心之散乱。

正念：正念有两方面的含义，一是念念不忘因缘观和观因缘（正见和初心）。二是随时随地觉知当下的实相。佛法修行中有个六念法门，包括念佛、念法、念僧、念戒、念施、念死。"念佛"就是念念不忘觉悟者。"念法"就是念念不忘依照佛法修行。"念戒"就是念念不忘用道德来约束自己的行为。"念死"就是向死而生。乔布斯的禅修方法，就包括了修"念死"法门。修习正念的另一种方法，就是随时随地觉知当下的实相。观看时只是观看，心无杂念。听闻时只是听闻，心无杂念。吃饭时只是吃饭，心无杂念等等。是什么就是什么，对当下保持觉性，如是了知，不起习性反应。别给感觉经验贴标签，不作主观评判，不作概念推论。假如愤怒生起，觉察它、看着它，觉知当下。假如贪爱生起，觉察它、看着它，觉知当下。王阳明为了体验死亡，自己躺在棺材里作死想。如此修行正念，能使人逐渐变得平静、专注和安详。

正定：正定就是使善心专注于一境（制心一处）。正定的特点是一心不乱，其功能是消除散乱。它有四个特征：第一，它是善的，没有贪嗔痴慢疑等不善；第二，制心一处；第三，它和正念一起运作；第四，喜乐是成就正定的依因。心无定力者，六根对六境，心识乱纷纷。把心安住在基于因缘法的正见上，凡事都作因缘观，依照因缘法去思考。把心安住在正语上，不妄语、不恶口、不两舌、不绮语，与人沟通，向良好的方向互动。把心安住在正业上，众善奉行，诸恶莫作。把心安住在正命上，过简单而健康的生活，从事正当的职业。把心安住在正念上，念念不忘修习因缘法、修八正道。

### （3）修心的下手处及修行成果

无明是人生痛苦烦恼的总源头、总开关。无明生贪欲。无明为父，贪欲为母，就会生产出贪婪、嗔恨、愚痴、傲慢、疑惑、偏见、邪见等东西来，它们会给人带来数不尽的烦恼痛苦。那无明和贪欲是在哪里发生的？颠倒妄想是在哪里发生的？无明和贪欲是在六入处这个地方发生的。具体说就是：在根境因缘生识、根境识三者接触生起感觉经验的当下，如果不实事求是、不正思维，就会起无明。无明为前相，随时生颠倒妄想、偏见邪见。不正见生已，会生邪志，生不正语、不正业、不正命、不正念、不正定。由此，人们就陷入了痛苦烦恼的轮转中。无明和贪欲生起的地方、颠倒妄想发生的地方，就是修行八正道的入口处。这个入口处，就是"六入处"。转凡成圣（自我超越）在哪里下手？六入处。人生转型从哪里开始？从根境因缘生识的当下开始。六入处含藏有人生走向觉悟的密钥。修八正道，要从六入处起修。

在六入处的每一处，即眼入处、耳入处、鼻入处、舌入处、身入处、意入处，都要按照因缘法、缘生法的正见，来精进修习八正道。①依因缘法的正见，来修习"正思维"，转变和改造自己的思维模式。②依因缘法的正见，来修习"正语"，转变和改造自己的语言模式、沟通方式。③依因缘法的正见，来修习"正业"，转变和改造自己的行为模式。④依因缘法的正见，来修习"正命"，转变和改造自己的生活方式。⑤依因缘法的正见，来修习"正精进"，转变和改造自己的习性反应模式。⑥依因缘法的正见，来修习"正念"，转变和改造自己的起心动念模式、记忆模式。⑦依因缘法的正见，来修习"正定"，增强自己的定力。

修习八正道以"正定"结束。有定力的人，遇事则一心不乱。缺乏定力的人，遇事就心乱。六根随着六境转，即眼睛随着色境转，耳朵随着音声转，鼻子随着香臭转，舌头随着味道转，身子随着触境转，头脑随着妄想转。定力能检验修行的成色。无论遇到什么情境或场景，若能一心不乱、且心能转境，这是正定成就的标志。定力成就人生。因此佛陀说：制心一处，无事不办。

佛陀说："我今当说如何修八正道。谛听！善思！如何修习正见，依远离、依无欲、依灭、向于舍。乃至修正志、正语、正业、正命、正方便、正念、正定，依远离、依无欲、依灭、向于舍，是名修八圣道。"什么是"依远离、依无欲、依灭、向于舍"？"依远离"就是依因缘法的明见，自觉离开容易引起贪欲、嗔恨、妄想、傲慢等的场景。假如遇到此类情境，最好马上离开。"依无欲"就是依因缘法的明见，对财富、权力、名望等不起欲贪。"依灭"就是依因缘法的明见，自觉地对贪嗔痴慢疑等起心动念进行断灭。"向于舍"就是舍弃贪嗔痴的束缚，走向解脱。这也是老子《道德经》讲的"为道日损。损之又损，以至于无为。无为而无不为"的修法。

佛陀说：精进修习八正道，修行者将会有四大成果，即初果、二果、三果、四果。不修习八正道，当然就不可能有这样的成果。四大成果，即人生觉悟的四种境界。初果（须陀洹果）的人生境界有三个特征：一是基于因缘法的正见，破除了对自我的错误认知（我见）。二是对八正道是成佛之道不再有任何怀疑。三是知道哪些东西与觉悟没有任何关系。佛学名词叫"断三结"。修成初果，修行者就进入到了圣者的行列。二果（斯陀含果）的人生境界"贪、嗔、痴薄"，即欲贪、嗔怨、愚痴等，都很薄很轻微。三果（阿那含果）的人生境界：面对可贪求的东西，身语意三方面不再有任何欲贪。面对不好的情境，没有负面的行为、负面的言语、负面的思想。即远离了我见我慢，远离了各种偏见、贪欲、嗔怨。四果（阿罗汉果）的人生境界：永远也不再有任何贪欲，永远也不再有任何负面情绪，永远也不再有任何认知上的瑕疵。总而言之，贪、嗔、痴、慢、疑、不正见等一切烦恼，永断永尽，彻底地解脱自在。这是修行八正道的最高成就了。

其实，八正道有两种：一种是世间法的八正道，另一种是出世间法的八正道。两者的修行目标和修行要求都有差别。比如修精进觉支，世间法主要是勤修一切善法，勤断一切恶法。出世间法主要是修"断除五盖"、增长五根五力。再比如修正定，世间法所修的是专注力，出世间法所修的是心解脱。

## 3. 修心的七大流程

### （1）经典中的故事

某天有个外道来拜见佛陀。见面顶礼后问佛陀：你教弟子什么样的修心方法，来成就他们的人生？

佛陀说：我教他们明见因缘法并由此而走向解脱自在。

外道问：这个方法怎么修炼？

佛陀说：修习、多修习七觉支，就会从断除无明，一步步走向解脱自在。

外道问：七觉支怎么修？

佛陀说：修习四念处，能成就七觉支。

外道问：那四念处怎么修？

佛陀说：修习、多修习三妙行，就能成就四念处。

外道问：那如何修习三妙行？

佛陀说：在六入触处修习，多修习戒律和定力，就能成就三妙行。

外道问：您能说得具体一点吗？

佛陀说：当眼睛看到可意、喜爱的东西时，一般人都会生起贪爱念头，增长滋养欲乐之心。但修行者不同，他们看到可意、喜爱的东西时，不喜、不赞叹、不缘、不着、不住。当看到不合意、不喜欢的东西时，对其生起觉悟心，不厌恶、不畏、不恶、不嫌、不嗔。无论对好的感受还是对不好的感受，永不攀缘。内心安住不动。善修解脱，心不懈倦。对耳朵听到的、鼻子闻到的、舌头尝到的、身体触感的、心里想到的，通通如此。在六入处修习、多修习此法，就能成就三妙行。

那怎样修习三妙行来成就四念处呢？对于身体行为、语言行为、思想行为，要经常如此观想：善行必有善报，作恶必有恶报。如此思维，时时警觉，念念不忘，就可以断除身、口、意三恶行。如此这样修三妙行。

如何修习四念处来成就七觉支呢？这样来修习身念处：如是顺身观住。在观住时，摄念安住不忘。此时，方便修习念觉支。念觉支修习圆满，接下来方便修习择法觉支。修习择法觉支圆满，接下来修习精进觉支。修习精进觉支圆满，心生欢喜。此时，就可以修习喜觉支。当修习喜觉支圆满，身心止息。此时，就可以修习轻安觉支。修习轻安觉支满足，身心息已，得三摩地。此时，就可以修习定觉支。修习定觉支满足，制心一处，贪忧灭息，内身行舍。接下来修习舍觉支，直到修习圆满。受念处、心念处、法念处，都是如此的修行法。如是修习四念处，使七觉支圆满。

佛陀最后对外道说：修习七觉支，得明断无明，实现解脱，人生圆满。七觉支怎么修？修念觉分，依远离、依离欲、依灭、向于舍。修习念觉支到达明、解脱和圆满的境界时，接着修习择法觉支、精进觉支、喜觉支、轻安觉支、定觉支，直到舍觉支。修习舍觉支，依远离、依离欲、依灭、向于舍。如此次第，修习七觉支圆满，就能断离无明、断离贪欲、转凡成圣。佛陀如此讲经说法时，这个外道听着听着就开悟了。在这篇经文中，佛陀对自己的修行方法作了最简明扼要的概括：依照七觉支的流程，在六入处明见因缘法，勤修八正道。这是走向觉悟解脱唯一正确的道路。

## （2）修心的七大流程

自部派佛教以来，禅修的流程（菩提道次第），或者杂乱或者不受重视。因此，盲修瞎练的太多。修行流程错乱，修行就会走很多冤枉路，也难有成就。"物有本末，事有终始，知所先后，则近道矣。"看佛经知道，佛陀讲经说法时，现场开悟证果的，大有人在。比如佛陀最初给五位弟子讲佛法，乔陈如法眼生起，远离尘垢，当场就证得初果（须陀洹果）。有一次，迦旃延尊者请教佛陀如何建立正见。佛陀告诉他如何如何，"迦旃延闻佛所说，不起诸漏，心得解脱，成阿罗汉"。此类的例子很多。但我们现在修行，修了很多年，连门都入不了。最主要的问题，就出在这个修行流程或道次第上了。

佛陀教导的完整的禅修流程，就是"七觉支"。"觉"是觉悟，"支"是指组成整体的各部分及先后次序。所谓"七觉支"，就是走向觉悟解脱的七大流程，包括：①念觉支→②择法觉支→③精进觉支→④喜觉支→⑤轻安觉支→⑥定觉支→⑦舍觉支。这七大流程的先后次序是不能颠倒的。

念觉支：在六入处见法悟道。择法觉支：在六入处精进修习八正道。精进觉支：精进地修习八正道，并克服修行道路上的五种障碍（五盖）——欲贪、嗔恨、疑惑、昏沉和散乱；增长五种助力（五根和五力）——慧力、信力、精进力、念力和定力。喜觉支：修行得法有成就，心生喜乐。轻安觉支：修行得法，身体感觉安适灵爽，这是进入正定前的觉受状态。定觉支：制心一处、一心不乱的状态，有四个层次，即所谓的"四禅定"。舍觉支：解脱自在，成就了无上正等正觉。参见下图。

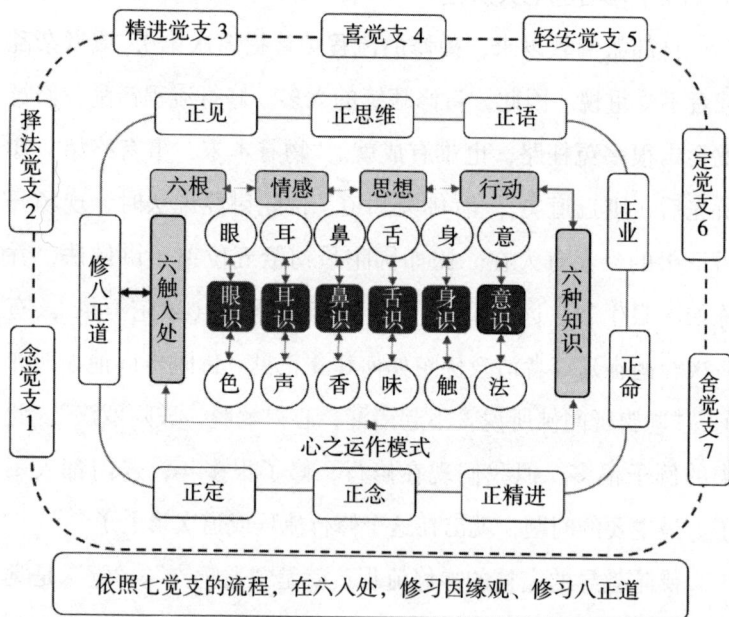

精进觉支3 ———— 喜觉支4 ———— 轻安觉支5

择法觉支2　　定觉支6

念觉支1　　舍觉支7

正见 —— 正思维 —— 正语

六根 → 情感 → 思想 → 行动

修八正道　六触入处

眼　耳　鼻　舌　身　意

眼识　耳识　鼻识　舌识　身识　意识　六种知识

色　声　香　味　触　法

正业

正命

正定 —— 正念 —— 正精进

心之运作模式

依照七觉支的流程，在六入处，修习因缘观、修习八正道

**细说七觉支**

第一，念觉支。念觉支是在六入处修因缘观，目标是洞见因缘法、彻悟八正道。方法是在六入处观"五蕴"的集法和

灭法（观察生命的五项基本活动——生理、情感、思想、决策及认知活动是如何运作的）。或者在六入处观四念处的集法和灭法，也就是观察身、受、心、法是如何运作的。通过修念觉支，即可明白生命的五项活动都是因缘生、因缘灭。如此来破除对"自我"的错误知见，确立对"自我"的正见。修习念觉支圆满，有三种成果：一是见因缘法、悟八正道，断除无明，进而破除"我见"。二是断除疑惑，成就了对佛法的正信。三是基于因缘法的正见，提高了守持戒律的自觉性，即远离杀偷淫妄及伴随而来的怨恨怖畏。千万要注意，佛陀教人在六入处观因缘法、缘生法，而不是教人直接观无常、观无我、观空。修禅观，一上座就教人直接观"无我"、观"无常"，或者观"苦"、观"空"等，老实讲，无论怎么观，真的观不起来。

第二，择法觉支。如果说念觉支是修禅观，即明见因缘法、彻悟八正道，那择法觉支就是指选择八正道去实实在在地修行，以求解脱自在。这个"择法"很要命啊。修行如果选错了方法、走错了道路，修行是不会有什么成就的。修习念觉支和择法觉支的成果，就是成就正觉（须陀洹果），这是人生的第一次大转型。

第三，精进觉支。精进觉支就是在六入处精进修行转凡成圣的八正道。某天，佛陀背痛，右胁而卧，对阿难说：你给我讲讲七觉支。阿难说：所谓念觉分，世尊自觉成就正等正觉。说依远离，依无欲，依灭，向于舍。择法、精进、喜、猗、定、舍觉支，世尊自觉成就正等正觉。说依远离，依无欲，依灭，向于舍。佛陀对阿难说：那你再具体说说如何修习精进觉支。阿难道：世尊常说，精进修行八正道，人生才能到达觉行圆满的彼岸。佛陀对阿难说：唯有修习多修习精进觉支，才能成就无上正等正觉。说完后，佛陀正坐端身系念。念觉支和择法觉支都属于"思维修"，即修正认知模式、思维模式。精进觉支才属于"行为修"，即修正行为模式、习性反应模式。它是转凡成圣的第三个大流程。

第四，喜觉支。在六入处精进修行八正道，知道这是通向觉悟解脱的正道，心中充满了喜悦。注意，这个"喜"是觉悟后的喜悦，是走在正确修行道路上的喜悦。不是意外发财喜上眉梢的那个"喜"。这是转凡成圣的第四个大流程。

第五，轻安觉支。在六入处精进修习八正道，贪心薄了，嗔恨心薄了，贪嗔痴慢疑等等对人之身心的压迫减轻了，压在人身上的三座大山慢慢在消失。因此身心感觉轻快安乐。这就是轻安觉支。

第六，定觉支。在根境因缘生识的每个当下，都安住正见和正念，对缘生的一切不再起贪心、不再起心嗔、不再起痴心。贪嗔痴永断，离诸系缚，成就正定，心得解脱。这是定觉支。这是生命再造的第五个大流程。

第七，舍觉支。修习舍觉支，修行者舍断一切束缚，彻底解脱自在，成就了无上正等正觉（得阿耨多罗三藐三菩提）。至此，转凡成圣、生命再造工程圆满达成。

### 七大流程统贯佛陀的全部教法

佛陀离世前对弟子们说：我给你们教授的所有熄灭烦恼痛苦的方法、觉悟解脱的方法，你们要好好修习、实践、体证和传承。这些方法包括：四念处、四正勤、四神足、五根、五力、七觉支、八正道。佛学名词统称"三十七道品"。所谓"道品"，即解脱烦恼痛苦、走向正等正觉所需要的品质、品行和品德。注意啊，佛陀没有说佛法有八万四千法门，只说有三十七道品。

下面是三十七道品的修行地图。

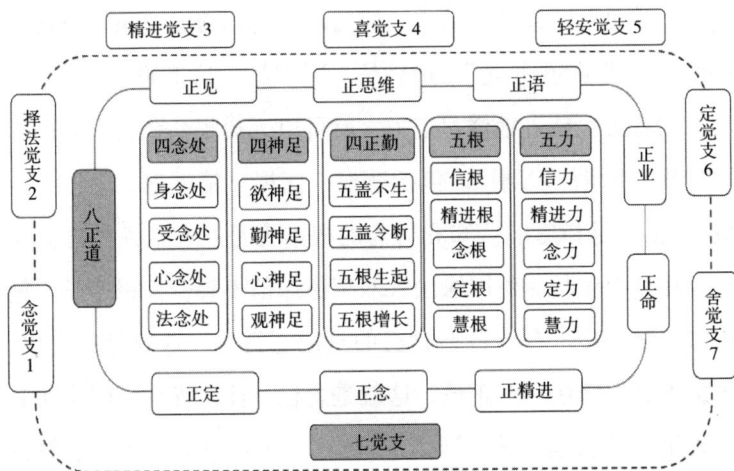

有一种流行的看法，说三十七道品是佛陀针对根器不同的人，设计的不同修行方法。其实，佛陀教导的所有修行方法是一个完整的系统，即七觉支。七觉支统贯了佛陀的全部教法，三十七道品统统包括在其中了。

八正道和七觉支的内容前面都说过了，下面简单说说四念处、四正勤、四神足、五根、五力的内容。所谓"四念处"，包括身、受、心、法。它们是禅观的对象。佛陀教导的禅观法，其中之一就是观身、观受、观心、观法是如何生起及如何灭没的。

所谓"四正勤"，是指在修行的道路上，要克服和战胜五种障碍力量，即贪欲、嗔恨、疑惑、昏沉、散乱心等；要滋养和增长五种支持力量，即五根和五力。所谓"四神足"，包括观神足、欲神足、勤神足、心神足。"观神足"就是观十二因缘法。明见因缘法后，要发大愿力，下大决心去修行，这个就叫"欲神足"。"欲"是欲求、愿力的意思。接着要精勤修行八正道，这就叫"勤神足"。最后是"心神足"，这里的"心"是"正定"的意思。精进地修习定力，就可以远离烦恼痛苦，导向解脱自在。所谓"五根"，包括慧根、信根、精进根、念根、定根。"根"是指影响认知和行为的根本力量。在六入处修因缘观，让慧根生长。对因缘法、八正道深信不疑，信根增长。精进修行戒、定、慧，改造自己的身语意行为，这就是精进根。念念不忘因缘法和八正道，这就是念根。让心安住于因缘法和八正道，这就是定根。所谓"五力"，包括慧力、信力、精进力、念力、定力。用智慧战胜愚痴，这就是慧力。用正信战胜疑惑，这就是信力。用精进力战胜惰性恶习，这就是精进力。用正念可战胜邪念，这就是念力。用定力可战胜散乱，这就是定力。

七觉支统贯了佛陀的全部教法。比如：四念处的全部、四神足中的"观神足"、五根中的"慧根"和"念根"、五力中的"慧力"和"念力"、八正道中的"正念"等，都统合在"念觉支"中。再比如，"四正勤"的全部、四神足中的"欲神足""勤神足"、五根中的"精进根"、五力中的"精进力"、八正道中的"正精进"等，全部都统合在"精进觉支"中。四神足的"心神足"、五根中的"定根"、五力中的"定力"、八正道中的"正定"等，都统合在"定觉支"中，等等。

佛陀教导的修行路线图，即四谛、三转、十二行，也都统合在七觉支中。四圣谛的第一转，即见法悟道，统合在念觉支和择法觉支的修习中；四圣谛的第二转，统合在精进、喜、猗、定觉支的修习中；四圣谛的第三转，统合在舍觉支的修习中。

# 三、修心路线图及方法

## 1. 正解人生现实的三个关键词

很多人都能背诵《心经》："观自在菩萨，行深般若波罗蜜多时，照见五蕴皆空，度一切苦厄。舍利子，色不异空，空不异色，色即是空，空即是色，受想行识，亦复如是。舍利子，是诸法空相，不生不灭，不垢不净，不增不减。是故空中无色，无受想行识，无眼耳鼻舌身意，无色声香味触法，无眼界，乃至无意识界。无无明，亦无无明尽，乃至无老死，亦无老死尽。无苦集灭道，无智亦无得。以无所得故，菩提萨埵，以般若波罗蜜多故，心无罣碍，无罣碍故，无有恐怖，远离颠倒妄想，究竟涅槃。"这里讲到了"五蕴"（色受想行识），讲到了"六入处"（六根、六境和六识），讲到了"无明"。修证佛法的所有关键要素都点到了。当然这里是讲观"空性"和修"空性"，是大乘菩萨道中的一种修证方法。

五蕴、六入处和无明，是读懂佛法的三个关键词，也是正确理解人生现实和实际修行的基本观念框架。参见下图：

### （1）五蕴：生命活动的微妙结构

佛陀讲修行，不离开人的身心。身心即"五蕴"。五蕴就是生命的五项基本活动，即色、受、想、行、识。"色"是身体、生理活动。"受"是情感、情绪活动。"想"是思想、思考活动。"行"是决策活动。"识"是认知、认识活动。谈论人生、谈论

无明 — 行 — 识

老死　名色

生　六入 ⟷ 六入处

有　触

取 — 爱 — 受

受　想
心　身
触　行
作意

眼 耳 鼻 舌 身 意
眼识 耳识 鼻识 舌识 身识 意识
色 声 香 味 触 法

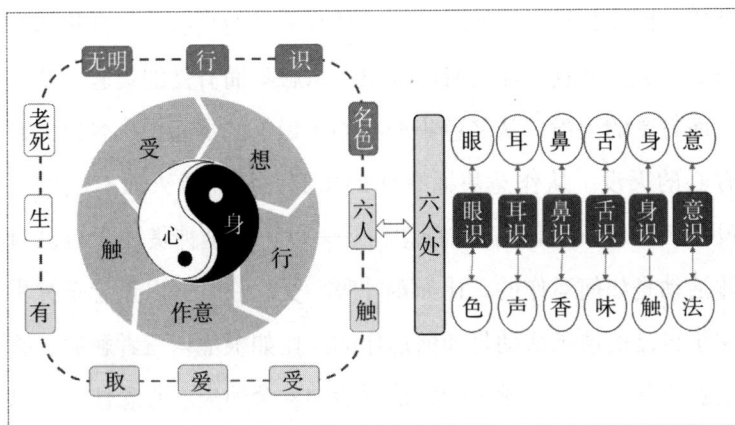

生命、谈论修行，离不开这五个东西。

禅修包括两大系统，即修禅观和修禅定。修禅观，究竟"观"什么？佛陀说，禅观就是观五蕴的集法和灭法，即静下心来，如实观察自己的认知活动是如何生起和如何灭去的，如实观察自己的生理活动、情感活动、思想活动、决策活动等，是如何生起和如何灭去的。所谓"此有故彼有，此生故彼生。缘无明而有行，缘行而有识，缘识而有名色，缘名色而有六入，缘六入而有触，缘触而有受，缘受而有爱，缘爱而有取，缘取而有，缘有而生老病死、痛苦烦恼聚生"。这就是五蕴的集法。"此无故彼无，此灭故灭。无明灭则行灭，行灭则识灭，识灭则名色灭，名色则六入灭，六入灭则触灭，触灭则受灭，受灭则爱灭，爱灭则取灭，取灭则有灭，有灭则生老病死、忧悲恼苦聚灭"。

观五蕴的集灭法，也就是观"四念处"的集法和灭法。所谓"四念处"，是指身、受、心、法。佛陀说："我今当说四念处集、四念处没。谛听、善思。什么是身的集起？从食集而有身的集起，从食灭而有身的灭没。从触集而有受的集起，从触灭而有受的灭没。从名色集而有心（识）的集起，从名色灭而有心的灭没。从作意集而有法的集起，从作意灭而有法的灭没。"用白话说就是：观身念住——以正念全神贯注于自己身体活动是如何运作的，比如观呼吸。受念住——以正念全神贯注于自己的情感活动是如何运作的。比如根境识三者触通，感受就生起。三者接触中断，情感活动就会消失。心念住——以正念全神贯注于自己的认知活动是如何运作的。有六根六境的因缘才能生起六识，根境因缘消失，六识的活动就灭没。法念住——以正念全神贯注于记忆和想象是如何运作的，有"作意"才会有记忆和想象。没"作意"就不会有记忆和想象。这其实就是在观察自己身心的微观运作模式。

### （2）六入处：统贯全部人生的微妙联结

"六入处"包括六内入处、六外入处、六内外入处。所谓"六内入处"，是指眼、耳、鼻、舌、身、意六根，即六种感知器官。所谓"六外入处"，是指色、声、香、味、触、法六境，六种感知对象。所谓"六内外入处"，是指眼识、耳识、鼻识、舌识、身识、意识六识，即六种感觉经验。

因为有六根，我们才能看、才能听、才能嗅、才能尝、才能触、才能认识。因为有色、声、香、味、触、法六境，眼、耳、鼻、舌、身、意才有觉知的对象。因为六根与六境的因缘，才有六识生起。而六根、六境、六识相互作用，就会生起情感活动、思想活动、决策活动。由此可见，六入处含藏了生命运作的全部要素。六根、六境、六识三者的因缘关系，定义了人生的实相。统贯了人生的现实世界。参见下图：

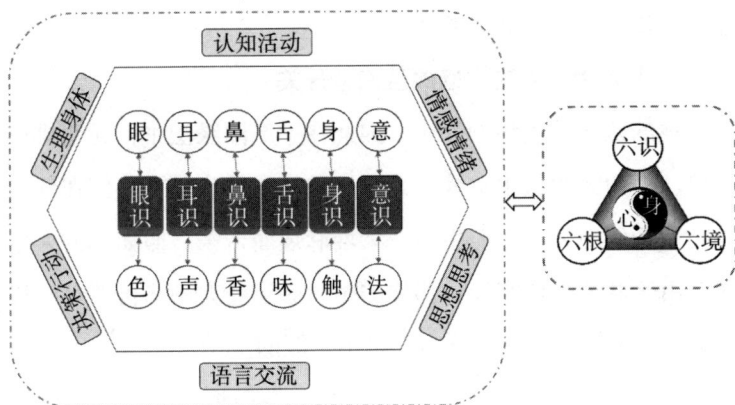

"五蕴"和"六入处"是什么关系？五蕴——认知活动、生理活动、情感活动、思想活动以及决策活动，它们是生命的五项基本活动。谈论人生，谈论生命，出不了这五个东西。所谓人生，无非就是这五项活动的现实开展。在哪里开展？在"六入处"。六根、六境的因缘生六识，根境识三者接触，生起情感活动、思想活动、决策活动。就如佛陀所说："什么是色集？受、想、行、识集？缘眼及色眼识生。三事合和生触，缘触生受，缘受生爱，乃至纯大苦聚生，是名色集。是名受、想、行、识集。如是缘耳……鼻……舌……身……缘意及法生意识，三事合和生触，缘触生受，缘受生爱，如是乃至纯大苦聚生。是名色集、受、想、行、识集。"这就是说，人生的五项基本活动——身体活动、认知活动、情感活动、思想活动、决策活动等，都是在六根、六境、六识的因缘中具体开展的。这意味着，六入处含藏有人心的微观运作机制。这也意味着，一切修行，无论是修禅观还是修禅定，无论是修戒、修定、修慧，都要从六入处下手来修。

### （3）无明：人生烦恼痛苦的总开关

你的认知就是你的人生。因此在十二因缘法中，无明排第一位。因为无明就生贪爱。无明为父，贪爱为母，它们在任何时间和任何地方，都能生出一大堆麻烦痛苦来。假如你的人生完全由这两个家伙掌控，那你的生活必定会充满痛苦烦恼、忧惧不安。幸福喜乐、安详自在是不可能的。

无明不仅生贪欲，它还生嗔恨、生愚痴、生傲慢、生疑惑、生偏见和邪见等。贪、嗔、痴、慢、疑、不正见，这些东西集合在一起，能制造出各种各样的麻烦痛苦和千愁万恨来。因此说，无明是人生痛苦烦恼、生死流转的总根源、总开关。修行首先必须破除无明，确立正见。

那无明是在哪里产生的、何时产生的、如何产生的？无明是在六入处这个地方生产制造出来的。在根境因缘生六识的当下，如果不实事求是观察（不修因缘观），就会生出无明。具体地说，在眼色因缘生眼识（视觉）的当下、在耳声因缘生耳识（听觉）的当下、在鼻香因缘生鼻识（嗅觉）的当下、在舌味因缘生舌识（味觉）的当下、在身触因缘生身识（触觉）的当下、在意法因缘生意识的当下，如果不实事求是、不修因缘观，就会产生无明。所谓"无明"，即不明白人的身体、情感、思想、决策和认识等行动，通通都是因缘生因缘灭的。

无明就会生"我见"，即妄见生命的五种活动（生理、情感、思想、行动、认知）是我、为我所有。无明生贪爱，所爱者，本来是自己的感觉经验，但主观上认定，所爱的是某种外在的实体对象。比如本来爱的是视觉经验，但主观上认定所爱的是美色，于是在眼识处生出贪欲，令眼睛追逐美色。本来爱的是听觉，但主观认定所爱的是声音，于是在耳识处生起欲贪，令耳朵追逐美声。本来爱的是味觉，但主观上认定所爱的是美食，于是在舌识处生起欲贪，令舌头追逐美味，等等。总而言之，本来是贪爱感觉经验，但错误认为是贪爱外在对象，因此驱使六根不断追逐六境。

将因缘而生的感觉经验，当成实在对象去贪爱，得到得不到？当然得不到。能否保持住？当然保持不住。结果会怎样？就像竹篮打水一场空。这种感觉，《三国演义》的开篇词说得最生动：滚滚长江东逝水，浪花淘尽英雄。是非成败转头空。青山依旧在，几度夕阳红。白发渔樵江渚上，惯看秋月春风。一壶浊酒喜相逢。古今多少事，都付笑谈中。

佛陀说：贪欲如同粗壮的绳子，把眼色、耳声、鼻香、舌味、身触、意法等，死死地捆绑在一起。在眼识处起贪欲，有苦流，有生死之流。在耳识、鼻识、舌识、身识、意识处起贪欲，有苦流，有生死之流（《杂阿含》第551经）。

关于无明，有很多误解和错解。比如说，认为无明是无始以来就有的，或者说无明是由业障深重造成的。假如这是事实，那断除无明的修行就没有多大希望了。无明不能断除，人生要想从烦恼痛苦中解脱出来，那就是一句善意的谎言。佛陀告诉我们，无明源于不实事求是，源于不修因缘观。如果在根境因缘生识、根境识三者接触的当下，实事求是、正确思维，在这个当下就能破除无明。破除了无明，就会生起正见，有正见就会断离贪爱，就能走向智慧与道德的人生。

还有一种观点认为，贪爱是依感受而生，是感受生贪爱。其依据是十二因缘法中的"触缘受、受缘爱……"这当然是错误解释。假如贪爱由感受而生起，那一切修行纯粹是浪费时间。因为生命的运行模式是这样：六根与六境的因缘生六识，根境识的因缘生起受、想、行。只要六根健全，感受就不可能断灭。受不能断除，爱也就不能断除。如果非要了断贪爱，那办法只有一个，就是把六根弄残废了。那就不是修行了，那是自残。

凡一切正确的修行，首先要破除无明、确立正见。如何做呢？在六根与六境的因缘生六识，根境识三者接触生起受、想、行的当下，实事求是、修因缘观，如此就能生起正见、破除无明。无明了断，我见不起，贪欲不起。如此安住于正知正见，远离贪嗔痴慢疑以及偏见和邪见。从慧解脱到心解脱，伴随着定力持续增强，人生趋向于喜乐自在和至善解脱。

## 2. 修心路线图和修证成果

### （1）修心路线图

佛陀教人走向觉悟、成就智慧人生的方法，非常简约和高明。概而言之，即四谛、三转、十二行，最终成就五种成果。所谓"四谛"，即苦、集、灭、道，它们包含两组因果关系：第一，"苦"是人生现实状态，"集"是它的原因。其因果关系表现在十二因缘法中。第二，"灭"是灭除制造痛苦烦恼的那些原因后的自我超越状态（觉悟解脱自在），"道"是灭除痛苦烦恼之原因的那些方法，其因果关系表现在八正道中。因缘法是人生的实相，八正道是修行的真理。因缘法＋八正道＝四圣谛。所谓"三转"，即自我超越的人生修行要经过三次大转型：一是"见法悟道"，二是"精进修道"，三是"解脱证道"。所谓"十二行"，即每次转型都包括眼、智、明、觉四个方面。四谛三转十二行，就是佛陀教导的修心路线图（菩提道次第）。图示如下：

四圣谛究竟在说什么？"苦谛"和"集谛"说人生的实相，"灭谛"和"道谛"讲修行的真理。"苦"是指痛苦烦恼。现实总是和你想要的不一样。不如意、不如愿、不随心，想做主但不能够，这就是"苦谛"的定义。想要健康幸福，但经常是毛病缠身。原本认为有钱就幸福，结果发现，辛苦地赚了很多钱后，烦恼比没钱时还多。为什么是这个样子？愚痴生贪爱，贪不到就生嗔恨。贪嗔痴三者相互强化，会衍生出数不尽的痛苦烦恼来。这就是"集谛"定义。"灭谛"指什么？灭除了贪爱、嗔恨、愚痴逼迫束缚后，进入觉悟解脱自在的状态，这是圣者的境界，是人生转型、生命再造的终极目标。用什么办法、什么工具来除灭愚痴、贪爱和嗔恨？精进修习八正道。八正道是从烦恼痛苦中解脱出来的根本方法，也是人生转型、生命再造的根本方法。这就是"道谛"定义。

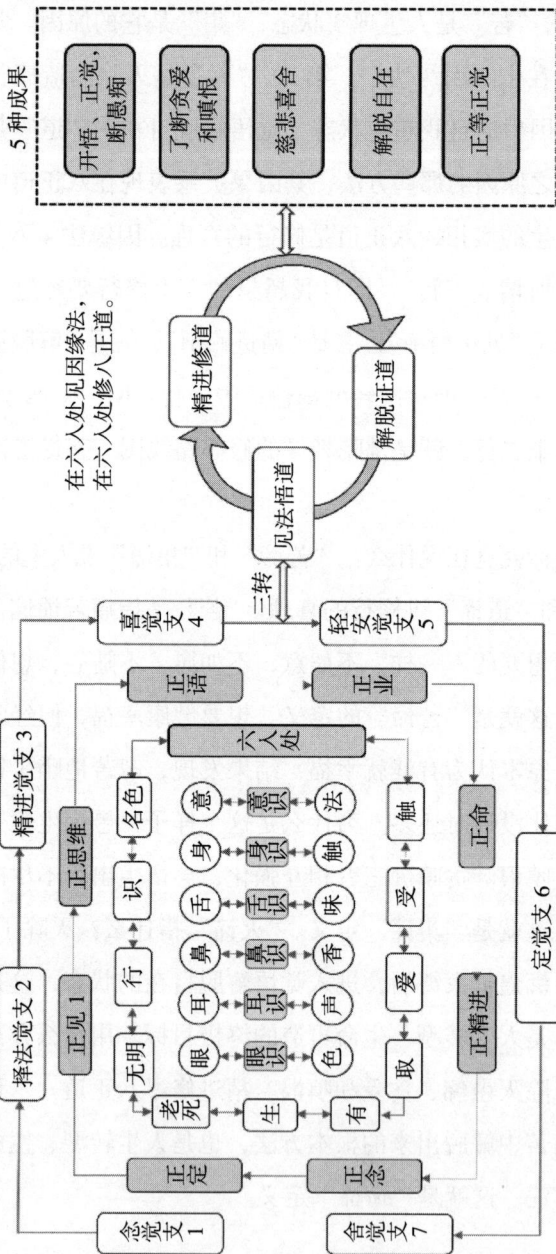

5 种成果

开悟 正觉，断愚痴

了断贪爱和嗔恨

慈悲喜舍

解脱自在

正等正觉

精进修道

见法悟道

解脱证道

三转

在六入处见因缘法，在六入处修入正道。

喜觉支4

轻安觉支5

精进觉支3

正语

正业

六入处

正思维

名色 意 意识 法

识 身 身识 触

行 舌 舌识 味

鼻 鼻识 香

耳 耳识 声

无明 眼 眼识 色

触

受

爱

取

正命

定觉支6

择法觉支2

正见1

老死 生 有

正精进

正定

正念

念觉支1

舍觉支7

### 三次转型

从凡夫变化成圣人，从愚痴变化成觉者，从痛苦烦恼者转变为健康幸福者，人生定要经过三次大的转型，即见法悟道→精进修道→解脱证道。

见法悟道：即明见因缘法，彻悟八正道。所谓"明见因缘法"，就是在六入处，实事求是地观察和探究身心活动是如何运作的。比如在眼入处观察生命的五种活动是如何生起及如何灭去的：眼色因缘生眼识，眼根、色境、眼识三者触通，生起视觉经验。由于对视觉经验产生颠倒妄想，进而生起贪嗔痴慢疑等错误的决策行动。如果对视觉经验实事求是、如实知见，就不会生起贪嗔痴慢疑等错误的决策行动。对耳声因缘生耳识、鼻香因缘生鼻识、舌味因缘生舌识、身触因缘生身识、意法因缘生意识，都如是观察和探究。如此正观人生的一切活动——身体的、认知的、情感的、思想的以及决策行动等，都是缘生法。由此就能看明白，八正道是灭苦之道，是走向解脱之道，是人生转型的正道。"见法悟道"就是人们常说的"开悟了"。

精进修道：开悟后，接着要悟后起修，即精进修道，也就是在六入处精进地修习八正道。八正道的第一个是正见。正见就是依照因缘法来对待一切问题。按照因缘法精进修行，一直修到正定。正定修成，修习者的定力超凡入圣。

解脱证道：精进修行八正道，从初禅定到四禅定，修炼者定力次第增强。当修心到达第四定的境界，修习者从贪欲、嗔恨和愚痴中彻底解脱、彻底解放，也就是彻底灭除了贪嗔痴的因缘，修习者无论遇到什么样的外部境界，都不再有一点点的贪、嗔、痴、慢、疑和不正见。从慧解脱到心解脱，成就了无上正等正觉，人生到达圆满境界。

第一次转型主要属于认知的范围，是认知上的转型，是认知模式和思维模式的革命（慧解脱）。第二次转型主要属于修行的范畴，是语言模式的转型、行为模式的转型和生活方式的转型，是习性反应模式的革命。第三次转型是自我超越完成，身心模式的彻底再造（心解脱）。这里要特别说明，在佛法的修炼中，认知和实践是你中有我、我中有你，差别只是重点不同。

### 三次转型中的十二行相

人生三次大转型中，每一次都包括眼、智、明、觉四个方面的内容，总计十二个行相。第一次转型见法悟道：此是苦，此是苦集，此是苦灭后的状态，此是灭苦的圣道，实事求是地观察时，生眼、智、明、觉。第二次转型精进修道：此是苦、已知当知，此是苦之因已知当断，此是灭苦后的状态已知当作证，此是苦灭的方法已知当修。实事求是地观察时，生眼、智、明、觉。第三次转型证道解脱：此是苦、我已出离。此是苦之因，我已彻底了断，此是苦灭后的状态，我已完全证实。此是苦灭之道，我已修行圆满。实事求是地观察时，生眼（看见实相）、智（了知原因）、明（明白状态）、觉（彻底觉悟）。佛陀说：我于此四谛三转十二行，假如不生眼、智、明、觉，在修行大众中，我就不能说自己证得无上正等正觉。我已于四谛三转十二行，生眼、智、明、觉，所以在修行大众中，自证得成无上正等正觉（《杂阿含》第 379 经）。

从修行流程看，"见法悟道"属于七觉支的念觉支和择法觉支。其成果是破除无明，确立正见，明白八正道是解脱痛苦烦恼之道。"精进修道"属于七觉支中的精进觉支、喜觉支、轻安觉支、定觉支。其成果是断除了贪欲，断除了嗔恚，身心不再受贪欲和嗔恨的驱使，人生正走向解脱自在。"证道解脱"属于七觉支的舍觉支。其成果是解脱自在圆满、且知道彻底解脱了，这是无上正等正觉的境界。

### （2）修心的五种成果

依照七觉支的修行流程，在六入处见法悟道，然后在六入处精进修道，最终将成就人生的五种成果：

第一，见因缘法，破除无明（无知和偏见），成就正觉。第二，断除了贪欲和嗔恨。第三，人变得慈悲喜舍。第四，从烦恼痛苦的逼迫中彻底解放并自知解脱了。第四，成就了无上正等正觉（阿耨多罗三藐三菩提）。

用这五项指标，可以测量任何人的修行程度，对标任何修心成果。这 5 项指标的每个指标，都可以从范围和强弱来分级。比如贪欲，从范围分类，贪财、贪权、贪色、贪名……有的人可能见什么贪什么。从强弱分：贪欲心极强、贪欲心中等、贪欲心较弱等等。对慈、悲、喜、舍分类也一样。比如：对人、事、物有没有慈悲心？这慈悲心中夹杂着多少自己的爱恨情仇？完全没有贪嗔痴夹杂的慈悲心，才算是圣者的慈悲心。再比如解脱：解脱有慧解脱和心解脱。这两者是不一样的，不能混为一谈。慧解脱是指开悟，即从无知、偏见、疑惑的束缚中解脱出来，也就是对人事物有正确的知见。但当具体面对某人某事某物时，能否做到正念、正语、正行，那还不一定。从正见到正语和正行，需要八正道的修炼。

修行佛法，既做减法同时也做加法。做减法就是每天都在努力减少贪欲、嗔恨、愚痴，逐渐地，无知、偏见、邪见越来越少。贪欲、嗔恨、抱怨等越来越少，人生的痛苦烦恼因此也变得越来越稀少、越来越轻微。与此同时，智慧在增长，戒力在增长，定力在增长，认知、情感、思想、行为等趋向智慧圆满，这就是做加法。

### （3）修心从何下手

人生转型的全部修行，可简单地概括为一个中心、两个基本点和七大流程。所谓一个中心，就是从愚痴无明转变为觉悟智慧。所谓两个基本点，一个是明见因缘观，另一个是勤修八正道。所谓七大流程，即念觉支、择法觉支、精进觉支、喜觉支、轻安觉支、定觉支和舍觉支。概括地说就是：依照禅修的七大流程，在六入处精进地修习因缘观和八正道，不断逼近觉悟正道的目标，以实现人生转型和生命再造。因缘法、八正道、七觉支，这是佛法区别于任何其他修行系统和修行方法的根本标志。

因缘观怎么修？在六入处修。从操作上说，就是在根境因缘生识，根境识三者接触生起受、生起想、生起行的当下，实事求是，修因缘观、见因缘法。比如，在眼入处修因缘观：眼色因缘生眼识，在眼根、色境、眼识三者触通的当下，修因缘观，见因缘法。在耳入处、鼻入处、舌入处、身入处、意入处，修因缘观、见因缘法。如是就能够看明白，生命的五项活动——身体、认知、情感、思想、决策行为等，都是缘生法、因缘法。缘生法是苦，缘生法无常，缘生法非我、非我所有。佛陀就是如此教弟子修行的。《杂阿含经》中有个故事说：佛陀出家前有个非常亲密的侍从叫阐陀。佛陀出家后不久，阐陀也出家了。佛祖在世时，阐陀比丘在修行上并不怎么上进，修行好多年也没有开悟。佛祖离世后，他有点着急。他四处请教如何觉悟的方法，但并不得法。他最后去拜见阿难。阿难对阐陀比丘说：我亲眼看见佛陀是如何教迦旃延开悟的。佛陀对迦旃延说：你要如实正观生命的五项活动是如何生起又如何灭去的，所谓此有故彼有，此生故彼生。谓缘无明而有行，乃至生老病死，忧悲恼苦生。所谓此无故彼无，此灭故彼灭。谓无明灭则行灭，乃至生老病死、忧悲恼苦灭。阿难如是说法时，阐陀比丘得法眼净，开悟了。

八正道怎么修？同样也是在六入处修。在眼入处修八正道：依因缘法的明觉，①生起正见。即明白感觉经验是因缘法。②基于因缘法的正见，转变思维模式。③基于正见和正思维来转变语言模式，即不说骗人的话，不说搬弄是非的话，不用语言伤害人等。④进而转变行为模式，如不杀、不盗、不淫等。⑤进而转变生活方式，即衣食住行用，绝不违戒律和道德规矩。⑥进而转变习性反应模式。⑦进而转变观念模式。⑧进而转变心力模式。从心识散乱转变为制心一处。修定力成就，心得解脱。在耳入处、鼻入处、舌入处、身入处、意入处等，如是修八正道。

总的来说，修因缘观和修八正道，不能只是在禅堂里修。眼耳鼻舌身意六根，接触色声香味触法六境，生起视觉、听觉、嗅觉、味觉、触觉、意觉等经验，这是人生每时每刻都发生的事情。因此，人生修行只有现在进行时，没有未来时、没有过去时、没有完成时。在根境因缘生识的当下，如实正观，即正思维，依远离、依无欲、依灭，自觉地端正自己的认知模式、情感模式、思想模式、语言模式、行为模式等。平常就应如此修行。

## 3. 禅观和禅定

### （1）如何修禅观

佛陀教导的禅法主要由两个部分组成，一是禅观，二是禅定。禅观是观想因缘法，它主要教人觉悟的。禅定是修正定，它主要教人解脱自在的。禅观是修智慧，禅定是修定力。从禅观到禅定，即从慧解脱到心解脱。下面先说禅观。

禅观为什么？禅观有三个目的：一是看明白生命的实相（真相）。二是破除对"自我"的无知（包括偏见和邪见）。三是建立起对自我和人生的正确知见。禅观是认识自我的绝佳工具。

禅观是什么？佛陀教导的禅观法就是观因缘（十二因缘法）。用现代名词说，禅观就是观察自己的身心活动是如何运作的，就是观察自己的人生是如何开展的。禅观的特质是活在当下，不意念过去，不妄想未来。

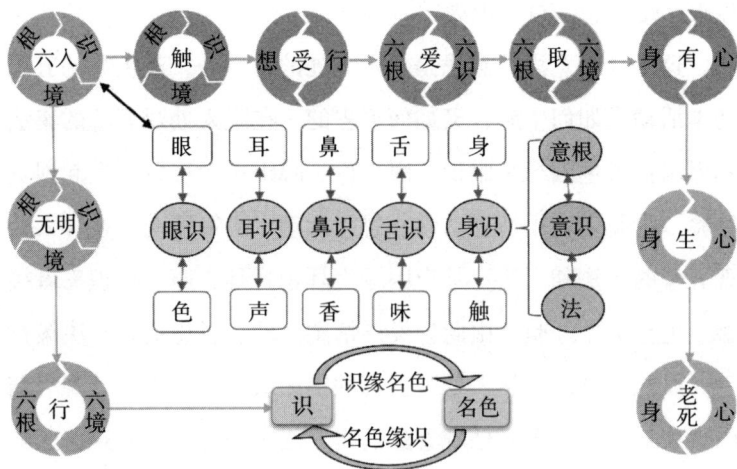

禅观怎么观？在眼耳鼻舌身意六入处的每一处，观因缘法，也就是在根境因缘生识、根境识三者触通的当下，如实观察认知活动、情感活动、思想活动、决策活动是如何生起和如何灭去的。佛陀说："常当修习，方便禅思，内寂其心，如实观察。云何如实观察？如实知此是色，此色集，此色灭。此受、想、行、识集，此受、想、行、识灭。云何色集？受、想、行、识集？眼色因缘生眼识，三事和合生触，缘触生受，缘受生爱，缘爱生取，乃至纯大苦聚生，此是色集。如是，缘耳、鼻、舌、身、意，缘意及法生意识。三事和合生触。缘触生受，缘受生爱，如是乃至纯大苦聚生。这就是色集，受、想、行、识集。云何色灭？受、想、行、识灭？眼色因缘生眼识，三事和合生触，触灭则受灭，受灭则爱灭，乃至纯大苦聚灭。如是，缘耳、鼻、舌、身、意，缘意及法生意识，三事和合生触。触灭则受灭，受灭则爱灭，乃至纯大苦聚灭。这就是色灭，受、想、行、识灭。"

这是什么意思？意思是从六入处的每一处，观生命的五项基本活动是如何生起，又如何灭去的。在眼入处观五蕴的集法和灭法：眼色因缘生眼识，眼、色、眼识三者接触，生起视觉经验，由此生发出情感活动、思想活动、决策活动。在耳入处观五蕴的集法和灭法：耳声因缘生耳识，耳、声、耳识三者接触，生起听觉经验，由此生发出情感活动、思想活动、决策行动。以此类推，在鼻入处观五蕴的集灭法……在舌入处观五蕴的集灭法……在身入处观五蕴的集灭法……在意入处观五蕴的集灭法——意法因缘生意识，意根（大脑）、法境（头脑中的记忆想象）和意识三者接触，产生意识经验，并由此生发出情感活动、思想活动、决策行动。佛陀说："于五蕴如是观生灭已，我慢、我欲、我使，一切悉除，是名真实正观。"参看下图：

总结一下，佛陀教导的禅观法有五大要点：

第一，佛陀的禅观法就是观十二因缘法。其目的是教人看明白自我的实相真相，破除对自我及人生的无知、偏见及邪见。

第二，禅观要从六入处下手观。从眼入处，从耳、鼻、舌、身、意入处下手，如实观察自我的身心运作模式。佛陀说："内寂其心，如实观察。"首先让心安定下来，接着如实观察，即从眼与色的互相影响中，观察眼识（视觉经验）是如何生起的，观察视觉经验又是如何引起情感活动、思想活动、决策行动的。比如你逛大街，看到前面有个人，望其项背，腰身苗条，像个美女，这就是"视觉经验生起"。仔细端详，很像从前的女友，于是"人生如梦耳，哀乐到心头"。这就是"情感活动生起"。你浮想联翩。这就是"思想活动生起"。你假装没看，这就是"决策行动"。对于耳声因缘生耳识、鼻香因缘生鼻识、舌味因缘生舌识、身触因缘生身识、意法因缘生意识，通通如是观察。注意：禅观不是观想过去的事，也不是观想未来的事，而是观察自己身心当下正在经验的事。

第三，禅观的对象必须具备三个条件：①它必须是具体的事实。②它必须是当下发生的事实。③它必须是禅观者亲自经验的事实。比如呼吸就具有这三大特点。因此，佛陀教人禅观，通常都是从观呼吸切入。

第四，人生觉悟的总开关在哪里？就在根境因缘生识、根境识触通生起"感觉经验"的当下。人生的颠倒妄想就发生在这里，正知正见也发生在这里。在此处修因缘观，起正思维，就能看明白生命的实相、人生的真谛，因此也就不会产生颠倒妄想。反之，如果不修因缘观、不实事求是观察，就会生起"无明"。无明就生贪爱。所爱者，本来是自己的感觉经验，但主观上错误地认为，所爱的是外在对象即六境，于是六根就追逐六境。人生的一切痛苦烦恼由此而来。由此可见，修因缘观才能觉悟。不修因缘观不可能觉悟。因缘法都没搞明白，就说自己开悟了，那是瞎说。

第五，禅观究竟观察到了什么？观察到了最要命的三件事：①人生的一切，无论是身体还是情感，无论是认知还是行动等，全部都是在相互影响中发生、相互影响中改变的，因此人生没有不变的东西。这叫"缘生法无常"。②凡是相互影响的东西，自己就不能完全做主。想做主但做不了主，这就是人生痛苦烦恼的重要根源，这叫"缘生法是苦"。③人生的一切都是在相互影响中发生、相互影响中变化、相互影响中存续，因此根本上就没有独立存在的"我"，这叫"缘生法非我、非我所有"。

### （2）如何修定力

定有两种：禅定和正定。禅定不等于正定。禅定是共法，正定是佛法。基于因缘法的正见来修禅定，才是正定。正定的基础是因缘法，这一点务必要清楚。

打坐是任何禅修方法的基本功，它是共法。无论是禅修瑜伽还是禅修佛法，都要求打坐。修定力，同样是在六入处修，即在眼色、耳声、鼻香、舌味、身触、意法等因缘中修定力。当定力持续增长，人生转型的效果会越来越明显。

禅定是有等级的，所谓"四禅八定"，即初禅、二禅、三禅、四禅。空无边处定，识无边处定，无所有处定，非想、非非想处定。人在不同的禅定境界，身心状态有质的不同。

初禅：离生喜乐地（"地"是境界）。初禅的境界，身心有五种状态：寻、伺、喜、乐、一心。"寻"是寻寻觅觅的意思，就是把四处游荡的心找回来。"伺"是把心安住在所缘对象上，如呼吸上。"喜"和"乐"是指脱离开五种精神障碍（贪欲、嗔恚、昏沉、掉举、疑惑）束缚后，身心感到喜乐。注意，喜与乐有微妙的区别，喜主要是心理方面，乐更多是指身体方面的。"一心"是指善心安定在一个对象上。

二禅：定生喜乐地。二禅的境界，身心有三种状态，喜、乐、一心。二禅中无寻也无伺。寻和伺都没有了。这意味着心不乱跑了，完全能安住在同一个对象上了。由此身心感觉到喜悦和快乐。这是定生喜乐的境界。

三禅：离喜得乐。三禅的境界，身心有两种状态，心安住在同一个对象上，身体感觉无比快乐，心理上的"喜"消退了，心平静且专注。这是离喜得乐的境界。

四禅：舍念清净。四禅的境界，身心只保持一种状态，心与目标对象合二为一。不寻不伺，不苦不乐，心无一点杂念，心静如水。有如巨大的一面明镜，世界万有都能如实映现出来。这是"千江有水千江月，万里无云万里天"的境界。修习正定有大成就者，心力无比强大，能够精神变物质。四种禅定的境界如下所示。

| 四禅的名称 | 四种禅定的境界 |
| --- | --- |
| 初禅 | 有寻。有伺。有喜。有乐。一心（心不散乱） |
| 二禅 | 有喜。有乐。一心（心不散乱） |
| 三禅 | 乐。一心（心不散乱） |
| 四禅 | 一心（制心一处） |

### （3）戒定慧：生命改造的系统工程

戒定慧是改造生命的系统工程。它包括五项内容，即改造人的认知模式、情感模式、思想模式、语言模式和行为模式。这项"系统工程"由三大要素组成，即持戒、修定、修慧。戒、定、慧就像三脚架，每一个都支撑着另外两个。守持戒律，能成就定力和慧力。修习定力，能成就戒律和慧力。修习智慧，能成就戒律和定力。持戒如果缺乏定力，持戒很难。持戒如果缺乏智慧，持戒可能走偏。修定如果不守戒律，定力难成；修定如果缺乏智慧，定力会变成邪定。因此，修戒、修定、修慧三者要平衡协调配合，如此生命改造才能趋向圆满。

关于修戒："戒"就是戒律（纪律）。《三大纪律·八项注意》就是人民军队的戒律。守持戒律就是过道德生活。佛法中的戒律属于自律。自律者自尊，自律者自强，自律者自在。佛法的戒律从身、语、意三方面定义了"十不做"：身体行为方面有三不做，即不杀、不盗、不淫。语言行为方面有四不说：不说骗人的话，不说搬弄是非的话，不说助纣为虐的话，不使用语言暴力。意识上有三不想：没有欲贪想法，没有嗔恨想法，没有愚痴想法。戒律怎么修？在根境因缘生识的当下，用智慧和意志力把自己的眼耳鼻舌身意六根管控好，别让它们犯戒。身、语、意严守戒律的人，活得有尊严，死得很安详。假如有来世，还能往生到好去处。佛陀时代，在家要守持五戒，出家人要守持二百多条戒律。

修定力：人生最大的问题是缺乏专注，心识散乱不定。心识散乱，思想就混乱，思想混乱，说话办事就乱七八糟。修定力就是要内寂其心，将心安住在某个对象上，使念头专一。持续精进地修炼，直到八风吹不动。定力有三个方面：一是身定，即心能掌控住自己的身体行为；二是口定，即心能管住自己的嘴巴；三是心定，即自己完全能掌控住自己的心态。此三者，心定是关键。心定则身定，心定则口定。看古今中外成大事者，无不定力惊人。所以佛陀说"制心一处，无事不办"。

修慧力：修慧就是修因缘观，破除无明、破除我见、建立正见。有正见，生命改造才能走上正道。在印度文化中，修戒、修定是共法，只有修慧才是佛法。佛法的智慧有三个方面，即行为的智慧、说话的智慧、认知上的智慧。而认知方面的智慧是根本。生命改造工程，从正确认知"自我"开始，从破除"我见"开始。所谓"我见"就是对"自我"的颠倒妄想。人有"我见"，贪、嗔、痴、慢、疑会相伴一生。所谓"生命改造"，就是基于因缘法的正见，减少和战胜贪、嗔、痴、慢、疑这些人生的负资产。下面总结一下：

| | 戒 | 定 | 慧 |
|---|---|---|---|
| 身体 | 身体行为方面的戒律：不杀、不盗、不淫。 | 心完全能够掌控自己的身体行为。 | 基于因缘法正见的举止行为，如善方便。 |
| 言语 | 言语戒律：不妄语、不两舌、不恶口、不绮语。 | 心完全能管住自己的嘴巴及言语。 | 基于因缘法正见的言语沟通，比如佛陀有五不说。 |
| 意识 | 思想方面的戒律：不贪、不嗔、不痴、不疑。 | 制心一处，八风吹不动。 | 见因缘法，看明白自我的实相和修行的真理。 |

佛法是知行合一的方法。唯有以自己的身心为实验对象，亲自去体验，亲自去求证，方能对佛法有所明白。人应该对自己的人生负责。幸福快乐或痛苦烦恼只与自己的内心相关。自己创造自己的天堂，自己挖掘自己的地狱，自己是自己命运的设计师。

佛法是科学。在方法论上，它与科学高度契合。这表现在三个层面：第一，佛法和科学都是用实验方法来探求事物真相和规律的。科学家在实验室里做实验，佛法修行者用自己的身心做实验。科学的目标是解释世界和改造客观世界，佛法的目标是认识人生的实相和改造自我的身心世界。第二，佛法与科学都是以因果法则为根本的。科学探究物理世界的因果关系和运动规律，佛法探究人心世界的因果关系和运作规律。第三，科学研究的结论与佛法修行的成果，都可检验、可实证。正因为如此，历史上、现实中，佛法与科学从来都能善意地面对，进行深入的对话和讨论。比如在心理医学领域、在心智科学领域、在管理学领域乃至在量子力学领域。科学与佛法的交流对话，已经取得很多卓越成果。

# 四、人心运作的普遍模式及自我革命

## 1．心智模式及微观机理

### （1）心智运作的普遍模式

佛陀发现了心智运作的普遍模式、微观机理以及改造升级心智模式的卓越方法，因此而成为医王和导师。

佛陀说：六根六境的因缘生六识，根、境、识三者复杂的交互作用叫"触"，因触而生起情感活动、思想活动、决策行动。这就是人类心智运作的普遍模式。用现代心智科学的语言说就是：①眼耳鼻舌身意等感知器官，遭遇到色声香味触法等感知对象，在相关条件的影响下，生成感觉信息并进行缓存。②这些不同类型的感觉信息，通过各自的神经通路，被传输到大脑的不同功能区域，即视觉、听觉、嗅觉、味觉、触觉等皮层。③大脑不同功能区域解读、分类和编码这些信息。④大脑对这些感觉信息进行高水平的分析和加工，包括提取相关记忆、比对分析，生成判断及进行存储。⑤形成情感、想法和观点。⑥输出决策行动等。如下图所示：

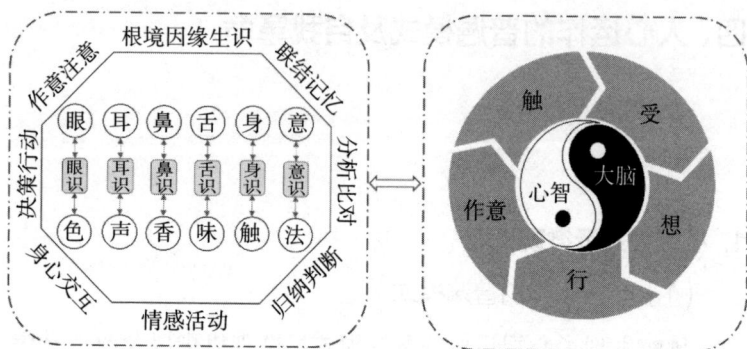

**关于六根、六境、六识及因缘的定义**

所谓"六根"，即眼、耳、鼻、舌、身、意。意根是指大脑。眼睛是视觉器官，能看东西。耳朵是听觉器官，能听声音。鼻子是感知气味的器官，能捕捉到各种气味。舌头是味觉器官，能分别出各种味道。身体皮肤是触觉器官，能感受到酸麻冷热痛等各种刺激。大脑是学习、记忆、思考和想象的器官。大脑对眼睛看见的东西、耳朵听到的声音、鼻子闻到的气味等感官信息，进行解读编码、加工、记忆、思考以及进行决策和行动等。

所谓"六境"，即色、声、香、味、触、法。眼睛能看见的一切东西都叫"色"，如红、橙、黄、绿、青、蓝、紫。耳朵能听到的一切声音都叫"声"，如风声雨声读书声等。鼻子能闻到的一切气味都叫"香"，如香味、臭味、烟熏味等。舌头能感知的一切味道都叫"味"，如酸、甜、苦、咸、鲜。身体皮肤能感触到的一切东西都叫"触"，如冷热（温度）、滑涩、轻重（机械力）、痛痒等。头脑中存储的各种记忆就是

"法"，包括识别记忆、场景记忆、语言记忆、知识和动作技能等。

所谓"六识"，是指眼识、耳识、鼻识、舌识、身识、意识。"识"分两类：一是感觉信息。二是对感官信息的编码、解读、加工、存储、记忆、思考等。顺便说一句，佛教唯识宗讲"八识"：眼耳鼻舌身意叫"六识"，此外还有第七识"末那识"、第八识"阿赖耶识"。末那识即自我意识，阿赖耶识也叫"种子识"，它是生死流转的载体。玄奘大师有一首"八识规矩颂"很有名，也很微妙，他对"八识"的各自特质和功能，都做了高度精练的概括。

什么是因缘？"因缘"是两个概念，因是因，缘是缘。"因"是交互作用的要素，"缘"是影响交互作用的条件。比如"眼色因缘生眼识"，眼与色是"因"，而光线、距离、作意、相关记忆等，都是"缘"。因缘交互影响才有"眼识"的生起。耳识、鼻识、舌识、身识、意识等通通如此。认识是因缘法、缘生法，情感是因缘法、缘生法。学习、记忆、思考、决策和行动等，通通都是因缘法、缘生法。在历史上、现实中，对因缘法有太多庸俗化和片面化的解释。

（2）心智运作的微观机理

A. 眼色因缘生眼识，眼、色、眼识三者复杂的交互作用，生起情感活动、思想活动、决策行动。

眼色因缘生眼识：第一，眼睛功能正常，盲人看不见，色盲看不清。第二，物象在可见光的范围内，红、橙、黄、绿、青、蓝、紫是可见的范围，而红外线和紫外线肉眼看不到。第三，物象应在注意力的范围内，否则视而不见。第四，距离合适，太远太近都影响视觉。第五，光的亮度合适，黑灯瞎火什么也看不清。第六，呈现物体的背景也很重要。第七，头脑正常，否则一切无从谈起。

眼、色、眼识三者复杂的交互作用，生起情感活动、思想活动和决策行动：视觉信息经过视觉神经通路，传输到大脑视觉皮层，在那里进行加工和存储。头脑加工视觉信息时，会用到很多相关的大脑资源并受其影响。我在农村老家干活儿收工后，坐在半山坡上，看着落日，想起王维的"大漠孤烟直，长河落日圆"的诗句，心中很愉悦。记忆影响视觉信息的加工。看某人长得很像自己的好朋友，一见就心生欢喜。情感影响视觉信息的加工。我们所看到的，是我们头脑所加工过的，而非事物本来的样子，因此我眼中的世界和你眼中的世界不一样。明白这一点，就是走在觉悟大路上了。联想到其他生物，视觉经验的差别更大。猫头鹰能看到红外线，蜜蜂能看到紫外线，它们能看见人根本看不到的东西。

**B. 耳声因缘生耳识，耳、声、耳识三者复杂的交互作用，生起情感活动、思想活动、决策行动。**

耳声因缘生耳识：第一，耳朵功能正常，聋子听不清、听不见。第二，声音在可听见的范围。决定声音有三个要素，声源、介质和传播速度。声音有很多类型，如大自然的声音、人类语言和音乐、宇宙中的神秘之音。穆罕默德在希拉山洞打坐时，就多次听到"你去传播吧"的声音。从此走出山洞，开始传播伊斯兰的教义。第三，声音应在注意力的范围内，否则听而不闻。第四，距离合适，太远太近都听不清楚。第五，头脑功能正常。假如大脑处理听觉信息的区域受损，就分别不出不同的声音。

耳、声、耳识三者复杂的交互作用，生起情感活动、思想活动和决策行动：①设想一个复杂的听觉场景，比如"风声雨声读书声，声声入耳"。②对这些竞争的声音，听觉系统进行识别和筛选，并瞬间记住它们（听觉表象）。③将选中的声音信息传输到大脑相应的听觉皮层。④大脑皮层开始解读新输入的声音信息，也就是理解你所听到的究竟是什么。⑤为此，大脑要提取与所听声音类似的记忆，并进行高水平对比分析。⑥呈现综合性判断，这是有人在读修行的诗：摆脱尘劳不寻常，下大力气干一场。不经一番寒彻骨，怎得梅花扑鼻香。⑦听明白后，心情愉悦，下定决心，好好修行。

**C. 鼻香因缘生鼻识，鼻、香、鼻识三者复杂的交互作用，生起情感活动、思想活动、决策行动。**

鼻香因缘生鼻识：第一，鼻子功能正常。嗅觉失灵，鼻子就不再能够辨别气味。第二，气味要有一定的浓度才能闻到。第三，对人来说，气味有一大特点，你无法拒绝气味。美国电影《香水》中有一段经典台词：人在看见恐惧或美女时，可以闭上眼睛。人在听到难听的声音时，可以塞上耳朵。但是，人不能逃避味道，因为味道和呼吸同在。第四，不同的气味与人的记忆、情感和体验有很深的关联。人一旦存储了某一气味的记忆，就永远也不会忘记。第五，大脑中处理气味信息的功能区健康正常。第六，佛法中用"香"字来指称"气味"，其用意很深。寺庙里散发着淡淡的清香，这有助于人们精进修行。房间里有淡淡的清香，有助于人们安静地读书思考。科学实验也证明，当人们闻到香的气味时，更乐于帮助别人，工作也更有成效。祭祀要烧香，香气是人与神灵沟通的媒介。世界上最早的贸易是香料贸易。欧洲人对香料的渴望催生了地理大发现。

鼻、香、鼻识三者复杂的交互作用，生起情感活动、思想活动和决策行动。《香水》是一部从嗅觉角度展现气味是如何影响人的情感活动、思想活动和决策行动的好影片。主人公的名字叫格雷诺耶，他一出生就被母亲遗弃在臭气熏天的鱼市里，孤儿院收留了他。但天无绝人之路，格雷诺耶生来就有超人的嗅觉能力，能轻易地分辨各种气味，特别是每个人的体味，并且能铭记不忘。偶然的机缘，他被香水老板看中，从此进入香水行业。他的梦想是制造并保存世界上最好的香水。后来他遇到了一位名字叫"梦拉"的女孩，他闻到梦拉身上有一种极为独特的香味。他认为，这种体味是调配最好香水的绝佳配方，因此他杀害了梦拉……影片让人明白，气味对人的本能情绪、体验、感知和行为有多么大的影响。嗅觉是人类最早进化出来的感知器官。人类的情感情绪活动，75%是由嗅觉产生的。近年来，一种有别于传统视觉营销和听觉营销的所谓"气味营销"，开始大行其道。

**D. 舌味因缘生舌识，舌、味、舌识三者复杂的交互作用，生起情感活动、思想活动、决策行动。**

舌味因缘生舌识：第一，舌头功能正常。人的舌头上长有分辨味道的五种感受器，能品尝出酸甜苦辣等各种味道。假如某种味觉失灵，舌头就分辨不出那种味道来了。第二，食物的味道大体分五类：酸、甜、苦、咸、鲜。不同的味道带给人不同的生理感觉和心理感受。第三，注意（作意），心不在焉，食而不知其味。第四，对味觉信息形成瞬间记忆。第五，头脑正常。食物味道只有在大脑解读之后才有意义。假如大脑解读味觉信息的功能受损，人就不能分别出味道。第六，与味道经验相关的记忆，影响我们当下的味觉体验。

舌、味、舌识三者复杂的交互作用，引起情感活动、思想活动、决策行动。中国人是世界上最会吃的民族。看中国历史，超级吃货很多，比如唐宋八大家，个个都是有诗意的吃货。比如苏东坡，东坡肘子就是他的创作。这个先不谈。这里要说的是，佛陀告诉我们味觉经验的真相，即人的味觉实际是如何运作的，它是如何引起人的情感活动、思想活动和决策行动的。佛陀说的，与现代认知科学完全一样，只是话语体系不同。脑科学家说：人们的味觉体验，并非有关味道的客观体验，而是掺杂了嗅觉、听觉、视觉、触觉之后的感受（《大脑帝国》）。

**E. 身触因缘生身识，身体、触境、身识三者复杂的交互作用，生起情感活动、思想活动、决策行动。**

身触因缘生身识：第一，触觉功能正常。人体皮肤上散布着各种各样的感受器（触点、穴位），有的是用来感应冷热和轻重的，有的用来感受动静和疼痛的，等等。触觉失调或触觉能力减退，就会导致触觉障碍。第二，触感的对象（触境）分很多类型，包括痛痒、冷热、软硬、滑涩、轻重（机械力）等。它们对触觉的作用方式是不一样的。第三，注意力。心不在焉，对很多东西就没感觉。第四，头脑功能正常。如果大脑处理触觉信息的区域受损，就解读不出触觉信息的意义。第五，触觉发生作用的方式太微妙，比如针灸和按摩。说到孙思邈为长孙皇后悬丝诊脉，并能诊断出病情，那更不可思议。

身、触、身识三者复杂的交互作用，生起情感活动、思想活动、决策行动：知冷知热，这很普通；初次牵手便终生难忘，这很神奇。那触觉的运作机理究竟是怎样的？为什么不同的人触觉敏感度差异那么大？触觉能被驯化吗？ 2021 年诺贝尔生理学或医学奖，授予了朱利叶斯和帕塔普蒂安。获奖理由是：他们发现了触觉的运作机理，即身体细胞如何感受温度和压力等。朱利叶斯用辣椒素识别出皮肤神经系统中对热有反应的传感器。帕塔普蒂安使用压敏细胞发现了一类新型传感器，可以对皮肤和内部器官中的机械刺激做出反应。这些发现使得我们对触觉系统如何感受世界有了更加科学的理解。不过，触觉的运作机理，佛陀在 2500 多年前，就用禅修方法亲自体证过了。

**F. 意法因缘生意识，大脑、法境、意识三者复杂的交互作用，生起情感活动、思想活动、决策行动。**

意法因缘生意识：第一，"意根"是指大脑。大脑是专门用来解读感官信息、提取信息、存储信息以及从事学习和认知的。大脑也是思想、语言、解决问题的能力所在。第二，"法境"是指人心中存储的所有东西，比如感知记忆、生活场景记忆、各种知识、习惯和动作技能等。第三，大脑功能正常。假如大脑的某个功能区受损，比如说语言功能区受损，就认不得文字，也听不懂别人说的话。第四，瞬时记忆能力完好。第五，作意。大脑会过滤掉你不关心的信息。各种感官信息同时到达大脑皮层，大脑要进行审查和筛选。因此人可以充耳不闻，视而不见，食而不知其味。

意、法、意识三者复杂的交互作用，生起情感活动、思想活动、决策行动：感官信息通过各自的通道传输到大脑的不同功能区。大脑对视觉、听觉、嗅觉、味觉、触觉等信息进行解读。这是一项非常复杂的工程。通过解读，我们才能理解所看到的、所听到的、所闻到的、所触摸到的东西的意义。高水平的解读和分析后，要结合当前的意图、期望、信念等，形成想法和观点，并存储到记忆中，情感活动、思想活动亦掺杂其中，最后是决策行动。

概而言之，①根境因缘生识，即生起视觉、听觉、嗅觉、味觉、触觉等信息。②这些感官信息通过各自的神经通路，传输到各自对应的大脑皮层。③大脑功能区和心智程序对这些信息进行加工，包括联结记忆、提取相关知识和经验等，对这些新信息进行解读和高水平的分析。④经过全脑资源复杂的交互作用，形成判断。⑤情感活动、学习活动、思想活动、记忆存储等掺杂其中。⑥最后是反应的输出，即决策行动。其中，加工感官信息的环节最要命，用正见正念加工信息，就能走向觉悟，反之，就走向愚痴无明。

关于人心的真谛，要谛听善思五件事：

第一，眼耳鼻舌身意六根，是人们认知的六大门户。它们各有自己的感知对象。就像一把钥匙开一把锁一样。眼睛不能听，耳朵不能看，嗅觉只有在闻到气味时才能被激活打开。第二，色声香味触法六境，它们既是认知的六种对象，更是人生的现实世界。人靠它们活着，也是为它们活着。人一辈子都在追求好看的世界、好听的声音、好闻的气味、好吃的饮食、舒服的环境、梦想的世界。第三，好看的是那美色吗？好吃的是那美食吗？不是。好看不好看，在眼色的因缘中。好吃不好吃，在舌味的因缘中。舒服不舒服，在身触的因缘中。是苦还是乐，在意法的因缘中。第四，因缘能改变，改变因缘的抓手是"如理作意"，即实事求是的观察。在根、境、识的因缘生起情感活动、思想活动和决策行动时，如理作意、如是观察，人生就走向幸福圆满。不如理作意、不实事求是，人生就陷入痛苦烦恼。第五，改变因缘有三个方面：一是改善六根。通过学习和训练，可极大地改善和提高感知力、记忆力和思考力等。比如，花点时间去闻各种各样的气味，渐渐地，我们嗅觉敏感度会有很大的提高。多修慈心禅，很多仇恨记忆会渐渐淡忘。二是善用六境，如远离不善的人、事、物，亲近良善的人、事、物等。三是勤修因缘观，即在眼色因缘生眼识时，如理作意，修慧力、修戒力、修定力。在耳声因缘生耳识、鼻香因缘生鼻识、舌味因缘生舌识、身触因缘生身识、意法因缘生意识时，如理作意，修慧力、修戒力、修定力。

## 2. 人心就是一堆应用程序（APP），学会删除和升级才能卓越

### （1）人人心里都有个操作系统（作意→触→受→想→行）

我们从小长大，心里安装了太多的应用程序（APP），如认知程序、情感程序、思考程序、决策程序、行动程序等。这五大类应用程序，每一类又可细分为很多种，比如情感程序，可细分为贪嗔痴慢疑、怨恨恼怒烦等。人们平常把这些应用程序叫作"习性反应模式"，而这些习性反应模式都是由心智操作系统来操控的。

心智操作系统由五大要素组成，即作意→触→受→想→行。如下图所示：

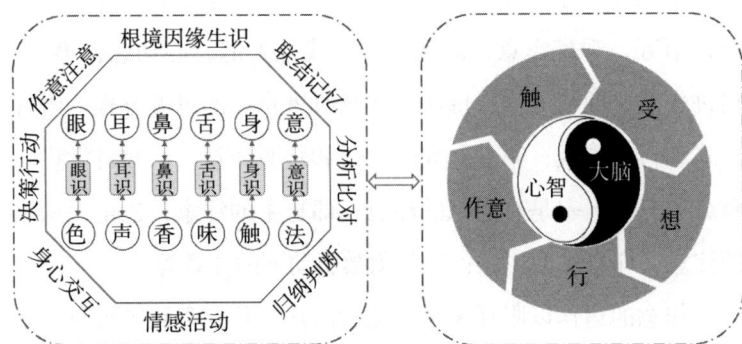

**心智操作系统的解释**

**A. 作意：定义和运作**

眼耳鼻舌身意，对应色声香味触法，生起六识（眼识……意识等），首先要作意。什么是作意？"作意"就是心用、专注、注意力，它的反面是不用心、不专注、散乱。比如听课，人在课堂，心早就跑掉了。这叫不用心、不专注。作意好比聚

光灯，认知、情感、思考、决策行动等，都由它启动、受它影响。我们周围呈现有各种各样的东西，但只有我们留意的东西，才会进入我们的意识。没有作意，就会视而不见、听而不闻、食而不知其味。作意能增强对目标物的敏感度，能降低分心物的干扰。你把注意力放在什么地方，把心用在什么地方，你就是什么。若把心思全部放在不择手段赚钱上，那你就是唯利是图的小人。若把心思全部放在如何为客户创造价值上，你就是值得尊敬的价值创造者。

佛法中有七种作意：第一，了相作意，即用心探求真相；第二，胜解作意，即超凡脱俗的解释；第三，远离作意，即远离贪嗔痴慢疑等各种烦恼的束缚；第四，摄乐作意，即令心欢喜；第五，观察作意，即观察自己或他人的起心动念；第六，精进作意，即精进修行佛法，持续改进自己的思考方式、语言模式和行为方式；第七，成就觉悟和解脱作意。认知科学将注意分为三类：一是有意识的注意，即自主的注意；二是无意识的注意，即自发的注意；三是刺激驱动下的注意等。

作意的运作以眼耳鼻舌身意为门户。耳朵听到风雨声，立马引起注意，接着耳识开始运作，形成对声音的感触，情感活动由此生发。"雨打芭蕉叶带愁，心同新月向人羞。"注意力可以训练，可以训练到"耳旁闲语清风过，专心念想心中事"。佛法教人如何正确作意、如何正确用心。

B. "触"：定义和运作

什么是"触"？触是指感官、感知对象、感知能力三者相互作用、协同运作生成的意识流。从认知科学说，所谓"触"，就是大脑整合感官信息并通过它来学习、记忆和存储的过程。或者说，大脑将视觉、听觉、嗅觉、味觉、身体感觉等信息，加工成认识和知识，并存储到记忆中的过程。

"触"是因缘法、缘生法。根、境、识三者相互作用协同运作生成的意识流，是情感活动、思考活动、决策行动的基础。人的意识活动，根、境、识三者缺一不可。比如耳聋，虽有声音和认知能力，但不会生起听觉意识流。如果是植物人，认知能力丧失，耳朵虽然不聋，能听声音，但依然形不成听觉意识流。

人有"六触"，即眼触、耳触、鼻触、舌触、身触、意触。眼根、色境、眼识三者协同运作，生发的意识流叫"眼触"。耳根、声音、耳识三者协同运作生发的意识流叫"耳触"。鼻触、舌触、身触、意触，通通如此。由"触"而生起情感活动、思考活动及决策行动。因此说，"触"是一切精神思想活动的总开关，它也是走向觉悟的切入点和下手处。

### C. "受"：定义和运作

什么是"受"（emotion）？受是指感受、情感、情绪等身心活动。它是与感觉和认知相伴而生的一系列心理和生理反应及行动倾向。情绪可以增强或减弱人的注意力以及学习和记忆能力。与强烈情感相关的东西，人们会有特别好的记忆力和学习能力。情感情绪也影响人的行动力、创造力。

"受"是因缘法、缘生法，其运作模式是：六根、六境、六识的因缘生"触"，由触而生发出各种各样的情感和情绪来。情感和情绪在表达出来之前，有两条路线，第一条是愚痴无明的路线，第二条是智慧明觉的路线。禅法教人如何走第二条路线。现代认知科学也认为，情感和情绪在表达出来之前有两条路径可走：一条是潜意识的路径，其特点是自发性和习惯性；另一条是显意识的路径，其特点是自主的、选择性的。在情绪表达之前，我们应对其进行审查，这让我们有机会调节自己的情绪。假如我们随时都能辨认出自己的情绪状态，明白某种情绪从何而来、如何运作，我们就有办法管控它。

佛法将感受分为三大类型：苦受、喜受和舍受。苦乐感受是生理方面的，喜忧感受是心理方面的，而舍受（即解脱自在的感受）是修行佛法后所成就的状态。儒家将人的情绪感受分为"七情六欲"。"七情"者，喜、怒、忧、惧、爱、憎、欲。"七情"是属于心理方面的。"六欲"者，由眼耳鼻舌身意生发出的欲望。"六欲"是属于生理方面的。当然，生理感受与心理感受是相互影响和相互转化的。坏心情对身体有坏处，好心情对身体有好处。微笑会让人变得开心，能激励分泌更多的血清素和多巴胺。

### D. "想"：定义和运作

什么是"想"？想是指思想、思考、解决问题。汉语的"想"字是心上有相，意思是经过思考，心中对事物有了比较完整的图像或概念，并且找到了相应的名词来称谓它。用认知科学的语言说，所谓"想"，就是通过输入信息、内部语言、工作记忆、存储的知识，并结合当前的意图、期望、信念等，对问题进行思考。

"想"是因缘法、缘生法。缘触而有受，缘触与受而有

"想"。"想"有两种运作方式：一是愚痴地思考和解决问题；二是智慧地思考和解决问题。愚痴地思考和解决问题有如下特质：不如理作意、不正思维，观前不照后，唯我优先地思考和解决问题。智慧地思考和解决问题则相反，它是基于因缘观，起正思维，准确定义问题、分解问题，提出可供探索的假设，统筹兼顾地思考和对待一切问题。

"想"是通三性的。所谓"三性"，就是善、恶和无记。人们在思考和解决问题时，都不同程度地掺和着善、恶、无记等因素。因此，基于因缘法，佛法倡导四种思考方式：第一，无常想，即用变化发展的观点对待一切，以破除常见。第二，无我想，即用因缘法看待"我"和"我的"，以破除我见。第三，离欲想，即远离贪嗔痴慢疑等。第四，慈悲喜舍想。如此才能走向解脱自在。

## E. "行"：定义和运作

什么是"行"？行是指决策和行动。有三种行为类型：一是身体行为，二是语言行为，三是思想行为。任何行为都会有反作用。

决策行动包括相互关联的四件事：第一，审虑行动：对做什么不做什么、做的结果如何、可行不可行等，进行审慎的考量、计算及评估；第二，决定行动：审慎考量后，如果决定做，那就要制定行动纲领和计划，包括设定目标、实现目标的关键因素（资源）、要素之间的联结、任务分解、时间表、路线图等；第三，沟通行动，即做好沟通宣传工作；第四，执行行动，包括组织、管控、评估和改进等。

**总结**

作意→触→受→想→行，是一个多路径且联结复杂的循环系统，而非单向度联结的闭环系统。比如情感，它会影响人的注意力，影响人的认知，影响人的思考乃至决策行动。假如一个人的认知完全被情感所支配，说话办事就会情绪化。再比如决策，决策的第一步不是做什么或不做什么，而是"作意"。一个小孩很想出去玩耍，但又必须做功课。功课和玩耍在心里竞争着。此时场景记忆就会参与其中（触）。玩耍当然快乐，做功课比较枯燥（受）。参照过去经验权衡利害（想），先做功课再玩耍比较好（行）。

**（2）升级心智程序的禅法（信→进→念→定→慧）**

人的心智系统像电脑的操作系统一样，可以持续地优化升级。如果说佛陀讲的"七觉支"和"八正道"是再造人心的根本禅法，那"五根"和"五力"就是升级心智系统的方便禅法。"根"是"能生"的意思。像树木一样，根深才能蒂固。做人的根底浅，像墙上的芦苇，稍遇风吹，便东倒西歪。"力"是"力量"的意思，好学力行、天天向上。

所谓"五根""五力"，第一个是信根和信力。第二个是精进根和精进力。第三个是念根和念力。第四个是定根和定力。第五个是慧根和慧力。精进修习这五大项目，就能持续升级和磨砺自己的心念、认知、情绪、思考、决策行动等心智程序。

升级心智程序本质上就是自我斗争、自我革命的过程。信、进、念、定、慧的每个环节，都充满了矛盾斗争。①正信要与迷信及邪信斗争；②正精进要与懈怠及沉沦斗争；③正念要与邪念斗争；④正定要与散乱和昏沉斗争；⑤智慧要与愚痴斗争等等。斗争的过程，就是砥砺和升级心智程序的过程。禅法提供了自我斗争、自我批判、自我革命的场地、规则和方法。细观下图：

升级心智程序的方法

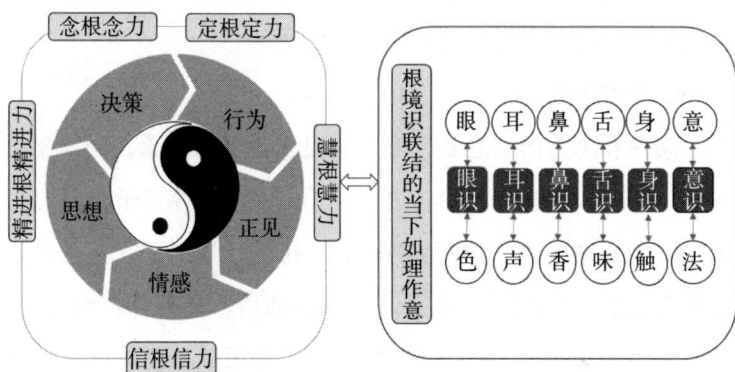

### A. 安住信根，增长信力

信根的意思是安住正信、令其增长。信力的意思是依正信而力行。什么是正信？相信因缘法则，凡事作因缘观、因缘想。相信觉悟者，相信觉悟的方法，对自己能够走向觉悟生起信心。正信不是迷信，正信与邪信相反。相信看相算命的，那是迷信。相信"厚黑学"那一套，那是邪信。有信念而无智慧，就会走向迷信邪行。我们从小长大，建立了很多所谓的人生信念、人生信条。要不断地用智慧来检视这些信念和信条。佛陀说："有信无智，增长愚痴，有智无信，增长邪见。"有正信而无智慧，正信也会变成迷信，使人趋向愚痴。虽有智慧而无正信，它会使人趋向邪见、走上邪路。

### B. 精进根和精进力

精进根和精进力的意思是，基于正见和正信，像愚公移山那样，从三个方面砥砺和升级自己的心智程序：一是删除不善良的心智程序，比如心中那一大堆的垃圾记忆。这些东西一想起来，就让人生气和怨恨。二是远离拒绝那些不善的心智程序。三是对良善的心智程序持续优化升级。

### C. 念根和念力

念根和念力的意思是，安住正见、正信和正念，令其念念不忘。所谓"不忘初心，方得始终"。佛陀教导弟子，要念念不忘"勤修戒定慧、熄灭贪嗔痴"。孔子教导弟子，要念念不忘扬善去恶，所谓"三人行，必有我师焉。择其善者而从之，其不善者而改之"。韦尔奇教导他的管理团队，要念念不忘经营的三大重点：客户满意度、员工满意度和现金流。孔子的圣弟子曾参说：我每天都多次反省自己：为别人做事尽心了没有？和朋友交往有无不诚信的地方？传授给别人的学问，自己认真实践过没有？做人做事若能如此，心智程序自然得以优化升级。

### D. 定根和定力

定根和定力的意思是，安住正定、增长定力。所谓正定，即善心聚于一境的特性。坚持正见，不离正念，制心一境，这就叫定力。面对各种诱惑不动心、不受别人情绪的影响、不受欲望和嗔恨的困扰、不被昏沉掉举所障碍，自己完全能够掌控自己的身体行为、语言行为和思想行为，这就是真正的定力。在佛法中，定力增长是有次第的，所谓四禅八定。修炼到四禅，人就能够完全掌控自己的心智了。

### E. 慧根和慧力

所谓慧根，就是与善心相应的观智。真懂因缘法、凡事都作因缘观，这就叫智慧。佛陀说：见因缘即见法，见法即见佛，见佛即见我。因缘法是世界的真相，八正道是成就智慧的真理。增长智慧有三条路径：一是闻慧，即读圣贤书、听闻圣贤的教导而获得智慧。二是思慧，即由自己的思考和探索而获得智慧。三是修慧，即由修习正法而成就智慧。

下面以情感情绪为例，简要说明升级心智程序的要点：第一，对情感情绪，要有正见和正信。情感和情绪是因缘法、缘生法。好心情、坏心情，不在外面，也不在自己的心里，而在根境识的因缘中。假如我们真明白情绪因何而生、如何运作，那我们就能学会一些掌控情绪的方法，在情绪爆发前，把它控制住。第二，情感情绪有二重性，有两面性。有的情感是有意识的，有的情感是无意识的。有的情感是正向的，有的情感是负面的等等。精进地磨砺和增长正向情感，远离和灭除生气、抱怨等糟糕情绪。第三，念念不忘管控好自己的情感和情绪。如遇背叛，怒火中烧，立马警觉，用安般念、转念头或者倾听自己内在声音的方法来阻断愤怒程序。第四，面对他人的糟糕情绪，要修炼静如处女、不动如山的定力。第五，智慧地运用情感和情绪。金刚怒目，菩萨低眉。对不良的社会行为表达愤怒，这些都是一种善巧的智慧。

总而言之，任何心智程序都是因缘法、缘生法。它们可以被修正，可以被删除，可以优化升级等。假如一个人真想自我超越，那就必须依照上面提供的方法，持续不断地磨砺和升级自己的心智系统。

# 一、禅法与身心再造

## 1. 禅法系统：瑜伽和佛法

"禅"是梵文 dhyana 的音译。玄奘大师按字义将它翻译成"静虑"。英语有三种翻译，一是 meditation，意思是冥想、默想、沉思。二是 concentration，意思是专注、集中。三是音译 Zen。其实，禅、禅那、禅法、禅修、禅定、冥想、专注、静虑、静思等，都是指同一件事，就是让心安住在同一对象上，使心不散乱，由此开启观智。

禅法源于古老的印度文化。在古印度，禅修有两套系统：一套是佛法系统，由释迦牟尼佛首创（参见第3章）。其核心是：在六入处见因缘法、悟八正道，在六入处精进修习八正道，按照七觉支的流程次第修行，成就无上觉悟和解脱（生命再造、自我超越）。另一套是瑜伽系统。瑜伽禅法在印度有五千年的历史，但比较杂乱，不成系统。生活在公元前2世纪的帕坦伽利，著作《瑜伽经》，将瑜伽禅法系统化为三大部分和八个修行项目。三大部分即哈达瑜伽（Hatha Yoga）、禅定瑜伽（Laya Yoga）、圣王瑜伽（Raja Yoga）。八个修行项目叫"八支瑜伽"：①道德戒，②自净戒，③体位法，④调息法，⑤摄心向内，⑥专注，⑦禅定（冥想），⑧三摩地。无论是佛陀的禅法还是帕坦伽利的瑜伽禅法，都强调有两大法门，一是修观（毗婆舍那），二是修止（三摩地）。修观是修慧力，修止是修定力。下面先说瑜伽禅法，后说佛陀的禅法。

（1）瑜伽禅法

瑜伽（Yoga）是连接、整合、统一的意思。连接、整合什么？印度传统文化认为，由于累世以来的业力影响，人出世后，身、心、灵是分立的。修炼瑜伽就是要连接整合身、心、灵，使之一体化。因此，修炼瑜伽是提高生命品质的最佳途径。

在修行顺序上，先修哈达瑜伽。哈达瑜伽的功用，在改造身体和净化身体方面。其次修禅定瑜伽。禅定瑜伽的功用，在调节心理和管控情绪方面。最后修炼圣王瑜伽，圣王瑜伽的功用在体证灵性。这个修行次第不能错乱。没有哈达瑜伽的成就，不能进入禅定瑜伽，没有禅定瑜伽的成就，不可能进入圣王瑜伽。三者相互支撑，缺一不可。

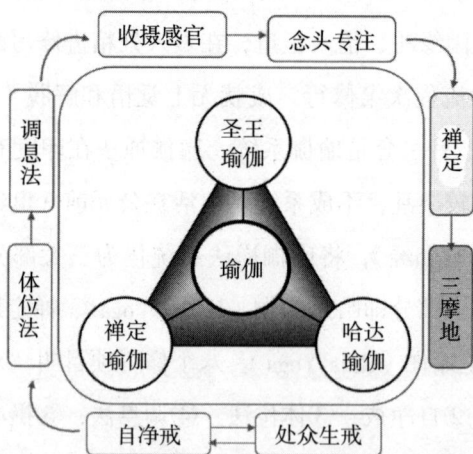

瑜伽的修行路线图是这样：①外修——②内修——③灵修。外修是修身，身体是全部修行的根据地，外修包括道德戒

和自净戒、体位法、调息法。内修是降伏其心，包括摄心向内、专注。灵修是兑现灵性，包括禅那、三摩地。

**八支瑜伽概述**

八支瑜伽是个系统（整体），图示见本书第 244 页：

**第一，道德戒（处众生戒）**

道德戒是与他人相处的行为规范，有五条：①不伤害（非暴力）；②不偷盗；③不贪不占；④不说骗人的话；⑤梵行（清净、节制性欲）。此外还有一些次要的戒律，如原谅人、坚韧、慈悲、不自私、节食等。

**第二，自净戒（源于自我的约束）**

自净戒是自处的规范，即自我约束。主要有五条：①清净；②知足常乐；③苦行；④反省；⑤皈依或臣服于灵性。次要的戒律如多做公益、知耻、相信因果、发愿修行等。修持道德戒和自净戒，会带来身、语、意的善行，会使心识平稳，灵性增长。如果不想受到纪律约束，总是放纵自己，必然会走向堕落和苦难。

**第三，体位法（梵文 Asan）**

修炼体位法，能净化我们的身体（因为身体里的废物太多），能软化我们的身体（因为我们的身体太僵硬），能平衡我们的身体（因为我们的身体不平衡不稳定）。为了净化和改造身体，瑜伽师设计了几百种体式修炼方法，但最经典的体位法有 84 种。修炼体位法能够破解人身体方面的障碍，获得非凡成就。看那些伟大的宗教领袖，如佛陀、耶稣、穆罕默德等，他们个个都有高深的瑜伽功夫，都有大神通，如水上行走、分身术、飞行术等等，这些在经典中都有记录。

**第四，调息法**

修炼体位法有成就，才可以修炼调息法。调息法就是有节奏地吸气—闭气—呼气。其比例为 $1:4:2$。修炼调息法时，要节制饮食。修炼调息法能激发生命能量，清理身体脉管里的杂质。当杂质被清除后，身体会变得清瘦，免于生病，能恪守梵行，能管控呼吸，能听到内在秘音（内在微细的声音）。精力充沛，工作不累，睡眠很少。体位法和调息法是通往三摩地的门户，是转凡成圣的基础。体位法、呼吸法没有修好就直接打坐修习禅定，缺乏根基，难有成就。这个环节正是汉传佛教修行中忽略或丢掉的东西。修持调息法有成就，修习者才能进入下一个修行项目，即内摄。

**第五，收摄感官（梵文 Pratyahar）**

Pratyahar 的含义是"掉头、反转、脱离"。意思是让心从跟随感觉外部的习性中脱离出来，掉头转向感受和观察内心，即所谓"摄心向内"。"内摄"是从修身转向修心的桥梁，是降服其心、驾驭感官的修炼。这是一场拉锯战、持久战：让心从感官欲望的牵制中撤离，这太难了。眼见美色、耳听美声、舌遇美味而不动心，那有多难。当心随着外部境界飘移时，心是散乱不定的、焦躁不安的。随着内摄功夫的增长，慢慢地心不再被感官牵着鼻子走。内心变得平静稳定，心生愉悦。心被驯服，感官就能停止向外追逐的习性。

修炼感官向内有三种方法，即止息、自性内鸣、逆舌身印。所谓止息就是不呼不吸。当呼吸能在内闭气状态下维持 10

分钟，这是进入内摄的标志。能止息 1 小时，表示精通了内摄修行。止息 2 小时，表示成就了专注。止息 24 小时，成就了禅定。止息 12 天，表示精通三摩地（正定）。精通内摄后，瑜伽士就有了主导自我的能力，身体不出汗，散发妙香，身体轻盈，走路飘逸……所谓"自性内鸣"，是指修习者能听到内在秘音，对外在的声音听而不闻。所谓"逆舌身印"，用舌头封锁住心与各感官连接的信道（神经回路）。感官活动停止，心识自然达成向内收摄。总的说，修炼内摄的成就，标志着哈达瑜伽修习圆满。内摄修成了，修炼者就可以进入修专注和禅定了。

### 第六，念头专注（梵文 Dharana）

专注就是制心一处。让心长时间地安住在某个特定的对象上不游动就是专注。可选择的专注对象，通常有呼吸、身体的某个部位或观想某个圣人等。刚开始，心不想待在一个地方。不一会儿就会跑开。发觉心离开了，就立刻把它拉回来。这是一个艰苦的修炼。渐渐地，心的专注力在持续增强，能长时间地安住在一个目标上。我们知道，专注力是乔布斯事业成功的秘诀之一。

### 第七，禅定（冥想、禅观）

经过专注力的修炼，心被彻底降服。此时，修炼者就可以对所专注的对象进行禅观了。心念持久地停留在所观想的对象上，慢慢地，心的觉知力与所观想的对象合二为一。通过禅观，我执、我慢被彻底征服且被消灭。智慧得以开发和增长。

### 第八，三摩地（梵文 Samadhi 正定）

修炼禅观有成就，自然进入三摩地。修到三摩地，就能体证到灵性。这是瑜伽中的最高成就、最高境界。所谓"灵性"，就是"心识和阿特曼（Atman）合一"，这是一种没有一丝念头但又全然觉知的境界，是彻底解脱的境界。

　　总而言之，修炼瑜伽能使修行者的身体得以净化，心理变得平和稳定，灵性本体得以显现体证。修炼瑜伽应从体位法开始。它能使修习者身体健康、轻巧、柔软、稳定。当修炼体位法有成就，接着修炼调息法。修炼调息法能清除经脉细胞里的杂质废物。经脉净化后，修炼者会变得精神，免于病痛，能管控呼吸，能听见内在秘音。这些就是修行哈达瑜伽成就的标志。接下来修炼禅定瑜伽。此时，心从追逐外境转向观察自身，欲望不再生起，心智变得全神贯注，慢慢地呼吸停止，即所谓的"止息"。如此，禅定瑜伽就成就了。最后进入修炼圣王瑜伽。当修炼者体证到灵性，这就是三摩地状态。灵性是终极实相，它不生不灭、永恒不朽。

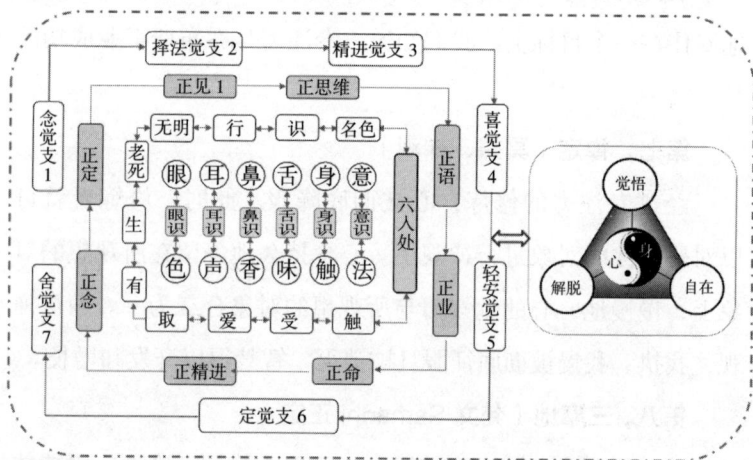

## （2）佛陀教导的禅法

佛陀教导的禅法，概而言之，有四大要点：①在六入处修因缘观而觉悟；②基于因缘法的正见，在六入处精进修习八正道而走向解脱自在；③按照七觉支的流程修行，从慧解脱到心解脱；④实现转凡成圣（生命再造）的目标。解释如下（详细参看第三章第2节）

### 禅修的目标是觉悟和解脱自在

不修心的人，被贪嗔痴慢疑这五座大山压在下面（孙悟空压在五指山下），整天生活在痛苦烦恼中，不得自在，难得解脱。禅修干什么？禅修就是愚公移山，从这五座大山的压迫中彻底解放出来。用现代名词说，禅修就是生命再造和人生转型，即心智模式转型、语言模式转型、行为模式转型等。经过三次大转型，修习者能成就五大成果：一是觉悟；二是远离贪嗔痴；三是人变得慈悲喜舍；四是生死自在；五是成就无上正等正觉。

### 在六入处修因缘观

六入处是禅修下手的地方。六入处包括六根（眼、耳、鼻、舌、身、意），六境（色、声、香、味、触、法）。六根六境的因缘生六识（眼识、耳识、鼻识、舌识、身识、意识）。在根、境、识三者接触生起受、想、行的当下，如果修因缘观，即实事求是地观察探究，就能看清人生的实相，即生命的一切都是因缘而生因缘而灭，由此破除"我见"（对自我的错误认知）。反之，如果不修因缘观，不实事求是地观察探究，就会生起"无明"。无明就生贪爱。无明为父，贪爱为母，就会制造出无穷无尽的人生痛苦烦恼来。很明确，在六入处修不修因缘观及能否见证因缘法，是转凡成圣（人生转型）的十字路口。

**在六入处精进修习八正道**

八正道是八个修行项目，即①正见→②正志→③正语→④正行→⑤正命→⑥正精进→⑦正念→⑧正定。怎么修？眼入处修八正道：在眼色因缘生眼识的当下，修因缘观。基于因缘法的正见，去思考（正思维），去说话（正语），去行动（正行），去生活（正命），持续改善习性模式（正精进），随时随地保持正念，持续增强定力（正定）。在耳入处如此修习八正道，在鼻入处、舌入处、身入处、意入处等，如此修习八正道，持续改善认知模式、思维模式、情感模式、语言沟通模式、行为模式及生活方式等，从慧解脱走向心解脱。

**依照七觉支的流程修行**

七觉支是完整的禅修流程，它包括：①念觉支→②择法觉支→③精进觉支→④喜觉支→⑤轻安觉支→⑥定觉支→⑦舍觉支。念觉支：即在六入处修十二因缘观。择法觉支：即在六入处修八正道。精进觉支：即精进地修习八正道，勤断五盖，勤修五根五力。喜觉支：即修行得法，身心喜乐。轻安觉支：修行有成就，身体轻快安适，这是进入正定前的觉受状态。定觉支：即四禅定。舍觉支：即解脱自在，成就无上正等正觉。

七觉支（流程）包括人生的三大转型：第一大转型：见因缘法、悟八正道，这是认知模式和思维模式的转型。第二大转型，精进修八正道，这是语言模式、行为模式的转型。第三大转型，解脱证道，这是人生全面且彻底的转型，从愚痴凡夫转变为觉悟圣者。

### （3）两套禅修系统之比较

佛法和瑜伽两大禅修系统，都根植于印度文化。因此它们的关系是盘根错节，你只有我，我中有你。当然，你还是你，我还是我。

理论基础方面：佛法的理论基础是因缘法、缘生法。瑜伽禅法的理论基础是假定有个常、乐、我、净的非物质本体。这个思想源于《奥义书》。

修行目标方面：佛法和瑜伽都认为，禅修是为了转凡成圣。但它们对"圣者"的定义不一样。佛法认为，圣者即觉悟者，觉悟者就是佛。瑜伽认为，"圣者"是一种纯粹的灵性存在（阿特曼）。

生命观方面：瑜伽认为，生命由身、心、灵（阿特曼）三个层面组成。身体是物理的，心智是物质和精神二元一体的，灵性是非物质存在，不生不灭，可以独立于身心之外。佛法认为，生命是由五个部分组成：生理活动、情感活动、思想活动、决策活动、认知活动。它们都是因缘而生、因缘而灭，没有独立存在和不生不灭的东西。

修行方法和修行路线图方面：佛法的修行方法，即在六入处修因缘观，修八正道，按照七觉支的流程修行。其修行路线图是三次转型：见法悟道→精进修道→证道解脱。瑜伽的修行方法，即八支瑜伽。其修行路线图是从外往内修，即从修身（哈达瑜伽），到修心（禅定瑜伽），最后到体证灵性

（圣王瑜伽）。

佛法最殊胜的有三个方面，即在六入处修因缘观，在六入处修八正道，按照七觉支的流程修行。瑜伽最殊胜的地方，是体位法和调息法，它们是改造身心最卓越的方法。佛法和瑜伽都重视修定，四禅八定是它们的共法。它们异同比较如下：

| 佛法系统：八正道 | 比 较 | | 瑜伽系统：八支瑜伽 |
|---|---|---|---|
| 1. 正见 | 确立正见是第一位的。首先修慧 | 持戒是第一位的 | 1. 道德戒 |
| 2. 正思维 | | | 2. 自净戒 |
| 3. 正语 | 破除无知，建立正见后，自觉守持戒律。持续改善语言、行为和生活方式 | 持戒有成就，进入修身流程 | 3. 体位法 |
| 4. 正业 | | | 4. 调息法 |
| 5. 正命 | | 修身有成就，进入修心流程 | 5. 摄心向内（内摄） |
| 6. 正精进 | 在六入处持续改进性反应模式。在六入处安住于正念，在六入处修习，多修习正定 | | 6. 专注 |
| 7. 正念 | | 修心继续往前走，最终到达三摩地的境界 | 7. 禅定 |
| 8. 正定 | | | 8. 三摩地 |

佛陀的禅法，主要修戒、定、慧。瑜伽禅法，主要修"身"（体位法、呼吸法）、"心"（摄心向内、专注）、"灵"（禅定和三摩地）。

由上可知，无论是佛陀的禅法还是瑜伽禅法，都不是宗教，也不是哲学，它们无关信仰。它是一整套开发人的内在潜能、改造人心、转变命运的科学方法，是生命再造、人生转型的系统工程。不管你信什么宗教，都可以修炼佛教禅法和瑜伽禅法。

## 2. 打坐是禅修的基本功

### （1）静坐杂说

### 圣人都有静坐功夫

历史上很多了不起的大思想家、宗教领袖、功成名就者，他们成就大业前，都有常年打坐修行的经历。释迦牟尼说自己是这样开悟成佛的：我未成正觉时，独一静处，专精禅思，实事求是地观察探究，由洞见因缘法、彻悟八正道而觉悟……所谓"独一静处，专精禅思"就是静坐禅观。

曾参是孔子最倚重的弟子之一。孔子离世前，将他的孙子（子思）托付给曾参。曾参著《大学》，子思著《中庸》，儒家治世的四部经典，他们师徒占了一半。《大学》中，曾参对儒家打坐修行的基本流程作过空前绝后的概括："知止而后有定，定而后能静。静而后能安，安而后能虑，虑而后能得。"这就是儒家所谓的"水静极则形象明，心静极则智慧生"。

庄子是道家和道教的第二大圣人，庄子开悟后说："圣人之心，静。天地之鉴也，万物之镜也。"由于心静，世界万有的本来面目就像映照在明镜上，能看得很清楚。

读康有为的《康南海自编年谱》，我们看到有这样一段日记：康有为有一天打坐的时候，"忽见天地万物皆我一体，大放光明，自以为圣人，则欣喜而笑"。从那天开始，康有为以圣人自居，广收门徒。这应该说是戊戌变法的前奏。

禅修打坐能改善大脑结构和功能，从而改善大脑的工作模式。长期禅修且禅修得法，能减少焦虑，增强自律，提高专注力，还能开发智慧，甚至觉悟。

在平常，人心就像一杯浑浊的水，若能让心平静下来，经过一段时间，污物逐渐沉底，水慢慢地变得清澈明亮。此时，心的洞察力、掌控力就会有极大提升。因此说，静坐是进入人的内心世界的门户，是走向心灵深处的门槛。过了这个门槛，才有可能看明白人事物的真相。

### 静坐能养生能治病

白居易年轻时百病缠身，于是习练静坐。"中宵入定跏趺坐，女唤妻呼多不应。"由于天天打坐，白居易70多岁时还耳聪目明。郭沫若在日本留学时，有段时间，晚上经常失眠，白天精神萎靡，多方医治无效，近乎抑郁，很痛苦。偶然读王阳明的著作，了解到王阳明也曾经是病魔缠身，靠静坐康复了身体。于是他也开始学习打坐，每天早晚静坐30分钟。半个月后便出现奇效，能睡能吃，整天很精神。从那以后，打坐伴随了他一辈子。郭沫若在《静坐的功夫》中，翔实地讲述了自己的静坐功法。

### 静坐赋能事业成功

日本的松下幸之助、稻盛和夫，美国的乔布斯等，他们都是企业界的领袖和圣人。他们有个共同特点，经常禅修打坐。松下说：长期修禅的企业领导，不论社会上发生怎样的变动，都能泰然自若，考虑着自己该做的事，并尽量减少错误。稻盛和夫说：人生不是一场场的物质盛宴，而是一次次的灵魂修炼。净化心灵才是人生的目的和意义。65岁那年，被检查出胃癌，手术后，稻盛和夫出家到寺庙托钵修行。

乔布斯说过，他的成功有两个秘诀：一是专注，二是简

单。而这两点都和禅修相关。禅修教他专注，过滤掉任何不必要的事项。禅修也培养了他的简单至上的审美观。《乔布斯传》的作者艾萨克森说：乔布斯从不信任市场调查或集体讨论，在决策新产品前，他会把几款样品摆放在办公室的地板上，然后独自静坐，就像佛陀说的"独一静处，专精禅思"。静坐结束，睁开眼睛，他就凭直觉从中拿起一个样品，那就是苹果即将推出的新品，而市场一再证明，他的选择完全正确。

尤瓦尔·赫拉利，1976年生人，人称"新锐历史学家"。他的《人类简史》、《未来简史》和《今日简史》，畅销全球。我们知道，在人文学科领域，大器晚成者常见，年纪轻轻就功成名就，实在罕见。赫拉利为什么能如此成功？他自己说：从2000年开始，我每天花两小时用来静坐禅修，每年还参加一两个月的密集禅修营。……内观禅修改变了我。首先，禅修极大地提升了我的专注能力。其次，禅修教我学会了区分什么是真实的、什么是我们头脑捏造的。我发现，平常我们有90%多的念头都是自己头脑捏造出来的。我要感谢老师葛印卡，他教导我内观禅修的技巧，让我能够观察事物的真相，了解心灵及世界。如果没有过去15年来禅修带给我的专注、平静及见解，我不可能写出《未来简史》这本书。

（2）静坐方法概说

静坐在中国和印度源远流长，今天在美国和欧洲非常流行。静坐的方法很多。印度有七支静坐法，中国有道家静坐法，儒家有端容正坐法，日本有冈田静坐法。美国流行正念冥想法。下面简单介绍毗卢遮那佛的七支静坐法和冈田静坐法，前者的目标主要在开发智慧，后者的追求是健康养生。

### 七支坐法

七支坐法是最完美的禅修姿势。佛陀静坐就是用这个坐法。这是个困难的姿势。开始不容易做到，要反复练习。坐定后，将感官从外部转向观察自己的身心活动，观呼吸是非常好的切入点。这是打坐的一个重点和要害，也是个秘密。佛陀说：生命在呼吸间。呼吸是没有贪、嗔、痴的。所谓"观呼吸"就是把注意力固定在呼吸上（安那般那念）。由观呼吸进而观察自心的运作模式，逐渐看清楚生命的真相。

### 七支坐法有七大要点

①盘腿坐，单盘或双盘都可以。真正修止和修观，要靠这个姿势。这是一个能促进全身气脉通畅的姿势。②背脊骨挺直，但不能勉强，不能有不舒服的感觉。挺不直，说明气脉有不通的地方。气脉通了，自然就挺直了。静坐有功夫的人，整个身体感觉是空灵的。③两个肩膀微微张开，自然平直。不能向后拉或向前窝。如此心肝脾肺才能舒服。④眼睛微闭，视若无睹。佛陀打坐时，眼睛半开半闭。一般人很难做到。功夫到了，才有可能。⑤头要正而中，下巴稍微向后

掖。⑥嘴巴闭上，舌头轻微抵触上腭。⑦双手叠放在膝部，手心朝上，右手放在左手上，两个大拇指轻轻相扣。

**瑜伽静坐法**

瑜伽有很多种款坐体式，但比较经典的有 3 种，即至善坐、莲花坐、蝴蝶坐。《哈达瑜伽之光》说：持之以恒地修习这些静坐方法，能消除疲劳，能净化人体经脉中的杂质，能增强定力，能帮助人走向解脱自在等等。

至善坐：左脚跟抵住会阴，右脚跟放在左脚跟上，下巴放在喉结处，眼睛凝视眉间或鼻端，收摄感官，保持不动。这就是至善坐的基本坐法。莲花坐：右脚放在左大腿上，左脚放在右大腿上，脚掌心朝上。双手叠加，手心朝上，放在双腿之间。凝视鼻端。舌头抵住上腭，下巴抵扣在胸前。保持住吸入的气，这就是莲花坐的基本坐法。蝴蝶坐：两脚心相对，保持上体直立。双手十指交叉放在脚趾的前方，尽可能让脚跟往会阴的地方内收。

**（3）打坐的十一条注意事项**

①环境要求：打坐的时间和地方要相对固定，打坐的地方最好要安静、通风、干净，光线要柔和。

②打坐要有坐垫。坐垫的软硬度要适中，厚度3—8厘米都可以，感觉舒适就好。

③穿宽松柔软的衣服。

④打坐前要先暖身。花 20 分钟左右时间，做几个瑜伽动作，让身体柔软。身体僵硬，坐不住、坐不好。

⑤选择舒适的姿势。单盘、双盘都可以。一旦坐定就不要

随便改变姿势。注意两膝和颈部保暖。

⑥静坐时要面带微笑，不能一副讨债面孔。从头到脚一一放松。

⑦每天最好静坐两次。早饭前和晚睡前。每次静坐二三十分钟。不要刚吃过饭就打坐。

⑧静坐中经常出现两种状态：昏沉和掉举。昏沉是昏昏欲睡。掉举是心里七上八下。对付昏沉，用调息的方法。对付掉举，用觉知力。这是一场持久战，不要懈怠。

⑨打坐是慢工出细活儿。要有恒心、有耐心。要把打坐变成日常生活的一部分。

⑩静坐日久会经历两种体验：身体层面会出现八触反应，即动、痒、轻、重、冷、涩、滑等。在心灵层面，可能会体验到一些特别的宗教经验，如听到内在秘音、看见阿弥陀佛现身等。这些都很正常，别在意。

⑪很多人对静坐有错误的看法和追求。比如想在静坐禅修中看到自己的过去世或未来世，或者想得到各种神通力。

南怀瑾写过一本很有名的书，叫《静坐修道与长生不老》。书中探讨静坐禅修与生命的关系。他说：静坐修道究竟修个什么"道"？一是修"养生之道"，二是修觉悟之道。

总的说来，静坐有七大好处：一是提升身心健康。二是增进心理健康。三是提高精神境界。四是提升决策行动能力。五是提高认知能力。六是提升道德水准。七是提升享受生活和工作的能力。因此，中国文化的各家各派，没有不注重静坐的。儒释道更是把静坐当成全部修行的基本功。

## 3. 禅修有三大功能

### （1）调适身心

科学家用实验方法来研究禅修。他们证明禅修打坐能改善人的五脏六腑的功能。打坐入静后，人体的八大系统指标，都相应地出现了有益的改变。比如静坐可以增强免疫力，可以促进血液循环、降低血压；静坐能增强耐寒和消化能力，能疗愈偏头痛、神经衰弱等疾病。日本医生早就把禅修列为治疗神经官能症、神经衰弱的方法之一。静坐时，氧气消耗量（新陈代谢）减少60%—70%。静坐结束，新陈代谢也恢复平常。荷兰科学家的研究表明：打坐禅修者比其他人致病的可能性低了50%。

禅修静坐带来身心放松和愉悦，从而化解压力、消除焦虑，降低血压，延缓老化。加速手术后的愈合，减轻病患者的病痛。

禅修能改善睡眠质量，提高思考敏锐度。睡眠不好，人会无精打采，反应迟钝。美国肯塔基大学的专家做过这样一个试验：找8个一夜未睡并且从未练习过打坐的人，分为四组：睡觉组，打坐组，阅读组，聊天组。40分钟后对他们的头脑敏锐度进行测试，结果如下：打坐组的表现最好；睡眠组至少要1小时后才能从蒙眬中清醒过来，做出较好的表现；阅读组和聊天组反应极其迟钝。结论是：假如你一夜没睡，打坐40分钟就可弥补缺觉的不足。

禅修可以减少减轻负面情绪。研究表明，经常禅修打坐的人，他们的负面情绪，如抱怨、沮丧、愤怒、仇恨、敌意等，比较少也比较轻。有了负面情绪，摆脱负面情绪的时间也比较短。负面情绪减少减轻，正面情绪自然增多增强。人会变得平和、安详、自在、快乐，待人也更有耐心和爱心。

禅修可以缓解压力。柯尔曼《毁灭性的情绪》说：有关静坐数十年的研究表明，静坐作为抗压或降压的方法十分有效。一般人在面对压力时，最常见的反应方式是，要么对抗要么逃避。但有静坐功夫的人不是这样。他们总是心态平和，接受现实。面对现实，积极应对。

禅修能提高人的情绪掌控能力（情商）。经常打坐的人，面对生活和工作的各种压力时，情绪比较稳定。

（2）改造心态（大脑）

禅修被证明能改善大脑、提升人的创造力。禅修让头脑安静下来，提高人的专注力、记忆力、创造力、创新力。桥水公司的达里欧说："创造力来自心的明觉与专注，或者说以一种非情绪的心态去观看事物。禅修能让我做到这些。"诺贝尔奖得主布莱恩说：他每天都坐禅，他发现禅修、静坐能使他进入客观的内明状态。研究者发现，同时进行多任务的处理会导致全局效率的下降。频繁切换工作任务者，会犯更多的错误。每天禅修打坐者，脑子不胡思乱想。打坐后，注意力更容易集中，即注意力的时间窗口变小，在任务变换时，能迅速过滤掉与心任务无关的信息。乔布斯说过，禅修训练正是他集中注意力、排除干扰的直接方法。禅修能提升人的精神境界和意志力等，记忆力也会变好。

禅修有助于提升决策和执行力。乔布斯经常打坐，当需要做决策时，他常常把相关的方案设计放在坐垫四周，然后闭目静坐，在禅定的状态中决定选择什么放弃什么。松下幸之助说：长期修禅的佛商，不论社会上发生了怎样的动荡，都能够泰然自若，做自己该做的事，并尽量减少错误。

　　禅修能使修习者的感官更敏锐。禅修能提高自我觉察力，观察自己的习惯反应模式，对它进行检验和修正。禅修静坐可以促进自我认知，能消减主观偏见，提升整体观照力。人不可能停止思想，也不可能封存记忆。尝试着大脑宁静，不带先入为主的偏见去观察和体验事物，对事物不做以自我为中心的价值判断。破除疑惑。可以增强觉知力，使思考更贴近现实。打坐入静后，内观自己的身心世界，洞察生命真相，止息烦恼痛苦，恢复平静安详，获得快乐自在。禅修能改善大脑的结构和功能，延缓老年人认知功能衰退。比如安东·卢兹发现，即使在不冥想时，资深的冥想者也能够产生高幅的伽马脑波。这种脑波通常与记忆、学习、洞察力的高效率有关。任何一种情绪一出现，都会有生理反应。比如呼吸急促、心跳加速等。老练的禅修者，能立马觉察到自己情绪的起伏，静静地看着它，不进入习性反应模式，如发脾气、争吵等。原本瞬间爆发的情绪变成了慢动作，直到彻底平静下来。只要内心平和安静，就能做出明智的应对，而不是被情绪牵着鼻子走。

### （3）提升生命品质

测量生命品质有七个方面的指标：一是身体健康度。二是心理健康度。三是思想力和精神境界（心灵）。四是决策行动能力。五是认知能力。六是道德水准。七是享受生活和工作的能力。静坐禅修能产生非常奇妙与强大的效果，它能从以上七个方面极大改善和提升禅修者的生命品质。

提高工作品质：乌巴庆是葛印卡的老师，他是缅甸政府的住建部长。多年的禅修训练，使他精力充沛，工作效率极高。最多的时候，他同时兼任三个部的部长。无论公务多忙，他每天都做内观禅修。提姆·瑞安是美国国会的年轻议员，他说他每天早上至少打坐 45 分钟。打坐帮助他维持情绪稳定和注意力集中，能更好地倾听，迅速做出具洞察力的分析。

提升道德水准：培养慈悲心是非常重要的禅修项目。禅修让人静下心来，如实观察自己人际关系的是是非非，它们究竟是如何生起、如何运作的，如实观察人际关系的因缘。经过一段时间训练之后，以自我为中心的习性反应模式开始消减。对他人的关怀心、同理心、平等心自然浮现出来。对人更有耐心、更有爱心、更有包容心。带给周围的人安定、平和、温暖的感觉，当大家能真诚地相互对待、相互关照，组织内的人际关系会变得轻松体贴，和谐组织就这样成就了。厚实的道德是以"无我"为根本的。无论干什么，只要是"我"字当头，以"自我"为考量的基点，真正的道德就荡然无存。

禅修能帮助人享受生活和工作：所谓享受，就是不带来负面作用的行为，增强幸福感。禅修教人活在当下，专注当下。工作即工作，走路即走路，吃饭即吃饭……这种修炼可以使人们有能力去感受当下意义。影视娱乐界的欧普拉每天静坐两次，每次 20 分钟。她叫员工也做。她说，禅修静坐使自己变得满足和欢喜，即使受到困扰打击，依然能保持平静。"我比过去更明觉，也更享受生活。"

### 4. 禅修的科学化、正念革命及硅谷的禅修课

美国《时代》周刊是全世界品牌知名度最高的杂志之一。杂志的宗旨是记录世界大事，因此有世界"史库"之美称。禅修在 2013、2014 连续两年登上了《时代》的封面。2013 年的封面文章叫《禅修的科学》，文章说，禅修是科学，它已风行全美，美国已成为"禅修国度"。正念禅修将成为"未来科技世界生存的必需品"。

#### （1）禅修的科学化

在美国，禅修静坐一开始走的就是科学的路子。1967 年，哈佛大学医学院的本森教授，就对禅修者入静后身体的状况进行测量，结果发现：人在打坐时，消耗的氧气比平时少 17%，每分钟心跳数减少 3 次，Theta 脑波会增加（这是入睡前出现的脑波），但静坐者却保持着高度警觉。

禅修如何影响禅修者的身心活动，科学已经累积了大量成果。统计发现，在美国，因压力和焦虑导致的疾病，大约占就诊人群的 70%—80%。压力和焦虑也会加速人的老化过程。实验证明，正念禅修对缓解压力、消除焦虑、减少抑郁、延缓衰

老非常有效。因此静坐被认为是减压的科学。经常打坐的人，身体会更健康，头脑会更清醒，情绪会更平和。因此，很多美国人选择用禅修方法来改善自己的身心健康，并且越来越多的医师向高血压、心脏病、偏头痛、忧郁症、过动症和注意力缺失症等患者推荐静坐疗法。

在美国，经常禅修的，有政界的大人物，如前总统克林顿夫妇；有学术界的大名人，如学习型组织理论的提出者彼得·圣吉（他跟南怀瑾学禅修很多年）；有企业界的领袖，如苹果的乔布斯、微软的比尔·盖茨……有金融界的大佬，如桥水基金的达里奥等。

美国的禅修中心，各地随处可见。比如企业、政府、学校、医院、社区乃至监狱里，很多都设有禅修中心。华尔街全球的金融中心，那里的很多投资家经常禅修静坐。比如中国人最熟悉的达里欧说："我坚持禅修40多年，禅修是帮助我成功的最重要因素。我每天都要静坐20分钟，如果特别忙，我就会静坐40分钟。"硅谷是美国高科技公司云集的地方，也是全球最具创新活力的地区。在硅谷，禅修经常被设定为研讨主题。比如2012年举办的"智慧2.0"研讨会，主题就是禅修，参会者1700多人。推特、脸书、思科与福特等的企业高管分享了他们的禅修经验。硅谷有位企业家说："我认识的每个创业者，他们都经常做正念禅修。"在教育界，哈佛商学院在领导力课程中加入正念禅修的内容，就连西点军校都开设了禅修课程。美国的很多小学，教学生们用禅修方法来管理自己的情绪。很多家长发现，他们的孩子在社交和情绪上有了更强的处理能力。禅修在美国已发展成为一个规模可观的大产业。

## （2）正念革命与创新力、领导力

2014 年，《时代》有一篇文章叫《正念革命》（ *The Mindfulness Revolution* ）。文章说，近年来，美国的工商界把正念禅修与企业的创新和领导力联系起来，把正念禅修与员工的身心健康联系起来，认定它能改变企业家的心智模式。有的企业，如脸书与推特，把正念禅修看成是塑造企业文化的抓手，成为企业竞争优势的一项重要来源。

马图·雅诺曾经是通用磨坊公司的副总裁。2011 年辞职后，她创办了一个名叫"正念领导力"的培训机构。2013 年，她把正念培训班办到了达沃斯经济论坛上。她写过一本书，叫《寻找领导的空间：关于正念领导力的使用指南》。书中说：大多数领导者陷入超负荷工作和随叫随到的困境中。他们没有办法把精力放在重要的事情上，或把注意力集中在有关未来发展的大计上。这股力量非常强大。而静坐禅修正是抵消这种力量最有效的武器。

专注和简单是乔布斯成功的两大法宝。《乔布斯传》中有一张图片，偌大的房间，里面空空荡荡，乔布斯一人在打坐。他在做重要决策前，通常会这样。乔布斯上大学时，经常到铃木俊隆的禅修中心去打坐。从那时开始，乔布斯就和佛教禅法结下了一辈子的缘分。20 岁那年，他到印度参访了七八个月。这次参访，促成了他思维模式的彻底转型。他说：印度之行使我看到了西方理性思维的局限性，明白了直观人心的卓越性。假如你坐下来静静观察，你会发现自己的心灵有多焦躁。如果你想平静下来，那情况只会更糟，但是时间久了总会平静下来，心里会有一片空间让你聆听更加微妙的东西。这时你的直觉开始发展，看事情更加透彻，也更能感受现实的环境。你的心灵逐渐平静下来，视野会极大延伸，你能看到之前看不到的东西。这是一种修行，你必须不断练习。

比尔·盖茨 2018 年写过一篇 *Why I'm into meditation* 的文章，文章中说，我年轻时就知道，许多人通过禅修来集中注意力，但我没兴趣。我认为它有点玄乎，我不相信。但安迪的书《冥想与正念入门指南》改变了我的看法，并引导我们全家开始做禅修。我和夫人每周在家里都会做两三次禅修。现在我明白了，禅修是在锻炼我们的大脑，就好比运动是在锻炼我们的肌肉。禅修是训练集中注意力非常好的工具，它可以帮我提高专注力。隔两天禅修 10 分钟，这让我收获良多。

**（3）硅谷的禅修课**

美国的很多大企业，如苹果、谷歌、微软、福特、宝洁、麦肯锡等，公司的 CEO 都非常推崇打坐禅修。他们在工作过程中安排禅修，经常举办禅修会。公司为员工提供禅修的硬件设施，推出各种禅修培训课程，比如谷歌、麦肯锡、埃森哲等企业，都开设了正念领导力课程。硅谷的很多企业，都有禅修培训课程。有的公司举办"同理心修习日"，力求将慈悲心、同理心注入企业的经营理念，尝试着把这些理念融入到公司的业务运营系统中。有的公司应用禅修来训练员工的大脑，激发其创造力。

谷歌是全球最具品牌价值的高技术公司。谷歌在美国总部有 9 个禅修中心。公司的禅修课在当地有口皆碑。2007 年，公司开设了"搜寻内心自我"（Search In Yourself）的培训课程。这个课程为期 7 周，每年会举办 4 期。公司有数千名工程师参加了这个课程培训。该课程的主要目标：一是让工程师们学习集中注意力的技巧，帮助他们拓展思维空间，以激发创意和创新思维。二是要重建人的内心世界，升华人的精神境界。2012 年，谷歌总部创立了"寻找你内在的领导力学院"。其中有个系列讲座，名字叫《禅者乔布斯的创新之道》。乔布斯为什么有那么强的创新能力？这个和乔布斯的禅修相关。禅修是开发人的创新潜能的最好方法。比尔·瑞恩是谷歌的电脑工程师。他在人生低谷中（父亲患癌症、工作压力大、经常失眠、近乎抑郁），参加公司的禅修培训课。禅修改变了他的心境，因此受益匪浅。由于工做出色，他被提拔到公司的管理层，管理一支 150 名员工的团队。2013 年，端恩提出申请，转岗成为公司教禅修的老师。他设计的禅修课名为"神经自我黑客"。课程目的是要帮助谷歌的工程师提高情商，缓解工作压力。2011 年开始，谷歌公司每两个月举办一次禅修午餐。要求是：感受吃饭，不准说话。为了员工行禅的方便，公司还专门修了一段行禅小道。

正念禅修究竟能为管理者和员工带来什么？有五点：第一，禅修能培养和提升专注力，让你的注意力完全集中在你正在处理的事情上。第二，禅修可以优化大脑对压力的反应，可以缓解压力，增强抗压力。第三，禅修能提高情绪管理能力，降低人际冲突。随时随地保持正能量，改善家庭关系、职场关系、事业关系。第四，禅修能提升觉知力、创造力，减少疑惑和妄想。第五，禅修能增强对周围环境变化的洞察力，提高决策能力。一句话，禅修能提升情商、智商、爱商、逆商，能提升人的认知能力和创新能力，是通往健康与幸福的正道。

# 二、大脑、人心和人生

## 1. 洞观大脑

### （1）左脑逻辑，右脑体验

人的大脑是宇宙中最神奇最神秘的构造。关于大脑，未知要比已知多得太多。大脑是如何认知和思考的？是如何进行记忆的？是如何生产情绪的？是如何做决策与管控行为的？这些都是千古难题。但近年来，人类对大脑的研究有了重大突破：一是发明了非常有效的研究工具如脑成像技术。二是设计了很多可操作的实验。两者配合，脑科学家们正在不断逼近大脑如何工作的真相。

成年人的身体大约由 50 万亿个细胞组成，其中大脑有 860 亿个神经细胞，有 100 万亿个神经网络连接点。通过非常复杂的协作关系，来完成感觉、学习、记忆、思考、提取、决策行动等认知功能。成年人的脑重量大约 1400 克。刚出生的婴儿是 390 克左右，长到 3 岁时为 1000 克左右，是成年人的 70%。7 岁时 1280 克，是成年人的 90% 多。三岁看大，七岁看老，真是这样。

人体的绝大部分细胞，只能存活几个星期或几个月，然后就新陈代谢了。但脑神经细胞，绝大部分会伴随人的一生。这就是为什么老年人的内心感受与童年时相差无几。

你是谁？你就是你的大脑。每一个人的大脑都是独一无二的，就像人脸一样。大脑的差异（人脑的结构及脑细胞的连接方式）是人们认知能力、记忆能力、思维能力、情绪状态差异的终极原因。现代脑科学（认知神经科学）的主流观点是：人的认知活动、情绪活动、思考方式乃至宗教体验等，归根到底都与大脑中某类生化分子的活动相关。比如多巴胺会给人带来极大的愉悦感。刺激大脑分泌多巴胺，就会使人感到很快活，飘飘欲仙。科学家在实验中发现，老鼠的情绪状态是由大脑中的一组神经元控制的。他们用技术来启动该组神经元，老鼠们就突然打起架来。关闭该组神经元，老鼠们立马变得非常平静。有的脑科学家尝试用磁场刺激大脑的中颞叶区，结果，80%的受试者产生了神秘的宗教体验。

**左脑和右脑**

罗杰·斯佩里是研究大脑里程碑式的人物。经过数十年的"裂脑实验"，他证实：大脑是由左右两个半脑组成的，并且左右脑有明确分工。为此他荣获了1981年诺贝尔奖。颁奖词说："斯佩里的发现，使我们对大脑的结构和功能有了全新的认识。"

"裂脑实验"是这样的：将连接大脑左、右两个半球之间的胼胝体切断。左脑接受的信息只能在左脑区域活动，右脑接受的信息只能在右脑区域活动。如此来观察左脑和右脑各自工作的特点。实验发现：左脑感受和控制身体的右半边，右脑感受和控制身体的左半边；左脑分析判断，右脑感觉直观；左脑逻辑，右脑体验；左脑自我，右脑无我；等等。左右脑各有自己的功能和专长。左脑强大的人，其人格特质与右脑强大的人非常不同。但是左脑和右脑不是两个单独的实体，就像阴阳太极图，左脑和右脑相反相成、相克相生，你中有我、我中有你。

左右脑处理的信息内容及处理信息的方式完全不同。右脑处理与眼耳鼻舌身意相关的空间信息。左脑处理与眼耳鼻舌身意相关的时间信息。右脑随时随地都会创造出一幅一幅的拼图画面，内容是某个特定时刻所看到的、听到的、闻到的、尝到的、感触到的模样。左脑把右脑创造出的那些人生场景画面，依照时间顺序进行排列和比较，标记上过去、现在、未来。

**左右脑功能图**

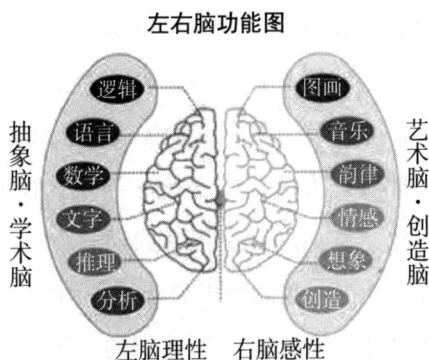

抽象脑·学术脑

逻辑
语言
数学
文字
推理
分析

图画
音乐
韵律
情感
想象
创造

艺术脑·创造脑

左脑理性　　右脑感性

左脑是逻辑思维。它用语言来思考，即用语言来定义、分类、描述和沟通所有事物。左脑能把当下认知的大画面或场景，分解成一些可谈论的数据或资料。比如，左脑看到彩虹，它会用语言中的红橙黄绿青蓝紫来描述。左脑看到一朵花，它会说这是花瓣、这是花蕊等等。左脑擅长局部、细节以及与细节有关的细节。

右脑是形象思维。它用图像来思考，它感知的是当下的整体场景和大的画面。比如看到天边的彩虹，头脑中呈现的是一片颜色。比如眼睛看到 S，右脑说，这是个曲线，而左脑说这是"S"。

左脑的功能是分别、分析、区分。因为左脑，我们知道身体的边界，左脑不断地用"我的"来定义自己。左脑是自我中心之所在。当一个人关闭左脑或者左脑病了，右脑起主导时，自己的身体边界就模糊了，就会呈现天人合一的境界。

左脑和右脑的功能虽有不同，但它们是相互协调配合的。我们的一举一动，左脑与右脑都在密切合作。比如我们唱歌时，左脑负责歌词和节奏，右脑负责韵律。再比如我们用左脑来组织词句、表达想法，用右脑来掌控面部表情和肢体语言，以求增强表达效果。我们用左脑来了解对方词句的意义，用右脑来观察理解对方的面部表情、声音、肢体动作与其表达想法是否一致。假如左脑受损，我们就没办法使用和理解语言。假如右脑受损，我们就没办法理解语言中的情感成分。左右脑合作，创造出我们自己所认知的世界。左右脑的功能差别见下表：

| | 左脑功能 | 右脑功能 |
| --- | --- | --- |
| 处理信息 | 语言，文字，数字，符号 | 图像，声音，动态，节奏 |
| 思维功能 | 对五种感官接受的信息，分析判断，归纳推演，计算和理解，擅长抽象思维、逻辑思维 | 直观、直觉，超觉能力，想象力，灵感。图像化的思考、记忆。顿悟，擅长形象思维 |

|  | 左脑功能 | 右脑功能 |
|---|---|---|
| 意识经验 | 此生脑：储存记忆个人此生的经验、知识。偏爱从书本和理论中学习。有极强的自我意识，"我是我（I am）"。很自我 | 本能脑，储存着人类进化中遗传的信息。偏爱从实践和经验中学习。经验到自己与外部环境密不可分。能经验到天人合一的境界。慈悲心、平等心 |
| 管控行为 | 左脑是分析中心。管控理性行为。意识活动的处所 | 右脑是情感中心。管控情绪行为。潜意识活动的处所 |
| 时空特点 | 注重时间序列。偏爱过去和未来 | 注重空间布局，感受和觉知当下 |

几千年来，教育的重点主要是训练和开发左脑，比如逻辑思维能力、语言表达能力、计算能力等，而对右脑的训练开发，如想象力、直觉能力、情绪掌控力、慈悲心、平等心等被大大地轻视了。结果是有知识、能说会道的人很多，但有直观力、整体洞察力、想象力的人不多。精于算计者很多，有爱心和平等心的人不多。从局部看问题和解决问题的人很多，从全局看问题和解决问题的人很少。统计发现，人类中，所有的右撇子和65%的左撇子，都是左脑占优势。左脑占优也意味着思想行为上的自我优先。因此，从佛陀到孔子，从马克思到毛泽东，一以贯之地强调要与私心杂念不懈斗争。

右脑潜藏着巨大的能力。凡是注重右脑开发的人，凡是左右脑平衡协调的人，其总体能力要比常人高出很多倍。人类历史上的超凡入圣者，都是左右脑高度平衡协调的人。爱因斯坦说："我思考问题时不是用语言进行思考，而是用活动的、跳跃的形象进行思考。"钱学森说："当我碰到疑难问题时，苦思不得其解，总是靠形象（直感）思维，甚至是灵感（顿悟）思维解决问题，走出困境。"

开发右脑方法有很多，比如①多用右脑，②多听音乐多看美景，③多用左手左脚做事，④多做禅修。禅修中按下左脑的暂停键，启动右脑。长期禅修极大地提高自我的觉知力。

### （2）你就是你的大脑

关于认知与大脑关系，今天已有无数的新知。举三个例子：

例1：2014年，诺贝尔生理学或医学奖授予三位科学家：美国的约翰·欧基夫和挪威的莫泽夫妇。获奖理由是：他们发现了人的大脑中天生就有GPS系统，即定位导航系统。该系统由"位置细胞"和"网格细胞"构成，网格细胞给我们一幅地图，而位置细胞告诉我们所在的位置。两者协作，指引我们顺利到达任何想去的地方。位置细胞不只是告诉我们当下所在的位置，它还向我们提供与特定地理位置相关的记忆信息。位置细胞存在于大脑的海马中，网格细胞存在于海马周边的大脑皮质中。位置感和导航能力是我们生存的基础。假如海马和周围部分皮层受损或切除，人就会丧失方向感，丧失关于位置的任何记忆。这样，我们就认不出亲人，也找不到回家的路。大脑的GPS系统是可以通过训练来改善的。伦敦的街道杂乱无章，出租汽车司机必须记住两万多条道路，以及数以千计的景点和建筑物。假如想在伦敦当出租汽车司机，一般要经过两年多的培训。即便如此，考试淘汰率也很高。一个脑科学研究团队跟踪研究了一组想当出租车司机的人，在他们接受培训前和培训后对其大脑进行了扫描，结果发现，最终通过考试录取的人，他们的海马比对照组人群变厚了，海马新增了更多的神经联结点。

例2：大脑与人格。是什么东西让你成为"你"、使我成为"我"？认可度较高的答案是"人格"。所谓人格，是一组超级稳定的心理行为特征。包括认知、信念、情感、想法、行动和表现。什么塑造人格？大脑。你就是你的大脑（《大脑帝国》）。大脑皮层是思想、语言、解决问题的能力所在。人的大脑分左脑和右脑，每个大脑半球都有四个脑叶：额叶、顶叶、枕叶和颞叶。额叶在制订计划、构想行动、达成目标、评估行动结果的系列活动中扮演 CEO 的角色。它还负责自我管理。总之，额叶是各种人格特征的组织者，它通过将记忆、智力和情感等复杂功能关联起来，履行 CEO 的角色。假如某人的额叶受损，他就会失去很多人格特征，并且也会丧失自制力。顶

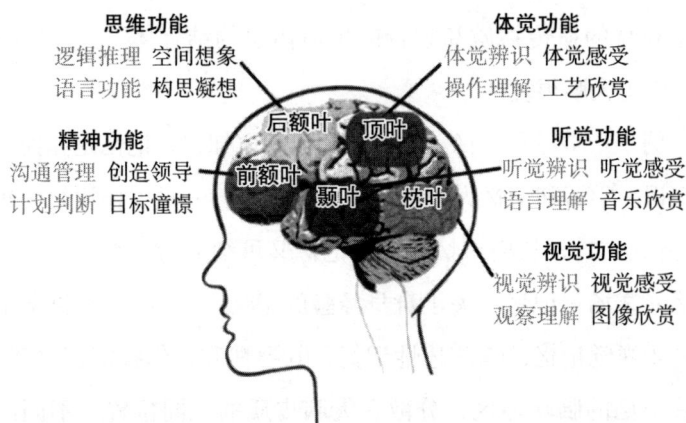

**思维功能**
逻辑推理　空间想象
语言功能　构思凝想

**精神功能**
沟通管理　创造领导
计划判断　目标憧憬

后额叶　顶叶
前额叶　颞叶　枕叶

**体觉功能**
体觉辨识　体觉感受
操作理解　工艺欣赏

**听觉功能**
听觉辨识　听觉感受
语言理解　音乐欣赏

**视觉功能**
视觉辨识　视觉感受
观察理解　图像欣赏

叶掌管自我意识，它记着你家住哪里、姓甚名谁、干什么的，帮助你识别自己的身体、情感、思想等。假如顶叶功能受损，你看自己的腿，很可能是长在别人身上的。枕叶主要负责处理语言、动作、感觉、抽象概念及视觉信息。假如枕叶受损，就会发生视觉障碍、运动知觉障碍等。颞叶是情感和记忆的中心。假如它受损，人会变得冷漠，行为反复无常，变脸比翻书还快。总而言之，四大脑叶区都参与了个人性格特征的形成。人格这东西具有超级稳定性，虽然它可以改变，但除非自己愿意。脑科学家有句名言："生理即心理。"很多心理现象其实都是生理反应。大脑中的神经递质对人的情绪有极大影响。别人对我们好的时候，身体就会释放出更多的多巴胺、血清素、催产素。这些神经递质使我们感觉良好。反之亦然。很多精神疾病被证明是生理疾病。很多大脑额叶痴呆症患者表现出反社会行为，而病因则是大脑中额叶和颞叶神经细胞减少得太厉害。人的大脑中有个"嫉妒点"，它位于左右半脑之间的大脑皮层上。当嫉妒心生起时，嫉妒点会闪闪发亮。人格是独特的遗传物质和独特的生命体验的结合体。人格很复杂，因为大脑很复杂。

例3：学习和记忆。学习是如何获取知识，记忆是如何存储知识。学习和记忆大体可分为两大类型：一是工作记忆（短时记忆），二是长期记忆。长期记忆又可细分为6类：①感知记忆，②场景记忆（关于自身经验的记忆），③语言和语义记忆，④视觉记忆，⑤陈述性记忆，⑥习惯和动作技能记忆等。掌管记忆的脑功能区，分散在大脑皮质的不同位置。不同的记忆类型对应不同的脑区。前额叶主要负责工作记忆、语义记忆等。前额叶受损，工作记忆和语义记忆功能丧失。内侧颞叶（海马及周围）主要负责情景记忆、陈述性记忆及各类记忆的巩固等。海马若受损，人就会失去对过去记忆的存储能力。他不再能回忆起自己过去的生活经历，也不再能学习新的情境知识。感觉皮质负责感知启动、概念启动、记忆存储等。小脑和基底神经节掌管身体动作记忆。杏仁核及边缘系统主要参与情绪学习和记忆。完整的学习和记忆需要多个大脑区域的协作。海马让人记住"是什么"，而小脑和基底神经节让人记住"怎么做"。额叶告诉海马，什么信息重要，应该记住，什么信息不重要，应该忘记等。不同人的记忆能力差别极大。有的人记忆力超强，能记住很多东西，并且永远也不会忘记。美国有个叫普赖斯的人，她能记住自己每一天的生活。你只要说出某年某月某日，她马上就能说出那天的天气如何、当天有什么新闻、自己做了些什么事等等。她说自己的记忆就像永不停播的电影一样。

### 大脑认知框架

人的思想从头脑中来。大脑能解读五种感官传送给它的信号，并将它们加工成情感、想法、观点及决策。当然，大脑呈现给我们的，并不总是这个世界的客观形象，而是经过改造的形象。因此，认知质量是由两者的契合度来衡量的。大脑加工感觉信息和形成认知的过程，如下图所示：

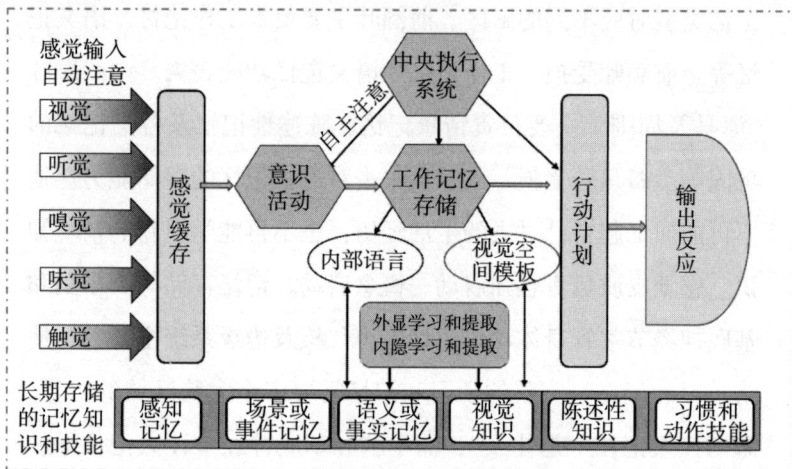

**人脑认知的功能框架图**

眼耳鼻舌身意等感觉器官，接触色声香味触法等各种东西，就会生成感觉信息。这些不同类型的感觉信号，通过各自的神经通路，进入了大脑的不同功能区域，即视觉、听觉、嗅觉、味觉、触觉等皮质，在那里缓存并简单编码。比如视觉信息在视觉皮质缓存和编码、嗅觉信息在嗅觉皮质缓存和编码等等。

紧接着，这些信息被传输到工作记忆和学习的相关脑区，如前额叶和内侧颞叶，它们是"工作记忆和存储"中心。在"中央执行系统"的统筹下，这些感觉信息被高水平地分析、加工和保存，并转化成情感、想法和观点。工作记忆也叫短时记忆，把一件事或一些信息在头脑中保留几秒或几十秒钟，比如拨电话时，要临时记住电话号码。工作记忆有两个特点：一是记忆的容量小。任何时候，短时记忆最多是 7 个，一般是 4 个左右，比如你看一眼购物清单，大概能记住四五个项目。二是记忆的持续时间很短，大约在几秒钟之内。

工作记忆分两类：语言复述和视觉空间模块。人们经常借助语言复述来记住信息，比如打电话时不断重复念叨电话号码数字。视觉空间模板是指通过形象化的方式来保持视觉信息和空间信息的能力，比如记住临时停车的位置。这些都是将短时记忆转化为长期记忆的常用办法。

中央执行系统（central executive）是意识、情感、思想和行动的控制中心，在制订计划、设定目标、发起行动、达成目标、评估结果、修正行为等方面扮演着 CEO 的角色。其功能区域在前额叶。这就是说，前额叶是整个大脑的 CEO。前额皮层就像是一个指挥和控制中心，它帮助人做计划，约束自己的行为，进行工作记忆。它通过将记忆、智力、情感等连接起来，履行职责。假如一个人的前额叶受损，他就会丧失自我控制能力，会变得冷漠无情。中央执行系统指导工作学习和记忆，同时还负责协调语音回路和视觉空间模板的活动。

学习和记忆提取：学习是获取知识，而记忆则是存储和回忆（提取）知识。学习和记忆大体分两种，即外显的与内隐的。所谓"内隐的"，是指头脑中存储的记忆（经验）对当前任务会自动产生影响，记忆的提取是自动的、无意识的。所谓"外显的"，是指我头脑中存储的记忆（经验）对当前任务产生影响是受意识管控的，记忆的提取是主动的、有意识的。也就是说，外显学习和记忆提取是有意识的认知行为，内隐学习和记忆提取是无意识的认知行为。两者用到的脑组织和功能区是不同的。

长期记忆，即长久地存储的记忆、知识和技能，如上图所示，它们可细分为六类：一是感知记忆（感知识别面孔和声音的能力）。二是对自身经历的记忆，三是语言和语义记忆，四是视觉记忆，五是对事实知识和信仰的记忆，六是习惯和动作技能。整个海马及附近区域（内侧颞叶）整合来自大脑皮质的感觉信息和来自边缘系统的情绪信息，它将这些信息组合成长期记忆碎片，这些记忆碎片在未来会随时被提取，结合新的信息，编辑成各种想法和观点。举个例子：看到桌子上有个茶杯，该视觉信息在刹那之间就被传输到视觉皮质，在视觉皮质短暂停留并被编码后，辨认出这是一个圆形白色物体。这个信息被传输给内侧颞叶，内侧颞叶被激活，它提取相关记忆碎片，在不到一秒钟，认出它是一个茶杯。然后将它存储到长期记忆中。假如海马损伤，短时记忆就不再能转化成长期记忆。

最后是反应输出，包括目标、行动计划和运动输出。它涉及的脑区包括：前额叶、运动皮质、基底神经节、小脑和运动通路。当然，上面这些描述太过简单化，而实际过程复杂到难以描述。

下面我们用两个案例来理解和验证这个大脑认知框架的含义：

案例1：韦尔林是英国年轻的音乐家。1985年的一天，他突然高烧，头痛得厉害。病毒感染损伤了他大脑中的海马和部分额叶脑区。此后的数十年，他生活在严重的失忆状态中。他失去了对过往经历的记忆，也失去学习新东西的能力。他患病后，仍能演奏受伤前的作品。他能与别人正常聊天，说明他的瞬时记忆也是完好的。但由于受损，他失去了将瞬时记忆转化为长时记忆的能力，他患上了严重的健忘症，虽然对周围世界有完全的意识，并且能读能写能交谈，但他对于自己说过的话和做过的事，一会儿就忘得一干二净了。比如亲人来看他，他和亲人们聊天。但过一小会儿，他就全忘了。

海马和内侧颞叶对于我们存储、使用和提取记忆是至关重要的大脑组织。并且它还负责将工作记忆转变为长时记忆。海马受损，主要体现在"感觉缓存"和"学习和提取"这两个功能模块上。韦尔林的海马受损后，他丧失了将短时记忆转变为长期记忆的能力，丧失了从记忆中提取意识经验和知识的能力。但是，韦尔林的感知记忆、视觉记忆、语义记忆、陈述性记忆基本完好。这说明：人的记忆是由不同类型的记忆组成的，不同类型的记忆存储在大脑的不同区域。

案例2：H.M（亨利·莫里森）是脑科学研究史上很著名的人物。他小时候因自行车碰撞事故造成脑损伤。此后数年，他受到严重癫痫的折磨。30岁那年，医生给他做了脑切除手术，切除了海马及周围部分颞叶组织。手术后，癫痫病是治好了，但他永远失去了形成新记忆的能力。比如他刚才还在与某人聊天，离开一两个小时后再遇见此人，他就完全不记得了。做手术那年是30岁，此后50多年，他一直认为自己是30岁。他不再能保存新的记忆，完全丧失了长期记忆能力。不过，H.M的工作记忆能力基本完好。他能与人交谈、能推理和解决问题。他被困在了当下，他只能活在当下。

上面的案例说明：大脑的每个脑区都有特定功能，如果脑部的某一功能区出了问题，就会表现出相应的心理问题和精神病态。比如，当老鼠的杏仁核受损，它就会变得胆大妄为，不再鼠头鼠脑。再如当联结大脑两半球的胼胝体受损，那左右脑的协作效率就会大大地降低。

### （3）禅修与大脑

经常禅修静坐，能极大地改善大脑的功能和结构，能预防大脑随年龄而来的衰退。这不是哪个人说的，这是很多脑科学研究团队的共同发现。大量实验说明，禅修静坐是改善大脑功能结构非常好的工具。

经常禅修打坐，能增强人的专注力和感知力。戴维森是美国健康大脑观察中心的主席。他研究静坐对人的注意力及感官灵敏度的影响作用。他教 7 个人打坐，每天练习几个小时。3 个月后，让受试者注意电脑荧幕上显示的数字，这些数字夹在英文字母之间。结果表明：与对照组相比，打坐组的人能注意到别人看不到的第二个数字。这意味着，经过打坐训练，人的专注力和感官灵敏度提高了。美国威斯康星大学的"脑部造影与行为科学实验室"做过一个研究项目，研究常年禅修者的大脑与普通人的大脑，在结构功能上有无明显差别。结果发现：长期打坐的人，其大脑皮质显著增厚，而大脑皮质正是大脑中负责注意力和感知力的功能区域。

经常禅修打坐，可以增强人的情绪掌控力。美国俄勒冈大学研究团队做过这样一个试验：找六人分为 A 和 B 两组，A 组打坐，B 组不打坐。一周后发现，打坐组的人，其情绪控制力都有明显改善，比如焦虑、愤怒、沮丧、厌倦等的程度都降低了。

打坐能帮助人快速恢复精力。美国伊利诺伊大学的脑科学家发现：只要静坐 5 至 10 分钟，人的大脑耗氧量就会降低17%，这个数值相当于深睡 7 个小时后的变化。研究发现，受试者血液中的乳酸浓度（俗称"疲劳素"），有不同程度下降。

经常禅修静坐，能预防大脑功能衰退和老年痴呆。美国哈佛大学的研究团队，曾对 20 个年长的喇嘛做过测量研究。这些喇嘛都有很深的禅定功夫。测量发现，这些喇嘛的大脑皮质比平常人厚很多。一般的情况是，人变老时，大脑皮质逐渐变薄，大脑随之退化。测试大喇嘛发现，他们的大脑皮质依然维持年轻时的水平。这一测量结果出来后，轰动一时。

经常禅修打坐，能增进快乐。丹麦的一个科学机构，在多年的观察实验中发现：禅修者在打坐时，大脑中会释放更多的多巴胺和血清素等。这就是打坐时为什么会产生愉快和满足的感觉。测量数据表明，禅修者大脑中与快乐与自制力相关的神经元活动指数，是平常人的 7 倍多。这意味着，长期打坐能增强脑部控制行为和情绪的能力，人会变得更快乐更自律。

禅修能帮助人们平静地面对和处理死亡问题。杏仁核是人脑中体验和掌控恐惧的中心。禅修功力深厚的人，杏仁核的运行很平缓，面对恐怖，它会被激发，但很快就趋于平淡。

禅修与脑波变化：2004 年，哈佛大学的一个团队发表了禅修与脑波变化的研究报告。报告说：通过对禅修者多年的跟踪研究发现，长期禅修打坐能改变人的脑波，从而改善人的认知、体验和行为能力。报告说：当一个人开始禅修打坐，他的

| 脑波 | 脑波频率 | 对应的心理或精神状态 | 缘起的条件 |
|------|----------|---------------------|-----------|
| β（贝塔） | 30—13Hz | 紧张、忙碌、焦躁、不安 | 日常工作时 |
| α（阿尔法） | 13—8Hz | 平静，注意力集中，无忧无虑 | 静坐时 |
| θ（西塔） | 8—3Hz | 入睡前状态 | 入睡 |
| δ（德尔塔） | 3—0.5Hz | 熟睡状态 | |
| ε（Epsilon） | 小于0.5Hz | 制心一处 | 高深的禅定 |
| λ（lambda） | 30—80Hz | 神秘体验 | 最高的禅定 |

脑波逐渐会从 β 波为主转变成 α 波为主。这意味着，禅修能使人从焦躁不安的情绪状态转变为比较平静的状态。当打坐进入较深沉状态时，脑波大部分是 θ 波。进入寂静状态时，δ 脑波出现。当禅修者到达开悟（enlighten）状态时，会出现 ε 脑波和 λ 脑波。

美国脑科学家通过对高僧脑波的跟踪研究发现，当高僧们打坐进入很深的禅定时，同时出现两种特别的脑波：λ 脑波和 ε 脑波。在 ε 脑波状态下，修习者变得少欲知足。当 λ 脑波出现时，修习者拥有神秘体验。此外，研究者还发现，即使这些高僧没有打坐时，他们的脑波也会出现 λ 波。这表示，禅修能产生短期和长期的效果。

最后，禅修打坐，能更多地启动和开发右脑。而右脑的开发，能产生天人合一的高峰体验（宾州大学对8位藏传佛教禅修者的观察实验记录）。

## 2. 静观人心的心学系统

探究人心有两大学问系统：一是佛家的心学系统，二是西方心学系统。20世纪80年代，这两大系统开始对话，有很多创新成果。下面先说西方心学，接着讲佛家心学，最后简述两者的结合创新。

（1）西方心学系统

西方心学的基本问题，是人心与其行为表达之间的关系问题。正如费希纳说的："我们可以在心的感受和物的刺激之关系的定量研究中，发现心与行为之间的关联法则。"对这一基本问题的不同回答，演化出众多心理学派。其中四大学派最有影响力。它们是行为主义、精神分析、人本心理学和认知心理学。西方心学现在已演变成多学科交叉的综合学问，包括心理学、脑科学、医学、哲学、语言学、人类学、计算机科学等等，但基本问题并无改变。

**行为主义**

行为主义认为，心理学不该去研究什么人心问题，而应该研究人的行为。行为看得见、摸得着，具有客观性，能用科学实验方法来研究和证实。华生是行为主义的祖师爷。他说：心理学的根本，就是观察行为、解释行为、预测行为和控制行为。人的行为与动物的行为很类似，用小白鼠、猴子等来做实验，就可以发现人的行为规律，并用于人的行为管控。他设计了不同的刺激，观察老鼠的行为反应。他说："任何复杂行为，都是由条件反射引起的。"不同的刺激（激励）定会有不同的反应。激励（Stimulate）与反应（Response）是相应相称的，他把这个叫作S—R规律。正向刺激（激励）形成良好的情绪模式，负向刺激（激励）形成不良的情绪模式。改变激励或接触条件，就能改变人的情绪模式。概而言之，通过条件反射作用，就逐渐固化成了特定的行为模式。

华生说：给我一打健全的婴儿，不管其天赋如何，我保证能把他们训练成任何一种专家——教师、医生、律师……实际情况如何？华生有两个儿子，成年后，一个患了精神分裂症，另一个喝酒上瘾自杀了。

华生之后，托尔曼、斯金纳等人，对行为主义的核心思想，即刺激－反应模型做了很多理论创新。托尔曼在该模型中增加了行为目的和对激励认知因素。斯金纳提出了社会学习理论和行为矫正技术等。行为主义被称为是一场"革命"。被广泛地运用在组织管理中。它为预测和管理人的行为、为胡萝卜＋大棒的管理法则，作了理论包装。

**精神分析**

弗洛伊德是精神分析学派的祖师。他是职业心理医生。他从治疗经验中发现，潜意识才是人心的根本，它可以解释精神活动的大部分问题。就像哥伦布发现了"新大陆"，弗洛伊德发现了"潜意识"。弗洛伊德将人心分为三个层面：潜意识→下意识→意识。潜意识是精神分析学派的精髓。潜意识包括性欲、生存和死亡意识，它是人心力量的源泉。潜意识有 3 大特点：一是深藏不露，难以察觉；二是非理性、超越逻辑；三是满足欲望。潜意识对人的情感、思想、决策和行为，有着多方面和复杂的影响。所谓人心难测，根源于此。

人心（三类意识）与人格是对应的，"本我"即潜意识的我。它所追求的是满足欲望，离苦得乐。"自我"是指有理性的我。它受本能欲望的驱动，同时又兼顾外部现实约束。奉行"现实可行"原则。"超我"即讲道德的自我，它要求人按道德原则去满足"本我"的欲望。三个"自我"的矛盾冲突，制造出痛苦和焦虑，严重者就会得精神病。因此，健康的人格必定是三个自我协同圆融的结果。

做梦是潜意识活动的一种方式。人有很多欲望没办法实现，或者被压抑。因此就通过做梦方式来婉转地表达。通过对梦的分析可以洞察人的内心世界，由此可以设计治疗精神病症（恐惧症、躁狂症、妄想症等）的方案。因此，分析梦境是探索人之心灵的最好工具。

**人本主义心理学**

人本主义心理学反对将人的心理与动物心理类同化，反对把"潜意识"当作人的心理驱动力。它聚焦于人的需要、潜能、价值、创造力和自我实现，认为人是自我的建构者，需要才是人心的根本力量，自我实现是人的终极需要。开发人的潜能，提升人的价值和尊严，是心理学的目标。

需求理论：人的需要有 5 个层面：从低到高排列如下：

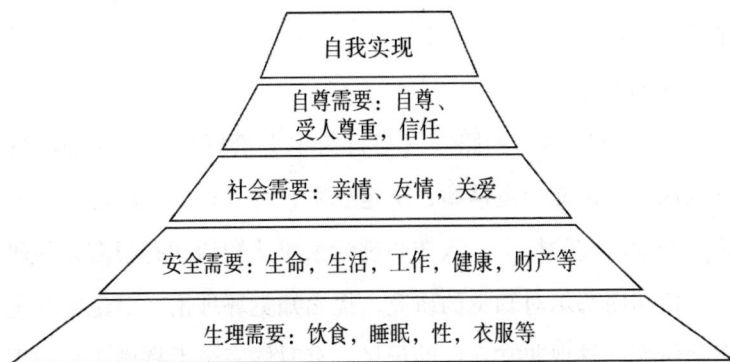

自我实现

自尊需要：自尊、受人尊重，信任

社会需要：亲情、友情，关爱

安全需要：生命，生活，工作，健康，财产等

生理需要：饮食，睡眠，性，衣服等

需求的 5 个层级有先后次第。低层次的需要基本满足后，较高层级的需要就会凸显出来，变得重要。比如生理需要和安全需要基本满足后，自尊需要变得重要。所谓需要满足，有个程度问题，并受到文化、环境、个人经验等的影响。历史上有很多英雄，为了实现崇高的目标或使命，生活简陋，将生死置之度外。

自我实现论：自我实现是人的终极需要。马斯洛在研究了历史上众多伟人的人格特质后，提炼出自我实现者共有的十几种人格特征：（1）有智慧，能准确地洞观现实、洞察人心；（2）目标明确而远大，解决问题不以自己的利害为考量；（3）无论顺境逆境，都能悦纳自己和他人；（4）对人慈悲，待人平等；（5）身处某种文化和环境中，却能保持独立性；（6）喜欢独处，也享受与人相处；（7）心思单纯，生活简单，真诚、自然、无伪；（8）给予而不求回报；（9）知己不多；（10）人生有使命感和道德责任感；（11）富有创造力和想象力；（12）有过天人合一的神秘体验；人群中大约有不到 1% 的人才有可能达到这样的人生境界。人本主义心理学，给管理学带来了一场革命。

### 认知心理学

认知心理学走的路线，与行为主义恰好相反。认知心理学家认为，认知引发情绪，决定思考，统率行为。因此认知才是心理学研究的根本。认知心理学家对认知活动有很多创新研究。比如内塞尔对知觉的研究，提出知觉环理论。对记忆的生态学研究，发现非常自信的记忆，有时候完全不靠谱（水门事件和挑战者号的案例）。

认知心理学用信息加工的观点、方法和术语来研究和诠释认知。把认知看成是信息加工过程，而头脑是加工厂。大脑工厂由5大车间组成：感受器、过滤器、加工器、记忆、应用器。感受器感知对象并将其转换成信息，过滤器（作意）筛选和登记信息。加工器利用原有的知识框架对这些信息进行比较、分析、综合，并将它加工成知识。记忆系统贮存知识。应用器提取和使用知识来解决问题，确定目标、采取行动等。注意，头脑中原有的知识结构，对当下的信息加工有重要作用。

西蒙把认知分为三个层面：一是复杂行为层面，如解决问题、形成概念、思想语言化等；二是简单的信息加工层面，如感觉、知觉、表象、记忆等；三是神经系统、物理符号系统层面。西蒙认为，在这些层面，人脑与电脑的工作原理是一样的，它们可以相互印证。比如在解决问题层面，人脑和计算机的工作机制完全一样：设定目标，发现当前状况与目标状况之间的差异，寻找能缩小差距的算子（operator）。所谓算子，就是促使问题由一种状态转换成另一种状态的操作。不同的操作，可以产生许多可能的状态和路径。依照这个思路，西蒙设计了"逻辑理论家"的机器人，从此开启了研究认知的新领域。如今，人工智能已发展成为潜力无限的新产业。

（2）佛家心学系统

人心是佛家的根本，佛法即心法。《楞严经》上有个"七处征心"的故事很有名。故事讨论心在哪里、心是什么。佛祖问阿难：心在哪里？阿难说：心在身内。佛祖说不对。阿难说：心在身外。佛祖说不对。阿难说：心潜藏在眼耳鼻舌身意六根里，佛祖说不对。阿难说：心在根与境之间。佛祖说：通通不对。下面简单概述佛家心学四大要义，即心是什么、心在哪里、心的结构功能、心的运作模式。

A. 心是什么？

心是什么？心就是"识"。心是缘起的。佛陀说"二因缘生识"，即六根与六境的因缘生六识。心是缘生法。所谓缘生法，就是说心不能自生、不是他生、不是无因生，是根、境、识三者在具体场景条件下相互作用而生。心不是实体性存在，这千万要注意。人心包括很多层面，如认识、认知、思想、观念、心理、情感、灵性、精神等等。

B. 心在哪里？

心在六入处。六入处即眼入处，耳、鼻、舌、身、意入处。它们是人心活动的六个门户。眼色因缘生眼识，眼、色、眼识三者触通，生起感受、思想、行动。耳声因缘，意法因缘生意识，意根、法境、意识三者触通，生起感受、思想、行动。简言之，人心在哪里？心在根、境、识相互作用的因缘里。

C. 人心的微观结构与功能

人心由五个部分组成：第一,六种感知器官和六种感知对象；第二，认知框架；第三，情感活动；第四，思考思想活动；第五，决策行动。后来的大乘唯识宗，把人心分为心王与心所两大类。心王有八个，各有各的角色功能。心所有五十一个。心所是心王的随从和助手。这是另外一套心学理论，此处不论。

人心有四大功能：第一，能知、能觉、能记忆；第二，能产生情感、情绪、情操；第三，能思考、能思想、能思量；第四，统率决策和行动。

### D. 人心运作模式

人心运作模式，抽象如下：六根与六境的因缘生六识。六根、六境、六识三者触通，生起情感活动、思想活动、决策行动。如图所示：作意（感知信息）→触（连接记忆、比对分析、形成概念判断）→受（情感浮现）→想（思量思考）→行（决策行动）

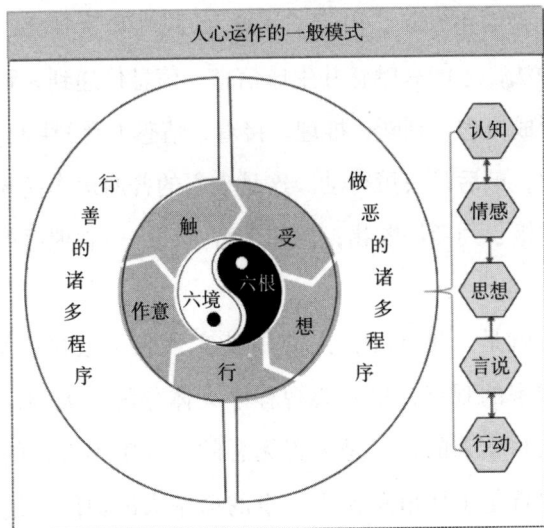

人心运作的一般模式

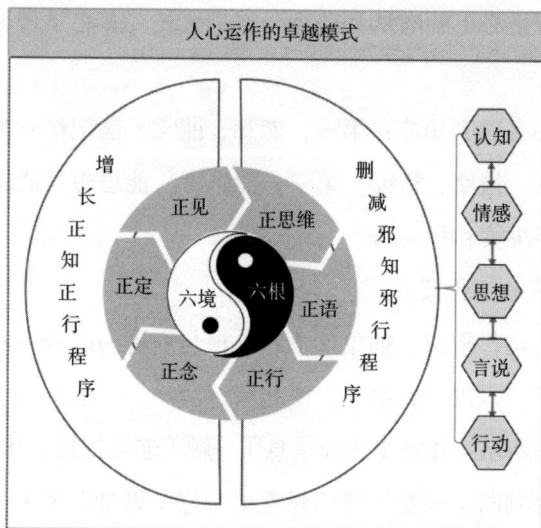

人心运作的卓越模式

增长正知正行程序 / 删减邪知邪行程序

正见　正思维　正定　六境　六根　正语　正念　正行

认知 → 情感 → 思想 → 言说 → 行动

　　认知始于"作意"、注意、关注，否则就会视而不见、听而不闻、食而不知味。由于"作意"，眼耳鼻舌身意，接触色声香味触法，才能有触感并生成信息。信息传递到大脑工厂被加工，形成概念、判断、推理。接着，情感（受）生起，接着，思想生起，最后是决策行动。这是人心的普遍运作模式。比如到饭馆吃饭、到商场购物，比如贪官贪钱……心理运行程序都这样。

　　人心就是一堆APP，人心中其实预装了很多心智程序。按照唯识宗的观点，这些心智程序大体分为三大类，一是良善的，二是不善的，三是无善无恶的。其中不善良的程序占多数。这就是干坏事总比干好事的概率大的原因，这就是人生中烦恼总比喜乐多的原因，这也就是人必须修心的根据。列举如下：

| 心理程序类型 | 内容列举 |
|---|---|
| 良善的 | ①正信。②精进。③惭。④愧。⑤无贪。⑥无嗔。⑦无痴。⑧轻安。⑨不放逸。⑩行舍。⑪不害。 |
| 不善的 | ①愚痴。②贪欲。③嗔根。④傲慢。⑤疑惑。⑥不正见。这六类最厉害，其次还有：①忿。②恨。③恼。④覆。⑤诳。⑥谄。⑦憍。⑧害。⑨嫉。⑩悭。⑪无惭。⑫无愧。⑬不信。⑭懈怠。⑮放逸。⑯昏沉。⑰掉举。⑱失念。⑲不正知。⑳散乱等。 |

大而化之地说，人心里的这一堆应用程序，定义了一个人的人品、人格和人生。一个人的品行如何，主要看他经常启动哪些心理程序。如果总是启动不善程序的，他就是刁民，就是麻烦制造者、痛苦制造者。如果总是启动良善程序的，他就是良民，就是慈悲喜舍的人、自利利他的人。

总的说来，佛家心学和西方心学有三方面的不同：一是重点不同：佛家心学的重心是开发智慧，改造人心，提升精神境界，消除痛苦烦恼，提高自我管理能力等。西方心学的重点在解释人心，治疗心理精神疾病。二是路线和方法不同：佛家心学走的是内观路线，即以心观心、亲修亲证（比尔·盖茨把禅修叫作"观心实验室"是非常精准的）。西方心学走的是外观路线，即将他者（人、小白鼠、猴子）作为观察和试验对象，通过实验类比，发现规律。三是理论依据不同：佛家心学的理论基础是因缘法、缘生法。西方心学的主流理论是还原论（化约论），即将所有的心理活动——快乐、恐惧、记忆力等等，化简或还原为更微观一级的东西。

### （3）改造人心与心理治疗

**改造人心的系统工程**

如前所说，人心就像 APP，安装了很多应用程序，有好有坏，有善有不善。因此人心都有两面性，为善或作恶，只在一念间。禅修干什么？删除或修改负面的心智程序，固化和升级良善的心智程序。

修心怎么修？首先要学会静坐。入静后转入禅观。禅观就是如实观察自己的起心动念是如何运作的。反复练习，直到熟练掌握心智的运作模式。接着，基于因缘法的正见，按照八正道的流程，在六入处自觉删除停止负面的心智程序，修改优化升级正向的心智程序。详细做法，参看第 3 章第 4 节。

**正念禅修：（ Mindfulness Meditation ）**

20 世纪，佛教开始在西方传播。西方心理学家接触到佛教后，吃惊地发现，在西方心学之外，还有一套非常高明的心学系统。此后，两大心学系统就开始对话交流、合作研究并开花结果。我们举两个例子。

20 世纪 20 年代，有位西方探险家去西藏，见证到藏传佛教的修行者进行拙火瑜伽功夫比赛的场景：严寒的冬天，禅修者赤身盘腿坐在地上。这时有人把冰水里浸泡的床单拿出来披在他们身上。不一会儿，床单就被烘干了。然后再浸湿，再披在身上。在规定的时间内，看谁烘干的最多。此外，还有其他测验功力的方法。比如禅修者坐在雪地里，在规定的时间里，看谁融化雪的范围大（《西藏的魔力与神秘》）。为了搞清楚禅修与心力潜能的关系，20 世纪 80 年代，美国的一些心理学家、医学家，与藏传佛教的修行者合作研究。研究结论是：禅修能极大地开发出人类未知的身心潜能。

乔·卡巴金是美国麻省大学医学院的教授。他把佛教禅修、瑜伽术与西方心理学、医学融合在一起，创立了正念禅修和正念减压疗法。卡巴金说："智慧的心能够治疗身体的病痛。"

由于效果不凡，正念禅修被广泛地用于心理治疗（强迫症、焦虑症、抑郁症等），被广泛运用于医护界（减轻由化学治疗所引起的呕吐，减少病人焦虑、恐惧、仇恨的心理等），也被企业用于员工解压培训，被军队用于参战士兵心理疾病的疗愈等。

Wherever you go，there you are。这是正念禅修的定义。这个定义就是佛法说的"制心一处"：吃饭时心在吃饭上，读书时心在书本里，开会时，心在会场里。活在当下，专注当下，如实觉知，不带好恶，不加评判，保持好奇。

正念禅修主要有三项技巧：一是静坐，静观自己的身心。此时你会发现，专注于一件事情的难度有多大。二是放松训练，一点一点地放松身体，悦纳自己。它帮助人们应对压力、疼痛、焦虑和病痛。三是正念瑜伽。对经验到的人事物，要如实观察，即不带主观成见，不加主观评判，不贴标签。比如心无杂念地吃葡萄干，你会发现：从拿、看、闻、嗅、放、嚼、咽到回味等等，经验到从未有过的体验。

正念禅修有不凡的效果：它能帮助人们减少负面情绪，悦纳自己，包容他人，提高情商。它能帮助人增强抗压能力、减少焦虑，改善睡眠、增强免疫力。它能使人头脑更清晰、思考更有条理、记忆力更好、创造力更强。

## 3. 参悟人生，看破生死

生死问题是人生的大学问。如莎士比亚所说：To be, or not to be, that is the question。生死不是两个问题，而是同一个问题的两面，生死相反相成、相克相生，生中有死，死中有生，这才是人生真相，就像阴阳太极图。一生一死之谓道。生得圆满、死得圆满，人生才算是圆满。下面谈三个问题：第一，生命科学如何看人生；第二，文化如何看人生；第三，禅修与了生脱死。

### （1）科学看人生

人生是什么？生命科学如是说：一个精子在卵子表面不停地游逛，找到入口处就钻进去。一有精子进来，卵子马上把入口封死。一般不会让第二个精子再进来。然后精子细胞核和卵子细胞核结合，形成双倍体。受精卵开始发育和分裂，由 2 个细胞分裂为 4 个细胞，4 个分裂为 8 个，接着分裂为 64、128 个细胞。然后着床并继续发育。4 周后胎儿开始有心跳。接着神经管形成、脊椎形成，四肢开始发育。到四五个月，胎儿开始在母亲肚子里踢腾。出生之前，胎儿的大脑发育非常快，各种神经突触迅速形成。十月怀胎，一朝分娩。婴儿出生之后，就开始了

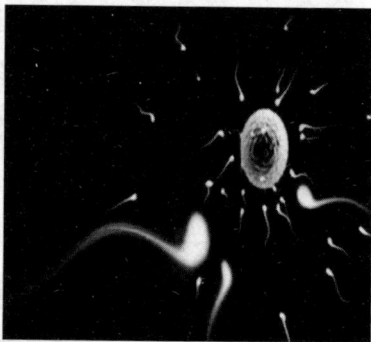

自己的人生历程。有一首打油诗说：0 岁闪亮登场，10 岁茁壮成长。20 为情彷徨，30 拼命打闯。40 基本定向，50 老当益壮。60 告老还乡，70 搓搓麻将。80 晒晒太阳，90 躺在床上，百年挂在墙上。

人是什么？它本质上就是由一堆原子构成的生物。组成人体的原子有多少？大约有 $6 \times 10^{27}$。原子通过共价键形成分子，分子聚在一起形成分子聚集体，然后形成小的细胞器、细胞、组织、器官、系统。组成人体的元素有 60 多种，其中最主要的是 11 种，如钙、磷、钾、镁、碳、氢、氧、氮等。人体有八大系统，如神经、呼吸、内分泌及生殖系统等。对于人的身体，科学现在搞得比较清楚了，但对人的意识，我们所知甚少。宏观和微观层次解释不了意识。要想解释意识，应该到超微观的量子力学层面去考察了。（参阅施一公的《生命科学认知的极限》）

### （2）文化看人生

文化看人生是另外一种视野。它与科学看到的完全不一样。文化看人生，人生有三大考问：谁在操控命运？人生的重点是苦乐还是成败？人生目标是什么？文化看死亡，也有三大考问，即死亡是什么？人死后怎样了？因果报应是怎样运作的？

#### 考问 1：谁在操控命运

人的命运，是前定的还是自己决定的？一种观点认为是"前定的"，比如，是上帝（上天）决定的，是业力（生前的行为）决定的等等。与此相对的观点认为，自己是自己命运的主人，我的命运我做主，不同的选择就有不同的命运。这些都是极端观点，不是真知。

孔子说他"五十知天命"。意思是活到五十岁的时候，才搞明白命运是怎么回事。所谓"知天命"，就是知道人生什么东西能选择，什么东西不能选择。不能选择的，要顺应和利用。能选择的，要在符合道德规范的前提下认真做好。比如："无求生以害仁，有杀身以成仁。"比如："生，亦我所欲也；义，亦我所欲也。二者不可得兼，舍生而取义者也。"道德是选择行为的底线。

佛家讲，人的命运是因缘法、缘生法，即人的命运是在诸多因素相互作用、相互影响中生成和变化的。命运没有最终主宰者。不同的选择就可能改变因缘，改变因缘就可能改变命运的走向。

**考问2：人生的重点是苦乐还是成败?**

人生百态，不出苦乐和成败。有人看重苦乐，有人看重成败。同一个人，有时看重苦乐，有时看重成败。什么是"苦乐"？内心的感受和体验。不愉悦的叫"苦"，愉悦的叫"乐"。什么是"成败"，成败即输赢。赢了别人叫成功，输给别人叫失败。苦乐人生观将人生重点聚焦在离苦得乐上，而离苦得乐的根本是战胜人性的弱点。成败的人生观将人生重点放在赢得比赛上。赢家的一般定义是必须战胜别人。说苦乐，上至帝王，下至百姓，人人皆然。论输赢，失败者遍地都是，成功者屈指可数。近代以来，成功学大行其道，厚黑学十分猖獗。成功学误导了苍生，不能输、只能赢，职场变战场。厚黑学教人脸皮厚、心肠黑，只要能赢，就可以不择手段。人生一场，回头一看，遍地狼藉。有一些开悟的，突然明白"是非成败转头空，古今多少事，都付笑谈中"。

考问3：人生目标是什么

人生目标很重要，它是人生之"锚"。乔布斯当年决定退学，就是因为他发现，大学不能帮助他明确人生目标。

儒家的人生目标是学做人、学相处。最重要的是三件事：一是知礼，即懂规矩；二是知命，即知道能做什么和不能做什么；三是知人，知人善用。孔子说："不知礼，无以立。不知命，无以为君子；不知言，无以知人。"儒家的终极追求是内圣外王，从格物→致知→诚意→正心，再到修身→齐家→治国→平天下。儒家看重人生快乐。《论语》开篇就讲学习之乐、交友之乐。《孟子》第一篇讨论的也是人生快乐的问题，强调快乐必须讲道德。儒家比较看淡物质享受。孔子说"饭疏食饮水，曲肱而枕之，乐亦在其中矣；不义而富且贵，于我如浮云"。

佛家的人生目标，就是成为觉悟者。觉悟才可能离苦得乐。办法是"勤修慧戒定，熄灭贪嗔痴"。人生之乐是分层分类的。感官接触到的快乐，都会因无常而变苦。真正的乐是"定生喜乐"，是心解脱。心解脱叫"至乐"，不再受贪嗔痴的束缚。

平常百姓的人生目标，即快乐和幸福。但什么是快乐、什么是幸福，你问10个人，会有10种答案。心理学家们认为，快乐与幸福是不一样的。幸福是有意义的快乐。人的快感来自神经化学递质的影响作用，包括多巴胺、催产素、内啡肽、血清素等，它们能让人有愉悦的感觉。但意义感是我们大脑前额叶的灵性、悟性、感性，它对这些快乐感要进行评价。一个减肥者吃着美味佳肴很快乐，但突然想到自己太胖了，他就不幸福了。

其实，快乐与幸福有同有不同。不同有三点：第一，快乐是短暂的，来得快，去得也快。幸福则是一种比较稳定的状态。第二，快乐是五官感觉直接依赖于外物，幸福则是感觉和思想不受外物的束缚。第三，快乐是感官的满足，而幸福是解脱自在。幸福是从贪嗔痴的束缚中解脱出来的一种自由状态。

**有关死亡的两大考问**

死亡是人生最大的迷，也是人生最大的困惑。很多人平常回避讨论，但总有一天必须面对三大考问。

**考问1：死亡是什么？**

儒家的生死观：人的生命分两种，个人的和宗族的。个人生命有限，宗族生命无限。个人生命可以通过传宗接代一直延续。因此，"不孝有三，无后为大"。家族的宗庙或祠堂，是记载生命更新延续的地方。我从哪里来，我到哪里去，一看便知。

道家的生死观：生死齐一，生死的分量一样，要等量齐观，不可偏废。认真得生，潇洒得死。具体说就是贵生乐死。贵生即养生。养生有两个层面，养身和养神。乐死就是不怕死，乐于面对死亡。乐死可不是想死就死。不享尽天年而中途寻死，愚蠢。生老病死，有如春夏秋冬。生死流转，就像白天黑夜交替。

佛家的生死观：人生由 5 个东西组成，身体、情感、思想、决策行动和认知。它们都是因缘生、因缘灭的，是缘生法。而缘生法非我、非我的所有，即没有一个独立存在的"我"，没有一个能做主宰的"我"。生死都在因缘中。佛陀说：真懂因缘法，人就不会问：我有没有过去世，过去世的"我"如何？也不会问：我有没有未来世，未来世的"我"将怎样？这很微妙，只有体验才能明白。

**考问 2：因果法则是怎样运作的？**

所谓因缘果报，是指任何善恶行为，最终要回报给行为者。善有善报，恶有恶报，不是不报，因缘未到。这是普世法则。但常有人觉得现实好像不是这样，比如作恶多端者没有受到应有惩罚，行善积德者没有得到相应回报。事实是这样吗？行为是分层分类的，有生理层面、情感层面、思想层面、行动层面和认知层面。因缘果报的机制在生命的 5 个层面运作，各有报应，屡试不爽。

**（3）修行悟道与了生脱死**

佛陀、孔子、庄子、苏格拉底等圣者，都是修道者和悟道者。他们的人生境界至高无上。他们死时的光景，为后辈了生脱死确立了典范。

孔子"知天命，尽人事"。孔子是 73 岁离世的。离世前一个月，他每天都起大早。负手曳杖（背着手拉着拐杖），逍遥于门。歌曰：泰山其颓乎？梁木其坏乎？哲人其萎乎？然后回到家里，端容而坐。子贡是孔子的高足，听说老师最近经常吟唱这个，立马觉知，老师可能很快就要离世了，于是他匆忙赶来看望老师。见到子贡，孔子说：子贡啊，你怎么才来啊？昨晚我做了个梦，梦见自己坐在两根大柱中间接受祭拜。我很快就要死了。笃信我治理家国办法的明君，还没有出现啊。卧床七天后，孔子离世（《礼记》）。圣人知命。活得逍遥，走时安详。

庄子"善生善死"，谈论生死很多。其核心观点是，生的分量与死的分量是一样的，要等量齐观，人要善生善死。什么是"善生善死"？从庄子对待老婆死和自己死的态度，可以看得明白。庄子的老婆死了，他鼓盆而歌，唱道："父母无心兮，生了我与你。我非命定是你的夫，你非命定是我的妻。你我偶然相遇，一室同居。大限既然来临，有合有离。人生之无良兮，生死情移。真情既见兮，不死何为！……嘻嘻，敲碎瓦盆不再鼓，你是何人我是谁！"（《警世通言》）《庄子》中说，庄子将死，弟子准备厚葬老师。庄子说：别瞎忙活了。天地是我的棺椁，日月是我的陪伴，天上的星星是我的珠宝，万物都是我的陪葬。这还不够吗？

苏格拉底说："我选择死去，你们继续活着，谁更幸福？神知道。"70岁那年，有人指控苏格拉底有罪，罪名是"亵渎神明""腐化青年"。苏格拉底因此被捕入狱。经过审判，被判为死罪。一个月后执行。这期间，苏格拉底的学生克里托，为他逃离监狱打通了所有关节。苏格拉底知道自己无罪，但他拒绝越狱。他对克里托说，别人作恶，绝对不应该成为自己作恶的理由。临刑的日子到了。克里托问："该怎样安葬您？"苏格拉底说"你们随意吧"。然后笑着说："各位啊，克里托刚才的问题表明，他不懂苏格拉底到底是谁。我告诉大家，我死后，你们埋葬的只是苏格拉底的躯体，而他的灵魂会去很远的地方，那是另一个世界。"天将要黑了，苏格拉底静坐了一会儿，这时行刑的人端着毒药走过来。苏格拉底说："告诉我，该怎么做？"那人说："喝下毒药，然后不停地来回走，直到两脚感觉沉重走不动，你就躺下。"苏格拉底淡定自若，接过毒药一饮而尽。看到这光景，在场的人不能自制，痛哭起来。苏格拉底道："大家坚强些，让我安静地死去。"苏格拉底不停地来回走动，直到走不动时，他躺了下来，身体渐渐没有了知觉。有人用白布盖住苏格拉底的全身。此时，苏格拉底说："克里托，我们向克来皮乌斯借过一只公鸡，切记要付钱给他，不要忘了。"这是苏格拉底留下的最后一句话。

佛陀活了80岁。有一天佛陀告诉阿难，他将在三个月内圆寂。随后他去了大寺讲堂，对众弟子说："我对你们讲的一切真理，你们都要好好修习、实践、体证。这些真理包括：五根，五力，七支菩提，八圣道等。我将在三个月内圆寂。"讲完话后，佛陀和阿难就朝圆寂地一路走去。到了圆寂地，佛陀对阿难说，今夜三时，我将在双莎罗树下圆寂。你通知附近的弟子和所在地的国王，和我告别吧。

佛陀对众人说：我离世后，禅法和律法就是你们的导师。大家对佛法修行还有什么疑问，现在就问吧，免得以后懊悔。佛陀如此问了三遍，大众仍一片寂静。佛陀说：一切都是因缘法。精进修习吧。这就是佛陀最后留给世人的教诲。

了生脱死是很重要的修行方法。因为面对死亡，人会变得真实。哪些是人生点缀、哪些是人生必需，哪些是人生假设、哪些是人生实相，马上分明起来。佛法中有个念死法门，乔布斯就经常禅修这个法门。何以见得？2005年，乔布斯在斯坦福大学有个演讲。他讲了三个故事，最后一个是关于死亡的。乔布斯说，假如你把每一天都当成生命中最后的日子，那你就会活得很真实。"记住，你即将死去"，这句话影响了我的人生。每当作重大决定时，我就会对着镜子问自己：假如我即将死去，那我该做什么？这个方法帮助我在关键时刻做对的决策。人生所有的事情，如个人荣耀、外界期待、对失败的恐惧等等，在死亡面前，全都变得苍白无力，剩下的就是生命中真正重要的东西。

# 三、认识自己，读懂人心，人生转型

## 1. 认识自己，破除"我见"

### （1）人啊，认识你自己

苏格拉底是古希腊文明的圣人。他没有著作，但留下很多警世通言、醒世恒言。比如"人啊，认识你自己"，比如"我知道自己无知"。这两句话被奉为古希腊文明的精髓。

"人啊，认识你自己。"我们从小到大，接受的教育都是教人向外看，认识这个、认识那个，很少教人向内看，观察自己、检视自己、修正自己。人类认识和改造外部世界可谓卓越无比，但对自己却不甚了了。结果呢，就像李光耀说的：我们已经征服了太空，但我们还没有学会如何征服自身的原始本能和情绪。苏格拉底说："人们都说我是智者，无所不知。其实，我只知道一件事，即自己无知。"正话反说，需要多少知识才能认识到自己无知的程度。由于知识深度不够，关于人是什么、我是谁，通常是众说纷纭。物质世界虽复杂，但它们是客观的，对其认识和解释，对错能检验和证明。但对人的认知就不同了。人是二重性存在，即生活在物质世界里，也生活在精神世界里，充满了矛盾和我见。所谓"我见"，就是对自我的偏见、错见、邪见。横看成岭侧成峰，远近高低各不同。不识庐山真面目，只缘身在"我见"中。人有我见，必定歪曲现实。

"我见"（对自我的错误认知）表现在以下四个方面：第一，

我是单一存在者，不能分析；第二，我是独立存在者，能不依赖关系和条件而独存；第三，我能做自己的主宰；第四，有个恒常不变的自我。"我见"主导下的人生观，其行为有四大特征：第一，认识问题、解决问题，先入为主，自以为是；第二，说话办事，想当然，一厢情愿，以偏概全；第三，面对利益，永远都是"我"字当头，不及其余；第四，与人交往，永远自己优先，唯我独尊。佛陀说："一切诸见，唯有我见，能断人智慧命根。"对自我的偏见和邪见，是一切社会动乱和不安定的源头。

### （2）发现和体验矛盾的自我

很多人都有过这样的体验：内心常有两种相互矛盾的东西在打架。比如看到美味，本能的我想大块朵颐，理性的我却说：不可以，否则减肥可就前功尽弃了。弗洛伊德发现：每个人都有"两个自我"，即无意识（无心）的我与有意识（有心）的我。这两个"自我"如何相处，决定了一个人的精神健康度。假如这两个自我经常鏖战，人就会精神分裂。假如它们能彼此协调，人的精神就是健康的。

**左脑的"我"与右脑的"我"**

吉尔·泰勒博士是哈佛大学的脑科学家。37岁那年，她左脑中风了。手术后，花了8年时间，左脑完全康复。她写了一本畅销书《左脑中风，右脑开悟》（*MY STROKE OF INSIGHT*）。书中现身说法，讲述左脑和右脑各有一套处理信息、情绪、身体姿态的方式，左右脑对自我的感知和对外部世界的思考方式很不一样（见下图）。泰勒博士说：在左脑大出血后的几个小

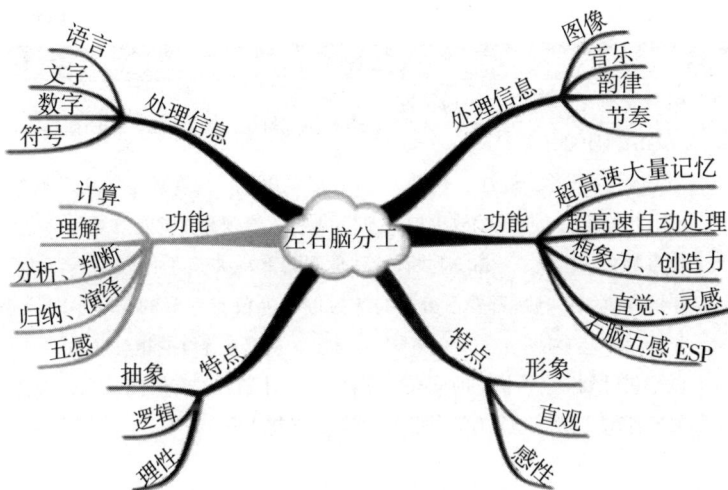

语言
文字
数字
符号
处理信息

图像
音乐
韵律
节奏
处理信息

计算
理解
分析、判断
归纳、演绎
五感
功能

超高速大量记忆
超高速自动处理
想象力、创造力
直觉、灵感
右脑五感 ESP
功能

左右脑分工

抽象
逻辑
理性
特点

形象
直观
感性
特点

时，我的左脑功能基本丧失，全靠右脑维持着。我实实在在体验到，右脑的自我与原来认识的自我是那样不同。此时的我，感觉到自己与周围环境融为一体，身体没有了边界，内心无比平静，体验到天人合一的境界……这真让人眼界大开。在 8 年的康复历程中，我反复体验到左脑的我与右脑的我很不一样（见下表）。

| 左脑当家做主时的心理特征 | 右脑当家做主时的心理特征 |
| --- | --- |
| 1）感觉"我"是独立存在的实体。自负且好辩。什么是我的、什么是别的，分得很清楚 | 感觉自己与世界万有密不可分。内心平和喜悦，充满爱心、同情心、平等心。界限意识淡薄 |
| 2）眉头紧锁，表情严肃，行为理性 | 面带微笑、热情主动，行为比较感性 |
| 3）依据既定的条条框框来思考、评价和决策，思维程序化、行为模式化 | 思想和行动没有那么多条条框框的限制。思想态度开放，行为比较圆滑 |

| 左脑当家做主时的心理特征 | 右脑当家做主时的心理特征 |
|---|---|
| 4）用语言思考，用语言沟通（左脑是语言中心） | 用声音、肢体、表情沟通，用图像思考 |
| 5）擅长逻辑思考，过往、现在、未来井然有序。擅长编故事 | 擅长形象思维。现在就是一切，不受时间羁绊。直观和直觉能力强大 |
| 6）凡事都喜欢比较、分析、判断、评价和批判。凡事都要区分是非、对错、好坏 | 只是观察和欣赏，不比较、不评价。认为世界上没有绝对的是非、对错、好坏，一切都在连续的相对性中 |
| 7）做事讲计划，有严格的时间表，关注细节，脚踏实地，有板有眼 | 做事不讲计划，没有时间观念，关注整体、异想天开 |

这意味着什么呢？第一，看到左手栏的行为特征，我们就明白，此时此地正是左脑在做主。看到右手栏的行为特征，我们就明白，此时此地正是右脑在做主。第二，无论是左脑还是右脑出了问题，与此相应的行为功能立马消亡。比如左脑中风，语言能力马上就丧失了。第三，虽说人们做出的每个行动，都是左脑和右脑密切合作的结果，但左脑占优的人与右脑占优的人，表现出的个性明显不同。比如左脑占优的人，思想僵化保守，总是在分析批判等等。右脑占优的人，总是异想天开，时间观念淡漠等等。第四，泰勒说：假如我们深入地认识了自己的左右脑，那么我就能善用两个半脑特有的功能。比如有人怒气冲冲来找我，我就关掉左脑（争辩、批判），使用右脑（用同情心平等心对待）。总的说来，做事多用左脑，做人多用右脑。

泰勒博士说：这次大脑旅行使她对人生和社会有了新洞

见：人们要学会更多地开发和使用右脑。假如更多的人能够更多地使用右脑，那就会把更多的爱心、平等心、同情心投射到这个世界上，如此我们的世界将变得更和平、更友善、更富有同情心。

加扎尼加是裂脑实验的高手。他做过这样一个实验：他问一位裂脑男孩，长大后想做什么？男孩回答说："绘图员。"这个答案由左脑提供（左脑是语言中心）。加扎尼加想知道男孩右脑是怎么想的。他把一堆字母散在桌上，在一张纸条上写着"你长大后想做什么？"，纸条被放在男孩左边。男孩用左手在桌上挑选字母，拼出"汽车比赛"。这个实验证明，问某人同一个问题，左脑给出的答案和右脑给出的答案完全不同。

在另一项实验中，加扎尼加向P（病患者）的左脑展示了鸡爪的图片，同时向右脑展示雪景的照片。然后问P看到了什么。P回答说"鸡爪"。接着加扎尼加拿出很多图片给P看，请他指出最符合他所看到的内容。病患用右手（由左脑控制）指向一只鸡，同时用左手指向一只雪铲。加扎尼加问：为什么？P回答说：鸡爪和鸡有关系，而清理鸡舍需要铲子。经过多次重复实验，加扎尼加说：左脑是编故事的高手，它要给行为作合理性的解释。

### （3）认识自我的两条路线

**心理学路线**

奈塞尔是认知心理学之父。他说：自我存在其实有五个层面：生态自我→人际自我→承续的自我→概念自我→私密自我。与此相应，有五类信息能够深化人们对自我的认知和理解。第一，来自环境的信息，能够深化对生态自我（ecological self）的认知和理解；第二，来自人际互动的信息，能够深化对人际自我（interpersonal self）的认知和理解；第三，来自经验的信息，能够深化对承续自我（extended self）的认知和理解；第四，来自价值观、人生观方面的信息，能够深化对概念自我（conceptual self）的认知和理解；第五，来自神秘体验的信息，可以深化对私密自我(private self)的认知和理解。总而言之，对自我的认知，其实是个接受和加工信息的过程，不同类型的信息，可以深化对"自我"的某一方面的认识。

**佛陀的路线**

按照佛陀的观念："自我"由五部分组成，即身体、情感、思想、行动和认知（色受想行识）。"自我"绝对不是不可分割的独一存在。假如我们精进禅修，内寂其心，如实观察，实事求是地探究自己的身体活动、情感活动、思想活动、决策行动以及认知活动，那我们就能够逐渐体悟到，它们通通都是缘生法，即因缘而生、又因缘而灭。

第一，如实观察身体活动：有饮食的因缘而有身体的存续，饮食因缘灭则身体就会灭去。如此观察就逐渐明白：身体依赖食物，身体是变化的，身体无常性；身体的变化不能随心所愿，身体的生老病死，自己不能做主。

第二，如实观察情感活动：由接触的因缘而生起情感活动。接触因缘灭则情感活动灭。如此观察就逐渐明白：情感、情绪依赖接触，它不能独存；情感、情绪无常性；改变接触的因缘，就能改变情绪状态。

第三，如实观察思想活动：由记忆的因缘而生起思想活动，记忆因缘灭则思想活动灭。如此观察就逐渐明白：思考依赖记忆，它不能独存。思想无常性。记忆和思考框架改变，思想就会改变。

第四，如实观察决策行动：由思想的因缘而生起决策行动，思想因缘灭则决策行动灭。如此观察就逐渐明白：决策行动依赖思想，它不能独存。决策行动无常性。思想改变，行动就会改变。

第五，如实观察认知活动：由六根六境的因缘而生起认识活动，六根六境因缘断灭则认识断灭。如此观察，就能明白：认知活动依赖于感觉器官、感觉对象以及注意力，它不能独存。认知活动不完美。

总而言之，身体、情感、思想、行动、认知，它们都是缘生法。它们的每一个，都是依关系和条件的相互作用而变化的。关系和条件在，它们就存在。关系和条件变，它们跟着变。关系和条件不存在，它们也就不能存在。所谓"此有故彼有，此生故彼生；此无故彼无，此灭故彼灭"。

佛陀说：缘生法无常、非我、非我所。身体无常，身体非我、非我所有。情感无常，情感非我、非我所有。思想无常，思想非我、非我所有。行动无常，行动非我、非我所有。认知无常，认知非我、非我所有。因缘法、缘生法是世界的真相，是人生的现实。因缘法不完美，即实现不完美、人生不完美。因缘法中没有主宰者。人的生老病死自己说了不算。不想老、不想病、不想死，做得了主吗？现实和自己想要的不一样，这是痛苦的根源。这不是理论，也无关信仰。世相如此，铁证如山。

（4）禅观中体验自我的实相

禅修是拿自己的身心做实验对象，透过止、观等方法，客观地观察和检视自己的身心实相。它是自我认识最神奇的工具。

尤瓦尔·赫拉利，犹太人，当今世界著名的新派历史学家，禅修功夫深厚的年轻怪才。他写的《人类简史》《未来简史》《今日简史》是全球超级畅销书。在《未来简史》里，赫拉利说："我要特别感谢我的老师葛印卡。他教我内观禅修的技巧，让我学会观察事物的真相。假如没有过去 15 年来禅修带给我的专注、平静及见解，我不可能写出这本书。"

葛印卡是谁？缅甸籍印度人，非常成功的企业家。30 来岁就是缅甸最有钱的人了。由于工作劳累，得了偏头痛。他到英国和日本找最好的医生看过，但效果甚微。后来经朋友介绍，到乌巴庆长者（时任缅甸政府住建部部长）的内观中心修习内观禅法。禅修几次后，他的偏头痛竟然神奇地消失不见了。此后，他跟随乌巴庆尊者修习了 14 年内观禅。1969 年，他回到印度传授 10 日内观禅法。如今，葛印卡的内观禅修中心遍及世界各地，全世界有 100 多家内观中心。美欧国家成千上万的人每年都参加 10 日内观课程。

在《今日简史》中，赫拉利详细地描述了他第一次参加内观禅修的体验：葛印卡老师指导我们盘腿坐下，闭上眼睛，将注意力集中在呼吸上。他不断提醒我们：只是观察呼吸，其他什么都别做，别去控制呼吸，也别想用什么特殊方式呼吸。只是单纯地观察呼吸。吸气时，感觉气进来了；呼气时，感觉气出去了。当注意力离开呼吸时，你马上能够觉察到，注意力不在呼吸上了。我从观察自己呼吸所学到的第一件事就是：虽然我读了那么多书，在大学上了那么多课，但对自己的心智几乎一无所知，而且根本没什么办法控制心智。专心观察呼吸这么简单的事情，我连 10 秒钟也撑不过，心就散乱了。我原以为，我自己就是我的人生主宰。但禅修不过短短几小时，我就发现，我对自己几乎没有任何控制力。那真的是一次让我大开眼界的经历。

赫拉利说：10 日内观禅修使我确信，我对自己和整个人类的了解，可能要超过我先前的所学。内观禅修使我学到很多：第一，人生的各种痛苦烦恼，最深层的原因就在于自己的心智。一心追求的却得不到，心中就产生痛苦。烦恼痛苦并非外部世界的客观情形，而是自己的心理反应。懂得这一点最重要，它是人生走出痛苦的第一步。第二，我原认为，我是自己的 CEO。但禅修了几小时就发现，我根本管控不了自己的心。比如让心留意呼吸，别走开，就这么简单的事，但做不到。坚持不了 10 秒，心就开始想东想西，乱七八糟。第三，禅修使我体验到，我和世界之间隔着一堵墙，即身体的感觉。我真正反映的对象不是外界事件，而是自己身体的感觉。如此，我们才能真切地理解自己，并且在认识世界的时候，需要越过自己的身体感觉。

赫拉利说：内观禅修从两个方面改变了我。首先，专注力的提升。训练大脑专注于一点，这会使我们做事更加专注，并能正确区分重要的事和一般的事。其次，内观禅修教会我们分辨什么是真实的事实、什么是想象捏造的事。我发现，我们绝大部分念头都是大脑捏造出来的……从那以来，我自己每天都禅修两小时，每年参加一两次密集禅修营。

## 2. 读懂人心

### （1）心力强大，人心难懂

人的行为受三种力量的驱动和支配：环境力量、生理欲望和心的力量，而心的力量可以改变其他两种力量的强度和方向。毛主席说："天之力莫大于日，地之力莫大于电，人之力莫大于心。精神一到，何事不成？""改朝换代，为民谋福，惩治贪墨汉奸，又有何难！""盖古今所有文明之真相，皆发于心性而成于物质。"（参阅《心之力》）

霍金斯是美国著名的心理学家和精神科医生。他经过20多年的临床研究，发现人的心智模式有能量级别。心智模式越正向，心力就越强大。反之，就很弱小。霍金斯将人的心智能量从弱到强分成10多级。此处我们把它合并简化为7级。

心智能量在700以上者，属于圣雄。他们内心充满了慈悲喜舍。看佛教经典知道，当佛陀出现时，周围的人们，心里充满慈爱安详的感觉，没有杂念，没有怨恨。心智模式被自卑、悔恨、焦虑、害怕、冷漠主导者，其心智能量都在250以下。物质变化成精神力量，精神也能转化成物质力量。心力强大的人，对外在环境有极大影响。用其善心，能把坏事做成好事。

用心不善，就把好事做成了坏事。

**人心难懂**

庄子说：人心比山川险恶，知心比知天还难。《增广贤文》也说：画龙画虎难画骨，知人知面不知心。相识满天下，知心能几人？从前有一首流行歌，叫《其实你不懂我的心》。其实也没几个人真懂自己的心。

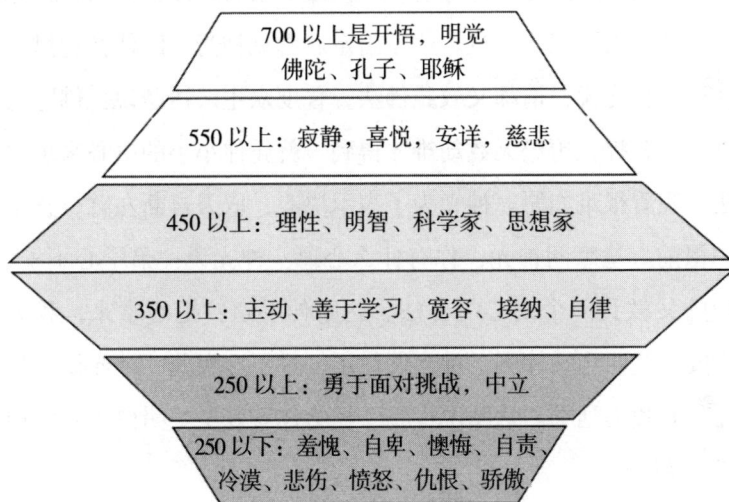

| |
|---|
| 700 以上是开悟，明觉<br>佛陀、孔子、耶稣 |
| 550 以上：寂静，喜悦，安详，慈悲 |
| 450 以上：理性、明智、科学家、思想家 |
| 350 以上：主动、善于学习、宽容、接纳、自律 |
| 250 以上：勇于面对挑战，中立 |
| 250 以下：羞愧、自卑、懊悔、自责、<br>冷漠、悲伤、愤怒、仇恨、骄傲 |

人心难懂有三大原因：第一，不知人心究竟指什么。人心包括了很多东西，至少也能分四大类：①心理类－心理、情感、情绪、欲望、心智等。②认知类－意识（consciousness）、认知（cognition）、思考（think）、思想（thought）、感觉（sense）、知觉、念头、记忆、意图（intention）、决策等。③精神类－精神（spirit）、灵性、心灵（soul）、观念（notion）、信仰、信念、意志、决心、理念（idea）。④心之实体类－感知器官、大脑。

315

人心指什么，那要看说话的语境。

不知道心在哪里。中国禅宗有一段公案，讲一祖达摩如何给二祖神光"安心"的故事。二祖出家前，已经是名声远扬的大学问家。他精通儒家和道家、周易等诸多学问，对佛教也有相当修为。但对于心是什么、心在哪里，一直搞不明白。因此他去拜达摩为师。神光来到达摩居住的山洞，看见达摩正在打坐。他恭敬地站在洞外等着。时值寒冬腊月，漫天大雪，神光在雪地里站了三天三夜。达摩出定后看见神光，问他在这里干什么。神光说：请师父教我佛法，普度众生。达摩说：佛陀为求无上菩提，历经无数劫难才得到。就凭你小小的决心来求大法，我看很难如愿。神光为了表示决心，取刀自断左臂，置于一祖前。达摩问神光：你有什么心愿？神光说：弟子心不安，请师父教我一个安心的方法。达摩伸手道：把心拿来，我为你安。这叫当头棒喝。神光愣住了。过了一会儿，神光说：师父，心找不到啊。达摩说：心已经给你安好了。明白了吗？神光大悟。

第三，不知道人心是如何运作的。关于心是什么、心在哪里、心是如何运作的，佛陀的答案是这样的：心是什么？心没有实体，心是缘起的。心在哪里？心在六入处。心是如何运作的？根境因缘生识，根、境、识三者触通，变现出情感活动、思考活动、决策行动。

读懂人心，最根本的是两点：一是知道人心的运作模式，二是知道人们是如何认知和思考的，是如何做决策的。

### （2）卡尼曼教我们读懂人心：两个自我和两套系统

卡尼曼是世界顶级认知心理学家，他通过大量实验发现，人们的思考和决策，其实没有想象的那么理性，有很多决策看上去非常荒谬。"理性人"假设是整个西方人文社科思想的基石。说人的思考决策并非那么理性，这就挑战了主流文化的思想根基。为此他荣获 2002 年度诺贝尔经济学奖。

卡尼曼最有名的实验是"冰水实验"。该实验分三个阶段：第一阶段 60 秒，要求受试者将一只手放入 14℃的冰水中（这种水温让人感觉冰冷刺骨，很难受），另一只手控制键盘的左右键，以持续记录自己痛苦的程度。一分钟后把手从冰水中拿出来，并得到一条热毛巾。7 分钟后，开始第二个阶段的实验，时间 90 秒。前 60 秒与第一阶段做法一样。后 30 秒，实验者偷偷将热水导入容器中，水温上升 1℃，达到 15℃。这样可缓解受试者的痛苦感受。7 分钟后开始第三阶段的实验。这次实验是重复前面两种实验，大家可以自由选择。结果有 80% 的人选择了"长"实验，即 90 秒实验。因为在受试者的印象中，"长"实验没那么痛苦。

冰水实验证明，现实中有两个自我：一个是感受当下的"经验自我"，一个是"记忆自我"，而决策正是由"记忆自我"做出的。这就是说，人们平常不是依据体验的过程做决策，而是依据对体验的记忆进行决策。记忆有两个特点：一是过程忽略，二是峰终定律。人对自己所经历过的事情，能记住的只是体验高峰和最后结束部分，而体验过程基本上被忽视了。过程忽视和峰终定律结合，经常使人们做出明显荒谬的决策行动。

冷水实验很简单，但它的发现却动摇了基于"理性人"假设的世界观。

卡尼曼说：人人都有两套并行运作的思考决策系统：一个是快系统（系统1），一个是慢系统（系统2）。系统1是根据直觉对眼前的现状做出快速反应；系统2不同，它是通过分析、推演、判断、计算等过程来做出决策的。

系统1有四个特点：一是直觉思维，决策行动几乎不需要思考过程。二是速度很快。三是自动自发，不费力，效率高。四是优点突出，缺点明显。最明显的缺点是偏见很多。

系统2也有四个特点：一是理性分析推演后才做决策。二是决策速度慢。三是要花费大量心思，决策效率低。四是最明显的弱点是懒惰、偷懒。疏于对系统1的检视。最大的优点是出错概率相对较小。

快系统与慢系统有分工有协作。第一，系统1不断给系统2提供信息，正常情况下，系统2只是稍微调整，或者完全按照系统1的建议来做判断。第二，当系统1遇到无法解决的问题时，便会激活系统2，由它去思考解决。直觉遇到麻烦，理性会出面解决（卡尼曼）。第三，系统2是系统1的监督者，它质疑、检视、监督系统1的运作，并尽可能占据主导地位。总的说，两个系统相反相成、协作配合来提高认知和决策的质量。

系统1有诸多弱点，直觉思维产生思维定式，思维定式容易产生偏见，最常见的有七种。这里列举四种：①小数定律：即根据自己的亲身经历或者所知道的少数例子来推测和下结论，忽略了基本概率。②锚定效应：对某人某事做判断时，容易受第一印象或第一信息的支配，就像锚把船固定在某个地方一样。③因果偏好：凡事都喜欢做因果解释，把随机的当成是必然的。④光环效应，即人们常说的由先入为主而以偏概全。

如何减少认知偏见和决策失误？如何改善思考和决策质量？第一，放慢思考速度，强化系统2的功能，让它对系统1的直觉判断进行理性检验，减少由偏见而造成的决策失误。系统2有懒惰的习性，改变它需要培养勤于思考的习惯。第二，养成倾听外部意见的习惯。第三，"事前验尸"，即在做重大决策时，先假定这件事将来可能失败。让每个参与者写下导致失败的可能原因，并按照重要性和概率排序。如此来提高成功率。第四，"饮水机闲谈"，毛主席叫"开神仙会"，营造轻松的氛围，让人们畅所欲言。

### （3）佛陀教我们读懂人心

读懂人心的最好办法是先读懂自己的心。方法是：独一静处，专精禅观，如实观察自己的心是如何运作的。有五个要点：

第一，独一静处，即先让心安静下来。静坐能培养专注力，有了相当的专注力才能进入禅观。

第二，专精禅观：由安般念切入，从六入处起观，即从眼触入处，耳、鼻、舌、身、意触入处，如实观察自己的心是如何运作的。比如眼与色的因缘生眼识，三事和合生触，缘触生受、想、行。生起认知活动、情感活动（喜怒哀乐爱恶欲）、思考活动（分析、比较、判断、推演）、决策活动。这就是心的实际运作模式。

第三，体验心的微观运作机制（它有七大流程）：①根境因缘生识，即感知信息生成。②将此信息与记忆连接。③比对及联想。④判断、推理，形成概念（结论）。⑤内心的情感浮现。⑥身心交互影响。⑦决策行动。比方说：耳朵听到一个声音，生成声音的信息→声音信息传输到大脑的相关部位，与记忆连接→比对分析联想→是蚊子，这家伙想咬我→心中立即生起憎恨的感受→瞄准，干掉它→啪，一巴掌打下去……

第四，禅观是观因缘，即在根境因缘生识的当下（感觉信息生起的当下），要实事求是地观察，生起智慧（正见）。不实事求是地观察，就会生起愚痴（无明）。智慧引导人走上光明大道，愚痴引导人走上歪门邪道。切记，这个根境因缘生识的当下，是认知的三岔路口，人生的三岔路口。就像佛罗斯特在《未选择的路》中说的：黄树林中分出两条路，我在那路口站了很久，我选了其中的一条路，从此就走上了不同的人生道路。

第五，切记，人与外部世界隔着一堵墙，这就是自己的感觉，人是对自己的感觉起反应，即喜怒哀乐爱恶欲的对象是自己的感觉，而不是外部事物。不明白这个叫愚痴，明白这个叫智慧。

总的来说，人心就是一堆 APP。不断被重复的行为会被编程，被程序化、模式化。伴随年龄和经验的增长，人心中会安装上很多很多的应用程序。遇到情境 A，就启动 A+ 的程序；遇到情境 B，就启动 B+ 的程序。人生不懂修行，就会被困死在这种习性模式中。

### （4）最高明的管理是管好人心

社会由人治理，人由大脑统率，大脑由心来操作。人心是人们言语和行动的操作系统。人生和社会的很多问题，追究到最后，其实都是人心这个操作系统出了问题。"人心仅一寸，日夜风波起"，"长恨人心不如水，等闲平地起波澜"。好事坏事在人心。成事在人心，败事也在人心。

读懂人心才可能有好的管理。政治家读懂民心，才可能有好的政治。企业家读懂客户的心，才可能有好的经营。领导者读懂员工的心，才可能有好的管理。下属读懂老板的心，才可能有好的前途。任何人只有读懂自己的心，才可能管好自己。

前面讲，人心有四个方面，读懂人心有两条路径。人心的四个方面，即认知、情感（情绪）、思考、决策行动。读懂人心有两条路径，即了知人的认知和思考模式，搞明白人心的运作机制。基于这两个维度，我们来思考如何管理人心。

第一，管理认知。人们一辈子都在为自己的认知买单。认知模式左右思考，影响情感，引导决策行动。因此，认知管理是最重要的管理。认知管理有两条基本原则，第一条原则是，"知之为知之，不知为不知，是知也"。这是孔子对学生子路说的。孔子说："子路啊，我告诉你认知的真谛吧。知道就是知道，不知道就是不知道，这才是真知道。"（《论语·为政》）第二条原则是，记住第一条原则。经常检视自己，随时保持警觉。

第二，管理思考模式。人的思考会被编程，会被模式化。对此要有觉悟。从三个方面下手管理好思考模式：①增强快系统与慢系统的协同性。②随时随地对七种偏见保持警觉（卡尼曼）。③现实与你想要的不一样，别以为现实错了，你是对的。让思想与现实保持同步。

第三，管理情绪。情绪有负面和正面之分。负面情绪如：抱怨、忿恨、恼怒、自卑、焦虑、沮丧、忧愁、恐慌、嫉妒等等。与此相反的就是正面情绪。负面情绪伤害身心，恶化人际关系，断送人的前程。因此一定要学会管理好情绪。儒家的办法是"致中和"。即情感情绪的表达要掌握好分寸，不能过头。佛家的办法是静观，即情绪发动时，看着它。只是看，什么都别做。情绪状态下，千万不要做决策和行动。

第四，决策管理，有四点很重要。①心不清净、处于情绪化状态，不做决策。②重大决策慢一点。没有什么决策是不能放一放的，放一放可能就有更好的决策。③调查研究，总结经验，毛主席有一次对李宗仁的秘书程思远说：你知道我是靠什么吃饭的吗？程说不知道。毛主席说：靠总结经验。④做决策不忘初心。网上有个非常有意思的段子说：邻居老王养的狗死了，老王悲伤不已。他不想土葬，他说想给它火葬，把骨灰撒回大海，让它回到母亲的怀抱。谁知道那玩意儿越烤越香，后来他就买了两瓶啤酒……很多事情，走着走着，就忘了初心。

## 3. 人生转型

什么是人生转型？毛毛虫变成蝴蝶，小人变成君子，愚痴无明者变成智慧觉悟者。人生转型也叫人生再造（Re-engineering）。它包括两种形态的变化：一个是从量变到质变，所谓"大人虎变，其文炳也"（《易经·革卦》），另一个是从内到外的变化。所谓"洗心革面、脱胎换骨"。人生转型包括两个重心，一个是智慧，一个是道德。

### （1）人生转型有五大方面

人生转型包括五大模式的彻底转变：①认知模式转型。②思考模式转型。③情感模式转型。④语言模式转型。⑤行为模式转型等。之所以叫"模式"，是因为我们从小到大，认知、思考、情感、语言、决策行为等都被程序化了。转型就是要删除、修改、优化及重新设计这些程序。

①认知模式转型。这是人生转型的根本。人们从小到大，头脑中已安装了诸多认知程序。平常我们都是依据头脑中的认知程序来理解和认识事物的。先入为主、自以为是、以偏概全、颠倒黑白，是家常便饭。认知模式转型有三个要点：第一，借助禅修来删除、修改、优化、升级自己的认知程序。第二，更多地选择运行右脑。现代教育主要是开发人的左脑，而忽略了右脑开发。左右脑协同配合，能极大提升人的认知能力。第三，对自己的无明和偏见随时保持警觉。老子说：知道自己有所不知，这是觉悟者；本来不知道却自以为知道，这是有病的人。觉者是圣人，觉者无病。（《老子》71章）

②思考模式转型。人们的思考模式决定人们的决策行动。"瓶子是半满的"和"瓶子是半空的"，这两句话在事实上没有任何区别，但思考的重心完全不同，它导引出的行为也不一样。一位母亲叫大儿子去打酱油。回家的路上大儿子摔了一跤，酱油流掉一半。大儿子哭着对母亲说："妈妈，我摔倒了，倒掉半瓶油。"母亲打发小儿子去打酱油。回家的路上他也跌

倒了，酱油倒掉了一半。回家后他高兴地对母亲说："妈妈，我摔倒了，瓶子没打碎，还保住了半瓶油。"他说：我这就去打工，再买一瓶子回来。思考模式转型，根本上是两点：一是建立基于太极图、因缘法的思考模式。二是强化快思考与慢思考两个系统的协同。

③情感模式转型。情感、情绪会影响人的认知和行为。《大学》中说：心有所愤怒，认知和行为会必定走偏；心有所恐惧、有所好恶、有所忧患、有所畏敬、有所亲爱、有所傲惰，认知和行为必定会走偏。情感转型大致有三个方面：第一，减少负面情感情绪，如抱怨、愤怒、自卑、恐惧；增长正向情感情绪，如包容、耐心、爱心、安详、喜乐等。第二，爱与恨是情商的根本。从低情商转变为高情商，即增长仁爱，减少嗔恨。第三，当情绪发生时，观察它、感受它、看着它，别想控制它，控制情绪会适得其反。就像身陷流沙中，越努力陷得越深。

④语言模式转型。三年学说话，一辈子学闭嘴。因此，佛法中有禁语的修行功课。佛家有四不说：一、妄语假话，不说。二、对人没有益处的话，不说。三、不契机不契理的话，不说。四、对方不接受的话，不说。学会听话，学会说话，学会讨论问题，这是很高的人生修养。

⑤行为模式转型。有三个层面：第一，对于不能选择的，学会善待。对于能选择的，学会改变。用善心改变因缘，大概率会得善果。第二，无论现实如何，不作恶总是最好的选择。第三，养成反观自省的习惯。如曾子说的，每天都要从各方面检视自己：为人做事，尽心了没有？与朋友交往，有没有不讲

诚信的地方？给别人传授的学问，自己认真实践过没有？

（2）人生转型路线图：从内到外、从愚痴到觉悟

**从内到外（参看第2章第2节）**

儒家的根本是学为君子。君子有三大特质：君子是智者，君子是仁者，君子是勇者。"智者不惑，仁者无忧，勇者不惧。"学为君子就是三件事：开发智慧，提升道德，勇于担当。要从这三个方面最大限度地改进自己、完善自己，使自己从百分之七八十是小人，转变为百分之七八十是君子。所谓"内圣外王"是也。这是一个从内到外、从量变到质变的过程。做人知本末，做事有终始。知道先后，方可圆满。

儒家的人生转型路线图：

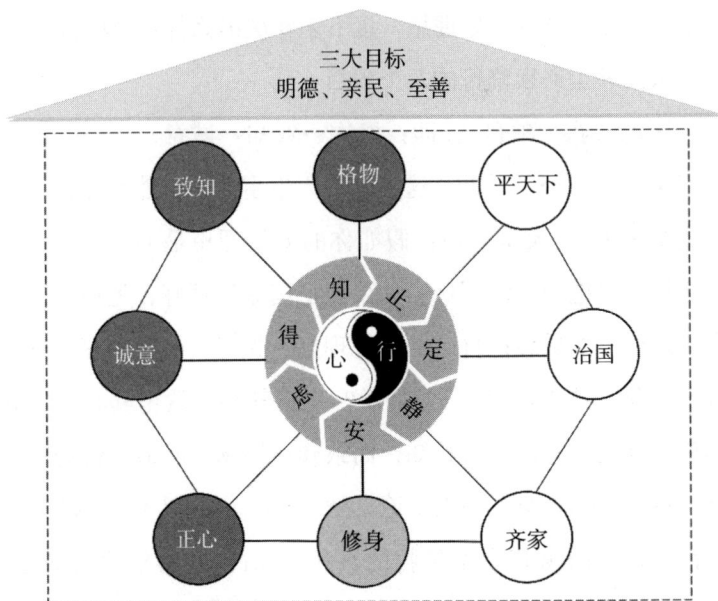

**人生转型的基本功**

《大学》说"知止而后有定，定而后能静，静而后能安，安而后能虑，虑而后能得"。知→止→定→静→安→虑→得。这是走向觉悟、转凡成圣的基本功夫。①"知止而后定"——知道如何将川流不息的心念安住，这叫"知止"。念头不可能完全止息，但可以锚定，限制其活动范围。这就是"知止而后定"。②"定而后能静"——让心在锚定的范围内活动，它慢慢就会平静下来。③"静而后能安"——当心变得寂静而专一时，就会感觉到身心安稳。④"安而后能虑"——当身心变得轻柔安稳时，即可以静虑，也就是禅观。⑤"虑而后能得"——得到了什么？看明白了人生和事业的真相。懂得了"内圣"才能"外王"。"内圣"是修炼人品，建立人格。"外王"是在社会上干事业，兑现人生理想。接下来要次第修行八大项目。

**人生转型必须修行的八个项目**

所谓"八个项目"，即：格物→致知→诚意→正心→修身→齐家→治国→平天下。这是开展人生事业的自然次序，不能颠倒乱来的。《大学》说：假如你的人生理想是天下太平，那怎么做？先把国家治理好。如果想把国家治理好，先把自己的家管理好。如果想把自己的家管理好，先把自己管理好。管理自己就是"严以修身"。怎么做？先正其心。欲正其心，先诚其意。欲诚其意，先致其知，而致知在格物。所谓"格物"就是对自己的私心杂念格杀勿论，就是破除私欲和我见。破除了私欲，才能看清楚人生事物的真相。如此，"物格而后知至，知至而后意诚，意诚而后心正，心正而后身修，身修而后家齐，家齐而后国治，国治而后天下平"。

**从愚痴到智慧（参看第3章第2节）**

佛家认为，人生转型的根本，是从愚痴无明者，转变成智慧觉悟者。这需要三次转型：即见法悟道→精进修道→证道解脱。转型有五项内容，即身体转型、认知转型、情感转型、思想转型、决策行为转型等。佛家的人生转型非常系统，可以称之为"生命再造工程"。

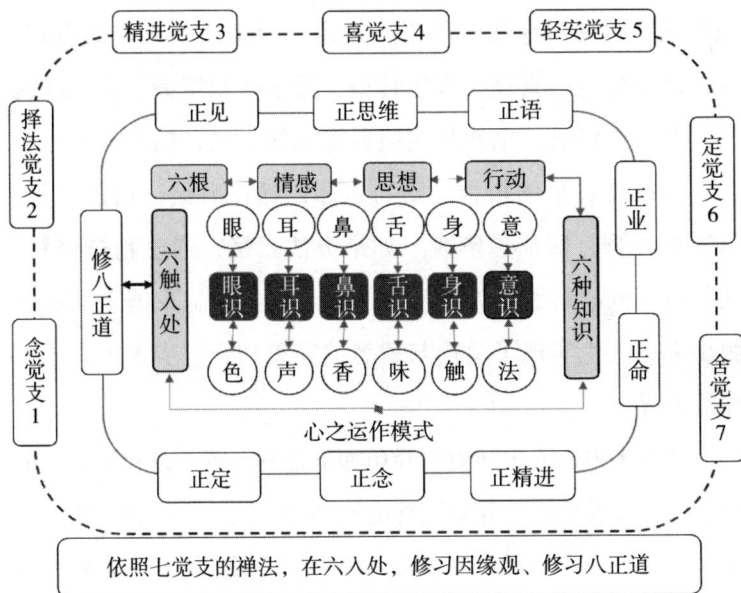

依照七觉支的禅法，在六入处，修习因缘观、修习八正道

**人生转型的5个方面**

①身体转型：净化身体的杂质，使僵硬沉重的身体变得柔软轻盈，其方法是禅修瑜伽。②认知模式转型：从愚痴无明转变为基于因缘法的正知正见。③情感模式转型：从贪嗔痴慢疑

等状态，转变为慈爱、喜乐、无私的状态。④思考模式转型：从主观傲慢、自以为是、以偏概全的思考模式，转变为基于因缘法的实事求是的思考模式。⑤语言行为模式转型：从妄语痴行转变为正语正行。转型的根本方法就是，依照七觉支的流程、在六入处精进修习因缘法。如此从量变到质变，人生会走向崇高的道德和智慧，走向喜乐自在。

**人生的三次转型**

从愚痴凡夫走向觉悟智慧，要经过三次大的转型：第一次转型，明见因缘法，彻悟八正道。因缘法是人生的真相，八正道是修行的真理。人生转型，始于认知革命。第二次转型，即精进修道，也就是按照因缘法的正见，精进修习八正道。要以钉钉子的精神，踏石留印，抓铁有痕，精进修行。第三次转型，即证道解脱。如果方法正确，通过精进修行，从慧解脱到心解脱，人生从贪嗔痴慢疑的逼迫束缚下彻底解脱出来，人生实现了道德与智慧的完美结合，步入了喜乐自在的境界。

总的来说，人生转型要经历如下过程：第一，看清人生的现实问题以及成因，并知道解决问题的办法。人生转型始于正确认识人生现实和真相。第二，按照解决问题的办法实际地解决问题。这是由知而行的过程。知而不行，人生转型是空谈。第三，实现转型明白，即从愚痴无明转变为觉悟智慧。觉悟者有四大特质：第一，智慧，看明白人生真相。第二，奉献，止息了贪婪与仇恨。第三，慈悲，灭除了仇恨。第四，解脱自在，不再受贪嗔痴慢疑等的束缚和驱迫。

### （3）禅修、觉悟、健康

禅修不是宗教，也不是哲学理论。禅修是系统的实验方法，它以自己的身心做实验，客观地观察自己的身心活动，即观察自己的认知活动、情感活动、思想活动、行为活动乃至生理活动，是如何生起又如何灭去的。禅修是实事求是地探索自我内心世界的最佳工具，它教人看清人生的实相，即现实是因缘法，即因缘生因缘灭。现实不是按照我们想要的方式存在。

人生的每一刻都是有故事的，可惜我们在场却视而不见、听而不闻、食而不知其味。为什么？因为我们缺乏觉性训练。很多人对外部世界的认知，都是研究生水平，但对自己身心世界的认知，最多也就是幼儿园水平。

禅修的核心是开发和提高人的"自觉性"。方法是让身心安住当下、活在当下。说话时，知觉自己在说。听话时，知觉自己在听。走路时，知道自己在走。一边说一边知道自己在说，一面听一面自己知道在听。慢慢地，如此，觉性就会增长广大。觉性有五个层面：一是认知方面的觉性，凡事明见因缘法。二是情感情绪方面的觉性，对烦恼念头高度警觉。三是思想觉悟，按照因缘法去思考。四是语言行为觉悟，不说妄语。五是智慧且道德的行为举止。

禅修使人健康。健康有三个层面：身体健康、精神健康、人际关系健康。WHO（世界卫生组织）就把健康定义为"身体、精神、社会关系的完好（compele）状态"。禅修使人跳出以自我为中心的思想行为习惯。看明白关照别人就是关照自己，帮助别人就是帮助自己，舍去自己就是实现自己。

禅修是修智慧、修道德、修定力。良好的自我管理，有赖于慧力、戒力（道德力）和定力。所谓慧力，即明见事物的真相且不受与此无关东西影响的能力。所谓戒力（道德），就是对什么能做、什么不能做，清清楚楚、明明白白，并且高度自觉。它的核心是仁爱。所谓定力，即很专注，心不随境转，标准是一心不乱。平常人，心无定力，心随境转，自己做不了主。比如别人称赞就高兴，讥谤就愤怒。赚了钱就高兴，赔了钱就沮丧……心就像个遥控器，完全由环境或他人来操作。情绪起伏不定，思想乱七八糟，决策变来变去，行为忽左忽右，这就叫心无定力。

智慧、道德、定力，在哪里修？六入处。在六根六境的因缘生六识的当下，如理作意，实事求是地探究，即正思维，生起正知、正见。由正知正见牵引正确的情感、正确的思想、正确的决策行动。

禅修是中华文化的精华。中华文化是以人为本、以心为归的文化。儒释道是其代表。儒释道都讲，人生即修行，修行的根本是修心。而禅修正是训练心智的根本方法，是落实人生目标的卓越工具。儒家的内圣外王之道，即格物、致知、诚意、正心、修身、齐家、治国、平天下，要靠知、止、定、静、安、虑、得的禅修方法来落实。佛家的转凡成圣，要靠禅修七觉分和八正道来实现。禅修者借助内观自己、检视自己，来删除、修改、升级乃至重写设计认知、情感、思考、决策程序。因此说，禅修是自我认知、自我改造、自我革命、自我超越的无上妙法。

PART
# 05

## 中国管理范式：家国管理

# 一、中国管理范式的三大基石

中国式管理的组织基础是家和国。如何管理家、如何治理国，春秋战国时出现了百家争鸣。百家争鸣，儒家和道家胜出。东汉初年，佛教传入中国。后来演化为以儒治世、以道治身、以佛治心的管理大格局。

## 1. 家国组织

### （1）人类文明的三次浪潮

人类社会演进有三次大转型，渔牧社会转型为农业社会，农业社会转型为工业社会，目前正在从工业社会转型为数字社会。无论是农业社会、工业社会，还是数字社会，家庭和国家都是最基本的社会组织形式，也是最伟大的创造。凭借对国家的有效管理，人类将自己从普通物种提升为"万物之灵"。

农业社会以家为本，家庭是农业文明的核心和组织基础。工业社会以企业为本，企业是工业文明的核心和组织基础。农业社会有四大特色，第一，土地是主要产权；谁拥有土地，谁就在社会中处于优势地位。第二，家庭是社会的组织基础，是生产、交换、分配、消费的最基本单位。第三，地主和农民之间的关系是最主要的社会关系。第四，社会分工简单，市场功能简单且有限。

工业社会也有四大特色：第一，资本是最主要的产权。谁拥有资本，谁就在社会中处于优势地位。第二，企业是社会的组织基础。第三，资本家和工人的关系是最重要的社会关系。第四，工业社会的分工很细，分工极大地提升了生产效率，促进了技术创新，市场功能多样且不断扩大。

数字社会有三大特色：第一，数据与土地和资本一起，成为最重要的产权。数据所有者逐渐获得了与土地、资本、技术所有者同等的社会地位。第二，家庭、平台、企业成为社会的三大组织基础。第三，知识分子成为最有影响力的群体。世界已经离开了暴力和金钱控制的时代，权力正在向信息数据拥有者手中转移。谁掌握了信息和数据，谁控制了网络，谁就处于优势地位（阿尔文·托夫勒）。

在三次文明浪潮中，美国是工业文明的经典样板，而中国是农业文明的经典样板。饮食文化、服饰文化、园林建筑乃至日用器具，中国人把这些都发展到了登峰造极的地步。如雅斯贝斯说的：在公元 700 年，假如有个外星人来地球旅游。在中国长安，他会找到地球上物质和精神生活最高级的场所。他继续游走，到了北欧，发现那里简直就是个野蛮未开化的地区（《历史的起源和目标》）。但是，到 19 世纪，在西方工业文明浪潮的冲击下，中国的农业文明走向衰落，掉入落后挨打的困局。

### （2）大家庭的五大特色及五大功能

家是农业社会的微观基础，就如企业是工业社会的微观基础一样。与工业社会的"家庭"不同，农业社会的大家庭，差不多就是一个小国家。社会有家庭，国家有朝廷。

大家族有四大特色：第一，家长制。国家认同大家长管理宗族和家庭的权力。严重违反家规者，可以被开除"族籍"，甚至被处死。第二，家庭或家族成员的权力责任，由礼制规定，靠伦理进行约束。如长子的权力比次子大，女人受到的约束比男人多。就是吃饭时坐的位置、谁先起筷，都有规矩。第三，不分家的制度设计。第四，靠伦理进行管理。第五，家庭本位而非个人本位。

大家族的五大社会功能：中国的传统家庭，是生活组织，是生产组织，是教育单位，也是养老单位。它差不多承担着今天企业、市场、学校、培训中心、医院、养老院、慈善基金、基层民警等大部分或全部的社会功能。家是社会秩序的核心。

概括言之，大家庭有五大社会功能：第一，经济功能。生产、交换、分配、消费，全部都是以家庭为基本单位来从事的。大家族内部是计划经济。第二，政治功能。管理大家族主要靠家规家法。家规家法类似今天的民法典。这造就了传统中国法治的特点，国家层面主要是刑法。第三，文化教育功能。子女教育，主要由家庭来完成。家庭教育包括人格教育、技能教育（学习谋生本事）、人伦教育等。中国传统文化相信，人是教育出来的，教善则向善，教恶则作恶。第四，保障功能。如养老、就业等。第五，其他功能，如慈善、保安等。家族内如果出了有功名、有官职的人，他们通常会购买"学田"（义田），其收入主要用于资助本族家境贫困子弟读书。这类似于今天的慈善基金。细读《红楼梦》，大家族实际是如何运作的，一清二楚。

### （3）家国同构同理

中西文化的"国家"概念是有根本差别的。近代西方的所谓"国家"，是某一政党治理下的"民族国家"（Nation state）。而中国传统社会所谓的"国家"，是某一大家族统治下的"家族国家"。"民族国家"是建立在工业社会基础上的，其特质是民族认同和宗教认同。"家族国家"是建立在农业社会基础上的，其特质是血缘纽带和祖宗认同。因此，传统中国文化中的"国"与"家"，有大体相同的结构和治理，也就是家国同构、家国同理。所谓家国同构，是指家与国有相似的结构。家是缩小的国，国是放大的家。家庭扩大就是大家族，掌控了政权的大家族就代表国家。李世民鼓动他父亲李渊起义造反，李渊决定兵变前对李世民说：你说的话我想了一晚上，有道理。今日，破家身亡由于你，化家为国也是由于你。（《资治通鉴》）结果造反成功，唐朝取代了隋朝，杨姓国家变成了李姓国家。杜牧的诗《隋宫春》说："龙舟东下事成空，蔓草萋萋满故宫。亡国亡家为颜色，露桃犹自恨春风。"很生动，国破就家亡。所谓家国同理，是指管理家和治理国，所用的道理和办法是互通互鉴的。常言道"君臣父子"，意思是君臣关系，类似父子关系。家与国实行的都是严格的家长制管理。

家国同构同理，最鲜活的样板是"举孝廉"。"举孝廉"是汉朝开始推行的干部任用提拔制度。任用提拔干部的关键指标（KPI），一个是孝，另一个是廉，也就是从孝子和清官中选拔任用干部。察举之后，是否合适，当然还要经过考试。举孝廉每年搞一次，推举的人数以人口为标准。人口满 20 万举荐一人，以此类推。人口不满 20 万的，每两年举荐一人，以此类推。这类似于美国众议院的产生方式。孔子说："夫孝，始于事亲，中于事君，终于立身。"（《孝经》）孝子出忠臣，一个连父母都不孝敬的人，不可能忠于国家、忠于君王。"举孝廉"的制度对社会影响巨大，它营造出了在家为孝子、当官做廉吏的社会生态。即使在今天，也是重要的政治伦理。

从秦汉开始，中国人就确立了中央集权的大一统治理模式。这个模式一直到延续到辛亥革命，有两千多年的历史。为什么会如此长寿？秘诀含藏在制度和文化设计中。主要有五点：

第一，家国、家政、家军三位一体的治理架构。

第二，权威统治与传统统治交替运行。每个朝代的开国皇帝，都是"卡里斯马式"（Charisma）人物，他们具有不可思议的个人魅力，具体说有三大特质：一是仁义，二是神明，三是神武。他们立下制度规矩，后来继承大位者依规治理就行。

第三，汉武帝之后的各朝代，多以儒、释、道为国家治理的指导思想。以儒治世、以道治身、以佛治心。

第四，制度管理与文化管理相互匹配效力。具体表现在礼制、德治、法治三者之间相互协调效力上。以礼治家、以礼治国、以礼管人："礼"有两个层面，制度层面，它是一整套制度安排，文化层面，它也是行为规范。制度层面，如司马光说的：礼制的用处真伟大。用之于管理自己，则动静有章法而行为很周备；用之于管理家庭，则内外有别而九族和睦；用之于管理国家，则君臣有序而政治有成；用之于管理天下，则诸侯顺服而纲纪正焉（《资治通鉴》）。文化层面，如孔子说的："恭而无礼则劳，慎而无礼则葸，勇而无礼则乱，直而无礼则绞。"

以德治家、以德治国、以德管人：孔子强调"为政以德"，即以德治家、以德治国。孔子儒家否定法制的重要性。孔子强调的是，假如领导人或执法者缺德，良法也不能善治。如《六祖坛经》说的：正人用邪法，邪法也是正；邪人用正法，正法也是邪。强调德治，其实是强调领导人的带头垂范作用。孔子说：领导者的德行像风，百姓像草，草随风转。"吴王好剑客，百姓多创瘢；楚王好细腰，宫中多饿死"。上行下效，很快就会变成风气。以法治家、依法治国、依法管人：法即刑律惩戒，不能触碰，一旦触碰，即受到惩办。

关于礼治、德治、法治三者的关系，孔子是这样说的："道之以政，齐之以刑，民免而无耻。道之以德，齐之以礼，有耻且格。"（《论语·为政》）做管理，如果用刑律来规范整治，民众只求免于受罚，心中并无耻辱感。用德行来管理领导，用礼制来规范整治，民众则有耻辱感，内心认同而归顺。

## 2. 儒释道的管理学问

### （1）百家争鸣"争"什么?

春秋战国有五百多年的战乱。其间出现了"百家争鸣"。"百家"是个虚数，真正有影响力的，也就是六七家。那百家争鸣究竟在争什么? 争论的焦点，是如何治理国、如何管理家、如何管理人，如何才能使社会和国家长治久安。百家争鸣，儒、道最终胜出。

秦朝主要用法家思想来治国理政。虽然建立了大一统的国家治理体系，但却是最短命的王朝。汉朝初年的几位帝王，非常用心地探求用什么思想来治理国家。汉文帝和汉景帝，主要用道家思想来治国理政，这成就了"文景之治"。但"文景之治"的特点是民富而国不强，应对不了北方匈奴的侵扰。汉武帝当政后，采纳了董仲舒的建议，将儒家明确为国家治理的指导思想。朝廷设立了"五经博士官"的职位。它类似于今天党校系统的学科教授。朝廷规定，所有官员都要接受"五经"教育，即《周易》《诗经》《尚书》《春秋》《礼记》。

东汉初年（公元60年左右），佛教传入中国。魏晋南北朝时期，儒家势力衰退，道家和佛家的影响力遍及全社会。在隋朝，佛家的影响力超过了儒家和道家。到了唐朝，儒释道三家支持国家社会运作的基本格局形成。儒释道三家的管理学问怎么用？宋朝皇帝赵眘说得非常精准："以佛治心，以道治身，以儒治世。"做过元朝三朝宰相的耶律楚材，给元朝皇帝建议的治国理政方略也是这个。历史选择了儒家、佛家、道家，它们成为中国管理学问的三大核心支柱。

儒释道管理学问的共同特质是：三家都强调管理应以人为本，以德为基，以心为归。三家都走内圣外王的路线。所谓"内圣外王"，是指先修炼自己，学会管理自己的认知、情绪和欲望，然后才能管理别人、领导家国。

儒释道三家的管理学问，当然也各有重心。儒家的核心是管理各种社会关系，比如组织中的上下级关系、家庭中的父子、夫妻关系以及社会中的各种关系等，儒家为处理好这些关系明确了原则并且提供了方法。佛家的核心是自我管理，办法是从心下手。管理导向是勤修戒定慧，熄灭贪嗔痴，以求走向觉悟和解脱。道家的核心是身体行为管理。管理导向是统筹兼顾无为与有为、根本追求是无为而无不为。

**（2）儒家的管理学问：内圣外王，以德治世**

儒家管理学问有四大要点：内圣外王、政者正也、为政以德、管理的九大经典原理。

内圣外王是儒家管理学问的总路线、总纲领。曾子是孔子最著名的弟子。他写的《大学》，专门讲"内圣外王"之道。"内圣"讲修身，"外王"讲管理。如何内圣、如何外王？或者说，"修身"怎么修？"管理"怎么做？修身（内圣功夫）有四个项目：格物→致知→诚意→正心。格物、致知，可成就智慧；诚意、正心，可成就人品。管理（外王功夫）有三大项目：齐家→治国→平天下。齐家就是把家庭管理好。如果是做企业的，就是把企业管理好，如果是办教育的，那就把学校管理好等等。所谓"治国"就是把国家治理好，进而使天下太平。内圣外王总共有八个修行项目，即格物、致知、诚意、正心、修身、齐家、治国、平天下。持续修炼八个项目，实现三大目标，即明德、亲民、至善。

内圣功夫的目标是修炼人格人品，包括塑造自己的认知模式、思维模式、语言模式，改造自己的行为模式等。要害是学会管理自己。外王功夫的目标是在社会上建立功绩、成就事业，包括管好自己的家、管好一个组织，比如企业、学校、医院、政府等。其重点是经营事业。

内圣外王，先内后外、由内向外，这个次第流程绝对不能错乱。"物格而后知至，知至而后意诚，意诚而后心正，心正而后身修，身修而后家齐，家齐而后国治，国治而后天下平。""格物致知"是修身和管理的根本。管理从认知下手。认知要从格物下手。那"格物"是什么？王阳明说：格物就是割去自己的私欲私心。去除私欲是全部管理大厦的根基。心怀私心私欲，认知必定走偏。人无良知，行为就会乱七八糟。西方的领导学、管理学，都是讲外王功夫，也就是如何领导他人或管理别人。中国管理学、领导学，讲内圣外王功夫，这是中国管理学问真正卓越的地方。南怀瑾说："内圣外王是真正的帝王学、领导学。假如你真的想在社会上干一番大事业，非走这条道路不可。"

"政者，正也"，这是做管理的最高准则。季康子问孔子如何做管理，孔子说："政者，正也。子帅以正，孰敢不正？其身正，不令而行。其身不正，虽令不从。"政治就是管理大家的事情（孙中山）。无论管理什么组织，家庭、企业、大学、医院、政府，管理的最高原则就是一个"正"字。管理必须走正道，不能搞歪门邪道，并且第一把手必须身体力行，做榜样、做表率。

"为政以德。譬如北辰，居其所，而众星共之。"这是孔子的管理名言。所谓"为政以德"，第一，领导者的人品要过关，要经得起道德评价。第二，当领导的，以德服人很重要。第三，以德治家，以德治国，以德服人，是很重要的管理方法。儒家的"德"有很多，大概有四五十个项目，但最基本的是五常、八德。五常即仁、义、礼、智、信，"八德"，即孝、悌、忠、信、礼、义、廉、耻。

《中庸》说：治理国家有九大经典原则：一是修身，二是尊贤，三是亲亲，四是敬大臣，五是体群臣，六是子庶民，七是来百工，八是柔远人，九是怀诸侯。

### （3）道家的管理学问：无为而无不为

《汉书》说："道家者流，盖出于史官。历记成败存亡祸福古今之道，然后知秉要执本，清虚以自守，卑弱以自持，此君人南面之术也。"所谓"君人南面之术"，即领导者治国理政的方法技术。

好的管理是无为与有为的配合：有为与无为本来是相互成全的，但很多人只知道管理要有为，不明白无为也是重要的管理方法。一朝权在手，见什么都想管，结果越管越乱。高明的管理者，知道如何以无为配合有为，他们知道如何善用巧用无为管理。唐太宗李世民说：认真考核官员，让他们各当所任，则可无为而治矣。起草《美国独立宣言》的托马斯·杰斐逊说过一句名言："最少管事的政府是最好的政府。"这句话深刻地影响了西方国家的治理导向。无为与有为是管理的"两只手"，它们相反相成，你中有我、我中有你，两只手配合好，就能以简驭繁，少为而大成。

管理不能搞歪门邪道。老子说："以正治国，以奇用兵，以无事取天下。"用正规的方法治理国家，用出其不意的方法用兵打仗，用平安无事来治理天下。管理不能走旁门左道，要走正道。

老子说：圣人治理国家怎么做？简化人们的杂乱的心思，

给予人们实惠，弱化其贪欲，健康其体魄，抑制其诡智和贪欲。使那些猾头刁民不敢妄为。"为无为，则无不治。"

人为什么难管？老子说：因为人有太多的诡智心机。所以，用智术来治理家国，祸患无穷。不以智术治理国家，那才是国家的福气。明白这两种治国模式的差别，就懂得了管理之道。按照规律办事，不乱作为，这要很高深的智慧。(《道德经》65章)

有先见之明才会有好的管理。老子说：局面安定时，很容易维持。事情尚无明显征兆时，很容易图谋。矛盾没有激化时，很容易化解。要在事情还没有发生时就处理好，要在祸乱萌芽时就控制住。胡乱作为必定失败，把持不放必定落空。因此，圣人从不乱作为，也从不把持不放。人们做事，常常败在即将成功之际。因此，做事慎终如始。

领导就是引导，管理者就像接生婆。老子说：圣人的欲望就是引导人们节制欲望，圣人的作为就是辅助万物按照自身的规律发展。(《道德经》64章)

老子说：善于建树的，所建造的永不可拔除。善于抱持的，所抱持的永不脱落。做事业要可持续。这个原则，用于修身，其德性真诚；用于治家，能带来更多的吉祥；用于乡里，乡里能长治久安；用在治国，国家可以强大。用于天下，天下平安。怎么知道它的普遍有效性呢？方法是：以身观身，以家观家，以乡观乡，以国观国，以天下观天下。(《道德经》54章)

老子说：有为要以无为当基准，做事要以无事当基准。不管别人对我有多少怨恨，我总是以正言正行报答他。解决难题，要在它还容易的时候。干大事，要从细小处着手。干难事，要从容易处下手；天下大事，必定开始于细微。所以圣人从不自以为伟大，却成就了大业。轻易承诺的事不可信。把事情看容易了，必定会遭遇很多困难。所以圣人做事，总把困难想在前面，反而做起来没什么困难。(《道德经》63 章)

圣人做事，为而不争。老子说：天道的法则是利益万物而不损害。圣人的准则是完成任务而不与人争。(《老子》81 章)高明的领导人有最深远的管理智慧，他们"生而不有，为而不恃，长而不宰"(《老子》51 章)。创生事业而不据为己有，成就事业而并不把持，做领导而不做主宰。

### (4)佛家的管理学问：组织理念与人心管理

全世界没有比佛教更长寿的组织了。佛教如此长寿，根本原因是有个"六和敬"的组织管理原则。"和"就是不吵不闹不打，不搞分裂。"敬"就是敬重、敬爱、敬明、敬信、礼敬、笃敬等。六和敬的具体内容如下：

第一，身和同住，即不打架，不起肢体冲突。第二，口和无净，即不吵架不骂人，不起语言冲突。第三，意和同悦：在思想情绪上，不与别人过不去。第四，戒和同修：严守戒律，用戒律来约束和修正自己的言行。第五，见和同解，即知见上如果有分歧，要善用其心，达成一致。第六，利和同均，即利益分配要公平、要均平。仔细品读六和敬，发现与"三大纪律八项注意"有诸多相同之处。

如何解决纷争、达成共识？佛陀说有六个步骤：第一，双方坐下来，讲清楚分歧或问题所在。第二，双方要心平气和地告诉对方，分歧因何而起，并把说过的话铭记在心。第三，各自运用智慧，探寻方法，以化解冲突，达成共识。第四，若错误在己，那就先承认它，然后请对方谅解。承认错误，是彼此谅解的根本。第五，对达成的共识，要宣说三遍。第六，双方始终要遵守达成的共识。

如何管理人心？

在所有的管理中，管人最难。难在人心难懂、人心难管。我们都有这样的经验：自己的眼耳鼻舌身意，接触外部的色声香味触法，就会生起贪嗔痴慢疑，就会生出怨恨恼怒烦。比如听到赞美，心生欢喜。听到批评，心中不悦。听到诋毁，心中恼怒。看到美色美味，贪心顿起，如此等等。对于贪欲、情绪等，我们自己都不能做主，何况别人。

佛法是读懂人心、改造人心、管理人心的奇妙方法。佛陀明确告诉我们，人心是什么、人心是如何运作的，如何读懂人心、如何改造人心、如何管理人心等等。

人心由五个部分组成：认知器官、认知活动、情感活动、思想活动、决策行动。人心是缘生法。其运作模式是：六根与六境的因缘生六识，根境识三者触通，生起情感活动、思想活动和决策行动。读懂人心的关键是熟练掌握人心的运作模式。改造人心的根本方法是按照八正道来修炼。所谓"八正道"，即正见→正思维→正语→正业→正命→正精进→正念→正定。管理人心的根本在于教人觉悟，走向觉悟有七个流程，即念觉分→择法→精进→喜觉分→轻安→定觉分→舍觉分。

总而言之，最有效的管人办法是两套：一是管人要从心下手。佛陀说"心如功曹。功曹若止，从者都息"。"功曹"就是统帅。心是人的情绪、思想、语言、行为的总指挥。擒贼先擒王，管人先管心。管理人心，最根本是管理好人们的认知。二是强化自我管理。人有觉悟，方能管好自己的大脑、管好自己的嘴巴、管好自己的行为。要管好人心，领导者首先要管好自己的心。

### 3. 管理思维：太极图与因缘法

#### （1）太极图

太极图是智慧的象征，看中国戏剧，太极图、八卦袍，那是智者的标配。太极图也是华人身份认同的符号。无论你身在何方，只要看到太极图，你就知道那里住着中国人。

中华文化认为，世界上的一切人事物，通通都是由相反相成、相克相生的两个要素组成。这就是说，世界的一切都是太极图。家庭是个太极图，它由夫妻组成，夫妻之间是相反相成、相克相生的关系，这种关系定义了家庭的本性。市场是个太极图，它由买方和卖方组成，买卖双方是相反相成、相克相生的关系，这种关系定义了市场的本质和结构。人也是一个太极图，它由身与心组成，身心相反相成、相克相生，它定义了生命的品质。大脑是个太极图，它由左脑和右脑构成，左脑与右脑相反相成、相克相生。企业、政府、大学、政治、经济、文化、管理等等，统统都是太极图。太极图是中国人的世界图像。

什么是太极图？读懂太极图，要掌握六大要点：

第一，太极图是圆形图，象征世界的一切人事物，都是整体或系统。第二，太极图由阴阳两个要素构成，阴阳是两个抽象符号。阳有动、刚、实、显的特性，阴有静、柔、虚、隐的特性。阴阳是相反相成关系。这是象征，世界万有通通都是矛盾统一体。比如市场，由卖方和买方组成。买卖双方行为相反且相互成全。家庭由夫妻组成，夫妻在家里的功能相反而相成。第三，阴阳相克相生。相克就是彼此制约、制衡、约束，相生就是彼此互为存在的前提条件，也有相互配合、相互增强的意思。比如国家、企业的硬实力和软实力相互增强，组织的战略与运营相互配合等。第四，太极图中间用"S"形曲线分界。象征双方的互动非常复杂。此消彼长，阳极生阴，阴极生阳，物极必反。事情的变化发展呈现反复和曲折的形态。第五，阳鱼长着阴眼，阴鱼长着阳眼。这表示，世界上的一切，都是你中有我、我中有你。比如进中有退、退中有进，祸中有福、福中有祸，赢中有输、输中有赢，竞争中有合作、合作中有竞争，成功中包含有失败、失败中包含有成功等等。第六，阴阳总体上看是对称平衡的，局部上永远总是不对称不平衡的。这表明，总量平衡与大量的局部不平衡是人事物的常态，并且平衡必定是动态平衡。

**太极图中含藏世界的三大秘诀**

太极图含藏世界万有的三大秘诀：一是基本结构，二是运行模式，三是解决问题的智慧。

第一，世界万有的基本结构就是阴阳二元一体结构。二元一体的意思是，凡事都有阴有阳。阴阳之间的基本关系是相反相成、相克相生，阴阳谁也离不开谁，这种关系定义了事物的特殊本质。

第二，世界万有的基本运作模式，就是"一阴一阳之谓道。继之者善也，成之者性也"，所谓"一阴一阳"就是有苦有乐、有善有恶、有输有赢、有刚有柔、有实有虚、有买方就有卖方等等。"道"就是道路、法则、模型。相反相成是世界万有基本运作模式。这个模式具体展开就是："易有太极，是生两仪，两仪生四象，四象生八卦，八卦定吉凶。"以人性为例：人性就像太极图，有善有恶，善恶交互作用就生出四种现象：有善有恶、有善无恶、无善有恶、无善无恶。这四种现象又衍生出八种现象……但归根到底，善恶行为定义了人生的吉凶祸福。

第三，太极图中密藏着中国人解决问题、破解困局的大智慧。它有三个要点：一是明察问题的结构，并且掌握关键数字。二是搞清楚问题发展变化规律。三是用相克相生的道理来决策。

世界很复杂，中国古代圣人化繁为简，用一种简单图画表达世界的基本结构、运行模式和生存智慧，真乃大道至简。

### （2）因缘法

佛陀出家，是为了探究生命的实相和人生的真理。经过六年的艰苦探究，有一天他开悟成佛了。他说"诸法因缘生，诸法因缘灭"。这两句话是全部佛法的总路线、总纲领。意思是：世界的一切人事物，都是在相互作用、相互影响中发生和存续，都是在相互作用、相互影响中变异和坏灭。人的生老病死都是因缘法。世界上的一切人事物，不能自生，不能他生，也不是无因生，全都是因缘生。因缘法否定了世界有第一因的存在，否定了造物主，否定了宿命论，否定了巫术和迷信。懂得因缘法，就能见微知著，见始知终。真懂因缘法，根本不用去预测、占卦、算命。因缘法、缘生法，是生命的真相，是人生的真理。

**因缘法、缘生法有五大要义**

第一，世上没有独存者，一切都是在特定关系中相互依存的。第二，相互依存的东西必定相互作用和互相影响。因此，世上没有终极主宰者，没有不受影响者。所谓互相影响，就是你对我的影响，包含着我对你的影响在内，反之亦然。当然，影响力具有不对称性。第三，在相互作用和相互影响中，相关方都会有所改变。没有不变者。当然改变的程度有大有小。第四，由于相互作用和相互影响，没有谁能完全决定结果，也没有谁能脱离干系。当然责任有大有小。第五，相互作用和互相影响，推动人事物发生、存续、变异、灭亡。

因缘法能帮助人觉悟，觉悟了就会有不一样的人生。从因缘法看人生，"诸恶莫作，众善奉行"永远都是你最好的选择。行善者积福，作恶者聚怨，善种种子者，必定享其果。人世间的一切成败输赢、喜乐烦恼，既不是鬼神所左右的，也不是别人能操纵，而是受因果法则支配的。因此，掌握因果法则，按照因果规律办事，就会有不一样的人生。依照因果法则，要想改变自己的命运，那就去改变自己的因缘。什么是改变自己的因缘？对自己的起心动念很警觉，管控好自己的思想、言语和行为。菩萨畏因，凡夫畏果。在"因地"用善心，别在"果地"瞎费心。

《易经》说："积善之家，必有余庆，积恶之家，必有余殃。""善不积不足以成名；恶不积不足以灭身。"刘备乃一代枭雄，临终时对儿子说：惟贤惟德，能服于人。勿以恶小而为之，勿以善小而不为。好好努力吧。人间的事，怎么来怎么去。看中国历史，每一个朝代怎么开始，便怎么结束。朱元璋由和尚变成皇帝，最后明朝结束时，皇室出家当和尚的很多。清朝孤儿寡妇带四万人入关，统治两百多年。最后结束的时候，也是孤儿寡妇回了东北老家。历史的因果如此，其他也一样。

**因缘果报是铁定的法则**

因缘果报是铁定法则。种瓜得瓜，种豆得豆。有如是因，定有如是果。这不是理论，也无关信仰，这是世界的真相，人生的真理。

因缘果报有两个含义：一是行为做出后，都有余势留存；二是任何行为，最终会对行为者产生相当的影响。因缘果报其实挺复杂。有的报应很直接，马上就能验证。有的报应却很复杂也很隐秘，需要时间才能搞清楚。因缘果报虽然复杂，但屡试不爽啊。"法性本来空寂，因果丝毫不少，自作还是自受，谁也替你不了。"（慈航法师）

**（3）太极图和因缘法，造就了中国人的管理思维**

太极图教人以图像化、结构化的方式看待世界。因缘法教人觉悟生命的真相、人生的真理。太极图和因缘法，造就了中国人思维方式的三大特质：太极图象思维、中道思维、因果思维。

**太极图像思维**

太极图是阴阳相反相成、二元一体的结构。这深深地影响了中国人观察世界、思考问题、解决问题的方式方法。这是一种图像思维、结构思维、辩证思维和生态学思维。这种思维方式有四大要件：一是观照整体形象，二是掌握关键数据，三是搞明白其中的道理，四是合情合理的对策。观照整体就是看清楚各部分及其复杂关系。掌握关键数据有两个维度，横向比较得出的关键数据和纵向比较得出的关键数据，如此才能做到心中有数。比如企业领导人，要从两个维度掌握三个关键数据，即现金流、客户满意度、员工满意度。搞明白其中的道理就是掌握问题的规律性。观照整体、掌握关键数据、掌握规律、统筹兼顾解决问题，这就是太极图像思维的特质。

**中道思维**

中道思维就是不走极端、用心中而正的思维方式。看待问题、解决问题，要合理、合情、合规。所谓合理，即不违背常理，所谓合情，即契合实际情形。所谓合规，就是不违反规矩。

解决问题、说话办事，执其两端而用其中，无过无不及，这就是中道。它有三个关键点：一是诚实，二是用心不偏，三是中和。所谓"诚实"就是不欺骗。对自己诚实，不骗自己。对人诚实，不骗别人。对事诚实，不颠倒是非。《中庸》说"不诚无物"，不诚实，什么事情也做不成。所谓"用心不偏"，就是善用其心、断除我见。佛陀说：一切诸见，唯有我见，斯能断人智慧命根。所谓"中和"就是思想、言语、行为的表达，有节制、要适度，以达成身心的和谐、人际关系的和谐、组织的和谐，和谐万事兴。

**因果思维**

中国人坚信，人的思想行为与结果之间有必然联系。举头三尺有神明。善有善报、恶有恶报，不是不报，时候未到。如墨子说的"爱人者，人必爱之；利人者，人必利之；恶人者，人必恶之；害人者，人必害之"。相信因果报应是铁定法则，这就是因果思维。因果思维促使人努力向善。

一切都在因缘中。因此做人做事，不能不明因果，不能错乱因果。饿了喝水，渴了吃饭，这叫错乱因果。搞贪污腐败，给菩萨磕头，向上帝祈祷，这叫不明因果。

太极图、中庸之道、因缘法，对中国人的思维模式、语言模式、行为模式有至深至远的影响。它造就了中西方在思维方式、知识建构和认识解决问题方面的明显差别。

在思维习惯上，西方是二元对立的思维模式。它有三个特点：一是用非此即彼、非白即黑的观点看待世界和解决问题。二是以我为主来想问题、做决策。三是崇尚竞争和斗争。中国是二元一体的思维模式。它也有三个特点：一是用阴阳相反相成、相克相生来看待世界和解决问题。二是对立的东西是你中有我，我中有你。三是崇尚和谐与合作。这种差异，从中西方的游戏中也看得出来。西方人喜欢玩象棋，中国人喜欢玩围棋。下象棋，目标是全胜。下围棋，目标是积小胜为大胜。象棋拼实力，围棋讲谋略和战略布局等。

在知识建构上，西方最常用的方法是形式逻辑。具体说，就是先提出假设性概念（想法），据此提出判断，然后进行推理，再到实际中去求证。中国人受《易经》影响，通常是借助图像来观察和思考。具体说，首先设计结构化的图像模型（如太极八卦图），并把它悬挂出来，从四面八方来观察它、思考它，其次，搞明白其中的道理。最后，决策如何行动。象→数→理是中国人最常用的建构知识的方法。

在认识和解决问题方面，西方擅长分析、分解。中国擅长综合、整体观照。这方面的差异，从中西医的不同看得明白。西医认为人体就是由不同零部件组成一台机器，看病就像维修或拆卸零部件。中医认为，人体是个系统和整体。看病要望闻问切，治病的药方讲究君、臣、佐、使四种药性的搭配。配合适当，才能在治好病的同时，把副作用降到最低。基辛格说过，中国人和美国人，看问题时存在思维方式上的差别：美国人认为，任何问题都有解决办法；而中国人认为，问题不可能获得根本性解决，任何解决方案都会引发新的问题。

## 二、中国管理范式的四大核心理念

### 1. 自强不息，厚德载物

假如从《四库全书》中找一句能精准表达中国文化倡导的人生观、价值观的话，估计"自强不息、厚德载物"会成为首选。这两句话源自《易经》。孔子在《易传》中说："天行健，君子以自强不息；地势坤，君子以厚德载物。"1914 年，梁启超在清华大学作演讲，题目是《君子》，所讲内容是如何学做君子。他说：学做君子，就是要自强不息，厚德载物。后来这两句话就成了清华大学的校训。

（1）什么是自强不息?

所谓"自强"，就是精进勇猛地战胜自我的缺点和弱点，使自己不断变得强大。"不息"就是发愤图强只有进行时，没有完成时。

老子说："胜人者有力，自胜者强。"战胜对手，那叫有力量，不是强。战胜自己才是真正的强者。《史记》说："反听之谓聪，内视之谓明，自胜之谓强。"战胜自我就是降服自己的私心杂念，战胜人性的弱点，如贪婪、傲慢、自以为是等。自强不息重要的不是战胜别人、打败对手。这个千万别搞错了。

有一次，子路问孔子什么是"强"，孔子说：所谓"强"，有文明的强，有野蛮的强，还有君子的强。"君子和而不流，强哉矫! 中立而不倚，强哉矫。"君子做人做事和而不流，这才是真正的强，君子说话办事中立而行，不偏不倚，这才是真正的强。无论处境是好是坏，形势对自己有利不利，一以贯之地持正念、走正道，这才是真正的强啊。

释迦牟尼佛说：强大不是战胜他人，也不是征服世界。强大是精进地舍断自己的贪婪、嗔恨、愚痴、傲慢、疑惑、恐惧等人性弱点。也就是说，自强就是净化自己、超越自我。心力强大才是真强大。所谓心力强大，就是内心不被情绪控制，内心不被物欲驱使。这才是真正的强者。

自强大致有四个方面：如自强其心力，自强其人品，自强其才干，自强其体魄。每一方面都有很多修行方法。佛陀教人用正念和正定来自强其心力。毛泽东年轻时经常游泳、露宿、风浴、雨浴、日光浴，以增强其体魄。

上面这些就是中国文化对"强大"的定义，即真正的强者是因战胜自己而强大自己。这个"自己"可以是一个人，可以是任何组织，如家庭、企业、政党、民族等。所谓自我强大，就是不靠外在的东西强大，比如靠权力强大，那叫强权，不是自强。比如靠金钱强大，那是钱强，不是你强。真正的强大，是内心强大。内心强大者，别人打不倒。即使打倒了还能站得起来。如佛陀、孔子、苏格拉底、毛泽东、邓小平等，他们才是人类中真正的强者。

### （2）什么是厚德载物？

"德"是道德，"物"是一切有价值的东西。厚德载物的意思是，人拥有厚实的道德，才能承载起人生一切有价值的东西，如财富、权力、名望、社会地位等。人很有钱但道德很薄，人很有权但道德很薄，人很有名但道德很薄，那会怎样？祸害他人、祸乱社会，最后必定家破人亡或身败名裂。个人如此，组织如此。只有厚实的道德，才能承载起权力、地位、财富、名望。

中国文化对道德的规定，外延极宽。道家讲"厚德"，主要是按照自然规律办事。所谓"道法自然"。所谓"生而不有，为而不恃，长而不宰，是谓玄德"。佛家的"厚德"，有十波罗蜜、四无量心、十善业道等。所谓"十波罗蜜"，即布施、持戒、禅定、智慧、精进、忍辱、诚实、慈悲、平等、喜舍等。所谓的"四无量心"，即慈悲喜舍。慈是博爱，悲是同情，喜是随喜赞叹，舍是舍断贪嗔痴。儒家的"厚德"，有四维、八德、五常等。所谓"四维"，即礼义廉耻；所谓八德，即忠孝仁爱、信义和平。这个八德是孙中山、蔡元培等提出的新八德，应该是孝悌忠信，礼义廉耻。所谓"五常"，即仁义礼智信。仁义礼智信是调节和管理人际关系的根本法则，是调节和管理组织之间关系的经典原则。"五常"是任何个人和组织安身立命的东西，因此，它是厚德最主要的内容。

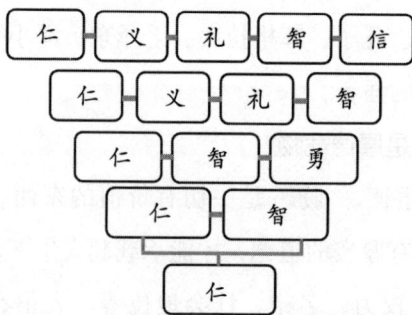

| 仁 | 义 | 礼 | 智 | 信 |
| --- | --- | --- | --- | --- |
| 仁 | 义 | 礼 | 智 | |
| 仁 | 智 | 勇 | | |
| 仁 | 智 | | | |
| 仁 | | | | |

什么是"仁"？仁者爱人。关爱他人是厚实道德的根本。仁的开展，就是孝悌忠恕、信义和平等道德行为。什么是"义"？义者，宜也。义者，人路也。"义"就是合适。对自己合适，对别人也合适，这叫公道。公道就是不偏私、不搞双重标准，也就是用同一把尺子来度量自己和别人，这样才行得通。所以说，义是人生的道路。所谓"礼"，就是调节人际关系的规矩，即行为规范，现代名词叫游戏规则或制度设计。礼的最大功能是增进人际关系的和谐。所谓"礼之用和为贵"。"智"即智慧。孔子说"智者不惑"。禅宗六祖说："智者，不起愚心，慧者善用方便。"所谓"信"，就是做人做事讲诚信，不说瞎话、不骗人。人无信不立，没诚信在社会上立身很难。

"厚德"大致有三个层面：社会层面，人人都应自厚其社会道德，如仁义礼智信；职业层面，当官的应自厚其官德，做医生的应自厚其医德，经商的应自厚其商德等等。个人层面，即个人的道德修养，如温良恭俭让。温良恭俭让，这是孔子的学生对老师德行的评价。

（3）如何自强不息，如何厚德载物？

儒释道文化都讲自强与厚德，但重点和实行方法有所不同。儒家的自强不息、厚德载物，重点是学做人、学为君子。方法是三大路径：一是好学，二是力行，三是知耻。

《荀子》中讲过这样一个故事：一天，孔子坐在书房，子路进来。孔子问："如何才是智者，如何才是仁者？"（智者若何？仁者若何？）子路回答说："智者使人知己，仁者使人爱己。"孔子说：这是读书人的境界（"可谓士矣"）。过了一会儿，子贡进来，孔子又问这个问题。子贡回答说："智者知人，仁者爱人。"孔子说：这是君子的境界（"可谓士君子矣"）。一会儿颜回进来，孔子还是问这个问题，颜回说："智者自知，仁者自爱。"孔子说：这是圣者的境界（"可谓明君子矣"）。被人爱—爱人—自爱，让人知—知人—自知，这些都是自强不息、自厚其德的修行。

孔子的"己欲立而立人，己欲达而达人"，也是自强不息、自厚其德的重要方法。我们知道，曾国藩做人做事都很厉害，就是因为他认认真真在走这条路。曾国藩说："我要步步站得稳，须知他人也要站得稳，所谓立也。我要处处行得通，须知他人也要行得通，所谓达也。今日我处顺境，预想他日也有处逆境之时；今日我以盛气凌人，预想他日人亦有以盛气凌我之身，或凌我之子孙。常以'恕'字自惕，常留余地处人，则荆棘少矣。"

人生逆境，其实是修炼自强与厚德的重要场景。如司马迁说的：文王拘而演周易，仲尼厄而作春秋；屈原放逐，乃赋离骚；左丘失明，厥有国语；孙子膑脚，兵法修列；不韦迁蜀，世传吕览；韩非囚秦，说难孤愤，诗三百篇，大抵圣贤发愤之所为作也。海明威说：生活总是让我们遍体鳞伤，但到后来，那些受伤的地方一定会变成我们最强壮的地方。

如何自强不息，如何自厚其德，佛陀教导的方法就是戒、定、慧三门功课。持戒能自强，持戒能德厚。修定者自强，有定者德厚。修慧可自明，自明者自强，自明者德厚。所谓"勤修戒定慧，熄灭贪嗔痴"。用现代名词说就是，持续改进自己的认知模式、思想模式、语言模式和行为模式，并把它们做成一种习惯，这是自强之路、厚德之路。

有八个东西可以测量出一个人自强的程度和德之薄厚。它们是：得与失、誉和毁、苦与乐、称与讥。苏东坡是大才子，他被贬江北瓜洲时，经常到对岸金山寺与佛印禅师讨论佛法并且参禅打坐。有一天，苏东坡在打坐中感觉到自己的禅修功夫大有长进，于是提笔赋诗一首："稽首天中天，毫光照大千。八风吹不动，端坐紫金莲。"写完后，派书童送给佛印禅师。佛印看后，提笔写了两个字，交书童带回给苏轼。东坡打开一看，上面写着两个字："放屁。"苏东坡很生气，乘船过江找佛印理论。东坡上岸来到佛印的住处，看见门上有几个字："八风吹不动，一屁打过江。"

自强不息与厚德载物，如鸟之双翼，一个支撑着另一个。二者不能偏废。


## 2. 内圣外王、德才配位

### （1）由内圣而外王，由内明而外用

冯友兰说：中国文化，无论哪一家、哪一派，都是在讲"内圣外王"之道。梁启超也说：内圣外王这一概念，包举了中国学术之全体，其旨归就在于，内足以资修养，而外足以经世用。用现代名词说，"内圣"就是修炼自己的人品人格，也就是学做人、学做君子，"外王"就是干事业、做管理、当领导。

内圣和外王是两套功夫，二者有严格的先后次第及内外贯通性。内圣和外王的要义是：假如真想干成一番事业，管理好组织、当好领导，首先必须好好修身修心，做足内圣功夫，修炼好自己的人品。人品过关，管理和领导一个组织，才有基础，才有底蕴。人品不行，想干成一番事业，想管理或领导好一个组织，无有是处。也就是说，内圣是外王的前提条件。因此《大学》说："天子以至于庶民，壹是皆以修身为本。其本乱而末治者，否矣。"不管是帝王将相还是普通百姓，修炼自己的人品才是最根本的。内圣才能外王，内明方可外用。根深才能本固，本固才能邦宁。否则，做人做事，就像"墙上芦苇，头重脚轻根底浅；山间竹笋，嘴尖皮厚腹中空"。做人东倒西歪，做事乱七八糟。古今中外的智者，如孔子、佛陀、苏格拉底等都是走内圣外王的路线。所以说内圣外王是世界顶级的领导学和管理学。

## （2）内圣功夫与外王功夫

内圣功夫主要是修心修身。怎么修？《大学》说："知止而后有定，定而后能静，静而后能安，安而后能虑，虑而后能得。"这是修心的基本方法。当身心能够安定下来时，再顺序修行四大项目：格物→致知→诚意→正心。"格物"就是革除私心私欲，达到良知。心有良知，才能按照事物的本来面目认识事物。"诚意"就是诚实不欺，不欺骗自己，不欺骗别人。"正心"就是起心动念，守中守正，不偏不歪不邪。精进修炼内圣功夫，可以成就三项人品，即智、仁、勇。孔子说："智者不惑，仁者不忧，勇者不惧。"这是君子的境界。

佛家的内圣功夫，从根本说就是修因缘法和八正道。修因缘法，成就智慧。有智慧的人叫觉悟者。慧力可成就戒力，有戒力的人做人有底线。慧力和戒力能够成就定力。有定力的人，才能完全掌控住自己的认知活动、情感活动、思想活动、言语及行为，才能彻底管理好自己。

总而言之，内圣功夫是塑造人品、净化心灵、自我超越的功夫。修炼的成果，就是彻底战胜人性的弱点，使自己脱离低级趣味。

外王功夫，主要是修炼如何干事业、如何干大事业。儒家讲，"外王"主要是修炼三大项目：齐家、治国、平天下。"齐家"就是如何把家庭管理好，"治国"就是如何把国家治理好。"平天下"就是如何让天下人过上好日子。现代是工业社会，在家与国之间，出现了很多组织，如企业、学校、医院、医疗机构等等，这些都是可干的事业。

《中庸》说，外王需要修炼九大功夫：一是修身，二是尊贤，三是亲亲，四是敬大臣，五是体群臣，六是子庶民，七是来百工，八是柔远人，九是怀诸侯。归根到底就是一个字，"诚"。"至诚如神，不诚无物"。

第一，修身：这里的修身，是指内外兼修。说话办事，有智慧、讲仁义、有担当，不违礼、不违德、不违法。做管理当领导，从心里到外表，干干净净。现代名词叫忠诚、干净、担当、不骄、不躁。

第二，尊贤："尊贤则不惑"。当领导要善待和善用贤人。方法是"去谗远色，贱货而贵德"。为了得到好想法，要舍得花钱。别偏信谗言、亲近女色。否则肯定要命。

第三，亲亲：当领导就有权，亲戚朋友都想沾光。领导人既不能以权谋私，又不能断除亲情。怎么办？办法是"劝"，劝导、劝勉、劝诫，连哄带劝。这个"劝"字学问很大。劝既不是完全讲道理，也不是不讲道理。"尊其位，重其禄，同其好恶，所以劝亲亲也。"你的地位高，但对亲戚要十分尊重，在经济方面给点帮助，行为上别和他们表现得不一样。

第四，敬大臣：大臣是指领导者的左膀右臂。领导者要对自己的左膀右臂很敬重。"敬大臣则不眩。"人在高位，经常会眩晕。左膀右臂会使你保持清醒。对于左膀右臂，给他们应有的权力和完成任务的资源。用人的大忌是，用之如牛马，防之如盗贼。

第五，体群臣：体察、体贴、体谅你的所有下级，经常设身处地为他们着想。如此他们就会竭力报效组织、回报领导。"忠信重禄，所以劝士也。"一心一意地对待他们、信任他们、重视他们，尽量给他们好的待遇，这是激励员工的方法。

第六，子庶民：领导人看待普通员工，如同自己的儿女，关爱培养教育他们，如此自然就产生激励感化作用。

第七，来百工：组织必须有吸引力，才能吸引各种专业人才。必须搞好绩效评估，如此才能留住他们。

第八，柔远人：要做好组织的对外交往工作。接待客人，要温柔敦厚。客人来时要做好迎接工作，走时做好欢送。与客人交谈，别自尊自大，压人家一头。

第九，怀诸侯：诸侯就是地方首长。"怀"是关怀和关心。

对分支机构的领导，要经常关心关怀。当他们有困难的时候，帮助他们渡过难关。

（3）德才配位，以德驭才

德才配位是指品德、才干、位子，三者匹配契合。以德驭才是指用道德来统率才干。孔子说："德薄而位尊，智小而谋大，力小而任重，鲜不及矣。"（《易传》）德薄而位尊，即人品一般般，道德缺乏厚度，但社会地位却很尊贵，这个叫德不配位。才智狭小但谋划却很大，能力不大却身负重任，这个就叫才不配位。德不配位或才不配位，结果会怎样？害人害己，祸害组织，祸乱社会。纵观历史，德、才、位三者的契合度，常常决定一个人或一个组织，是昙花一现还是可持续发展。

注意啊，这个"位"真的重要，太重要了。孔子说："天地之大德曰生，圣人之大宝曰位，何以守位曰仁，何以聚人曰财，理财正辞、禁民为非曰义。""位"是人干事业的"大宝"。如果没有"位"，你有才干，很难发挥，你有品德，很难昭彰。在现实中，很多竞争，其实都是在争这个"位"。企业竞争，是在争市场地位、行业地位。国家竞争，是在争国际上的地位。位子决定话语权，决定影响力。

什么是德、什么是才、什么是位，领导者一定要定义清楚。司马光说：用人失败，很多是因为没能将才干与品德分辨清楚。才与德不同。聪、察、强、毅之谓才，正、直、中、和之谓德。才是德的资本，德是才的统帅。才德尽善尽美谓之圣人，才德兼亡谓之愚人。德胜才是君子，才胜德就是小人。用人的方法，假如得不到君子而用，与其用小人，不如用愚人。

为什么？因为君子挟才为善，善无不至；小人挟才作恶，恶无不至。愚笨的人即使想干坏事也干不成，因为能力不行。小人就不同了。小人干坏事，智力足够，能力极强，如虎添翼，为害很大。对于有品德的人，人们都很敬重。对于有才干的人，人们都很喜爱。喜爱者容易亲近，敬重者容易生疏。所以用人者常常被才干蒙蔽而遗忘品德。自古以来，国之乱臣，家之败子，才有余而德不足，以至于颠覆家和国者，那真是太多了。因此，为国为家者，假如真的能明察才德之分，并且知所先后，那就会减少用人失误。

德、才、位三者是否匹配，大致有四种类型：一是品德、才干、位子完全匹配，这是最好的。二是品德与位子匹配，但才干差一些，这是次一等的。三是德不配位而才配位，这是最糟糕的。四是品德、才干、位子完全不匹配，这是次糟糕的。品读古今中外的历史，德、才、位三者的匹配度，多半决定了每个人的人生结局，并且影响了社会国家的命运前途。

德才配位思想，是一个非常好的自我管理和组织管理的工具。要经常问问自己：品德和才干配得上当下的地位吗？品德和才干，契合当下要完成的工作任务吗？如果德不配位，那就要修养道德，如果才不配位，那就要增长才干。其实，无论身处逆境顺境，无论地位高还是低，厚实道德、增长才干、开发智慧，以匹配工作位子的要求，始终是自求不败的不二法门。

领导人一定要花时间研究位子、品德、才干三者的具体关系。斯隆在通用汽车当了几十年的第一把手，德鲁克称赞他是真正的用人高手。斯隆是如何做到的？花时间去研究职位，明确定义履职的才干和品德。斯隆说：没有什么决策比用对人更重要的了。如果不花一些时间好好去研究这个职位，并找到最合适的人来担任，那以后就得花数倍的时间来收拾烂摊子。

## 3. 守中守正，致力中和

### （1）中正中和，是最高的管理智慧

在中国文化中，中正中和被认为是最高的管理智慧。孔子说：舜是有大智慧的人。他领导国家，喜欢向人请教。对人们的各种建言，他总是深思明察，隐恶扬善。正面反面的意见他都掌握，执其两端用其中于民。这就是大舜帝王超凡入圣的地方。（《中庸》）

"执其两端而用其中于民"的"两端"指什么？泛指两个极端，好与坏、善与恶、左与右、风险与收益等等。那"中"是什么？"中"是适度、是分寸。无过无不及就是"中"。"执两用中"，也叫"允执其中"，这是千古帝王传授的管理钥匙、治国宝训，顶级的管理智慧。

尧、舜、禹是中国早期历史上三个最伟大的帝王。尧帝把权位禅让给舜帝的时候说：舜啊，治理天下的使命就落在你身上了。我传你四个字：允执其中。你好好用心掌握它的精义。在你的治理下，如果老百姓生活穷困潦倒，那你的地位也就完蛋了（《论语·尧曰》）。舜帝禅让大位给大禹时，也是这样说的。舜对大禹说："人心惟危，道心惟微，惟精惟一，允执厥中。"（《尚书·大禹谟》）人心危险啊，如何管理人心？这个太

微妙了。唯有精明和专注，面对是与非、善与恶、利与害、危与机等等，执其两端，用其中于民。南怀瑾把这叫作管理人心的秘法。

故宫有三大殿，每个大殿都挂一匾额。太和殿的匾额是"建极绥猷"，中和殿的是"允执厥中"，保和殿的是"皇建有极"。这三句话其实就是清朝皇帝治国理政的最高理念。它很像今天大公司会议室里悬挂的企业经营理念、核心价值观。

什么是"建极绥猷"？"建"是建立、建设，"极"是最高的、顶级的，这里指中庸之道。"绥"是安抚、安定、平定的意思。"猷"是道路、路线、法则、功业的意思。建极绥猷的意思是：以中庸之道设计和建立制度，安定人心，可开创万世功业。

什么是"允执厥中"？"允"是诚实、信用、公平，"执"是掌握、守住。"厥"就是其。"中"是中正。当领导的，说话办事，要诚实、信用、公平。恪守中正之道，如此才能把家国治理好。

什么是"皇建有极"？坐在最高领导人的位子上，要恪守中正之道，凡事不走极端、不过头，做人做事要适度有节，也就是要用中庸之道来处理和管理一切事务。

蔡元培说：孙中山的三民主义是伟大的理论创新，但它也是以中庸之道为标准的。又说：凡持极端之说的，一经试验总是失败。而唯中庸之道，常为多数人所赞同，且较为持久。中庸之道与中华民族性最为契合，所以沿用两千年至今。细细品读蔡先生治理北大，中正中和一以贯之。

总而言之，任何个人或组织，要想长命长寿，要想行稳致远，认真奉行中正中和之道是不二法门。

### （2）什么是中正中和之道?

什么是"中正"、什么是"中和"? 先看一个故事。孔子到鲁桓公的庙里参观，看见一器具，问这是什么? 守庙人说："这是宥座之器。"孔子说："我听说宥座之器，空了就倾斜，满了倾覆，水不多不少恰到好处时就中正，是这样的吗?"守庙人说："是的。"孔子叫子路拿水来，放水进去试试看。果然，把水灌了进去，恰到好处时，它便端正，然而继续加水，水满了它就倾覆。孔子感叹道："是啊，哪有满而不倾覆的呢！"子路说："请问老师，持满有方法吗?"孔子说："方法就是抑而损之。"子路问："减损有方法吗?"孔子说："德行宽裕者，守之以恭顺；土地广大的人，守之以勤俭；禄位尊盛者，守之以谦卑；人众兵强者，守之以敬畏；聪明睿智者，守之以愚庸；博闻强记者，守之以浅薄。这些就叫抑而损之。"

关于"中正"与"中和"，《中庸》的定义是这样："喜怒哀乐之未发，谓之中；发而皆中节，谓之和。中也者，天下之大本也；和也者，天下之达道也。致中和，天地位焉，万物育焉。"人有七情六欲。喜怒哀乐爱恶惧，这个叫"七情"，眼色因缘、耳声因缘、鼻香因缘、舌味因缘、身触因缘、意法因缘生起欲望，这个叫"六欲"。七情六欲不表现、不表达，这叫

"中"。如果要表现、要表达，就力求做到适度、有节制、适可而止、恰到好处，这个就是"和"。做人做事，不偏不斜、适度有节、无过无不及、以和为贵，这个就是中正中和。中正是生存发展的根本，中和是繁荣发达的道路。做人做事若能恪守中正中和之道，社会就健康繁荣，世界就井然有序。

孔子把能否做到"中正中和"当作区分君子与小人的标准。孔子说："君子中庸，小人反中庸。君子之中庸也，君子而时中。小人反中庸也，小人无忌惮也。"（《中庸》）说话办事，不偏不倚、无过无不及，这就是君子。说话办事，要么说过头做过头，要么说得不到位、做得不到位，这就是小人。君子之所以能做到中庸，因为君子随时都用心中正。小人之所以违反中庸，因为小人用心不正，肆意妄为。

老子说"多言数穷，不如守中"。做人做事，说一千道一万，都不如信守中正中和之道。做管理，要适度有节、不偏不倚、无过无不及。团结、斗争、合作、竞争、批评、自我批评等等，通通如此。比如团结、比如斗争，都不能走偏走邪，都要守中守正，都要适度有节。

（3）守中守正、致力中和，怎么做？

做人做事，真能做到不偏不倚、无过无不及的，其实挺难。孔子的三千弟子中，孔子说只有颜回完全做到了。而其他人，说话办事，经常要么做过头，要么做得不到位。

践行中正中和之道挺难。难在哪里？难在不同的场景下，过与不及是变化的，适度、分寸是变化的。孔子说："君子之中庸也，君子而时中。""时"就是具体场景。"时中"是指在每个不同的场景下，都能做得适度有节、恰到好处。这需要多高的修养？

子思是孔子的孙子。他在《中庸》中说，践行中庸之道要这样修炼："博学之，审问之，慎思之，明辨之，笃行之。"第一是博学。博学就是拓宽见识、减少片面性。不学则已，要学就必须学会学通，否则绝不放手。第二是审问之。问自己，问内行人。不问则已，要问就要问个明白，否则绝不停止。第三是慎思之。用心思量，严谨地思考。不思考则已，要思考就要得到可信的结论。否则绝不停止。第四是明辨之。对疑惑的问题一定要析辨明白，不明白绝不放手。第五是笃行之。搞明白了就要实实在在地去做，直到做出成果来，否则绝不停止。

佛家践行中正中和的方法就是勤修八正道。所谓"八正道"，即正见、正思维、正语、正业、正命、正精进、正念、正定等。基于因缘法、缘生法的正见，精进地修正自己的思维模式、语言模式、行为方式。说话办事，安住正见，不离正念，善用其心，并把它做成一种习惯。佛陀在离世前对弟子们说：修习、多修习八正道，人才能从烦恼痛苦中解脱出来，获得自由自在。不修习八正道就想得到解脱自在，无有是处。

践行中正中和之道，要用心在事上磨。王阳明有个学生叫陆澄，一天收到家信说儿子病重。陆澄表现得郁闷哀愁，难以自持。王阳明见状，对陆澄说：这正是用功修行中庸之道的时候啊。此时不用功，平时讲学中庸之道有什么用？父亲爱儿子是天理，但天理还有个中和处，过了，即违反天理，也就是违反了中庸之道了。

## 4. 乐学好学，学以致用

### （1）崇尚学习，乐学好学

中华民族是个崇尚学习的民族，有乐学好学的传统。中国文化把学习看成是人生成功的大道，组织繁荣发展的不二法门。随便翻看经史子集、诸子百家，论学、劝学、进学比比皆是。孔子的《论语》，开篇第一句就是"学而时习之，不亦说乎？"又说："知之者不如好之者，好之者不如乐之者。"《论语》的最后一句话是："不知命，无以为君子；不知礼，无以立；不知言，无以知人。"以"学"开头，以"知"结尾，用心极深。

孟子说"人之患在好为人师"。中华文化是一个重"学习"的文化，而不是一个重"教人"的文化。两者的价值导向不同。重学习是学者的心态，是兼容并包的。重教人是教师爷的心态，是妄自尊大的。美国是重"教人"的文化，中国传统是重"学习"的文化。

重学习的文化有四点特质：第一，学习是为了改进自己、超越自己，而不是为了教导别人。第二，兼容并包，不妄自尊大（清朝晚期，统治者变得妄自尊大、故步自封，结果跌入落后挨打境地，受尽了屈辱）。第三，老师不是绝对权威。孔子说"三人行，必有我师焉。择其善者而从之，其不善者而改之"。佛陀对弟子们说：不要因为是老师说的或经典说的就盲目去接受，在接受之前要去认真印证和检验。第四，"知之为知之，不知为不知，是知也"。

那什么是学习？学习就是在观察行为与结果联系的基础上，改变行动或行动规则（马奇《经验的疆界》）。也就是说，学和习是彼此有关联的两件事，一个是"学"，它属于知的范畴；一个是"习"，它属于行的范畴。

学习为了谁？孔子说，有两种学习导向，一种是"为己之学"，一种是"为人之学"。所谓"为人之学"，即学习是为了当官发财，为了出人头地，为了显摆自己，为了作秀（show）。于是"人生如戏，全靠演技"，于是"入戏太深，不必当真"。所谓"为己之学"，即学习是为了提高自己、改进自己，为了做最好的自己。

中国文化推崇四类学习榜样：第一是向大自然学习，这个叫以天为则。中国文化的很多人生智慧、管理智慧，都直接源于对大自然的观察和提炼。这方面，《易经》《道德经》堪称经典。比如《易经》中的地山"谦"卦：高高的山顶上是平地，由此圣人体悟到，人的地位越高，就越应该平实谦虚。老子在《道德经》中说得更直白："人法地，地法天，天法道，道法自然。"老子从"天之道，利而不害"，感悟到"人之道，为而不争"。二是向历史经验学习。唐太宗说"以史为鉴，可以知兴替"。历史经验是最好的老师。我们有二十四史，有《资治通鉴》，它们其实就是治国理政的教科书和案例库，这在全世界是独一无二的。三是向标杆（英雄）人物学习，模仿其思想和行为。想成为圣人，就要向孔子、老子学习。想成佛的，就要向佛陀学习。想成为科学家的，就要向牛顿、爱因斯坦学习。想成为企业家的，就要向任正非、韦尔奇学习。四是向经典学习。孔子的《论语》、佛陀的《阿含经》、老子的《道德经》、孙武的《孙子兵法》等，这些都是圣者之言。经常读，认真读，能使人改变习气，能使人增长智慧。能使人养成高尚人品。

古今中外那些最优秀的个人和最卓越的组织，他们的情况千差万别，但有一点是共同的，即他们都是学习高手，一辈子学而不厌。孔子说他15岁立下了做学问的志向，到了老年，依然"发愤忘食，乐以忘忧，不知老之将至"。共产党为什么能成功，理由很多，但最根本的是两条：第一，为人民服务的宗旨，第二，中国共产党是真正的学习型组织。中国共产党有个非常了不起的传统，它是毛泽东在延安时开创的，即持续改善"全党的学习方法和学习制度"（《改造我们的学习》）。按照彼得·圣吉的理论，真正的学习型组织有5大要素：自我超越、改善心智模式、拥有共同愿景、团体学习和系统思考。在所有这5个方面，中国共产党一直在持续改善，不停地在自我革命。比如改革开放以来，我们向美日企业学习企业管理，向新加坡学习城市管理、社会管理，向美国硅谷学习科技创新等。活到老，学到老，改造到老。学习能力才是中国民族的核心竞争力。

### （2）学习的五个层面

学习有5个层面，即学做人，学做事，学相处，学会改善心智模式，学会学习。首先是学做人。人都做不好，其他就莫谈了。学做人主要是修养自己的人格人品，所谓的"修身明德、砥砺品行"。持续地改进自我，做最好的自己。儒家的学做人，即学为君子。君子有三项人品：智、仁、勇。"智者不惑，仁者不忧，勇者不惧"。仁者为什么无忧？仁者爱人，仁者自爱，仁者能让别人爱，所以无忧。勇者为什么无惧？因为他能知错、认错、改错。这三项人品的每一项都需要多年的修炼，才可能有成就。比如孔子说他"四十而不惑"，就是说，孔子修行到四十岁，才真正修炼成智者。智、仁、勇怎么修炼？孔子说：成为智者，就必须好学。成为仁者，就必须身体力行。成为勇者，就必须知耻。佛家的学做人，就是学以成佛，成为觉悟者。方法是勤修戒定慧、熄灭贪嗔痴。戒、定、慧，佛家叫三无漏学。

其次是学做事。学做事，即学习做事的本领和技能，包括专业技术和职业操守。不同的业务需要有不同的才干和技能。如果当专家，就应该学习掌握四种能力：先见能力，构思能力，讨论问题的能力，适应矛盾的能力（《专业主义》）。

第三，学会相处。人活在社会关系里，必须学会如何相处。有 5 种最基本的社会关系：父子关系、夫妻关系、上下级关系、同事关系、朋友关系等。这些关系如何相处，儒家提供了普世的规范，包括两个方面：首先是做好自己的角色，也就是领导要像领导的样子，下属要像下属的样子，父母要有父母的样子，子女要有子女的样子，朋友要有朋友的样子等等，大家不能不像样子。其次是认真践行关系伦理。比如父子关系，父慈子孝。比如夫妻关系，分工配合。比如上下级关系，领导对下属要有礼，下属对领导要忠诚。比如朋友关系，朋友有信等等。

第四，学会改善心智模式。学做人、学做事、学相处，绝不是随随便便就能学会做好的。要想学会做好，需要持续改善自己的心智模式。孔子说："好仁不好学，其弊也愚；好智不好学，其弊也荡；好信不好学，其弊也贼；好直不好学，其弊也绞；好勇不好学，其弊也乱；好刚不好学，其弊也狂。"孔子说的"不好学"，就是不会检视和改善自己的心智模式。儒家讲反省和反思，佛家讲禅观和七觉分，这些都是改善心智模式的妙法。第五，学会学习。下面讲。

（3）学会学习

有两种高质量的学习模式：一种是低智学习模式，另一种是高智学习模式。低智学习模式的特点是，直接复制成功经验，不求理解其因果结构。比如学开车、学做饭、学习开杂货店等等。这种学习模式简单、好用、省力。高智学习模式的特点是，搞明白因果结构并用它指导实际行动。比如管理者用4P—4C模型，去分析营销问题，制订营销方案。比如用五力模型和转型模型来制定公司战略和企业转型。

低智学习模式有三种常用工具：一是模仿。直接观察其他人成功的经验，拿来模仿。比如看见别人买房赚了大钱，他也买房。比如看到别人送钱获得提拔，他也送钱。二是试错。尝试采取某些行动，观察结果，复制成功的行动，规避失败的行动。三是择优劣汰。即繁殖与成功相关联的属性（如规则、方式、流程等），淘汰与失败有关联的属性。

高智学习模式也有三种工具：故事、理论、模型。《资治通鉴》是治国理政的案例库。后来的统治者，大都通过书中的故事和理论，来学习如何治国理政。佛陀的因缘法、八正道、七觉分，是转凡成圣的理论和模型。很多人按照佛陀的教导学习修行，走向觉悟和解脱。

孔子说，改善学习品质，可以从九个方面下手："视思明，听思聪，色思温，貌思恭，言思忠，事思敬，疑思问，忿思难，见得思义。"对自己的所见，要认真思量看明白了没有。对自己的耳闻，要思量听清楚了没有。表达情感，要思量如何才能做到温良。与人相处，要思量如何才能做到恭敬。对自己想说的话，要思量如何才能说得忠实。对自己要做的事，要思量如何才能做得敬信。对困扰自己的疑惑，要思量如何才能推问清楚。想发脾气时，要思量难堪的局面。得到好处，要思量是否符合道义。孔子是学习高手，学生们称赞他"毋意，毋必，毋固，毋我"，也就是不瞎猜、不独断、不固执、不自我。

# 三、家的管理

## 1. 大家族的管理

### （1）大家庭的结构、功能和人伦关系

中国传统社会有两大典型组织：一个是朝廷，一个是家庭。家庭是个以血缘和亲情为纽带的社会组织，而不是合同约定的组织。以四世同堂的大家庭为例，可以大致清楚一个大家庭的组织结构和家庭关系。

一对夫妻，上面有父母，下面三儿两女，这在中国传统社会是很平常的事。三个儿子，到了二十岁左右都要娶妻生子，过不了几年，就会出现四辈人、二三十口子在一起吃大锅饭的场景。

传统社会的大家族都是这样的结构：家庭—家族—氏族。这其实就是一个以血缘为纽带的小型社会。它有经济、政治、文化、教育、养老、安全保障等多重功能。它是生产组织，是生活单位，是教育单位，更是养老单位。它承担着今天政府、企业、学校、养老院等众多组织的功能。管理这样一个组织，要比管理现代企业、学校、医院难得多、麻烦得多。

一个大家庭内部，至少有七种错综复杂的人伦关系：一是夫妻关系，二是父母与子女的关系，三是兄弟姊妹间的关系，四是婆媳关系。五是妯娌关系，六是姑嫂关系，七是爷爷奶奶与孙辈的关系。处理这些关系，要讲亲情，要讲礼数，还

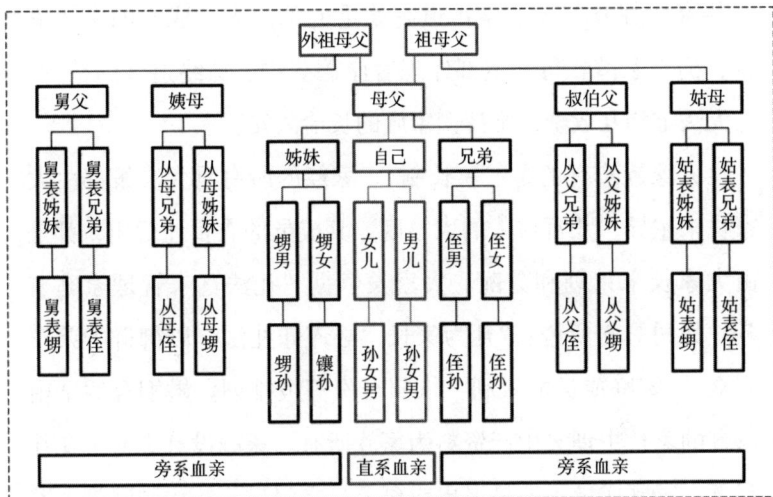

要讲规矩。稍有不慎，家庭就会闹腾得乌烟瘴气。不知经过多少代人的摸索，儒家提炼出了普世的原则，如四维八德。四维者，即礼、义、廉、耻。八德者，即孝、悌、忠、信、礼、义、廉、耻。具体做法如：为父母者，慈而教；为子女者，孝而劝。为兄长者，爱而友；为小弟者，敬而顺。做丈夫的，和而义；做妻子的，温柔而守正。当婆婆的，要慈爱而协从；当媳妇的，善听而婉顺；等等。

（2）管理大家族的三大法宝：掌门人、家规家训和祠堂家谱

**道高德重的掌门人**

中国历史上，存续几百年乃至上千年的大家族很多，随地可见。如山西闻喜县的裴氏家族、浙江浦江县的郑义门、江苏昆山的朱氏家族等等。为什么这些家族如此长寿？研究发现，

这些家族都有三大法宝：道高德重的掌门人、成文的家规家教、祠堂家谱。每一宝都体现着厚德载物、慎终追远的精神。三大法宝相互成全，维持大家族的长治久安。

大家族实行的是"家长制"。家族的所有重大决策都由大家长来主导。几百口人的大家庭，其成员的衣食住行用，都是由大家长来计划和分配。大家长依据"礼法"来管理家庭事务。如司马光所说："凡为家长，必谨守礼法，以御群子弟及家众。"家庭成员的权利，依照身份等级排列。婚姻合约全由双方的家长主理。生产资料为家族所有。家庭没有失业。在礼制下，家庭成员不容易退出或离家自立门户。礼法制度是大家庭很长寿的制度基础。

所有长寿的大家族，每一代都有一位道高德重的掌门人。他们以礼治家，以身作则，以德服人，有很高威望。家庭成员都信任他。唐高宗年间，山东泰山有一家姓张的大户人家，九世同堂。掌门人叫张公艺。有一年，高宗到泰山封禅，路过张家，召见了张公艺。高宗问他：管理这么大的一个家庭很不容易，你是如何做到的？张公拿起毛笔，一连写了一百个"忍"字。九世同堂，怎么也得有四五百人。吃穿用住、迎来送往，总会有不周全和不公正的时候，这就会引发抱怨和矛盾，造成家庭不和。怎么办？创导和奉行一个"忍"字。忍耐和包容是家庭成员和睦相处之道。

### 家规家训

家规（家训、家范）是管理家庭的第二大法宝。那些赫赫有名的长寿家族，家家都有措辞考究、微言大义的家训家范。成文的家规、家训、家范，在汉代时出现，到唐宋朝时，在民间很流行。很多家规家训流传至今，影响广大深远。如诸葛亮的《诫子书》、颜之推的《颜氏家训》、司马光的《温公家范》、《谢氏家训》、袁采的《袁氏世范》、朱伯庐的《治家格言》等。这些家规家训，类似今天企业的经营理念、核心价值观。

**裴氏《家训》和《家戒》**

有一次，毛主席在会议休息期间和时任山西省委书记陶鲁笳聊天。毛主席问陶鲁笳：你知道中国历史上哪个县出宰相最多？陶鲁笳在追想中，毛泽东微笑着说：中国出宰相最多的就是你们山西的闻喜县。裴氏家族自西汉以来，历南北朝而盛，至隋唐而盛极。五代以后，家族依然人才辈出。裴氏家族千年荣显，先后出过59位宰相。（《廉政瞭望》2014）

裴氏家规最早是由裴氏先祖裴良（北朝名臣）撰写。他根据祖上口口相传的家训，写成《宗制》。到了明朝，第五十五代掌门人裴濂，又增写了《裴氏族戒》9条。清末民初，完善修订为《家训》和《家戒》。《家训》12条：敬奉祖先，孝顺父母，友爱兄弟，协和宗族，敦睦邻里，立身谨厚，居家勤俭，严教子孙，读书明德，淳厚戚朋，慎重言语，讲求公德。12条每一条都有解释，共432字。《家戒》共10条637字：一是毋忤尊亲。二是毋辱祖先。三是毋重男轻女。四是毋事赌博。五是毋为盗窃。六是毋贪色淫。七是毋吸烟毒。八是毋酗酒好斗。九是毋忘本崇洋。十是毋入帮派。《家训》规定族人应该做什么，《家戒》规定族人不能做什么。

### 《郑氏规范》

郑义门从南宋初年，延续至今，有 900 多年历史。其家事，在《宋史》《元史》《明史》中都有记述。郑家的祠堂今天还在。祠堂大门上方挂着朱元璋赐的"江南第一家"匾额，大门两边写着"孝悌忠信、礼义廉耻"。郑氏家族如今已繁衍成一个小镇，叫郑宅镇（浦江县）。它是浙江廉政教育基地和中华传统道德教育基地。2015 年，中纪委官网的"家规"专栏，以"孝义九百年，江南第一家"为题，介绍和剖析了这个大家族为什么会如此长寿。

郑义门的第一代掌门人叫郑绮。生于北宋年间（公元 1118年）。郑绮一辈子喜读书，特别是《春秋》。郑绮是个大孝子。母亲瘫痪，不能自理，他"抱持就厕，三十年如一日"。临终时，郑绮把子孙们叫到祠堂，立下盟约："吾子孙不孝不悌不共财聚食者，天实殛（jí）罚之。"（《中国家规》，中国方正出版社）从此以后，这个大家族合族聚居，共财、共食 360 多年。鼎盛时，有 3000 多口人。每天黎明时分，敲钟四下，起床洗漱，敲钟八下，全体到祠堂聆听祖训，然后男人进同心堂，女人进安贞堂进膳。饭后各就所业，秩序井然。

为了长治久安，郑家的第五代掌门人郑德彰，将家族管理经验规范化。经过修订完善，最后形成《郑氏规范》。郑德彰还创建了"东明精舍"，他恭请天下名师来书院讲学。宋濂是明代开国文臣之首，他就是东明培养出来的。

《郑氏规范》有 168 条，内容包括了大家族管理的方方面面，类似今天的公司章程和管理规约，《郑氏规范》的核心是以孝义治家。第一，共财：家庭成员的所有收入，一律上交祠堂。第二，共食：即吃大锅饭，类似人民公社大食堂。第三，教育和养老：凡郑家儿童，5岁开始学礼仪，8岁进家塾读书。12岁可外出读书。到21岁时，如取得功名，则继续学习，否则回到家劳动。60岁以上的人免去劳作，由大家共同赡养。第四，从政：凡是出去做官，如有贪污腐败的，活的时候开除族籍，死了牌位不许入祠堂。从宋朝到清朝，郑氏家族为官的大约有170人，最高做到礼部尚书，无一人因贪腐而被罢官。第五，管理架构：家族设18个管理职位，来管理大家族事务。另设"监视"一职，监督这些管理者。《郑氏规范》被誉为中国大家族管理的经典范本。传之四海，影响深远。明代法律中就引入了不少《郑氏规范》的内容。

**山西灵石的《王氏家训》**

山西灵石的王家是延续了六百多年的大家族。人口最多的时候，三千人聚族而居。第一代掌门人叫王实，是做豆腐生意的。到十四代掌门人王谦受、王谦和兄弟，商业做得很大，地域包括蒙晋燕赵齐鲁。读书做官的，仅康乾嘉三朝，五品到二品就有42人。《王氏家训》有14条："凡语必忠信，凡行必笃敬。饮食必慎节，字画必楷正。容貌必端正，衣冠必肃整。步履必安详，居处必正静。作事必谋始，出言必顾行。常德必固持，然诺必重应。见善如己出，见恶如己病。凡此十四者，我皆未深省。书此当坐隅，朝夕视为警。"大家族内的每个小家庭，都要挂这14条家训。早晚诵读，检视反省。

**祠堂与家谱**

家谱（族谱）是一个家族的历史记忆，它记录一个家族的来源、世系繁衍、迁徙轨迹、家规家训、重要人物的功绩等等。看家谱，就知道自己的根系血脉，知道自己的祖宗是谁，知道自己的根在哪里。周朝时代，帝王家族就有了家谱。到了汉代，家谱开始平民化。到了唐宋，家谱私修风气极盛。家有谱、地有志、国有史。这三个东西三杂合，系统地保存着中国人的历史记忆。

家谱通常有三方面的内容：第一，世系表：记述大家族每一代成员的名字及血缘关系。第二，家规、家范、家教。第三，家传，即历代家族成员中有功名者先进事迹记录。此外，有的家谱还有艺文著述、家谱图像等等。家谱 30 年一小修，60 年一大修。

由于有家谱，家规、家训、家风等的传承和发扬就很方便。有家谱，如何修身、如何齐家、如何教化子孙，都有榜样和生动教材。大水冲了龙王庙，自家人不认自家人，那是因为你没家谱。

祠堂主要是家族成员祭拜老祖宗的庙堂，也是议决家族大事的重要场所。比如家族成员有违规犯法的，大家长要在祠堂开会，当着列祖列宗的神位，做出惩处决定。这表明，这个决定是对祖宗负责，对历史负责。

●祠堂在周朝叫宗庙，唐代叫家庙，宋代叫家祠，明朝以后统称祠堂。祠堂是一个家族的精神殿堂，是家族成员宗教活动场所，它的建置类似于宗教的庙堂。

祠堂通常由三部分组成，即大门、享堂、寝堂。享堂是举行祭祀仪式和决策宗族大事的地方。寝堂是安放先祖牌位的地方，是祠堂的核心。寝堂正中摆放着始祖的牌位，始祖以下的男子，隔代交替分为昭穆两列，昭居左边，穆位右边。这样的排列顺序，世系繁衍变得井井有条。

祠堂大都有自己的堂号，如安定堂、忠孝堂等。"堂号"是家族门户的代称，类似于现代企业的 Logo。堂号通常要制成厚重的牌匾，悬挂在享堂之上。祠堂里，挂有很多牌匾和楹联，以表达家族的价值观和精神追求。

中国人重家谱也重祠堂。家谱是家族历史记忆的软体，祠堂则是家族历史记忆的硬体，二者互为表里。

## 2. 如何经营管理好家庭

司马光写过两本传世经典，一是《资治通鉴》，二是《温公家范》。《资治通鉴》讲治国之道，是治国理政的经典教科书和案例库。毛泽东一辈子喜欢它，通读过好多遍，留下很多批注。《资治通鉴》讲国家治理有三大要害：第一，官员的选拔任用考核（官人）。第二，政府的公信力和激励机制（信赏）。

第三，赏罚到位（必罚）。《温公家范》讲治家之道，是管理家庭、教养子女的经典教科书和案例库。司马光说：家是国的根本。"治国必先齐其家者，其家不可教而能教人者，无之。"家都管理不好，怎么能治理好国呢？

### （1）家庭管理的六项基本原则

《易经》有 64 卦，其中的一卦叫"家人"卦，主要讲如何经营管理家庭的。《温公家范》开篇引用《易经》"家人"卦说：家是由男人和女人组成的，男人女人都要走正道，要摆正自己的位子，要内外配合，这是普遍的道理。父亲要刚健有为，母亲要静柔安顺。刚柔相济、内外配合，如此才能把家庭经营管理好。所谓"父父，子子，兄兄，弟弟，夫夫，妇妇，而家道正"。什么是"家道正"？父母有父母的样子，儿女有儿女的样子，丈夫有丈夫的样子，妻子有妻子的样子。大家不能没有样子，这就叫"家道正"，家人都走正道，不搞歪门邪道，那社会就安定了。

"家人卦"的卦象是这样：外卦是风，内卦是火。卦象说："风自火出，家人。君子以言有物而行有恒。"家风是由内而外的，从内心到外表，从家长到家庭成员。家里红红火火，到外面才能风风光光。

经营管理好家庭，有六项基本原则：

第一，要想把家庭管理好，开始就要订立规矩。有规矩，家里人才知道什么能做、什么不能做，行为有所遵循。别等麻烦事发生了再想办法去应对。要订下规矩，预先防范，唯有如此，才能有效避免后悔的事情发生。

第二，夫妻要分工配合，中道而行。如此，一家人自然吉祥如意。

第三，家庭管理的方法要宽严相济、以严为主。宽松不失礼节，严谨不能让家人感到紧张压抑。从长远看，管理家人，严比宽好。如果家里人都嘻嘻哈哈，不守规矩，结果不会好。

第四，家人各自把自己的事情做好，要中正而行。全家人要相亲相爱，营造融洽和乐氛围。处理家庭矛盾，要以和为贵。

第五，当家长的要严格要求自己，要为家里人做出表率。家里出了问题，不能抱怨、甩锅、推诿。"行有不得，反求诸己。"这样才能建立起威望和信任。

第六，用礼法治家。"礼法"不是道德、不是礼仪、不是法规，而是融合了这三者的一整套制度流程和行为规范。比如"父慈而教，子孝而箴，兄爱而友，弟敬而顺，夫和而义，妻柔而正，姑慈而从，妇听而婉"（《温公家范》卷二）。这是什么意思？做父母的，对子女要爱而教；做子女的，对父母要孝敬而不失规劝；做兄长的，对弟妹要爱护而友善；做弟妹的，对兄长要恭敬而顺从；做丈夫的，对妻子要亲和且有情义；做妻子的，对丈夫要柔顺而守节；当婆婆的，对媳妇慈爱而相从；做儿媳的，对婆婆要聆听而婉悦。

### （2）夫妻如何相处

夫妻关系最复杂了。中国传统文化有很多名词概念来描述它。比如说：夫妻关系是天地关系，是阴阳关系，是男女关系，是情感关系，是因缘关系，是伴侣关系，是与时俱进的关系……太多了，真有点剪不断、理还乱。

司马光说：《易经》以乾坤两卦为基础，乾坤即天地，天地即夫妻。又说：《诗经》以"关雎"为开端，关雎描写男女爱情。因此，夫妻关系是人伦大道的开端，是一切社会关系的缩影。

《易经》说"一阴一阳之谓道"。这个阴阳之道包括了四大法则：第一，阴阳相反相成、相克相生。第二，阴阳刚柔相济。第三，阳中有阴，阴中有阳。第四，孤阴不生，独阳不长。阴阳配合，生成万物。夫妻关系从根本上说就是"阴和阳"的关系。因此阴阳的四大法则推演到夫妻相处之道上，就有四项原则：第一，男人要刚健，女人要柔顺。男人如老鼠，女人如老虎，这样的家庭必定凶多吉少。第二，刚柔相济，夫妻相互成全。第三，夫妻双方应经常换位思考，这叫你中有我，我中有你。第四，夫妻默契配合，家里的事，单打独斗不成。

司马光引《易经》的"咸卦"和"恒卦"来说明夫妻关系。咸卦主要讲夫妻情感关系是发展变化的。夫妻情感从开始到最后，大致有六个阶段：最初是发自内心的好感，这是情感的基础。没有好感，情感就缺乏根基。情感演变到最后，很平淡，也表面化，要靠相互吹捧来维持。很多老年夫妻，吵架成为常态，活得很痛苦。《易经》的恒卦主要讲夫妻相处的恒久之道。恒卦是"雷风恒"，其画面是上面打雷，下面刮风。风和雷都是运动变化迅速的自然现象。用风雷来比拟夫妻相处之道，用意极深。恒卦的象辞说："雷风相与，巽而动，刚柔皆应，恒。"恒卦的象辞说："风雷，恒。君子以立不易方。"微言大义。夫妻相处要想持久，一开始就要定下规矩，相互承诺过的事情，不要改变。这是夫妻相处的长久之道。

### （3）父母与子女如何相处

曾子说：高明的父母对子女，关爱他们而从不表露在外，使唤他们而从不指手画脚。教导孩子为人处世的道理，这是父母的天职，不能委托别人的。教育子女的方法是率先垂范、慢慢感化，不能心急，不能急躁。父母不能以辞色取悦孩子，也不能强词夺理、不讲道理。凡是伤害父母子女深情厚爱的事都不能做。

《温公家范》说："慈母败子。"许多父母只知疼爱子女而不懂得如何教育。爱而不能教，使子女堕落的，自古及今，事例太多。如果真心爱子女，就应该教他们学做人、走正道，不搞歪门邪道。骄奢、放荡、懒散、偷窃、赌博等就是歪门邪道。只知关爱而不知教化，这是做父母的最大过失。

子女应该如何对待父母？大原则是"孝而不失规劝"。首先是孝敬，其次是规劝。对父母的孝有四个层面：一是孝养。这是最起码的。很多动物也能做到。二是孝敬，即尊重而不怠慢。经常问候父母，让其安心。三是孝顺，不管父母说什么都不要撑呛。四是父母做得不对的，可以规劝，但要讲究方式方法，尽量别惹他们生气。

孟子说：不孝有五种情况：一是懒惰、不勤奋；二是好赌博、好喝酒，不务正业；三是好钱财、只顾妻儿，从不关心对父母的赡养；四是放纵声色欲望，使父母蒙受羞辱；五是好勇斗狠，动不动跟人玩命，因此危及父母。司马光讲孝子有五条标准：一是立德，二是传承好家风，三是保全身心健康，四是培养志气，五是规劝。父母有过错，应该规劝，善补其过。

做父母的，给子女留什么遗产好？《温公家范》说：有智慧的人通常给子孙留下好的家风家教，而不是给他们留钱留财留房产。林则徐说过一段发人深省的话："子孙若如我，留钱做什么，贤而多财，则损其志；子孙不如我，留钱做什么，愚而多财，益增其过。"

### （4）子女教育的八项注意

中国传统看重家教。家庭教育有八件事要特别注意。

第一，家庭教育的重点是人文人格教育，而非谋生技能的教育。人文人格教育就是学做人。学做人有很多方面，如行住坐卧、说话办事、交流应答、与人相处等等，但重点是两个：一是学会正确地表达自己的想法、学会与人沟通。二是学会与人相处和交往。《论语》有个故事说：一天，孔子独自在庭院，儿子伯鱼轻步走过。孔子问：学诗了吗？伯鱼说：没有。孔子说：不学诗，无以言。于是伯鱼就去学习《诗经》。又一天，孔子独自站立庭院，伯鱼轻步走过。孔子问：学礼了吗？伯鱼说：没有。孔子说：不学礼，无以立。于是伯鱼就去学习《礼记》。

第二，家庭教育也是全面素质教育，即德智体美劳要统筹兼顾。德是学习做人，智是学习认知，体是学习健康体魄，美是学习审美，劳是学习生活生存能力。郑板桥是老来得子（52岁），对儿子宠爱有加，从来不让他做半点家务。因此生活能力很差。郑板桥临终时，叫儿子给他做馒头吃。儿子费了九牛二虎之力做好了馒头，他拿着馒头来到父亲房间，发现父亲已断气，床头有一张纸条："流自己的汗，吃自己的饭，自己的事情自己干。靠天，靠地，靠祖宗，不算是好汉。"

第三，子女教育要抓早、抓紧、抓实。所谓"赤子而教"，所谓"教妇初来，教子婴孩"。周文王的母亲太妊，怀着文王时就"目不视邪色，耳不听淫声，口不出敖言，能以胎教"。结果，文王生而明圣。司马光说："古有胎教，况于已生……故慎在其始。"孩子在娘胎里时就开始教育，何况出生以后呢。孔子说"少成若天性，习惯如自然"。人们常说的所谓"天性"，其实是孩童时培养而成的习惯。

第四，为孩子成长营造好的环境。"孟母三迁"的故事很有名。为了让孟子学好，孟母搬了三次家。儿童模仿能力强。近善就学好，近恶就学坏。

第五，为孩子找个好的人生榜样，让其学习模仿。这是教育孩子非常有效的方法。榜样最好选择孩子能喜欢的人物。

第六，教育子女不能欺骗。《礼记》记载，有一次曾子的老婆要上街，儿子哭闹着要跟着去。妈妈说："好孩子别哭，在家里等我。回来我给你杀猪吃。"妻子回家后，曾子就出去杀猪，妻子对曾子说："我是随便哄孩子的，你怎么当真？"曾子说："孩子的言行是跟父母学的。大人言而无信，就是在教孩子撒谎。"

第七，子女的行为有偏差，要立即纠正，但要讲究方法。齐国丞相田稷子，部下送他一些金子。他把金子拿回家孝敬老母。老母见状对稷子说：这是不义之财，你拿走。为人臣不忠，为人子就不孝。我没有你这样的儿子，你走吧。稷子很惭愧，归还了金子，并请齐王治罪。齐宣王听明缘由，赦免其罪过，还赏给他母亲一些金子。

第八，慈母败子。只知道爱而不懂得教，会毁掉孩子。《温公家范》说：为人父母的，对孩子只懂慈爱而不懂教育，这是在败坏孩子的人生啊。历史上、现实中，这种事真是太多了。纪晓岚是《四库全书》的总编，鼎鼎大名。他在京城做官，老婆孩子在老家。他经常给夫人写信，告诉她如何教育子女。其中有封信，他这样说：教育子女是父母的责任。我身在京城，教育子女的重任就落在你身上了。做母亲的对子女大都偏爱。爱子女不讲原则，就会害了他们。教育子女的原则是什么？简单说，就是四戒和四宜。所谓四戒，一戒晚起，二戒懒惰，三戒奢华，四戒骄傲。所谓四宜，一宜勤读，二宜敬师，三宜爱众，四宜慎食。以上八条，虽然只有十六字，但孩子们如何成功立业，尽在其中了。这是子女教育的金科玉律，你要细细领会，铭刻在心，时时用来教诲三个孩子。

## 3. 帝王家族是如何教子的

### （1）唐太宗是如何管理家庭和教子的

在中国历史上，唐太宗李世民是一位了不起的帝王，文治武功都很伟大。说文治，有贞观之治。论武功，他精通军事。毛主席说他是最会打仗的皇帝。李世民也是最善于时间管理的皇帝。每早视朝，他用心听取各种建议，出言周密。朝议结束后，他和大臣们推心置腹讨论问题。晚上，与学问家们谈论经典文事。

唐太宗对自己和皇室成员要求都非常严。他写的家训《诫皇属》说：我当皇帝13年了，出外时，拒绝游览观光。在宫中，拒绝歌舞女色。你们生于富贵、长在深宫，一定要知道生活不易。穿衣吃饭，要想到蚕妇农夫的辛劳和汗水。我每天亲自处理大量政务，丝毫不敢懈怠。你们都要严格要求和管理自己。在听闻与下判断之间，别只凭自己的喜怒好恶。不要看见某人有短处就鄙视人家，不要认为自己有长处就妄自尊大。如此才能长久富贵，确保吉祥。圣人说：逆吾者是吾师，顺吾者是吾贼。这话可要认真体察啊。

为了让儿子李治接好班，唐太宗亲自撰写了《帝范》12条。他对李治说："这12条，是帝王如何治国理政、如何管理好自己的总纲领，国家的安危兴废，全在其中了。"如果我们把太宗的《帝范》与马基雅弗利的《君主论》对照阅读，那非常有意思。《帝范》总共12条：即君体、建亲、求贤、审官、纳谏、去谗、诫盈、崇俭、赏罚、务农、阅武、崇文。其要点如下：

第1条"君体"。人民是国家的根本。治国要把百姓摆在第一位。当皇帝应修炼10种品格。

第2条"建亲"。主要讲中央集权与地方分权的制度设计。封建亲戚是国家安定的基础。但分权过度，地方势力会强大，这会使国家走向分裂。如果分权不够，国家则缺乏牢固的根基。这是秦汉曹魏的历史经验所反复证明的。因此，制度设计，要掌握好道与术的关系。

第 3 条 "求贤"。用人得当，天下大治，用人失当，天下大乱。要想得到可用的人才，要下功夫去寻找。

第 4 条 "审官"。考核任用官员，"惟在于审"。所谓 "审"包括一系列评估、考察、考核办法，并且要确保办法公正执行，不能走偏。用人导向，潜移默化地塑造着社会风气。太宗说：用人的核心是 8 个字："明职审贤，择才分禄。"若能做到，就可无为而治。

第 5 条 "纳谏"。最高领导人掌握真实信息其实有困难，必须在制度设计上做出安排，如尧帝树 "谤木"，大禹设 "鞀铎"。对于各种意见建议，只考量对错，无关说话者的地位亲疏。领导者要善于屈己纳谏，如此会促成谏言之风，这样犯错概率就降低了。

第 6 条 "去谗"。别听信谗言。谗佞之徒，国之奸贼，对组织危害极大。他们或拉帮结派、阴谋算计，或察言观色，取悦上司，或巧言令色，以邪败正。暗主庸君常被此类人等迷惑，酿成大错。对他们千万要警惕。哪是忠言、哪是谗言，分辨清楚要有智慧。

第 7 条 "诫盈"。戒掉骄盈奢侈。作为君主，最大的忌讳是骄盈奢侈。对此必须高度警觉。出行要从简，别扰民。不要有明显的偏好，否则下面的人会想方设法讨好你。唯欲清净，使天下无事。乱世之君，纵欲无度，极其骄奢，结果人神怨愤，上下背离，倾危随至。

第 8 条 "崇俭"。作为君主，一定要崇尚节俭、戒掉骄奢。关闭五官贪欲，活得长寿。放纵欲望，丧身灭国。要从穿衣、吃饭、住宅、用车等一切，力行节俭，做出表率。如此才能淳朴民风。骄奢还是节俭，关系着国家的安危。

第9条"赏罚"。君主应以仁爱为其心志和心愿。激励机制和约束机制要设计好，并且要执行到位。赏罚一定要使受赏受罚的人感到公正。不能有偏私。

第10条："务农"。吃饭穿衣是天大的事。农业生产是社会的基础。做好粮食等物资储备。权威与实惠是做好、管理好社会的抓手。威以治恶，惠以劝善。威惠并用。

第11条"阅武"。军事实力是和平的基石。慎用战争。盛世更须修武。

第12条"崇文"。管好国家，靠制度也靠文化。用制度来规范行为，用文化来教育民众。会学习才是帝王的核心能力。文治武功不可偏废。这12条要认真实行，并且要一以贯之。

### （2）康熙是如何教子的

中国历史上，康熙应该是与秦皇汉武、唐宗宋祖齐名的伟大帝王。他有超凡的学习能力。五经四书、诗词歌赋、琴棋书画样样精通。他会好几国外语，是最早向西方人学科学技术的人，他向德国传教士汤若望、南怀仁等学习代数、几何、测量、天文、解剖学等。有一次毛主席对老舍先生说：清朝开始的几位皇帝都很有本事，尤其是康熙。康熙有三个伟大功绩：第一，我们今天的国家版图，基本是康熙确定了的。第二，康熙发明了统一战线，团结蒙汉上层人士，全面学习和继承汉文化，以很少的人口（约20万），统治了偌大的中国。第三，他有奖罚分明的用人制度。比如皇子犯错，一样受到惩处。

康熙治国有雄才大略，管理家庭、教育子女也非常有一套。雍正和乾隆都是他一手教育培养出来的。他有三十多个儿女，平常利用各种机会场合教育他们。雍正即位后，把父亲教导皇子们的言说整理汇编成《庭训格言》，总共 246 则。内容涵盖了教育子女的方方面面，非常周到，十分用心，了不起。下面我们从修心修身、齐家治国、如何养生三个方面，做些列举。

**教育子女修心修身**

第一，人命由心造，幸福自己求。康熙说：对算命占卜那一套，不能相信。按照人的生辰八字给人算命，按天干配地支推算吉凶祸福，这都是后世人依照阴阳五行学说敷演而成。闲暇时，我也曾用心研究过这类杂学，考其根源，核实洞察，知道根本不准。这些东西怎么能够与圣人讲的道理相比呢？人这一生，命由心造，福自己求。据我的经验，假如一个人每天都做善事，命不好也能变好。假如他每天干坏事，好命也必定变坏。

第二，慎独。康熙说：《大学》《中庸》都教人"慎独"。这是学做君子的关键下手处。所谓慎独就是"不欺暗室"。什么是暗室？有两层意思，一是指私居独处的时候，二是指人的内心隐微之处。私居独处，别人看不见；内心隐微处，别人不知道。唯有在此情此境下，君子依然能小心谨慎地管理自己的思想行动。

第三，主敬。康熙说：做人做事，离不开一个"敬"字。修身养德，莫大于主敬。"敬"是谨慎、尊重、不敢怠慢或轻视。所谓"主敬"，就是让"敬"来主导自己的内心。如此这样，邪僻的念头就无从生起，懒惰傲慢之气无从生起。念念敬则念念正，时时敬则时时正，事事敬则事事正。敬神、敬佛、敬祖宗、敬事业，君子无处不敬则无处不正。总之，心中有敬，如家中有主。心中不敬，如家中无主。家中无主，家里一定乱七八糟。

第四，心存善念。康熙说：为人处世，应当常寻欢喜心。欢喜的地方自有一番吉祥景象。欢喜就动善念，愤怒常动恶念。所以古人说："善念一动，即使还没有去行善，吉神就与他同在了；恶念一动，即使还没有去做恶，凶神就与他同在了。""人有善念，天必佑之，福禄随之，众神卫之，众邪远之，众人成之。"人生在世，最要紧的唯有行善。圣人经典所教人的，只是让人行善。常动善念，止息恶念。

第五，心存敬畏。康熙说：人生在世，无论老少，时刻都要心存敬畏。凡事有敬畏心，就不会招致过失，不会得罪人。这对养身也大有益处。

第六，存心宽恕，天必佑之。康熙说：人们立身处世，应当存心宽恕。见人有得意的事，应当生欢喜心。见人有失意的事，应当有同情心。这种心态对自己很受用。如果看见别人成功就嫉妒，看见人家失败就幸灾乐祸，那怎么和别人共事呢？这是自坏心术。

第七，止于至善。康熙说：做人最要紧的，唯有努力做善事。遵守五伦道德、全心全意做善事的人，天必眷佑，回报吉祥。如果口说行善而心存奸邪，上天绝不会保佑这种人。所以圣人教导人们要止于至善。世上有一种人，不记人的好，只记人的恶。看到别人有丑事恶事，就如自己得到了宝贝一样很快乐。对于这种幸灾乐祸的人，你们一定要警戒啊。

第八，修炼觉性。康熙说：起心动念，念头有正有不正。若念头不正，立马觉知、立马纠正。一个细微的念头，静以存之，动以观之，必使其彻头彻尾地无愧。这才是实在功夫。要在念头初生、情感未起的时候管理好自己。这时，用力很小功效巨大。

第九，修炼在平常。康熙说：修身治性，全都在日常里一丝不苟地去做。我在大暑气节，从不用扇子，也不脱帽。夏月不贪凉风。心静故身凉。这都是平常修炼才能做到的。

**教育子女齐家治国**

第一，家教要严。康熙说：上等人家对待子女，从小严格要求，培养他们的善念善行。有的人家，对子女娇生惯养，百计奉承，从不教导他们约束自己。长大后，不是愚笨痴呆，就是任性狂恶。这不是爱孩子，这是在毁坏他们。

第二，孝顺要自然。康熙说：我读《宋史》知道，宋孝宗每月四次拜见太上皇，称为盛事。但我想，应该随时去探望问候，而不必规定个时间。我侍奉皇太后50多年，总是保持着家庭日常的礼节。每逢皇太后的生日，我备好家宴，从早到晚，都在身边侍候。我巡视江南塞北，三日一次，派人恭请圣安。孝顺父母，是要让父母欢喜。从帝王到百姓，家庭常礼出于天伦之理，是不能以社会地位分别上下的。

第三，心细胆大，防患未然。康熙说：无事之时，常如有事，防患于未然，则自然事不生。有事之时，却如无事，以定其虑，不乱心境，则处置自然得法。古人说：心欲小而胆欲大。处理事情就应当如此。

第四，耳聪目明的办法。康熙说：最高领导人，若能以天下人的耳目为耳目，以天下人的心思为心思，还用担心信息不对称不全面吗？舜帝喜好调查研究，喜欢向百姓询问意见，所以他能洞观天下，被后人称为有大智慧的人。

第五，有效决策的方法。康熙说：古代圣人作决策，有两种方法：第一，"先参众论，而后审之以独断"。第二，"先定己见，而后稽之于人神"。

第六，用人不疑，开诚布公。康熙说：用人方面，既要用他又怀疑他，这不好。我怀疑他，他的疑心就会增加。台湾叛乱，我想派施琅去平叛。满朝文武都说此人去必定叛变。我叫施琅来，告诉他：大家都说你到台湾必定反叛。我想，若不派你去，绝不能断定你不反叛。我保举你去台湾。结果施琅很快平定了叛乱。凡事开诚布公为善，防范猜疑没用啊。

第七，知错能改。康熙说：只要是人，谁不犯错误？很多人有过错但不承认。我不然。有时因为自己忘记而错怪他人的，我会主动认错，并说：这是我的过错。这样做常常使人感动得不知所措。能主动认错并承担责任者，大多是君子。如果有错能改，这正是自新从善的机会。因此，人们把能改错看作很珍贵的品质。

### 教导养生

康熙说：真正的养生之道，在圣人的经书里。所以我常教导你们，要熟习五经四书。存心、养性、立命的道理和方法，在书中都有。这是最上乘的养生方法，远胜于那些偏方杂学（这一点在大儒、高僧得到明证。马一孚、梁漱溟、钱穆、冯友兰、虚云老和尚、南怀瑾等，个个都挺长寿）。

康熙说，养生的重点是三件事：重饮食、慎起居、穿合适衣服。这是防病治病的良方。节制饮食，别贪吃，别沉湎于酒席。每个人的肠胃生来就不同。饮食应当选择适宜肠胃的。起居有常，不可贪睡。我在冬天，宁愿穿厚衣，也不用火炉。所以很耐寒，很少感冒。我吃饭后，必定谈论一些好事，或者看些赏心悦目的东西。这样，饮食容易消化，对身体大有益处。

康熙说：心很专注、不散乱，即是养生之道。平日养生，以怯懦、谨慎、机警为上，这对身体有大益处。仔细观察那些长寿的人，他们都这样。当然，这样的心机不能用在别处。用之于养生，很有益。有的江湖术士自夸修养得法，大言不惭。他们所谈的养生方法，试验几年，和常人一样。观此，知世上的术士，都是骗人的。因为我都亲历并且试过。

# 四、中国经典著作中的管理智慧

百家争鸣争什么？如何治理家国、如何管理社会。百家争鸣，儒道胜出。从此，五经四书和老庄经典，就成了历代帝王和朝廷官员做人做事、治国理政的必读书。这些经典著作的最大特色，是领导智慧、管理智慧，而非专业管理知识。

下面以《易经》和《老子》为例，看看这些几千年常青不老的经典著作中所含藏的领导智慧和管理智慧。

## 1.《易经》的管理学问

### （1）《易经》也是管理学、领导学

南怀瑾说：《易经》啊、老庄呀，那都是真正的帝王学，领导学。它的道理，无论用在哪里都是通的(《易经别讲》)。《易经》思想高远，智慧无量，有很多领导理念、领导方法和管理原则，无论用在哪里都是通的。比如下面这些名言名句：

自强不息、厚德载物；

开物成务、守正创新；

崇德广业、革故鼎新；

乐天知命、中正仁和；

穷则思变、唯变所适；

凡益之道、与时偕行；

刚柔相济，异中求同；

安不忘危，治不忘乱。

积善之家，必有余庆；积不善之家，必有余殃。

……


这些深邃的观念，即使在今天也到处都在用。有的被用作家规家训来管理家庭；有的作为校训用来指导办学；有的作为企业理念来指导经营，有的作为治国思想纲领来指导策略制定。

中国历朝历代的大政治家、大军事家、大思想家、工商掌柜，大都喜欢《易经》。唐太宗李世民，将自己的年号定为"贞观"。这"贞观"就取自《易经》的"天地之道，贞观者也"。贞是中正，观是示范，以中正示范人就是"贞观"。唐太宗用"贞观"做年号，彰显他是用中正之道来治理国家的。司马光说："中正者，足以尽天下之治。"为了让朝廷官员们学习掌握《易经》的管理智慧，李世民曾命孔颖达编著《周易正义》，供朝廷官员学习之用。虞世南是唐太宗的办公厅主任，很有名的大政治家和大书法家。他学识渊博，精通《周易》。虞世南说"不知易，不可为将帅。不足以治国理政"（原文是"不足以言太医"）。李世民亲自为皇太子李治撰写的治国理政大纲——《帝范》，开篇就说："朕闻：大德曰生，大宝曰位……"这段话出自《易经》"天地之大德曰生，圣人之大宝曰位。何以守位曰仁"。

宋朝有两次成功的改革。一是范仲淹主持的庆历改革，二是张居正推行的万历改革。两次改革的指导思想都源于《易经》。张居正说：搞改革，经常会身处困境。因此我经常读《易经》，寻找摆脱困境的办法。他常用《易经》"困卦"的话来勉励自己："困而不失其所亨，其为君子乎。""象曰：泽无水，困。君子以致命遂志。"身处困境但必须想办法走出困境，致力于完成使命，绝不改变志向。君子不就是这样的吗？

司马光是大思想家、大政治家，他精通《易经》。在《资治通鉴》中，经常引用《易经》的思想来论断史实。他说：《易经》之道，即是治道。也就是说，《易经》就是领导学、管理学。

康熙对儿子们说：《易经》是古代圣王治国理政的大纲。所以我经常研读，玩味其中精妙的管理之道。微言大义，要细心斟酌。我曾让几个儒臣编撰了《日讲易经解义》，后来又命令大学士李光地编写了《周易折中》。在我看来，《易经》是观察民情民意、设计施行教化的方法，它有沟通民心的功用。它教导人要戒惧、反省，要管好自己，它教导领导者要安而不忘危、治而不忘乱。它探究天人关系和性命关系，开物成务，引导民众，通达变化，没有比《易经》讲得更详尽的了。

毛主席也喜欢读《易经》，认为《易经》里充满了辩证法，而辩证法是领导人非常重要的思想方法和工作方法。习近平主席也常引用《易经》的观点来表达自己的政治理念。如他多次引用"凡益之道，与时偕行""兄弟同心，其利断金"等，来说明他的共享共生、创新发展、相互增益、团结协作的治国理念。

孔子说："夫《易》何为者也？夫易，开物成务，冒天下之道，如此而已。是故，圣人以通天下之志，以定天下之业，以断天下之疑。"这里孔子自问自答，他问《易经》究竟是干什么用的？他说《易经》揭示了世界万有的根本规律，赋能人们成就功业。所以圣人用它来沟通天下人的心志，用它来开创事业，用它解决疑难问题。孔子说：《易经》告诉领导人，做好管理有四大方面：第一，"言者尚其辞"，当领导的，说对的话，把话说对，不能乱说。这很重要。第二，"动者尚其变"，当领导的，要懂得变通。第三，"制器者尚其象"，领导者干事业，干什么要像什么，不能干成四不像。第四，"卜筮者尚其占"，当领导的，在做决策时，要对结局有概率估算，做到心中有数。

《易经》的核心是太极八卦图，它含藏世界万有的基本结构、基本运作模式和变化法则。《易经》有六十四卦，六十四卦其实就是社会人生的六十四大类问题场景及解决思路。如"家人"卦，讲家庭问题和家庭管理之道。如"谦"卦，讲人生吉祥之道。如困卦，讲人生事业经常是困难重重，要懂得如何摆脱困境，去完成使命。如"革"卦和"鼎"卦，讲革故鼎新等等。还有，六十四是个非常神奇的数字。生命的遗传密码也是六十四，它的演化模式与《易经》讲的没有两样，也是太极生两仪（嘌呤和嘧啶），两仪生四象［即4种遗传密码，腺嘌呤（A）、鸟嘌呤（G）、胞嘧啶（C）和胸腺嘧啶（T）］，四象生八个，八个演化成六十四个。真是太微妙了。

朱熹说：六十四卦是天理，即自然秩序。《易经》从乾坤两卦开始，到既济和未济两卦结束。"乾"卦说"君子自强不息"。"坤"卦讲"君子厚德载物"。人生要想干成点事业，就必须自强不息，并且要厚德载物。经过曲曲折折，走向成功，这就是"既济"卦。成功了不是万事大吉，大成功背后潜伏着诸多危机。所以"既济"卦说"君子以思患而预防之"。大功告成后会怎样，最终是向未济的境地演进。因此"未济"卦说"君子以慎辨物居方"。《易经》最后以"未济"卦结束。它暗示，世界人生是一盘永远没有胜负定论的棋局。再举一个例子：六十四卦顺序中，"泰"卦紧随其后的是"否"卦。泰极否来，由好变坏，只一步之遥，瞬间的事。但要从坏变好，从否到泰，否极泰来，则需要很长时间、数十倍的努力。这些都是很高深、极微妙的领导智慧，需要花时间去感悟的。

### （2）《易经》的管理智慧

班固《汉书·艺文志》中说："《易》道深矣。人更三圣，世历三古。"《易经》微言大义，道理极深。它是三位圣人的著作，伏羲设计八卦，周文王演绎成六十四卦并作卦辞和爻辞，孔子著《易传》，前后经历1800多年才成书。纪晓岚在《四库全书》提要中说"易之为书，探究天道以发明人道"。所谓"探究天道"，即探究世界的基本结构和变化规则，所谓"发明人道"，即发明经营管理之道。

粗略地说，《易经》有四大核心观念：整体观念、图象化（结构化）观念、变通观念和中正观念。这些观念含藏有极高明而道中庸的领导智慧和管理智慧。

第一，整体观念：其要义是统筹兼顾、观照全局。看太极八卦图，我们就明白，《易经》的思维模式，是整体思维、动态思维、结构化思维、辩证思维。它教我们认识问题、思考问题、解决问题乃至决策行动，要学会系统思考，即统筹兼顾、观照全局。什么是全局？《易经》说：全局基本是由相反相成、相克相生的两个部分组成的。夫妻关系是家庭的基本"全局"，股东与客户是企业的基本全局。供给与需求是市场的全局等等。全局是个动态过程。相反相成的两方面交互作用，推动全局的变化发展。所谓变化，无非进退。全局具有复杂性。所谓复杂，就是相克相生的两方面你中有我、我中有你。比如利中有害，害中有利，比如机会中藏着风险，风险中藏着机会等等。合理地认识问题、思考问题、解决问题，不能离开全局性、过程性、复杂性。统筹兼顾相反相成的各局部、各阶段，整体观照相克相生的各方面和各阶段，这是领导的大智慧。以市场为例：供给与需求组成市场的全局，供求双方的交互作用，推动市场的变化发展。市场的所有问题，说到底都是由供给侧与需求侧交互作用派生出来的。供给与需求关系具有复杂性，供给中有需求、需求中有供给。供求平衡，有总量平衡，也有结构平衡等等。供求关系背后是企业、政府、消费者等等各种力量的交互作用……

第二，图像化观念：其要义是世界的一切都可以图像化、结构化。《易经》的六十四卦，就是将人们生存的六十四个大类场景，图像化、结构化了。《易经》说"卦者，挂也"。图像化、

# 谦

**谦** 亨，君子有终。

上六：鸣谦。利用行师，征邑国。
六五：不富以其邻，利用侵伐，无不利。
六四：无不利，撝谦。
九三：劳谦，君子有终，吉。
六二：鸣谦，贞吉。
初六：谦谦君子，用涉大川，吉。

结构化是一种妙方便，把图像化了的问题悬挂出来，方便人从四面八方观察它、思考它，帮助人们看清全局和全过程，看清问题的复杂性。《易经》的 64 卦象，每一卦都是由六爻组成（看下图），其中有象、其中有数、其中有理、其中有策。它们是象、数、理、策四位一体的架构。所谓"象"，就是把现象或问题结构化、图像化。所谓"数"，就是表征问题的时间数据和地位数据。所谓"理"就是隐藏在现象和数据中的道理。所谓"策"，就是解决问题的策略办法。比如谦卦，它的问题是，人说话办事，怎么做才能吉祥？根本就是一个字，"谦"。"地中有山，谦。君子以裒多益寡，称物平施"，"谦谦君子，卑以自牧"（谦虚再谦虚，把自己管理好）。辛劳又谦虚，善始善终的人，肯定通达吉祥。象、数、理、策三位一体，是观察问题、思考问题、决策行动非常有用、好用的工具。遇到困难问题，首先找出问题相反相成的两面，并定义其性质。然后将它结构化、图像化。然后找到关键数据，然后搞明白其中的道理，最后决策行动，解决问题。

第三，变通观念：其要义是变通趋时、与时偕行，即"变而通之以尽利"。整个《易经》系统全都在讲变化。《易经》讲变化的道理，深刻而全面。因此《易经》也叫变经。在管理智慧上，它有四个要点：一是掌握变化的定义："变化者，进退之象也"，所谓变化，要么进步，要么退步。而变化的原因是"刚柔相推而生变化"，也就是阴阳互动而生变化。变化不以人的意志为转移。因此最好的选择是"唯变所适"。二是明白如何适应变化：《易经》说："凡益之道，与时偕行"，"损益盈虚，与时偕行"。"时止则止，时行则行，动静不失其时，其道光明"。三是懂得如何变通、如何变革：穷则思变，变而能通，通而能久。怎么做？"一开一关谓之变，往来不穷谓之通。""化而裁之谓之变，推而行之谓之通，举而错之谓之事业。"《易经》说"变通者，趣时者也"，变通即顺应趋势、与趋势同步，目的是趋利避害。《易经》说，变革成功的关键是上下呼应。四是知进知退。形势有利时，要乘势而进。形势不利时，要适时而退，伺机再进。进退都要掌握主动权。《易经》说：知进退存亡而不失其正者，那就是最高明的领导了。

第四，中正观念：其要义是守中守正、趋吉远祸。一般地说，"中"是不走极端，"正"是不搞歪门邪道，而在《易经》里，"中"

家人　巽为上卦　离为下卦　风火家人

有两种含义，即"位中"和"时中"。"位中"指所处的位子中正不偏。"时中"指与时偕行，做事不早不晚，恰逢其时。《易经》有64卦，每卦有六爻，从下往上数：初、二、三、四、五、上。它们既是时间流程，也是地位结构。阳爻居阳位，阴爻居阴位，叫正位。64卦中，"六二"和"九五"是中正之象。中正之象，即内柔外刚之象。这是吉人天相。毛主席评价邓小平是"内柔外刚""人才难得"。中正观念有三个要点：一是在对的位子、对的时间、做对的事情，就会吉祥。也就是"位"与"时"匹配好。二是掌握"适度"原则，即知止不殆。但"度"不是一个静态的"点"，它是动态的、有弹性的。西方经济学和管理学中"最大化"理论，不是个好的假设。它引导出的行为，如投资回报最大化、市场份额最大化、销售额最大化等等，不是小过就是大过。三是守中守正，可趋吉远祸。现实中，很多人事业越做越成功，而自己却越来越被逼到凶险境地。高明的领导者，事业做得越是成功，自己就越能趋吉远祸。

### （3）《易经》的八卦图和企业管理模型

《易经》的核心是太极八卦图，它是空前绝后的伟大创造。孔子说：太极八卦图是圣人以天地为模型设计出来的，它含藏着世界万有的基本结构、运作模式和变化法则。因此它可以用来指导人们崇高品德，广大事业，管理世界。（原文："《易》与天地准，故能弥纶天地之道。""夫《易》，圣人所以崇德而广业也。……天地设位，而《易》行乎其中。"）

孔子说，太极八卦图的设计思路是这样的："易有太极，是生两仪。两仪生四象，四象生八卦，八卦定得失，得失生大业。""天地定位，山泽通气，雷风相薄，水火不相射，八卦相错。"如此这般，太极八卦图就设计成功了。见下图：

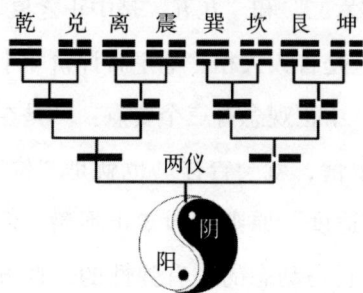

**太极八卦图中的领导智慧**

第一，太极八卦图教人看明白世界万有的基本结构：世界的一切都是由阴阳两个元素组成。阴阳相反相成、相克相生，你中有我、我中有你。如此观世界，世界的一切都是太极图。比如家庭是太极图。家庭由夫妻组成，夫妻相反相成、相克相生，你中有我、我中有你。比如市场是太极图，由买方和卖方组成，买卖双方相反相成、相克相生，你中有我、我中有你。比如人是太极图，由身心组成，身心相反相成，相克相生，你中有我、我中有你。企业是太极图，政治、经济、社会、竞争力等等，通通都是太极图，都可作太极观。

第二，太极八卦图教人掌握世界万有的演进和运作模式：阴阳交互作用，生出四种现象，即四象。阴阳三次重组，生成八个现象，即八卦或八象。世界的一切，都是如此演进和运作的。比如生命 DNA 的演进和运作模式，比如家庭、国家的演进和运作模式，比如企业管理的大量模型，如 SWOT 模型（企业的优劣势与环境中的机会和威胁），波士顿矩阵（企业实力和市场吸引力）等等，都是这样的套路。

第三，太极八卦图教人掌握处理矛盾的基本方法："有象斯有对，对必反其为，有反斯有仇，仇必和而解。"有象斯有对——市场上，有买方必有卖方，组织中，有领导必有下属，管理上有激励必有约束……对必反其为——相对的两面，行为是反着的。买方要低价，卖方要高价。股东看利润，客户看品质。有反斯有仇——想法和行为相反的两方面，经常会产生争斗、冲突、怨恨，这很正常。仇必和而解——相反相成的两面，斗争不能你死我活，你死了我也活不好。因此以和为贵。但君子和而不同，小人同而不和。

第四，阴阳太极图教人掌握变化的定义和法则：什么是变化？阴阳相推而生变化，生出一系列新事物新情况新问题，这是变化的定义。变化有四大法则：①相克相生的两方面，力量发生了改变。②相克相生的两方面，地位发生了改变。③相克相生的两方面，关系发生了改变。④由前面三点交互影响，引起大格局的变化。比如说市场变化，无非是这四方面发生了变化。比如说世界百年未有之大变局，无非是中美关系发生了变化。离开阴阳相克相生的关系来谈论变化，那是无的放矢、无病呻吟，说不到点子上的。

要记住：阴阳只是两个抽象符号。就像计算机专家用0和1来编辑信息再现世界一样，古代圣人用阴爻和阳爻来模拟天地，再现世界万物的基本结构、演进模式和变化法则。用一张简单的图，再现如此复杂的世界，真乃大道至简，太厉害了。

**企业管理的太极八卦图模型**

依照孔子讲的太极八卦图的设计思路，我曾设计了企业经营管理的太极八卦图模型。这个模型，将企业经营管理不可或缺的要素，放在一张图上做整体呈现，可观能观，有用好用。

孔子说"易有太极，是生两仪。两仪生四象，四象生八卦。八卦定得失，得失生大业"。企业创生产品，产品有二重性，即价值和使用价值（阴和阳）。企业想得到价值，客户想得到使用价值，如此市场上买卖双方的四象就出现了。企业经营的全局和过程有八大关键要素：①企业，②产品，③客户，④营销，⑤组织，⑥管理，⑦市场，⑧政府。依照太极八卦图的设计思路，企业经营管理的太极八卦图模型如下：

第一，企业八卦图模型中，企业与客户相对应，这就是《易经》说的："天地设位，而《易》行乎其中。"企业是创造者，客户是成全者。第二，企业有两项基本功能，即营销和产品创造（创新），因此，营销与产品相对应。第三，企业的生产活动和销售活动，需要高效的组织和有效的管理，因此，管理与组织相对应。第四，政府是营商环境的建造者，市场有效运行的维护者。因此，政府与市场相对应。第五，这八个东西交互影响，决定企业的得失成败，决定企业能否做大做强，这就是孔子说的"八卦定得失，得失生大业"。

依照八卦推演而成 64 卦，企业的太极八卦图模型，也可以推演变成 64 个经营管理模型。比如营销八卦图模型：①营销，②营销与企业，③营销与政府，④营销与管理，⑤营销与组织，⑥营销与市场，⑦营销与产品，⑧营销与客户。比如产品八卦图模型：①产品，②产品与企业，③产品与营销，④产品与政府。⑤产品与管理，⑥产品与组织，⑦产品与市场，

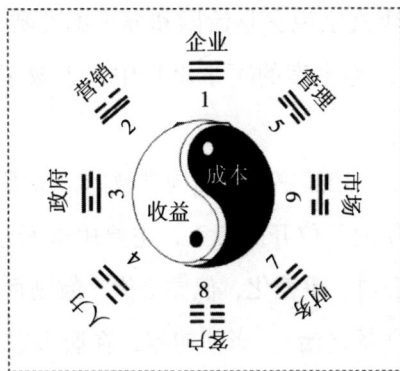

⑧产品与客户。其他如管理、组织、客户、市场、政府等，都可以如此设计。

**掌心上的世界**

太极八卦图模型是可以放在手掌上来观想和操作的。伸展右手，看到中指、食指、无名指共有9节。将中指中间部分当作太极图，周围八节当成八卦图。其排列是这样的：中指的最上节放乾卦（企业），中指的下节放坤卦（客户），这叫天地定位。然后依照乾一、兑二、离三、震四、巽五、坎六、艮七、坤八进行排列。如此这般，掌心上的太极八卦图就成了。如果换成企业八卦图模型，就是企业一、营销二、政府三、管理四、组织五、市场六、产品七、客户八。就等于把企业管理放在手心上来玩，这实在是太高明了，太方便了，太微妙了。

## 2.《道德经》的领导和管理智慧

### （1）高明领导者的大智慧：道和德

《道德经》是什么学问？司马迁和班固说它是真正的帝王

学、领导学。唐玄宗说它是治国和养生的经典教科书。毛主席说它是兵书，毛主席的军事思想中，汲取了很多《老子》的智慧。

中国历史上，用道家思想治国理政的，最著名的是汉初和唐代。汉朝初年的几位开国帝王，主要用道家思想治国理政，如轻税负、轻刑罚、重德化，倡导节俭，鼓励百姓发展生产等等，成就了"文景之治"。唐朝初年，在唐太宗李世民的治理下，国家出现了政治清明、经济增长、社会稳定、文化繁荣的局面，即所谓的"贞观之治"。吴兢在《贞观政要》中总结李世民治理家国的经验时说：安人宁国，惟在于君。君无为则人乐，君多欲则人苦。又说：贞观之治，靠的是无为之功。

老子是道家的始祖，他和孔子是同时代人，比孔子年长。他们都生活在天下大乱的春秋战国时代。两位圣人都有治理家国、管理社会的系统思想。孔子主张为政以德，以德治国。老子则提出"唯道是从""无为而治"的治国方略。当然，他们也有相同点，他们都强调治国理政必须"守正"，走正道，不能搞歪门邪道。老子说："以正治国，以奇用兵"，孔子说："政者，正也"。

《老子》又名《道德经》，五千来字，共81章，分上下两篇，上篇叫"道经"（1—37章），重点讲"道"是什么。下篇叫"德经"（38—81章），重点讲如何依道而行。《道德经》教人如何走"正道"，正道才是成功之道。老子认为：卓有成就的领导和管理，就两个字，"道"和"德"。

什么是"道"，什么是"德"？从语义上说："道"有三种含义：一是指道路，引申为规律、规范、法则、秩序、导向。二是指道理、原理。三是指言说。"德"有两种含义：第一，"德"字从直从心。意思是行为正直即是德，心正即是德。第二，德者，循也。循道而行就是"德"，"惟道是从"就是"德"，按规律办事就是有品德。

《道德经》是教领导者修炼领导智慧的书。《道德经》如是说：道如何如何，所以圣人治国理政要如何如何。比如："天之道，利而不害；圣人之道，为而不争"（81章），"道常无为"，所以"上德无为"等等。需要特别明确一点，在《道德经》中，"道"是指根本规律、规则、大道理。"德"是指依照规律做事，按原则办事；"圣人"是指高明的领导人。高明的领导人是悟道者、行道者，他们"唯道是从"，即按照规律说话办事，不乱来。

"道"有五大规律：第一，道是一体两面的东西，"负阴而抱阳"。第二，"反者道之动"。第三，"道常无为而无不为"。第四，"天道无亲，常与善人"。第五，道隐无名。

第一，道是二元一体或一体两面的东西。老子说：道生万物，万物负阴而抱阳，冲气以为和（42章）。什么是"道"？背着阴，抱着阳，充满元气而相互调和，这就是"道"。很显然，道就是阴阳太极，二重性是道的本质。世间万物的奥秘就在这个二重性里。资本世界的奥秘在商品的二重性里（马克思），领导和管理的奥秘在正邪善恶、利害得失的二重性里。

第二，"反者道之动，弱者道之用"（40章）。向反面变动发展是"道"的规律。比如由生向死、死而再生，由小变大、大而化小等等。柔软是"道"发挥功用的方式，是生命力的表现。老子举例说：人活的时候，身体各部分都柔软灵活，人快死的时候，身体的各部分都变得很僵硬。草木活着的时候柔弱，死的时候就枯干。"故坚强者死之徒，柔弱者生之徒"（76章）。

第三，"道常无为而无不为"（37章）。道是自然秩序、自然规律。春生、夏长、秋收、冬藏，这就是"道"。道的特点是必然如此、必定那样。它"无为而无不为"。春夏秋冬有什么作为？但它能使万物生住异灭。

第四，"天道无亲，常与善人"。天道无偏爱，永远助力行善的人。或者说，规律无所偏爱，它与按规律办事的人同在。

第五，道隐无名（41章）。规律隐藏在事物之中，事物有普遍规律和特殊规律，因此很难给它命名，需要感悟体证。

"德"有三大特性：第一，"德"就是依道而行，也就是遵循规律说话办事。唯有如此，才能把事情办成做好。第二，真正的大德，他们都是"生而不有，为而不恃，长而不宰"（51章）。他们创生事业而不据为己有，成就事业但并不把持，做领导而不是做主宰。第三，上德若谷（41章），按照规律说话做事，是很大的学问，好似深谷。有智慧的领导人（老子称之为"上德"或圣人）虚怀若谷，内心空灵，就如乔布斯说的"stay hungry, stay foolish"。

## （2）高明领导人的七大管理智慧

高明的领导人，是悟道者、修道者、行道者。他们"尊道而贵德"，"惟道是从"。所谓"尊道"就是尊重规律、尊重规则；所谓"贵德"就是遵循规律做事，按照原则办事。所谓"惟道是从"就是说话办事，只服从规律或原则。粗略说，高明的领导人有7大管理智慧。

第一，老子说：高明的领导人没有自己的心，以百姓心为心（"圣人无心，以百姓心为心"）。百姓中，好的我善待他，不好的我也善待他。这样就会导人向善。百姓中，可信的我信任他，不可信的，我也信任他。这样就会导人守信。高明的领导人治理天下，自己谨慎收敛，使人心归于淳朴。（49章）

第二，老子说：高明的领导人都有向内反观、严以修身的功夫。以德修身，其德乃真；以德修家，保有全家；以德修乡，其德乃长；以德修国，德性普及。以身观身，认识众人，以家观家，认识众家。以国观国，了知天下。这是最卓越掌握规律的方法（54章）。

第三，老子说：高明的领导人，他们创造而不据为己有，帮助而不把持，领导而不主宰（51章）。他们不自见、不自是、不自夸、不自大。因为不局限于自己的所见，所以看得明白；因为不自以为是，所以明见是非；因为不自我夸耀，所以有功劳；因为不自高自大，所以能做好领导（22章）。

第四，高明的领导人，他们有知人之智，有自知之明。他们但求自知而不自我表扬，但求自爱而不自显高贵（"自知不自见，自爱不自贵。"）他们依照规律说话办事，"不争而善胜，不言而善于回应，不召唤而自来。沉默而善于谋划"。

第五，高明的领导人都是悟道者，他们具有像水一样的德行。老子说"上善若水，水善利万物而不争。处众人之所恶，故几于道。居善地，心善渊，与善仁，言善信，正善治，事善能，动善时。夫唯不争，故无尤"（8章）。水帮助万物生长但不与它们争胜。能身处众人所厌恶之地。他们身份高贵但善于卑下，心灵静有定如深渊。他们交往善于择人，出言善于守信。管理谋求善治，做事有耐性，行动善于掌握时机。他们从来不与人争，所以无忧，所以没有人能真的赢他们（81章）。

第六，高明的领导人擅长"柔弱胜刚强"（36章）。所谓"胜"，有战胜、打败、克制的意思，有占优、超过、能承受的意思。"柔弱胜刚强"有三方面的智慧：一是以柔制刚，以弱胜强。水是最直观的例子。老子说"天下莫柔弱于水，而攻坚强者莫之能胜"。二是不妄自逞强。什么是逞强？有点成果就自大、就自夸、就骄傲，这就是逞强。贪欲支配了精气神，这就是逞强。妄自逞强，必定早亡。贪欲太强，必定遭殃。因此老子在《道德经》中反复强调说"物壮则老，是谓不道，不道早已"（30章、55章）。任何事物发展到强壮就会走向衰老。这是规律，违反规律，必定早死。三是以柔弱保护刚强。老子说"与物反矣，然后乃至大顺"（65章）。注意啊，不是六六大顺，是以反求正，然后大顺。以退求进、以败求胜、以损求益，这就是以反求正。明知自己的雄强，却坚守自身的雌柔。明知自己地位荣光，却安住于静默。四是刚柔相济。管理有两只手，即制度和文化。制度是刚性的，文化是柔性的。好的管理，一定是制度与文化相反相成、相互效力。老子说"骨弱筋柔，拿东西才稳固"。

第七，高明的领导人擅长"无为而治"，"道常无为而无不为"。无为而治是道家管理智慧的核心。它有四个方面的意思：首先，无为而治是循道而治。"道常无为"，这是无为而治的根据。领导人一定要根据事物的规律来管理，为此，领导者应尽量减少个人的主观意志，减少再减少，直到完全按照事物的规律来说话办事。老子说"为道日损，损之又损，以至于无为，无为而无不为。取天下常以无事，及其有事，不足以取天下"（48 章）。大禹治水是经典例子。其次，有为要以无为作基准，做事要以无事作基准。老子说"为无为，事无事……"，又说"为无为，则无不治"。干大事，要从细小的事做起。克服困难，要在容易的时候着手。高明的领导做事，绝不从大处入手，所以能干成大事。充分重视困难，反而没什么困难（63 章）。高明的领导做事，是"为之于未有，治之于未乱"（64 章）。再次，老子说：以正念正行来治国，以出其不意来用兵，以无事不惹事来管理社会。不能做一件好事却惹出十件坏事来。所以圣人说：我无为，让人民自主发展；我好静，让人民自我端正；我无事，让人民富足，我没有贪欲，让民风朴实（57 章）。"是以圣人处无为之事，行不言之教，万物作焉而不辞。生而不有，为而不恃，功成而弗居。"（2 章）最后，有为与无为是相反而相成的，是相克而相生的。离开有为说无为，那是胡扯，反过来也一样。管理任何组织，如家庭、学校、医院、企业、政府等等，做事要以无事为参照标准，有为要以无为作参照标准。

## （3）成功领导的三大法宝

老子说：成功领导有三大法宝：一是慈爱，二是俭朴，三是不敢为天下先。因为慈爱所以能勇武；因为俭朴所以能宽富，因为不敢为天下先，所以才成为众人的首长。现在的人，舍弃慈爱而求取勇武，舍弃俭朴而求取宽富，舍弃退让而竞求领先，这都是死路，不可能的（67章）。

儒释道三家都有"三宝"，佛家的三宝：佛、法、僧，即觉悟者、觉悟的方法和修行觉悟的人。儒家的三宝，智、仁、勇，智者不惑，仁者无忧，勇者不惧。道家的三宝，慈、俭、不敢为天下先。这很有意思。它们都是做人做事的大智慧。

"慈"是成功领导的第一大法宝。有两层意思：首先，慈是爱，即仁爱、慈悲。慈的反面是嗔恨、残忍、嫉妒、伤害。慈爱、关爱、无私的爱是最好的领导方式。利而不害、为而不争、敬天爱人（稻盛和夫），这些都是成功领导的密码。其次，仁慈的力量无穷大。老子说：仁慈用于征战则无往不胜，用于守卫则坚不可摧。天要救助谁，就用仁慈来守护谁。

"俭"是成功领导的第二大法宝。也有两层意思：首先是勤俭节约。老子说：管理人、敬事天，没有比勤俭节约更好的方法了。勤俭节约就是早作准备。早有准备，遇事才从容，这是守护家国的根本。掌握住这个根本，才可长治久安（59章）。李商隐在《咏史》中总结得好："历览前贤国与家，成由勤俭破由奢。"其次，俭以养德。诸葛亮在《诫子书》中说"夫君子之行，静以修身，俭以养德"。勤俭使人不断积德，不断积德就可以无往不胜。

"不敢为天下先"是成功领导的第三大法宝。有三层意思：首先是当领导的，绝对不要自我利益优先。当家长的，不能把自己的利益置于家庭之先。当CEO的，不能把自己的利益置于公司之先。当国家元首的，不能把自己的利益置于国民之先等等。如此大家才能拥戴你当领导，跟着你干事业，如此你才能成功领导。当领导的，自我利益优先、搞特权，绝对死路一条，是走不通的。其次，当领导的，要善于补救别人的过错，依照规律辅助事业发展成长，不应主观地胡乱作为。"复众人之所过，以辅万物之自然而不敢为。"（64章）最后，当领导的，对人必须谦卑。身居上位，人们并不感到是负累；站在前面，人们并不感到是妨害。不敢居功自傲，不敢妄自尊大，不敢脱离群众。

## 走向中西配合的管理学问

# 一、四大因素造就了中西管理学问各自的特色

　　有四大不同因素造就了中西管理学问各自的特色。第一，社会组织和文化底蕴不同。中国管理学问是建立在农业文明基础上的。农业文明的组织基础是家庭，其文化根基是儒释道。西方管理学问是建立在工业文明基础上的。工业文明的组织基础是企业，其文化根基是基督教新教。第二，人性假设不同。中国文化认为人性向善，西方文化认为人性本恶。第三，管理路线不同。中国管理是以人为本、以心为归、以德治理。西方管理是以物为本、以行为归、以法治理。第四，知识特色不同。中国管理学问不分科目但分层次，即分为道、术、技三个层次。西方管理是分科目和分专业的。用表呈现如下：

| | 中国管理 | 西方管理 |
|---|---|---|
| 社会组织和文化 | 农业文明，家庭组织，儒释道文化 | 工业文明，企业组织，基督教新教文化 |
| 人性假设 | 人性向善，讲诚信 | 人性本恶，讲契约 |
| 管理路线 | 以人为本、以心为归、以德治理 | 以物为本、以行为归、依法治理 |
| 学问特色 | 不分科、分层次，即道、法、术 | 分科目、分专业。管理理论和管理实务 |

## 1. 社会组织和文化根基不同

### （1）农业文明、家国组织、儒释道文化

说到农业文明，中国是全世界最经典的样板，就如同美国是工业文明最经典的样板。从衣食住行用到家的管理和国的治理，中国人把农业文明发展到了叹为观止的境地。"轴心文明"理论的创立者雅斯贝斯说：假如公元700年有个外星人来地球旅游。他来到中国的长安，会找到地球上物质生活和精神文明最高级的场所。他游走到北欧，发现那里简直就是野蛮之地。

中国自秦汉到清末，在政治上，一直是中央集权的大一统格局，在经济上，一直是以家庭为根基的小农经济。在文化上，儒释道三足鼎立，支配着中国人的精神生活，并协调着政治、经济、社会之间的矛盾运作。这两千多年来，中国一直都是地球上数一数二的大国和强国。

家庭和朝廷（政府）是组成农业社会的两大支柱。而家庭是农业社会的根本。家庭从事两种生产，一是人口的生产，由此血脉得以延续。二是物品的生产，由此生活得以继续。家庭是生产组织，也是消费单位，也是生活单位。生产与消费是一体的，工作和生活不分开。家庭是个人安身立命的根据地。全能型家庭造成农业社会是高度自给自足的社会。不像工业社会，生产和消费分裂为二，工作和生活分裂为二。

家庭是农业文明的核心，也是农业社会经济基础。家庭承担着80%多的社会功能，从生产、分配、消费，到养老、医疗、教育、婚姻等，全由家庭来包办。这与工业社会的家庭根本不同。在工业社会，家庭原有的诸多功能都转移到企业、市

场和政府手上。

在农业文明时代，中国人对家的管理和对国的治理，都达到了登峰造极的境地。1699 年，德国的哲人和大数学家莱布尼茨就对西方人说：中国的治国之道高于西方，虽然西方的自然科学强于中国。经过长期的持续改善，中国民族建立起一整套管理家国的理念、制度和技术。比如在国的治理方面，如储君的选拔教育培养制度、宰相辅佐制度、官吏监察制度（包括谏诤权和弹劾权）、社会基层治理制度（从乡官到乡绅）等。特别是官吏选举制度，从两汉的"乡举里选"，到魏晋南北朝的"九品中正"，再到隋唐以来的科举制度。科举制度是一项十分关键的制度安排，它向任何人打开了通往荣耀、权力、富贵的大门，促成了社会的全面流动。中国还有个世界上独一无二的制度，那就是"史官制度"。这项制度在周朝就有了。史官有"考论得失、惩恶劝善"的责任。史官制度促使帝王做事很有敬畏心，生怕留下千古骂名。

中国农业社会最鲜明的特点，即家与国是同构的。朝廷里有严格的等级制度，家庭里也有。朝廷里，皇帝一人专权。家庭里，父亲是一家之主。在家孝敬父母，在国忠于皇帝。无论是管理家庭，还是治理朝廷，都奉行"德治主义"，即以德治家、以德治国。以德治理转化为制度设计，就是礼制。礼制是中国人管理家庭、治理政府的最基本制度。

**儒释道文化**

儒释道文化就是管理学，几千年来一以贯之。宋朝孝宗皇帝赵昚说得明白："以佛治心，以道治身，以儒治世。"耶律楚材给元朝皇帝谋划的治国方略，也是"以儒治国，以佛治心"。对儒释道管理文化的特色，提炼概括有很多，但最根本的，是下面这五点：以人为本，以心为归，以德治理，崇尚和谐，价值观优先。

第一，以人为本：它相对于以神为本、以钱为本、以物为本等等。人是目的，不能被工具化。比如企业不能把员工当成赚钱的工具，不能把客户当成牟利的工具。与人相处，己所不欲、勿施于人是基本遵循。仁义礼智信是管理之普适原则。做人和做管理，应有爱人之心。做人和做管理，要懂得以义制利，先义后利。做人和做管理，要守规矩，讲礼仪。做人和做管理，要有智慧。做人和做管理，要讲信用。知仁者关爱人，知义者必助人，知礼者不辱人，有智者方便人。有信者不骗人。仁义礼智信的核心是一个"正"字。如孔子说的："政者，正也。子帅以正，孰敢不正？""政"就是管理。管理的根本就是管理者的心要正、言要正、行要正，并且正人先要正己。当领导必须有这样的修养。

第二，以心为归：管理就是修心，要走内圣外王的路线。"内圣"是学会自我管理，有定力，完全能自律。它包括管理自己的认知、管理自己的思想、管理自己的言语、管理自己的情感、管住自己的行为。有了自我管理能力，进而学习管理别人、管理一个组织，这就是"外王"。

第三，以德治理：道德是做人的标志。人讲道德，禽兽不讲。道德是管理的根本。所以孔子讲"为政以德"。它有两层意思：一是以德治家，以德治国，以德管人。二是管理者自身的道德要过硬。所谓"打铁还要自身硬"。缺德的领导者是没有领导力的。厚德才能载物，组织和个人都一样。

第四，崇尚中道：不偏不邪、无过无不及谓之"中"。中道是和谐之道。儒释道都讲和谐。佛教僧团有"六和敬"的理念和制度设计，它涵盖了行为和谐、语言和谐、思想和谐、利益和谐等等。紫禁城内中轴线上建有三大殿：太和殿、中和殿、保和殿。三大殿都有一个"和"字，这是中国管理文化的精髓。"太和"就是和谐最大化，不是利益最大化、市场份额最大化。"中和"就是思想、言论、行为要恪守中道。"保和"就是做人做事要精神思想专注，笃定从容，一心不乱。当然，和谐不是没有矛盾斗争，和谐是用来协调节制矛盾斗争的。

第五，价值观优先：当领导、做管理，要价值观优先。基于价值观进行制度设计，比如礼制。基于价值观选人用人，比如"德才兼备、以德为先"。基于价值观进行绩效评价等等。

### （2）工业文明、企业组织、新教伦理

工业文明的本质，即生产与消费的分离。这一裂变，后果十分重大。从此人类生活被劈成两半。一个中心、两个基本点的社会架构也由此确立。所谓"一个中心"就是以市场为中心；所谓"两个基本点"，一个是企业，另一个是家庭。这是人类文明的第二次大转型，即从农业社会转型为工业社会。它引发了连锁革命，用马克思的话说，生产力的发展引起生产关系的变革，二者协同又推动了社会上层建筑和思想文化的革命。

生产功能从家庭分离出来，出现了专事生产的组织，即

企业。企业是为了别人而生产，产品变成了商品，家庭变成了消费单位。生产与消费的二元化，彻底改变了传统家庭的组织结构和功能。企业专事生产，家庭专事消费，市场协调平衡两者，而政府调控市场、管理秩序。这就是工业社会的基本运作模式。

企业可能是人类历史上最有效率的生产组织，而效率是经济财富增长的关键。自从有了这样的生产组织，人类社会逐渐摆脱了匮乏，走向了富裕。什么是企业？企业的定义是：专门为满足别人需要而生产的专业化组织。企业是工业文明的核心，也是理解工业社会运作和管理的下手处。

市场是联结生产与消费的制度安排。因此，在工业社会，市场是人类生活的中心。市场机制激活了企业的生产和家庭的消费。技术创新使生产效率快速提升、使市场规模迅速扩张。经济活动市场化，使得各国政府都用GDP来衡量经济增长和国家发展。

企业组织的关系虽然复杂，但利益关系是轴心。企业与员工的关系、合伙人之间的关系、股东与经理的关系、企业与客户的关系、企业与供应商和渠道商的关系等等，都是围绕利益轴心展开的。这与家庭组织完全不同。

农业社会是以家为本。修身、齐家、治国，谓之事业。工业社会不同，它是以企业为本，做企业才叫干事业。美国总统柯立芝就说过：美国人的事业就是企业。

工业社会，市场是中心，企业和家庭在市场的两端。企业取代了家庭的诸多功能，使得家庭小型化、功能简单化。市场经济的发展促使政府不断地调整自己的定位。生产方面，机器代替了人力，反映在人的世界观上，就是机械论盛行，认为宇宙是机器、国家是机器、社会是机器、人是机器、学校是工厂、医院是修理厂等等。反映在价值观上就是拜物教，认为那个一般等价物（货币）是天下之大宝。有钱能使鬼推磨。

托夫勒是思想深刻的未来学权威。他说：工业文明有相互关联的六大法则：①标准化，②专业化，③同步化，④集中化，⑤最大化，⑥集权化。这六大法则统筹协调着亿万人的思想和行动，影响到社会生活的方方面面。

由于企业和企业管理成绩非凡，企业管理已成为正确管理的同义词。一听到"管理"，人们立刻想到的就是企业管理。政府向企业学管理，大学、医院、研究机构等，通通向企业学管理。当然，管理不等于企业管理，正如医学不等于妇产科。

## 宗教改革、新教伦理、企业家精神

经济上的工业革命、政治上的民主革命、文化上的宗教改革，它们是相资相助、复杂互动的过程。工业革命催生出民主革命，而宗教改革为两者发展创造出良好的文化氛围。马丁·路德开启的基督教改革运动有四大核心要点：一是因信称义。二是上帝面前人人平等。三是《圣经》才是最高权威。四是世俗权力高于教会权力。宗教改革赋予了个人在世俗社会的终极权威，它为个人主义价值观提供了宗教依据。宗教改革诞生了很多新教教派，加尔文教是其典型代表。

加尔文教有四大真义：第一，预定论，也就是命定论，即个人的命运如何，一生下来就被上帝决定了，并且无人知晓。

因此人应该在世俗生活中去寻找证据。努力获得成功，那就是上帝恩典的证明。第二，劳动是天职，不仅仅是谋生手段。职业是什么？职业是上帝给人安排的任务。做好职业就是完成天职。"人们为了事业而生存，而不是为了生存而经营事业"。政治家是为了政治而活，而不是靠政治而活；企业家是为了企业而活，不是靠企业而活。这种观念将劳动、职业成功与宗教信仰、灵魂得救联系在一起，整合为一体。"一个人对天职负有责任，这是新教伦理中最具代表性的东西，它也是资产阶级文化的根基"（马克斯·韦伯）。第三，入世的禁欲主义：让欲望支配生活是罪过。勤俭节约是美德。抵制一切享乐性消费、最大限度的节俭、追求财富的积累和增长，这些都是荣耀上帝的行为。第四，凡事都追求合理化。做任何事情，都应合理计算其成本与收益、付出和所得。要合理合法地安排一切经营活动。赚钱本身就是目的，成功本身就是目的，它们不是获取人生幸福的手段，它们是荣耀上帝的行为。加尔文教使全部世俗生活和职业工作彻底合理化了。

新教伦理的四大观念——预定论、天职观、禁欲观、合理化，为资本主义兴起提供了精神动力。为企业家经营管理好企业注入了强大的心理驱动力和道德能量。崇尚合理性，看重责任，崇尚节俭，奋斗进取，珍惜时间，追求财富增长等等，这些观念与企业家精神有着天然的亲和力。这不是猜测，它有统计数据的支持。20世纪初，美国连续多年的职业统计表明，工商企业的领导人、资本家、工程师等，绝大多数是新教徒（马克斯·韦伯）。

## 2. 人性假设不同：人性向善与人性本恶

### （1）关于人性的三种假设

假设在管理学中很重要。这与自然科学的情况不同。自然科学的假设对其研究对象和研究者没有任何影响。假设明天太阳从西方升起，既不影响太阳的转动方向，也不影响人们的正常生活。但管理假设就不同了。假设人性良善和假设人性邪恶，这对管理理论、管理方法乃至管理制度的设计等，有着难以估量的影响。其实，任何管理理论和管理制度，都隐含着对人性的假设。那什么是人性？哲学上的定义是"与生俱来的本能"，这是一种不教而能、不学而知的能力。心理学的定义是"稳定的心理特质和行为特征"。

对人性大体有三种假设：人性本恶、人性本善、人性向善。其中，人性本恶和人性本善是最经典的假设。人性是善还是恶，古今中外争论了好几千年，公说公有理，婆说婆有理，根本没办法证实，也没办法证伪。它们都作为公理性假设被认可。在现实中，人的善恶取决于人们强化哪个方面。有个故事这样说：一个智者给孩儿们讲故事说：我心中有两只狼，一只是善良的，一只是邪恶的。它们在我心中一直激烈争斗。说到这里，老人缄默不语。孩子们急切地问爷爷："是哪一只狼胜了呢？"老人笑着说："当然是你经常给喂食物的那只狼胜了。"一个非常好的故事。

我用心留意人性善恶问题数十年，发现了一个统计学上的事实：无论是历史上还是现实中，也不论是什么社会、什么阶层、什么组织、什么团体等，人性善恶全都呈现正态分布。也

就是说，为人处世十分邪恶者和十分良善者，大体各占 10%
左右，其余 70%~80% 的人，行善多还是作恶多，干好事多
还是干坏事多，主要取决于周围环境、社会生态和个人修养。
我们可以称之为"人性善恶的正态分布法则"。这个法则表明，
大多数人的善恶行为受两个方面的交互影响：一是环境影响，
二是自律精神。这意味着，道德教育很重要，制度规章很重
要，领导者的表率很重要，榜样很重要，营造良善的环境很
重要，个人的修行很重要。这里的管理学含义是非常非常明
确的。

### （2）人性假设与管理导向

孔子儒家和佛陀的佛学，都主张人性向善。孔子认为，人
能善能恶、可善可恶；人可以是君子、可以是小人；某些事上
是君子，某些事上又是小人。从基本是小人变化为完美的君
子，最根本的是要严以修身。上到帝王将相，下到平民百姓，
这道理普遍适用。佛陀认为，人之善恶是因缘法，根源在认
知。人因无明和邪知邪见而作恶多端。人因觉悟明白而众善奉
行。真正有智慧的人、真正觉悟了的人是不作恶的。走向觉悟
怎么做？"勤修戒定慧，熄灭贪嗔痴"。只要认真修行并且方
法正确，人人都可以从愚痴无明状态走向开悟觉悟的状态。人
人都可以转凡成圣，成为觉悟者。由上可知，中国的管理学问
是建立在"人性向善"这个观念上的。以此为根本，发展出了
以人为本、以心为归、以德治理的管理理论、管理方法、管理
技术和制度设计等。

决定"人性向善"有四个关键因素：第一个是自我修行。

人生就是一场修行，儒家的修行目标是学为君子，佛家的修行目标是转凡成佛。儒释道文化的观念是：通过自强不息的修行，人人都可以实现自我超越。第二个是文化教育。文化者，以文化人也。教善则向善，教恶则作恶。第三个是管理者、领导人的表率作用。孔子说"君子之德风，小人之德草"，草随风向转。又说："政者正也，子帅以正，孰敢不正？"所谓"上梁不正下梁歪，中梁不正垮下来"。第四个是营造良善的环境。比如营商环境好，经营者违反道德和触犯法律的事就少。政治生态好，贪污腐败的行为就少。反之亦然。这四个方面相互作用，成全人之向善，减少人之作恶。

与此不同，西方管理学问是建立在"人性本恶"和"理性人"这两大假设基础上。基于"人性本恶"的假设，西方管理学演绎发展出 X 理论、Y 理论、超 Y 理论、Z 理论等等。这些理论都很有名。X 理论认为：人性懒惰，天生就好逸恶劳。绝大多数人都没什么雄心壮志，害怕承担责任。因此必须用强制办法比如惩罚和威胁等，促使他们努力工作。激励当然有用，但主要是在生理和安全需要层次上。因此，管理的重点应该是建立健全惩戒规范制度。Y 理论与 X 理论的人性假设和管理方法正相反。Y 理论认为，工作是人的本性，人在工作中有一种满足感。人们通常愿意主动承担责任，为了达成目标，人会自我管控。不少人都有创造力。因此在管理上，要用信任取代监督，用启发和引导代替命令与服从。尽量把人安排到能发挥其专长的工作岗位上。还有参与和协商式管理、分权和授权、自我批判等等。Z 理论对人性的假设及管理制度的设计，与 X 理论和 Y 理论完全不同。Z 理论认为，人是文化的产物，人的习性行为模式是由文化塑造而成的。企业效率取决于成员是否有相同的价值观和相互配合的行为方式。因此，组织应该基于文化价值观来设计和建构组织结构（Z 型组织）、管理制度、管理方法和管理工具。比如：建构上层、中层、基层畅通的管理体制；长期雇用职工、建立命运共同体；关心员工的福利，造成上下级关系融洽、亲密友善的局面；重视员工的培训；建设全面、稳定、着眼长期的考核制度等等。

理性人假设对西方管理学问影响至深至远。"理性人"的行为特质是，给定约束条件，人们都会去选择对自己最有利的事，即最大化自己的利益，或最小化自己的付出。因此，改变约束条件，或者说调整激励或惩罚因素，人就会调整和改变自己的行为。因此，"激励机制"和"约束机制"的设计，才是管理的根本。

（3）人性能不能改良？

李光耀是"新加坡之父"，他是新加坡各种制度和管理方式的总设计师。他曾经说过：我认为人性本恶，必须加以限制，制止恶的一面。这样说可能令人沮丧，但我仍然这样认为。我们已经征服了太空，但我们还没有学会如何征服自我的原始本能和情绪……儒家认为人性可以改良，我不能确定，但我认为可以进行训练，可以进行管教。……你可以让一个习惯使用左手的人用右手写字，但你无法真正地改变其与生俱来的本能。"（《李光耀论中国与世界》）这段话有 4 个要点：第一，人性本恶，人性就是本能。设计管理和制度，应由此出发。第二，好的管理制度，能限制住人性中邪恶的东西。第三，人性能否改良不确定。但通过训练和管教，可以改变人的行为习惯。第四，人类在科技方面很了不起，但还没有找到有效方法，来改变人与生俱来的自私本能和负面情绪。

人性究竟能不能改良？基督教文化倾向于认为不能。但孔子儒家认为可以。王阳明认为，人心可以改造，人性可以改良。王阳明说：人心中的善恶绝不是与生俱来的。人起心动念才有善恶。觉察善恶念头要靠良知，为善去恶要靠清除私心和贪欲。

佛家认为，人性善恶是因缘法。行善有因缘，作恶也有因缘。既然是因缘法，改变因缘就能改变人性的善恶。在因缘法中，认知起关键作用。就是说，人们行善还是作恶，追根究底，是由人的认知模式主导的。由于无明（无知、偏见、邪知、邪见），人心中会生起贪婪、嗔恨、愚痴、傲慢、疑惑等，这些东西都会诱导人干坏事。假如能破除无明、走向觉悟，就能够断除恶缘。如何破除无明走向觉悟？要修习戒律、修习禅观、修习禅定。人有慧力、戒力、定力，就有不一样的人生。

在企业管理界，稻盛和夫是觉行圆满的圣者。他说：人的心中同居着"善良之心"和"邪恶之心"。我们必须做出努力，增加"善良之心"，减少"邪恶之心"。人不能只考虑如何对自己有利，还要考虑如何对周围的人有利。只要持续努力，让自己拥有同情心和爱心，那我们就走上了人生幸福之路。

## 3. 管理路线不同

中式管理与西式管理走的是不同路线。中国管理走的是以人为本、以心为归、以德治理的路线。而西方管理走的是以物为本、以行为归、以法治理的路线。两条路线的不同，造就了中西管理在管理理念、管理文化、管理模式、管理工具等方面大相径庭。西方管理学的根本，是在做事的效率和效能方面，即高效率地把事做成做好，最大化其利益。中国管理的根本，是在修己安人方面，即所谓的内圣外王之道。两者的差别，参看下图：

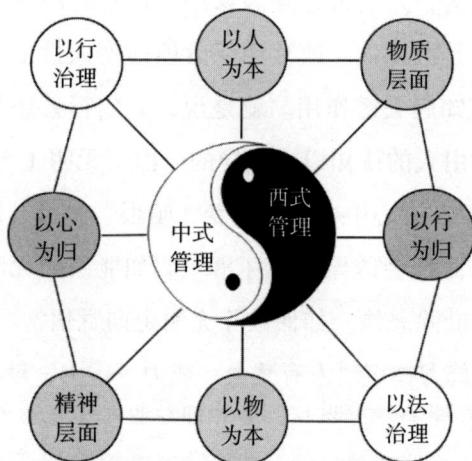

### （1）以人为本和以事（资）为本

中国管理的特色是以人为本，西方管理的特色是以事（资）为本（包括事、利益、利润等）。两者的不同，主要是在对待"义利"的观念和实际处置上。以人为本的管理所强调的是：以义统利，即见利思义、以义制利、义在利先等。在思考

436

决策上，一以贯之的是道义优先原则。以物为本的管理所强调的则是：以利统义，即利字当头、义在其中、重利轻义等。在思考决策上，一以贯之的是利益优先原则。总的说，以人为本管理，重义而崇德，以道义观天下、看人生、做管理。而以物为本的管理，则重利而依法，以利益观天下、看人生、做管理。以人为本和以物为本，在管理导向上表现出诸多差别。下面列举5点：

第一，在管理出发点和落脚点上，以人为本的管理强调，管理是为了人的幸福和成就感。人是目的，不能被工具化。人生幸福和成就感是管理的轴心。以物为本的管理则不同，它强调管理是为了提高效率、降低成本，是为了增加利润。因此，利润才是管理的轴心。以物为本的管理，员工经常被工具化，并且一不留神就滑向商品拜物教，即一切为了钱，一切依靠钱，赚钱不是为了幸福，而是为了赚更多的钱。

第二，在管理关系上，以人为本的管理强调两点，一是强调自我管理，二是强调管理者要想管好别人，首先要管理好自己。因此，人人都是被管理者，也是管理者。以物为本的管理则强调，管理是一种职业，是一种专业才干。管理活动被一分为二，即分为管理者和被管理者。被管理者只是管理者的手和脚。管理者高高在上，工作由手脚来完成。管理者位高权重，尊严不得冒犯。如果有错，那是"奴才错了，皇上圣明"。

第三，在价值创造和分配上，人本管理认为，人是价值的创造者，劳动和知识创造价值，资本的价值也是劳动创造的。离开人，价值创造无从说起。在价值的实际分配上，当然应该按劳分配。物本管理则认为，价值是由资本、土地、劳动、技术等诸多要素共同创造的。而资本在其中起关键作用。因此，价值还是要按资分配。

第四，在人生价值的度量上，人本管理强调，人生价值是不能用物的价值来定义和度量的，应该用高尚的人品道德和社会贡献来度量。物本管理与此不同，它通常是用物的价值来定义和度量人生价值的。因此，谁的钱多，谁就价值大，谁的社会地位高，谁的价值就大。如此等等。

第五，在对待社会关系上，人本管理认为，人与人之间最根本的是伦理关系，是道德关系。绝不能把利益关系、金钱关系当成人们之间交往的核心。它强调要用伦理道德来调节利益关系。物本管理则认为，人与人之间的一切关系，最根本的是利益关系，或者说是商品关系。商品的本质是金钱交换，因此，人与人之间的一切关系都可以商品化。至于利益冲突，全部交由法律。

### （2）以心为归和以行为归

在所有的管理学问中，管人最难。在管人方面，中国走的是以人为本、以心为归的路线，强调人心可以改造、人品可以塑造。西方管理走的是以物为本、以行为归的路线，强调可以通过制度来规范人的行为、来改变人的行为。

以心为归的管理有三大要义：第一，人心才是管理的总开关。人心是身体行为、语言行为、思想行为的幕后主人，好事坏事在人心。一个人如果心正，他能把坏事做成好事。一个人如果心不正，他能把好事做成坏事。因此禅宗六祖慧能说：

438

"正人用邪法，邪法亦是正。邪人用正法，正法亦是邪。"社会的一切都是人心的变现。心念不同，看到的、听到的、触感到的乃至思想到的世界就不同。名利心重的人，看到的是名利，听到的是名利，想到的是名利，社会就是一个名利场。第二，以人心为基础开展经营管理。管理人心就要读懂人心、洞察人心、明白人心的结构和运作模式。管理上的很多无解难题，如果从人心出发去思考和解决，一切变得简单了。因此说，在领导一个团队时，没有比依靠人心更有效的方法了（稻盛和夫）。第三，管理就是修心（修行）。任何修行根本上都是修理自己、管好自己，包括管理好自己的眼、耳、鼻、舌、身、意。该看的看，不该看的视而不见；该听的听，不该听的充耳不闻；该说的就说，不该说的不胡言乱语；该做的做，不该做的不乱伸手；该想的想，不该想的就不胡思乱想；等等。

以行为归的管理也有三大要义：第一，人的行为是管理的抓手。人的思想和心理看不见摸不着，不好管，管不着。人的行为可观察、可解释、可预测、可控制，并且奖惩有事实依据。行为主义为此提供了理论基础。第二，以人的理性行为作为基础开展经营管理。人的行为都是理性的。理性人的行为特征就是计算或算计，即在信息不完全的条件下，力图以最小成本或最少付出去获得最大的利益。理性人知道自己的偏好，对自己想要的结果也很清楚。他们有很强的计算能力，能算出不同选择的相应后果，以最大化和最优化自己的利益。第三，对人的管理，最根本的是两手，一是惩戒，二是激励。惩罚和激励都是一种制度设计。惩罚的目的，是要削弱人们的负面行为。激励的目的，是要强化和助长人们的正向行为。西方管理早期重惩戒，后来重激励。激励机制通过满足人的需要来激发人的工作积极性和创造性，以求获得双赢或多赢的结果。

### （3）以德治理与依法治理

道德和法律是社会稳定发展的两块基石。任何组织的管理，一靠道德，二靠法律。道德对人的管理和约束比较软，它能触及人的心灵层面。法律对人的管理和约束比较硬，它聚焦人的行为层面。中国管理主要走的是以德治理的路线，即以德治国、以德治企、以德治家。道德即伦理，伦理即管理。这个传统自尧舜禹汤文武周公到孔子，再到孙中山和毛泽东，一脉相传，没有中断。《易经》上说"汤武革命，顺乎天而应乎人"。汤是汤成王，武是周武王。"革命"就是改朝换代。革命成功后，周朝人从历史中总结出三条非常要命的经验：第一，"皇天无亲，惟德是辅"。上天对社会的统治者没有亲疏，他只辅佐有德行的领导人。这就是说，一个政权的兴亡成败，是由统治者的德行决定的。第二，"天视自我民视，天听自我民听"。上天是根据民意来做决定的，天意就是民意。第三，"民惟邦本，本固邦宁"。这三条概括起来就叫"以德治国"。

与中国管理不同，西方管理主要走的是以法治理的路线，即以法治国、以法治企、以法治家、依法管人等等。法律的根本是契约精神。为了把事情做成，大家订立合约，约束各方的行为。各方按照约定的规则，做自己该做的事，你好我好，结果就好。由此可见，合约即管理。西方的这个管理传统源于《圣经》。我们知道，《圣经》有两部分，即"旧约"和"新约"。

所谓"约"就是订立契约，就是约法三章的意思。"旧约"和"新约"表明，上帝与人类有过两次大的盟约（Covenant）或者叫誓约。《圣经》提到的具体"盟约"有很多，如诺亚之约、亚伯拉罕之约、摩西之约、大卫之约等等。上帝与人类所立的约是社会管理的最终依据。

以德管理的四大要义：第一，用道德和价值观塑造人品和塑造组织的品格，用道德来规范个人行为和组织行为，无论是个人还是组织，品德才是发展的最后根基。根基不牢，地动山摇。第二，道德管理有两个方面，一是自律，二是他律。自律就是自我管理，他律就是用社会道德、行业道德、职业道德等来管理和约束组织成员的行为。以德管理，首先要求管理者要管好自己，管好自己才有资格管理别人。因此中国文化非常重视领导人的品行。领导者也正是通过其正直的人品，才树立了别人效仿的榜样。身教重于言教。人品是无法弄虚作假的。人们会原谅领导者犯错，但不能原谅其缺德。一个缺德的人是不配当领导和做管理的。第三，以德管理在制度设计上体现为"礼制"："礼制"就是依照道德理性设计出的一整套行为规范和管理制度，其核心是尊重和公平。要尊重自己，更要尊重他人。要公平地彼此对待。特别是领导者要公平地对待下属。"礼制"的特点是用伦理道德调节人们之间的利益关系，促成人们之间能和谐相处。第四，仁义礼智信这些道德规范，做好任何一项，都能造就低成本管理，促进组织和谐。

以法管理的四大要义：第一，法律、合同、制度等都是游戏规则，而游戏规则决定输赢。因此是法律和制度在塑造人的行为方式。面对不同的制度安排，人们就会有不一样的行为。制度很重要。制度好，坏人坏不到哪里，制度不好，好人也会变坏。制度好坏是任何组织能否长久生存发展的最后根基。第二，人性本恶。人们都想最大化自己的收益，或最小化自己的付出。因此人们会削尖脑袋去钻制度的空子。制度设计得再完美，总会存在某些缺陷。因此，法律、制度需要持续改进和完善。第三，制度法律的执行成本，特别是信息成本，会影响制度能否有效且公正地执行。第四，制度有两类，一类重惩罚，一类重激励。早期的西方管理制度重惩罚，后来逐渐转向重激励。近来，激励机制成为制度设计的核心。

## 4. 学问特色不同

### （1）分科的知识与不分科的知识

西方管理学问最鲜明的特色是，管理知识是分科目、分专业的。比如有财务管理、生产管理、营销管理、人力资源管理、客户管理、战略管理、质量管理等。每个管理科目，都有理论、有方法、有工具。比如明茨伯格讲如何打造卓有成效的组织，包括：第一，组织的基本构成要素（五大组成部分）——战略高层、中间线、运营核心、技术结构和支持人员；第二，组织的协调机制（五大协调机制）——直接协调、工作流程标准化、员工技能标准化、工作输出标准化、相互调节；第三，组织设计的四大情景因素——年限、规模、技术体系、环境和权力；第四，组织设计的九大参数——工作专业化、行为规范化、培训和灌输、单位分组、单位规模、规划和控制系统、联络机制、纵向分权和横向分权等等。在这里，理论、方法、工具全部具足，学会了就能用。

中国管理学问最鲜明的特色是，管理不分科目、不分专业。中国管理学问中就没有财务管理、营销管理、战略管理等专业管理科目。中国传统观念认为，管理是大学问，管理包括人、事、物方方面面及其相互关系。管理是通才之学，不是专业学问。中国管理学问虽然不分科目、不分专业，但它是分层的，即分为"道"的层面、"术"的层面和"技"的层次。所谓"道"就是管理之道，包括管理目的、管理理念、管理原则、管理导向、管理路线等。所谓"术"即管理技术，包括管理方法、管理框架、管理工具等。所谓"技"，主要是指管理技艺、管理窍门，管理秘诀多半是在这个层面。以人事管理为例：在选人用人上，中国的用人之道是德才配位，选贤与能，要任用德才兼备的人。按照用人之道的要求，选好人用好人要有方法论和基本框架。大家看《三国》知道，刘备是用人高手，而诸葛亮善于谋划和总结。诸葛亮说有八种人不能用，"一曰贪得无厌；二曰妒贤嫉能；三曰信谗好佞；四曰料彼不自料；五曰犹豫不自决；六曰荒淫酒色；七曰奸诈而自怯；八曰狡言而不以礼"（《诸葛亮集·将苑》）。研究过《庄子》的人都知晓，庄子也是真正的帝王师。如何测试人品，庄子说有八种办法：①远则易欺，远使以观其忠。②近则易狎，近使以观其敬。③烦则难理，烦使以观其能。④卒则难办，卒使以观其智。⑤急则易夹，急使以观其信。⑥财则易贪，委财以观其仁。⑦危则易变，告危以观其节。⑧杂处易淫，派往繁华以观其色。这就是选人用人之术。理论归理论，方法归方法，实际操作才能看出领导者的水平和智慧。中国历史上功勋卓著的帝王都是用人高手，他们用人各有妙法。康熙年间，台湾叛乱。康熙打算用施琅去平叛。满朝文武都反对，说施琅此去肯定叛变。康熙叫来施琅对他说：我打算派你去平息台湾叛乱。大家都反对，说你会背叛朝廷。如果我不派你去，就不能证明你的忠诚。结果施琅去了很快平定了叛乱。其实，管理技巧融通了管理之道和管理之术，体现着很高深的管理智慧。

做学问最好的方法当然是去读该领域的经典教科书。西方管理学的经典教科书都是分专业的。如果要学营销管理，那就去读科特勒的《营销管理》、李维特的《营销中的改革创新》。如果要学战略管理，那就去读波特的《竞争战略》和《竞争优势》，去读明茨伯格的《战略规划的兴衰》和《战略历程》，去读博西迪的《转型》和《执行》。如果要学领导学，那就去读德鲁克的书，去读沃伦·贝尼斯的《领导》和《变成领导》，去读马文鲍尔的《领导意志》等。全部西方管理学都是建立在"管理是科学"这一假设基础上。因此他们用科学方法建构起了管理学的知识体系。顺便讲个故事：汉语中"科学"这个名词，来自日文翻译。日本人把英文 science 翻译成"科学"，意思是分科的学问。日本人觉得，西洋学问与中国学问很不一样。中国传统学问是不分科目、不分专业的，是综合的，而西方的知识是分专业、分科目的。比如自然知识就分为数学、物理、化学、天文学、地质学等等，而人文社会科学分为哲学、历史学、政治学、经济学、法学等等。因此他们把"science"

翻译成"科学"，取"分科之学"的意思。其用意很显然，就是要和中国传统不分科的学问划清界限。"科学"这个概念是康有为从日本进口到中国来的。从那以来，"科学"成了中国社会最有影响力和感召力的名词术语。

春秋战国时期，中国出现了百家争鸣的局面。"百家争鸣"究竟在争论些什么？大家都在争论如何才能把社会管理好，什么是治理家国的最好办法。百家争鸣硕果累累。《易经》《孙子兵法》《墨子》《论语》《大学》《中庸》《孟子》等，都是在那个时期成书的。这些书中有管理的大智慧。此后的两千多年来，这些著作一直被当作中国人的管理圣经。比如《易经》，它被尊称为"群经之首，大道之源"。孔子研修《易经》，从中探求治理家国之道，留下了"韦编三绝"的故事。贞观年间，唐太宗李世民为了让官员学习如何治国理政，让当时的学术泰斗孔颖达编著了《周易正义》。康熙曾告诉儿子们，要好好研修《易经》，里面有治理家国的大智慧。近年来曾仕强讲中国管理很火，他所讲的也主要是《易经》的管理之道。南怀瑾说：《易经》是真正的"帝王学、领导学"。"易道广大，洁静精微。"

## （2）管理科学与管理哲学

总的说，中国的管理学问应该属于管理哲学，而西方的管理学问应该属于管理科学。管理哲学是智慧，管理科学是理论知识。比较《孙子兵法》和波特的《竞争战略》和《竞争优势》，两者各自的特点便可一目了然。《孙子兵法》讲国家战争，波特讲企业竞争，两者的主题和根本一样，就一个字："胜"或"赢"。孙武讲如何赢得战争，波特讲如何赢得竞争。《孙子兵法》13篇，6000字，核心思想是：要想赢得战争，"知彼知己"是不二法门。所谓"知彼知己，百战不殆"。波特的书50多万字，也是讲这个。

《孙子兵法》说，战争的目的就是要赢得胜利。而胜利的原则是：胜要知胜，胜要全胜，胜要易胜，胜要先胜，以智取胜，出奇制胜，最好是不战而胜。不战而胜是最高境界。如何不战而胜？挫败对手的战略意图；或者孤立对手，让其失去支持；或者把敌人变成朋友等等。不战而胜是智慧，不是技术层面能做到的。

如何才能胜利？《孙子兵法》说：有5种力量决定胜负或输赢：一是道，二是天，三是地，四是将，五是法。什么是"道"？道就是道义、道德，人民信任领袖，军民团结一致，人人舍生忘死。什么是"天"，什么是"地"？天是指时间因素，地是指空间因素（拿破仑说：战争是利用时间和空间的艺术）；什么是"将"？将者，智、信、仁、勇、严也；什么是"法"？法是指军队的组织和管理。凡此五者，知之者胜，不知之者不胜。因此，要从下面这些方面反复比较："主孰有道？将孰有能？天地孰得？法令孰行？兵众孰强？士卒孰练？赏罚孰明？吾以此知胜负矣。"这个就叫"知彼知己，百战不殆"。这就是《孙子兵法》的五力模型。

《孙子兵法》说：夫用兵之法，全国为上，破国次之；全军为上，破军次之；全卒为上，破卒次之……是故百战百胜，非善之善者也；不战而屈人之兵，善之善者也。故上兵伐谋，其次伐交，其次伐兵，其下攻城。攻城之法，为不得已。……

故善用兵者，屈人之兵而非战也，拔人之城而非攻也，毁人之国而非久也，必以全争于天下，故兵不顿而利可全，此谋攻之法也。……故知胜有五：知可以战与不可以战者胜，识众寡之用者胜，上下同欲者胜，以虞待不虞者胜，将能而君不御者胜。此五者，知胜之道也。故曰：知己知彼，百战不殆；不知彼而知己，一胜一负；不知彼不知己，每战必败。

波特是西方管理学界竞争战略的权威。他的《竞争战略：分析行业和竞争者的技术》和《竞争优势》，被公认为是竞争战略的经典。在《竞争战略》中，波特提出，有 5 种力量的交互作用决定着产业市场的竞争态势和企业的赢利潜力，这就是著名的 5 力模型。5 种力量包括：新进入者、替代品威胁、买方竞价能力、卖方竞价能力、现有竞争者的争夺。为了应对各种竞争力量，为了实现较好的利润目标，波特认为有三种类型的战略可供企业选择：一是成本领先战略，二是差异化战略，三是聚焦一处的战略。这是行业层面的竞争分析和战略选择。接下来，波特提出了分析主要竞争对手的框架。这个框架包括四个因素：一是竞争对手现行战略是什么，二是它的强项和弱项，三是假设，即竞争对手关于自己的假设和关于对手的假设。四是竞争对手未来的目标和定位。波特说：在商战中要想赢，说到底，就是要建构自己竞争优势。企业价值链之间的差异，是竞争优势的来源。波特用价值链这一分析工具，阐述了企业如何建构自己的竞争优势。

最初一看，《孙子兵法》讲的只是军事战争。实际上《孙子兵法》是一座竞争智慧的冰山。世界上最优秀的领导人，从国家总统到军事统帅，从企业家到体育教练，很多人都从这座冰山中学习竞争的智慧。日本经营之神松下说：《孙子兵法》是天下第一神灵，我们必须顶礼膜拜，认真背诵，灵活应用，公司才能兴旺发达。市场营销的理论泰斗科特勒说：如果凯马特、AT&T、施乐、通汽车以前的CEO读过《孙子兵法》的话，他们就会避免公司数以亿计的损失。世界足球界的名帅斯科拉里熟读《孙子兵法》，他经常用《孙子兵法》来指导球员和构想攻防策略。2002年，他带队参加世界杯，他给每位球员发了一本《孙子兵法》。此事被人们津津乐道。朱镕基说：我们国家现在缺少的是博古通今、既懂西方经营管理又懂《孙子兵法》的企业家。

# 二、中西管理学问各有长短

中西管理学问各有长短。两相比较，西方管理有 4 大看家本领及相应的 4 项短板或局限性；中国管理学问也有 4 大看家本领及相应的 4 项短板或局限性（参见下表）。

| | 看家本领 | 短板 |
|---|---|---|
| 西方管理 | ① 管理是科学，是技术，是工具<br>② 管理学问分门别类，有理论、有实务、有工具<br>③ 科学导向，工具理性，擅长用数字管理<br>④ 制度设计，流程管理 | ① 重物轻人，管理就是管你<br>② 见树不见林，缺乏整体观照<br>③ 欠人文精神，轻文化管理<br>④ 管行不管心，治标难治本 |
| 中国管理 | ① 管理是哲学，是智慧，更是修行<br>② 管理是通才之学，它教人以智慧<br>③ 人文导向，目的理性<br>④ 人心的管理的总开关，管理直指人心 | ① 缺乏将管理智慧系统化为理论和管理实务<br>② 缺乏分门别类的管理知识，创新严重不足<br>③ 重道轻术。缺乏工具理性，也不擅长用数字来管理<br>④ 不擅长用制度和流程来管理 |

老子说："反者道之动，弱者道之用。"意思是说，世界上的一切人、事、物，总是朝相反的方向变化发展。大者将变为小，强者将变为弱。优势将变为弱点，擅长将变为短板。看家本领用过头，就会演变为短板，造成局限性。

## 1. 西方管理学问的四大看家本领

### （1）管理是科学、是技术、是工具

管理是实践，主要是技术活儿。有四大类工作：计划、组织、领导、控制。每一大类工作又可细分为很多具体工作。比如计划工作，包括战略规划、年度经营计划，做战略决策，平衡长期目标和短期目标，将目标具体化为一系列相互关联的任务等。比如组织工作，包括组织机构的设计，根据战略来调整组织机构，人员配备，组织变革与创新等。比如领导工作，包括领导分工、领导角色、分权与集权、领导团队建设、组织文化、员工激励、人际沟通等。对每一大类工作和具体工作，西方管理学都提供了特定且特别的管理工具。做计划工作，有做计划的相关理论、实务和工具，做组织工作，有做组织的相关理论、实务和工具等。

以战略管理为例：西方管理学创造发明了一整套有关战略规划和战略执行的理论、实务和工具。包括战略规划是什么、不是什么、战略规划的制定流程、战略规划的内容框架、战略规划如何执行等。

关于战略规划不是什么和是什么，德鲁克说：战略规划，第一不是锦囊妙计。第二不是预测，因为未来不能准确预测。第三，战略规划不关心未来决策，只关心当前决策的前瞻性。也就是当前必须做什么，才能准备好迎接不确定的未来。第四，战略规划不试图规避风险，而是增强承受风险的能力。那战略规划是什么？第一，明确未来大目标和一些关键的具体目标，围绕目标思考当前做什么以未来走向。第二，为了实现目

标，要思考必须放弃的过去。第三，思考和寻找必须从事的新业务，并明确何时着手。第四，具体化为工作任务，投入资源，做出承诺。

关于战略规划的内容框架，看看下图：

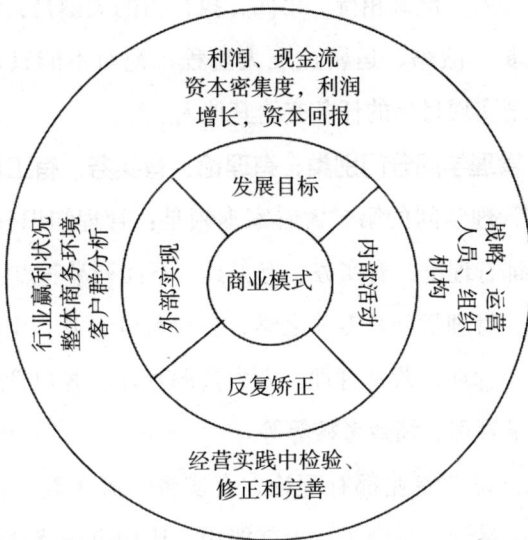

一个能实际执行的战略，它由四部分构成：①外部现实。这是对影响组织生存发展关键环境要素的分析和认知，如产业链、市场结构、营商环境、客户特点等。②发展目标。明确组织的战略方向和经营目标。③内部活动。人员、组织、运营如何匹配发展目标。④反复修正。组织的发展战略是一个反复矫正的过程。它要在实践中不断地得到验证、检验，并且要与时俱进。

关于战略执行：战略执行是任何组织面临的最大问题。没有执行力就没有竞争力。没有掌握执行学问的领导是不完整和没有效力的。提升战略执行力要注意 5 个方面：第一，建立执行文化，即领导人要深入参与到运营实践中去。第二，重用那些有执行力的人，并确保他们能够发挥作用。第三，将激励机制和组织目标有机地统一起来。第五，勇敢面对现实，实事求是。对所有人要坦诚相待。第四，执行力的关键是，领导者要领导好人员、战略、运营这三大流程，绝对不能只是制定战略，然后把实现目标的任务交给其他人。

### （2）管理学问分门别类，有理论、有实务、有工具

西方管理学问的第二大看家本领是：管理知识分门别类，每个专业都有理论、有实务、有工具。下面列举三点：

第一，管理学问是专才之学，分科目分专业。比如有财务管理、生产管理、营销管理、人力资源管理、客户管理、战略管理，质量管理、绩效考核等等。

第二，每个专业都有理论、有实务、有工具。这些专业知识，易教易学，学会了马上就能用。比如市场营销学，它兴起于 20 世纪 60 年代。那时，西方的绝大多数企业都还是生产导向型企业，其关注的焦点主要是产品生产上。李维特称之为"营销近视症"。李维特说"企业不应把工作重点和心事只放在生产上，而应该放在客户满意的市场上"。从那以来，市场的重要作用受到史无前例的重视。市场营销大行其道，首先出现了 4P 营销组合理论：即 Product（产品）、Price（价格）、Place（渠道）、Promotion（促销）。很多企业将工作重心转移到 4P 上。4P 本质上是卖方组合，而非买方组合，有片面性。因此，营销思想家劳特朋等又提出了客户需求的 4C 理论：① Customer's needs and wants（消费者的需要与欲望）；②Cost and Value to satisfy（消费者获取满足的成本）；③Convenience to buy（用户购买的方便性）；④Communication with consumer（与用户沟通）。营销管理的这8大要素，假如能够吃透每一个，并且能够搞明白它们之间微妙复杂的关系，在市场上，企业就可立于不败之地。4P和4C对比表如下：

| 4Ps | 定义 | 4Cs | 定义 |
|---|---|---|---|
| 产品（Product） | 服务范围、项目，服务产品定位、服务品牌等 | 客户（Customer） | 研究客户需求欲望，提供相应产品或服务 |
| 价格（Price） | 基本价格、支付方式、佣金折扣等 | 成本（Cost） | 考虑客户愿意付出的成本、代价是多少 |
| 渠道（Place） | 直接渠道和间接渠道 | 便利（Convenience） | 考虑让客户享受第三方物流带来的便利 |
| 宣传（Promotion） | 广告、人员推销、营业推广、公共关系等 | 沟通（Communication） | 积极主动与客户沟通，寻找双赢的认同感 |

第三，西方管理学问是一套与时俱进的知识系统。从泰罗的工作研究和作业管理，到钱皮、汉默的流程再造；从法约尔定义管理的4项职能（计划、组织、领导、控制），到德鲁克定义管理者有5项工作（设定目标、组织、激励和沟通、测评、培养和发展自己和员工）；从韦伯的三种统治类型和科层制组织、斯隆的事业部制，到巴纳德的组织三要素（合作意愿、共同目标、信息沟通），再到明茨伯格如何打造卓有成效的组织；从戴明、朱兰的质量管理体系，到丰田的精益生产系统等等。这些都是非常了不起的管理理论和管理实务。这些伟大的实践

性思想，一次次推动了企业的生产革命、质量革命、组织的创新和变革。它们赋能西方企业有非凡的表现。

（3）科学导向，工具理性

西方管理学问的第三大看家本领是科学导向、工具理性。主要体现在四个方面：

第一，管理合理化，管理精细化。西方管理学问多半是建立在"管理是科学"这一假设基础上的。凡事都追求合理化、精细化。质量管理就是最典型的代表。戴明被尊为"日本质量管理之父"。日本的最高质量奖就是由天皇颁发的戴明奖。二战后，日本产品因其质量低劣而臭名昭著。但到了20世纪七八十年代，日本产品因其高质量而打遍天下。日本人将这主要归功于戴明和朱兰的质量管理体系。戴明的质量管理14条原则、朱兰的质量管理路线图（9条），被尊称为"质量福音书"。

第二，用数字来管理。西方管理学相信，不能量化的东西就很难管理，或者根本就不能管理。业绩不量化怎么考核？质量不量化怎么改进？对"量"的追求不只是体现在财务领域，在管理的任何领域、任何事项，都可以并且必须量化。用数字来设定管理目标，如增长率、市场占有率、投资回报率等。用数字来定义质量，用数字来评价绩效，用关键数据对标行业标杆等等。韦尔奇说他管理企业最看重的是三项指标：客户满意度、员工满意度、现金流。量化管理当然有局限性。德鲁克就指出：产生重大影响的事件，往往都是无法量化的。

第三，发明创造了大量方便好用、卓有成效的管理工具。

有战略管理工具，如德鲁克的目标管理，博西迪的商业模式，SWOT分析，波特的5力模型和价值链分析，波士顿矩阵，麦肯锡的7S模型等等。有营销管理工具，如市场预测法，客户市场细分，市场调研法，竞争导向定价法，客户价值分析等等。有质量管理工具，如戴明质量管理法，六西格玛，精益生产等。有组织设计和变革工具，如明茨伯格组织设计的九大参数和四大情境因素，科特的组织变革的七项技能等。有绩效评估工具，如卡普兰的平衡积分卡。此外还有标杆比较学习法，打造学习型组织的五项修炼等等。

第四，科学导向、工具理性最显著者是追求高效率。提高效率是西方管理一以贯之的重心。所谓提高效率，就是如何做到少花钱多办事，如何才能使投入、产出比最大化，如何才能成为市场上最低成本的生产者或服务者等等。从泰罗的科学管理到钱皮、汉默的流程再造，其核心都是围绕如何提高效率的。在竞争环境下，低效率的组织是难以生存的。

（4）制度设计，流程管理

西方管理学问的第四大看家本领是，擅长制度设计，流程管理。主要体现在四个方面：

第一，管理理念、管理原则制度化。西方管理学认为，一定要有好的制度，制度好，坏人也坏不到哪儿去。制度不好，好人也会变坏。制度决定行为，改变制度就可以改变人的行为。员工的行为选择决定组织的绩效水平，要提高企业的绩效水平，就必须设计一套好的游戏规则。人的行为基本上是理性的。给定一套游戏规则，人们都会选择收益最大化的行为。

第二，管理理念、管理原则流程化。执行力是非常重要的管理理念。如何提升执行力？它有一整套制度和流程，主要包括三个要素和三个核心流程。三个要素是：领导者的领导力、企业文化和人员配置。三个核心流程是：人员流程、战略流程、运营流程。三个流程的有效结合，是提高执行力的关键所在。如果缺乏有效的流程，再伟大的想法也会泡汤。执行力差的企业，战略、人员、运营这三个流程基本上是以各自为政的方式进行的。战略规划没有产生出可执行的战略。运营计划实际上变成了一种数字练习，人员流程没有能够挑选出合适的人去执行计划。反观执行力很强的企业，三个流程被有效地整合为一体。战略流程——将人员与运营结合起来统筹考虑；人员流程——在战略与运营之间建立联系；运营流程——在战略与运营之间建立联系。

第三，有一整套制度设计的理论和实务。要设计一套好的制度，关键是想透三个问题：第一，对人性有深刻的理解；第二，是信息成本问题；第三，是制度能提供什么样的激励。不同的制度安排向人们提供的激励是不一样的。最有效、最合理的管理制度是激励相容的制度，在这种制度安排下，组织成员积极地去实现组织的目标。因此，激励是否相容以及相容的程度，是判断和评价制度合理性和有效性的标准。

第四，与时俱进的制度设计和流程管理。伴随着信息化浪潮，经济社会从工业化时代向信息化时代转型。与此同步，在20世纪末，美国实业界开始盛行企业流程再造（也叫"组织再造"）。企业流程再造的定义是：对企业中的关键流程要重新思考和合理设计，以实现对成本、质量、服务、速度的根本改善。企业流程再造统合了全面质量管理、即时生产系统、客户服务、时基竞争、精益生产等管理方法。它的根本追求是，通过关键业务流程的优化，大幅提升运营效率。通过再造，企业的管理制度和流程实现了与时俱进。

## 2. 西方管理学问的四项短板

### （1）重资轻人，管理就是管你

西方管理学问的第一个短板，即重物轻人，管理即管别人。列举3点：

第一，西方管理有个重要假设，即管理者最聪明。智慧都在组织的最高层。高层作决策，中层上传下达，基层执行命令。有人将这个管理模式形象描述为："头脑高高在上，工作由手脚来完成，神经系统在各器官之间传递信息。"（哈默《管理结束之后》）管理被一分为二，即分为管理者和被管理者。管理就是管你，管你就是命令＋控制。在这种管理模式下，管理者经常不自觉地把员工当工具使，忘记了他们都是人。人有头脑，有主观能动性，有创造力。他们应该被信任而不是被控制。

第二，管理教育走偏。管理教育主要教学生如何管人，没有哪个课程是教如何管理自己的。受教者按照相同的模式被培训出来，他们的管理思想和行为方式大同小异。哈默称之为"管理教育陷入范式陷阱"。经验向人们昭示，任何好的管理都是以管理者的自我管理和良知为根本的。管理者首先要学会自我管理，才可能管理好组织。德才配位，首先是品德要配位，其次才是才干要配位。管理者的人品才是第一位。看那些在管理上有大成就的企业家、政治家、大学校长，军事统帅，都是这样做的。这些人都有个共同特点，自律和率先垂范。

第三，看重绩效，对绩效背后的人品视而不见。管理者干三件事：第一制定绩效目标，第二考核结果，最后行使奖罚。对不择手段完成绩效者，奖金照拿，奖章照发。其实，管理者应该是"规划者＋教练＋受托人"（彼得·圣洁）。规划者——确立绩效目标。教练——指导员工完成绩效任务的正确方法。受托人——管理者是股东和员工的受托人。爱员工，员工才会爱客户。尊重和信任员工，才会产生凝聚力。

（2）见树不见林，缺乏整体观照

西方管理学问的第二个短板，即见树不见林、缺乏整体观照。体现在四个方面：

第一，管理学被当成专门学问，分门别类，管理就是工具包。比如：遇到战略问题，那就从工具包里找战略工具；遇到营销问题，那就从工具包里找营销工具。反正不论是什么问题，都可在工具包里找到应对工具。其实，工具赋能管理者有效地分析和思考问题，但真正解决问题，还是要靠管理者的智慧。

第二，赶时髦陷阱。管理学界的生产力极高，不断生产出新理论、新思想、新工具，推波助澜新潮流。管理学的各专门领域都这样。比如战略管理领域，1980年，波特发表《竞争战略》；1990年，拉哈拉德与哈默提出"核心能力战略"；2005年，钱·金等推出《蓝海战略》，可谓"江山代有才人出，各领风骚十来年"。实业界呢，跟着学界赶时髦。一会儿制定公司竞争战略，一会儿制定企业核心能力战略，一会儿又制定蓝海战略。企业和人一样，也赶时髦。结果很多企业掉进了时髦陷阱。其实，企业中的很多管理问题，都是普遍存在的老问题。解决此类问题，法无定法，需要工具，但更需要大智慧。即使是使用工具，也需要智慧。卡普兰和诺顿的平衡计分卡是一个非常好的战略评估工具，它从四方面，即客户、组织内部、创新与学习和财务等，全面评估企业的竞争优势和可持续发展能力。这是多好的工具，但我们发现，现实中真正用好这个工具的，并不算多。

第三，对部分与整体的联系漫不经心。分门别类的管理范式，造成了企业整体观念的欠缺，见树不见林。分门别类的管理知识，训练出来的是某方面的专家，比如营销经理、财务经理、人力资源主管等等。他们做事都很专业，但做工作经常缺乏全局性谋划，缺乏整体观照。就像西医看病，眼科不管耳科的事。托夫勒说得好："现代西方文明中得到高度发展的技巧是分析、拆解，即把整体分解成尽可能小的部分，我们擅长此技，全然忘记了把这些细分的部分整合到一块。"(《科学与变化》)

第四，思维方式的局限性。西方管理学认为，世界是由一件一件的事物所组成，事物之间存在着简单的因果关系（线性关系）。因此，它们一直不停地在寻找最好的并且是唯一的管理方式。比如，它们认为有、或者应该有一种正确的组织结构。它们也认为有，或者应该有一种正确的管理人的方法。总而言之，如果一个管理问题出现了，那就一定能找到最好的办法。这与中国文化很不一样。我们认为，世界是复杂的，解决复杂问题需要化繁为简的智慧。并且任何问题不可能获得终极解决。任何解决方案，都会引出新问题。

### （3）欠人文精神，轻文化管理

西方管理学问的第三个短板是，欠缺人文精神，也不大重视文化管理。下面列举三点：

第一，用数字管理，轻价值观管理。经理人习惯于用数字说话。脑子里装的是数字，嘴边挂着数字，心里想着数字。他们只见数字不见人心。关心数字没错，但对数字背后最重要的东西——价值观，熟视无睹、置若罔闻，那就有问题了。韦尔奇，人称"全球第一CEO"。他管理通用电气20年，公司业绩翻了30多倍。他与众不同的地方就在于：他看重数字，但更看重数字背后的东西。他有句管理名言：Put values first（价值观第一）。通用电气有一个基于绩效与价值观匹配度的人才分类矩阵。第一，对既有良好绩效又能不折不扣践行公司价值观的人，要培训、要提拔、要重用。第二，对业绩不佳但认真践行公司的价值观的人，要给予第二次、第三次机会。第三，对业绩差又不认同公司价值观的人，让他们立马走人。第四，对业绩挺好但不认同公司价值观的人，一般说来处理上很棘手，但韦尔奇的做法是，毫不犹豫地解聘。这是对领导者言行是否一致的最好检验。

第二，西方管理擅长制度管理、制度设计，但在制度设计中，缺少人文精神，因此衍生出不少问题。比如基于人性本恶和理性人假设，用博弈论或对策论的思路搞制度设计。结果管理制度越来越多，管理越来越繁杂，管理成本越来越高，而管理的效果却在递减。

第三，用利益来管理。这经常把大家的注意力导向唯利是图。当利益动机不受道德约束时，或者当它突破道德底线时，那对组织的祸害就难以估量了。彼得·圣吉说得好：如果管理只是寄托于制度和利益管理，而不是大家各自以内心观照和修养为立足之本，那就不是真正好的管理。

### （4）管行不管心，治标难治本

西方管理学的第四项短板是，重行不重心，治表难治本。这里列举三个方面：

第一，把人性简单化了，忽视了人心的复杂性。西方管理学是建立在两大假设基础上的：一是"人性本恶"，二是"人有理性"。这两个假设在西方都是对人类行为的公理性假定。理性人的假设将管理的重点引向制度设计。制度设计包括两个基本面，即激励机制和惩罚机制。它们构成人们行为的基本约束条件。理性人的行为，都是在约束条件下最大化自己的利益或效用。因此，掌控人们行为的主要方法就是改变和调整约束条件。对人的管理就这两手，一手激励机制，一手惩罚措施。为了提高制度设计的合理性和有效性，西方发明了很多理论。其中博弈论最有名。为了在管理上避免陷入囚徒困境，激励相容成了主要的设计原则。博弈论也叫对策论。上有政策，下有对策。道高一尺，魔高一丈。管理制度越来越多，管理成本也越来越高，而组织的效率和活力在降低。

第二，认为制度决定人的行为。因此改变或优化制度，就能改善人的行为。而改善人的行为就等于改变了人心。其实不然。辜鸿铭是学贯中西的北京大学教授。清朝灭亡后，他依然保留辫子。他拖着辫子走进课堂，经常会引起学生们窃窃私语："清朝早就亡了，这位怎么还留着辫子？"辜鸿铭听到议论很不以为然。他对学生们说：剪掉头上的辫子很容易呀，但要去掉心中的辫子那可就难了。王阳明对他的学生也说过："破山中贼易，破心中贼难。"打败山里的贼寇比较容易，但想要破除心中的贪欲恶念，那就非常难了。

第三，人心本恶的假设，小看了人心向善。人性本恶的假设经常将管理重点引向关注人的负面行为。其实，人性中有善也有恶。对一般人来说，是行善还是作恶，主要看因缘。制度是非常主要的因缘。好制度能抑恶扬善，它能够把人性中良善的东西焕发出来。不好的制度相反，会诱导出很多不善的行为。《韦尔奇自传》被经理人奉为"CEO 的圣经"。细细品读发现，他的管理思想有个特点，即不断呼唤管理者和员工的良知善行。看下面这些说法：价值观第一；要领导而不是管理；挑战传统；消灭官僚主义；简化决策程序；让会议成为对话式的；抛弃复杂化、走向简单化；让人人参与；质量靠大家操心；从所有的地方获得好主意；崇尚速度；注入信心等。

## 3. 中国管理学问的四大看家本领

### （1）管理是哲学、是智慧，更是修行

管理是智慧，更是修行。这两点可以说是中国管理学的最

大特色。读中国传统管理学经典，如五经四书，如《道德经》《孙子兵法》《庄子》《墨子》等，管理智慧妙语连珠，触目皆是。比如：允执厥中，德才配位，无为而治，不战而胜，与时偕行，相反相成，相克相生，柔弱胜刚强，知足不辱，知止不殆等等。这些智慧妙语，只要读懂琢磨透一句、用在管理上，必定受用无穷。唐太宗李世民说《孙子兵法》对于他很受用。宋朝宰相赵普说自己是半部《论语》治天下。说到智慧，那什么是"智慧"？禅宗六祖说：智者不起愚心，慧者善用方便。管理学大师马奇说"智慧就是有效地适应环境，优雅地诠释经验"。按照佛陀的观念，真正的智慧由两个相互关联的要素组成：一是能看清楚事情的本来面目，二是善用其心。两者结合才是走向卓越管理的根本。

以竞争的智慧为例：中国文化崇尚和平、和谐、和睦。主张"不争"，主张"以义止争""以礼止争"。但是，竞争、斗争乃至战争是客观现实。有时不争也不行。而竞争的目的是为了最终能胜、能赢。如何胜、如何赢？一靠实力（包括硬实力和软实力），二靠智慧。智慧是统筹使用实力的能力，常能起到四两拨千斤的作用。靠智慧去赢，这是中国管理的一大特色。怎么做？《孙子兵法》讲：第一，竞争有道，胜于道胜。第二，胜于先胜（"胜兵先胜而后求战，败兵先战而后求胜"）。第三，胜于易胜（比如十大军事原则的"先打分散孤立之敌，后打集中和强大之敌"）。第四，不战而胜。这是竞争的最高境界了。从竞争策略讲，有以柔克刚，避实击虚，以迂为直，后发制人，借力打力等等，非常多。

管理是修行。中国管理学问走的是内圣外王、修己安人的路线。也就是说，要想领导别人，首先要学会管理自己。也就是管控好自己的认知活动、情感活动、思想活动、语言和行为等。比如说管理好自己的语言，就是管理好自己的嘴巴。当领导的，不能胡言乱语、信口开河，不能用言语伤害他人等等。内圣外王是一整套修行功夫。这在《大学》里讲得很清楚，即格物→致知→诚意→正心→修身→齐家→治国→平天下。严以修身，主要是修这八大项目。这与西方的领导学不同。西方的领导学都是教人如何管理别人、如何领导别人的。其实，领导力的核心问题，首先是如何成为合格领导者的问题，而不仅仅是怎样去领导别人。彼得·圣吉说：三流的管理者学习管理知识，二流的管理者学习管理技能，一流的管理者修炼管理智慧。诚哉斯言。

**（2）管理是通才之学，它主要教人以智慧**

中国管理学问的第二大看家本领，即管理是通才之学，它主要教人以智慧。下面列举三点：

第一，中国管理学问的经典，都是智慧宝典。中国人学管理，主要是读这些经典著作：《易经》《尚书》《道德经》《孙子兵法》《论语》《大学》《中庸》等等。这些著作都不是专业管理书。比如老子的《道德经》，你说它是什么学问？有人说它是宗教学，《道德经》是道教的最高经典，老子被尊为教祖。有人说它是养生学，无为、虚静、至柔、和德等，这些都是养生之道。唐太宗说它是治国理政的宝典。毛主席说它是哲学，也是兵书。用西方图书分类的方法，根本没办法对这些经典进行分类。但在这些经典中，现代管理学中的大问题，全部都有思考。比如：怎样管理、如何领导、如何用人、如何赢得竞争、如何激励、如何赢得人心、如何相处、如何沟通、如何统筹局部与全局的关系等等，所有这些管理实践中的大问题，都能够找到智慧的答案。

第二，管理的道理千言万语、千头万绪，但归根到底就是两个字，一个是"正"字，一个是"信"字。老子说"以正治国，以奇用兵"。季康子是鲁国的重臣，他请教孔子如何治理国家。孔子说："政者，正也。子帅以正，孰敢不正。"管理的根本就是一个"正"字，并且领导者要以身作则、率先垂范。所谓"正人先正己"。要求别人做到的，自己首先必须做到。自己满脸脏东西，怎么号召别人讲卫生？孔子的学生子路问老师如何是好的管理，子曰："先之，劳之，无倦。""先"就是走在前面、干在前面，身先士卒。"劳"就是身体力行。"无倦"就是不懈怠、负责任。子贡问老师怎样治国理政，孔子说：管理国家要做好三件事：一是充足粮食，二是充足军备，三是赢得百姓信任（足食、足兵、民信之）。子贡问：如果不得已要去掉一项，应该去掉哪个？孔子说："去兵。"如果不得已再去掉一项，应该去掉哪个？孔子说："去食。"人生自古皆有死，但失去信任，便无法在社会上立足。

第三，化繁为简是很重要的领导智慧。新中国成立后不久，不少领导干部表现出官僚主义、强迫命令、瞎指挥、生活特殊化等不良风气。对此毛主席很不满。他找到胡乔木说，仿照军队的"三大纪律、八项注意"，写个适用于管理党政领导干部的"三大纪律八项注意"。稿子很快写成了，毛主席看后对胡乔木说：太复杂，记不住。于是他对稿子做了大幅度的简化修改。1961年年初公布了《党政干部三大纪律、八项注意》。"三大纪律"：一、一切从实际出发；二、正确执行党的政策；三、实行民主集中制。"八项注意"：一、同劳动同食堂；二、待人和气；三、办事公道；四、买卖公平；五、如实反映情况；六、提高政治水平；七、工作要同群众商量；八、没有调查就没有发言权。这些看似简朴的文字，每一条背后都有正念、正见、正言、正行的要求。比如什么是"提高政治水平"？重要问题事前请示，事后报告。自己有错误要自我批评和纠正，别人有错误要批评，对干坏事揭发。用人要经过组织，不许任用私人等等。

### （3）人文导向，目标理性

中国管理学问的第三大看家本领，即人文导向、目标理性。下面列举四点：

第一，管理"以人为本"。人是目的，不能被工具化。管理是为了成就人生。在对待义利关系上，先义后利，以义制利。在管理关系上，首先要管好自己，然后才能领导别人。在价值度量上，人的价值永远高于物的价值。在社会关系上，绝对不能把人与人的关系变成赤裸裸的金钱关系。

第二，管理"以文化人"。我们看这个"化"字，它由单立人旁和七字组成，七是指人的七窍，七窍通了就是"化"。"以文化人"就是用良善的文化来塑造人，来培养人。用文化来管理，才能作用到人心。孔子说："道之以政，齐之以刑，民免而无耻；道之以德，齐之以礼，有耻且格。"用政策来管理，用刑罚来整治规范，民众只求免于受罚，心中并无羞耻感。用道德来管理和引导，用礼制来整治规范，民众才有耻辱感，并发自内心认同。在实行方法上，"以文化人"就是以仁义为根本，以礼制来实行，用谦逊的言语来沟通，用诚信的行为去完成。

第三，用价值观来管理。故宫有三大殿，即太和殿、中和殿、保和殿，它们是明清两代国家最高领导人议政和举行重大庆典的地方。每个大殿都有一个悬匾，内容所表达的是君王治国理政的最高理念，它类似今天大企业的核心价值观或经营理念。太和殿的匾额是"建极绥猷"，意思是以"公正"为最高原则，以此来安定人心、开创万世功业。中和殿的匾额是"允执厥中"。它来自《尚书》的"人心惟危。道心惟微。惟精惟一，允执厥中"。这是尧舜禹以来一以贯之的治国密钥。意思是唯有公正公道，才能把家国治理好。保和殿匾额是"皇建有极"。意思是，君王制定政策、处理政事，要恪守中道，不能偏不能邪。故宫还有个"养心殿"，它是皇帝睡觉的地方，其匾额是"中正仁和"。

第四，文化与制度融为一体。礼制是最典型的例子。礼制的核心是尊重，让人感到受重视。礼制能促成组织和谐，能使大家和睦相处。网络上有个流传很广的故事说：70多岁的李嘉诚宴请内地的30多位企业家。电梯门一开，李站在那里和每个人握手，助手递一个盘子过来，客人随手拿一张名片和一张卡片，就像抓阄一样。卡片上面的数字，是客人就餐时的座位号和照相时的占位号。握手后，大家希望李嘉诚讲话。他说：我没有准备讲话，就讲八个字："创造自我，追求无我。"然后大家开始入座吃饭。一个小时的吃饭时间，李嘉诚四个桌子轮流坐，每个桌子大概坐 15 分钟。大家都被李嘉诚周到细致的安排感动了。整个过程，每个人都感觉到很舒服。这是什么？这就是中国传统文化中的"礼制"精神。让每个人都感到被尊重，让每个人都感到很公平。

（4）人心是管理的总开关，管理直指人心

中国管理学问的第四大看家本领，即管理直指人心，人心是管理的总开关。管理好人心，才能治理好组织。列举四点：

第一，始终如一地关注人心。人的行为，无论是身体行为、语言行为还是思想行为，都是心在主宰、由心造作。佛陀说："心如功曹，功曹若止，从者都息，邪心不止，断阴何益。"（《佛说四十二章经》）"功曹"就是统帅、指挥官。心是行为的统帅和指挥官，心指向哪里，眼睛就看到哪里，鼻子就嗅到哪里，手就伸向哪里。心是主人，行为只是随从。因此，擒贼先擒王，管人要管心。人生中的一切事物都由我们的内心所塑造，心中的想法可以影响和改变我们周围的环境。人生的一切，始于心、终于心。稻盛和夫说：经营应该以人心为基点，经营企业就是经营人心。以人心为基础开展经营管理，没有比这更有效的方法了。

第二，管理要赢得人心，得人心者得天下。如何赢得人心？最根本的方法就是，一定要做人们所期望的，绝对不要做人们所厌恶的。赢得人心，归根到底是要让人放心、让人心安。北宋大哲学家邵雍的《心安颂》说："心安身自安，身安室自宽。心与身俱安，何事能相干。谁谓一身小，其安若泰山。谁谓一室小，宽如天地间。"赢得人心就是一个"顺"字，管理人心就是一个"正"字，读懂人心就是一个"觉"字。

第三，人心可以训练，并且可以改善。不经训练的"心"是可怕的。所以佛陀说"心之可畏，胜过毒蛇、恶兽、怨贼、大火越逸，未足喻也。纵此心者，丧人善事，制之一处，无事不办。是故汝等，当勤精进，折伏汝心。"人心怎么训练？儒释道文化中有的是方法。儒家的方法是"格物致知"。《大学》说："欲修其身，先正其心。欲正其心，先诚其意。欲诚其意，先致其知。致知在格物。"所谓"格物"，就是对人心进行格式化，割除私欲、节制物欲，以此来净化认知模式。佛家的方法是，从六入处下手，即在根境因缘生识的当下，如理作意、破除无明、确立正见。从纠正认知模式开始，进而改善情感模式、思维模式、语言模式以及行为模式等等。

第四，管理即修心。所谓"修心"首先是修理自己的"心"，即管控好自己的欲望和情绪。人的欲望和情绪有很多种。《百法名明论》说人心中预装了大概51种心理软件。除了操作系统外，其中有11种良善的应用程序，有26种不善的应用程序。不善的欲望和情绪占到2/3还多。这些东西，人们每时每刻都要面对和处理。特别是当领导的，稍有不慎，全盘皆输。因此管理根本就是修心。

## 4. 中国管理学问的四项短板

### （1）缺乏系统的管理理论与实务，难学难做

中国的管理学问主要是管理智慧，而非管理技术和管理工

具。缺乏将管理智慧系统化为管理理论和管理实务，这是中国管理学问的第一大短板。中国管理学问虽然分为管理之道、管理之术、管理之技，但道、术、技都不是逻辑知识，而是智慧。"道"是根本智慧，"术"是方法论层面的智慧，"技"是操作层面的智慧。管理智慧与管理知识大不相同。学知识靠记忆，学智慧靠体悟。管理知识容易教学，管理智慧不容易教学，所谓师傅引进门，修行靠个人。

中国管理学问的经典，比如《易经》《道德经》《论语》《大学》《庄子》《孙子兵法》等，它们都是圣人的创作。这些经典数千年间，仁者见仁，智者见智；六经注我，我注六经。很多都是在文字上打转转。大家都知道老子的"无为而治"是很高深的管理智慧，但怎么用？标准答案是"运用之妙，存乎一心"，这就完了。不战而胜、中庸之道等都是如此。不能将高明的管理智慧系统化为管理理论和实务，限制了中国管理学问的效能。细读任正非的一系列讲话并联系华为的发展历程，我们明白，任总是将中国管理智慧系统化为企业管理实务罕见的觉者。他创造性地用5大举措到达了"无为而治"的境界。这5大举措，一是制定规则，二是构建流程，三是授权放权，四是分享利益，五是倚重组织。

（2）欠缺分门别类的管理知识，创新严重不足

中国管理学问的第二个短板是，欠缺分门别类的专业知识，且创新严重不足。表现在四个方面：

第一，管理知识不分科目、不分专业，很难深入，也很难积累。中国传统管理学问类似中医。中医不分科目、不分专

470

业，因为中医认为，人是一个有机整体，绝非由许多不同部分组装而成。与此类同，中国传统文化认为，管理是通才之学，不属于专业学问。

第二，难学、难教、难传播、不会用。我们的管理经典，如《易经》《道德经》《论语》《大学》《孙子兵法》等，含藏有高深的管理智慧。阅历浅的人，读不懂，也很难教会。实在是难读、难学、难教。比如"德才配位"，怎么个"配"法？"无为而治"，怎么个"治"法？"不战而胜"，怎么个"胜"法？"允执厥中"，"中"在哪里等等，要学懂、弄通、悟透、会做，实在难得很。很多人学了一辈子，也不甚了了。非常有趣的事情是，世界上很多优秀的领导人，包括美国总统和军事统帅、日本著名企业家、巴西足球教练等，对中国的管理经典奉若神明甚至顶礼膜拜。

第三，很难创新。几千年来，中国的管理学问创新不多，主流模式是注解，所谓"六经注我，我注六经"。贤能者根据自己的智力和阅历来解读发挥其中的道理。老子《道德经》也就是五千来字，但注解《道德经》的著作上百种，文字量以亿计。其他经典情况也差不多是这样。

第四，管理案例有局限性。中国人学管理，几千年来一如既往的就是案例教学法。比如司马光《资治通鉴》，那就是帝王将相如何治理国家非常好的案例库。有各类成功的案例，有各类失败的案例，写得都十分精彩。司马光还写过一本《温公家训》，那是如何管理家庭的案例库。但由于缺乏系统化的管理理论，供普通人学习的多样化的案例极少。

### （3）重道轻术，欠缺工具理性，也不擅长用数字来管理

中国管理学问的第三个短板是，重道轻术、欠缺操作工具、不重视量化管理。主要体现在三个方面：

第一，中国管理学问，论说管理之道的最多。所谓"管理之道"，即管理要遵循的基本规律，是管理的大原则，是管理的根本理念。比如无为而治、不战而胜、德才配位、允执厥中、知己知彼、柔弱胜刚强等。中国历史上圣明的君王，很多都在用这些思想来治国理政。但这些高深高明的管理之道怎么做，很难找到系统化的实行方法。

第二，不擅长用数字来管理。中国传统文化，比较重视定性的东西，在"量"的方面不大计较。说某人斤斤计较，很会算计，这可不是夸奖人。定性管理多、定量管理少，重定性、轻定量，这是我们管理文化的不足。世界著名科技史学家李约瑟说："中国人不懂得用数字进行管理。"这个批评恰如其分。梁漱溟也说：中国人做事不求精确，不讲数字，不彻底，欠缺明确的客观标准（《中国文化要义》）。不像西方管理学问，处处用数字来说话，用数字来给事物定性。什么 GDP、KPI，什么物价指数、贫困指数、幸福指数等等，天天都是这些。西方管理学认为，不能量化的东西，就不能做考核评价，也很难改善。有了一个具体数字，才能确定改进它的方向和目标。这方面正是我们的短板。

第三，不求精准，差不多就好。胡适《差不多先生传》很有名。故事说：你知道中国最有名的人是谁？他姓差，名不多，是各省各县各村人氏。提起此人，人人皆晓，处处闻名。

他的名字人们天天念叨，因为他是中国全体人的代表。他常对人说：凡事只要差不多就好。何必太精明？有一天，他得了急病。因为请错了医生，治错了病，差不多先生就一命呜呼了。临终时，他断断续续地说：活人同死人也差不多……凡事只要差不多就好了，何必太认真？说完这句话，他死了。死后，大家都这样称赞先生，说他样样事情看得破，想得通；一生不算账、不计较，真是有德行的人。大家给他取了个法号，叫他圆通大师。他的名誉越传越远，越久越大。无数的人都学他的榜样。于是人人都成了一个差不多先生。

### （4）不擅长用制度和流程来管理

中国管理学问的第四项短板，即不擅长用制度和流程来管理。主要有三个方面：

第一，高明的管理理念，大都缺乏制度和流程的支持，难以落地。比如"德才配位"。在选人用人原则上，全世界没有比这四个字说得更精准的了。对这四个字，我们有哲学层面的定义。比如司马光说："才者，德之资也，德者，才之帅也。"比如东汉大思想家王符说：德不配位，祸害必定很惨；才不配位，造殃必定很大。但我们的管理学问中缺乏操作性定义，没有将它具体化为人才选拔制度、任用制度和考核制度，也没有操作流程。德才配位的"位"具体究竟指什么？是指"岗位"还是"任务"，或者包括两者？这个"位"定义不清楚，"才干"如何配位、"道德"如何配位，就不知道从何下手。有了明确定义，然后还要设计出有效的制度和流程。再举个例子：20世纪五六十年代，鞍钢公司探索出一套很具中国特色、非常好的管理方法，其核心内容是："干部参加劳动，工人参加管理，改革不合理的规章制度；管理者和工人在生产实践和技术革命中相结合"，简称为"两参一改三结合"。美国麻省理工学院的一位管理学教授对"两参一改三结合"有这样的评价：它是"全面质量管理"和"团队合作"理论的精髓。但是，由于我们没有将它制度化、流程化，后来就销声匿迹了。改革开放初，中国有企业参访团到日本学习管理经验。一家日本企业介绍说，我们从你们的"两参一改三结合"中学到很多。

第二，制度设计不周全，流程断点多，执行起来弹性大，潜规则太多。一把尺子，不一样的量法，看人下菜碟。制度的灰色地带挺多，寻租空间也大。卢恩光，人称"五假部长"，他除了性别是真的，其他都造假。年龄造假，学历造假，入党材料造假，工作经历造假，家庭情况造假。一路造假，能够官升副部级，制度呢、流程呢？

第三，虽有良法，难保善治。权力、关系、人情，经常破坏制度和流程。有法不依，执法不严。法外开恩、人情执法也不少见。制度和流程的缺漏，衍生出大量丑陋的潜规则。并且，在实际生活中，经常同时有两套游戏规则在运作，明面上有一套，背地里有另一套。有时候，潜规则比正式的规则还管用。

# 三、大道至简

## 1. 中西管理学问一体两面，要配合创新

### （1）中西管理如同阴阳太极图

世界万有的基本结构就是阴阳太极图。太极图化繁为简，用阴阳相反相成、相克相生、你中有我、我中有你来呈现世界万有的基本结构，真乃大道至简、绝妙无比。从阴阳太极图看，西方管理学问大体属于刚性管理，具有动、刚、实、显的特点。相对而言，中国管理学问基本属于柔性管理，具有静、柔、虚、隐的特征。两种管理学问有如阴阳太极图，相反相成、相克相生，你中有我，我中有你，恰好能够相互配合、相互效力、相互成全，鱼和熊掌兼得。用下图表示：

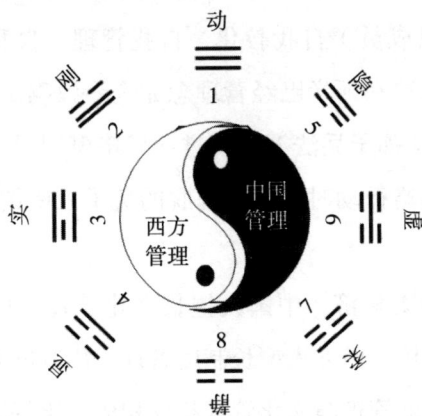

第一，动静配合。在中国文化的语境中，动和静是哲学人文观念，不是科学概念。"静"的定义包括不变、静观、静止、无为、不争等。"动"的定义与此相对应，包括变动、流动、有为、争胜等。动静两者是辩证法，它们的关系就像王阳明说的：静者，动静，非不动也。动中有静，静中有动。动静互涵，一动一静，互为其根。从管理看，西方崇尚动态有为的管理，深信以变应变、物竞天择等。中国推崇无为而治的管理，如无为而无不为、以静制动、利万物而不争等。两者恰巧是互补配合的。我们知道，最好的管理既不是事事有为，也不是完全无为，而是有所为、有所不为，是以"无为"成全"有为"，又以"有为"成就"无为"。达到无为而治。老子说：治理天下，平安无事最好；如果天天有事，那就不是好的治理。他引用古代圣人的话："我无为而民自化；我好静而民自正；我无事而民自富；我无欲而民自朴。"（《道德经》57章）管理者、领导人要无为、要好静、要无事、要无欲，多让人民（组织成员）自我教化、自我管理、自我修正，自己去奋斗成果（这和阿米巴经营理念完全一致啊）。动静配合包括方方面面。《孙子兵法》就说过：战略谋划时，要像宁静温柔的少女。战略行动时，要像逃脱的兔子，所谓"静如处子，动如脱兔"。

第二，刚柔相济。中国人擅长文化管理，用文化来塑造人品和引导思想。西方人擅长制度管理，用制度来规范行为和进行奖罚。制度管理与文化管理相反相成，恰好刚柔相济。如同人的左右手，两只手协调配合，才有好的管理。如同人的两条腿，两条腿走路，才能行稳致远。体现文化价值观的管理制度，通常很有效力，管理成本也低。缺少人文内涵的管理制度，通常是冷冰冰的，不近人情，管理成本很高。我们看到不少组织，文化价值观教人往东走，考核制度教人往西走。说一套，做一套，领导和员工的行为乱七八糟。好的制度和好的文化如鸟之双翼，一个支持着另一个。制度缺乏文化支持时，钻制度空子的人会很多，并且制度执行经常会走样变味，制度成本变得很大。文化如果缺乏制度配合，再好的文化也很难入心入脑。因此，文化与制度必须两手抓，两手都要硬。文化不能取代制度，制度也不能取代文化。比如仅靠激励机制，根本培养不出忠诚的员工。培养员工忠诚，还是要靠文化。再好的制度也会有漏洞，再完美的流程也会有堵点和断点。如果一个组织有好的文化，那就可以填补制度和流程之不足。文化价值观提供了制度流程不完备时的"自愈"机制。综观那些基业长青的组织，无论是政党、企业、大家族和大学等，它们有个共同特点，即文化价值观与管理制度，你中有我，我中有你，珠联璧合。

第三，虚实结合。在中国文化的语境中，"虚"和"实"的含义比较深奥。它们是哲学概念，是中医学概念，是美学概念，是管理学概念，更是军事概念（《孙子兵法》十三篇，其中有一篇叫"虚实"篇）。虚实也叫"有无"，也叫"软硬"。从管理学上说，"虚"是指无形有象、没有实体、偏软的东西，比如精神状态、心力、口碑、价值观、软实力等。"实"通常是指有形有象、有实体、偏硬的东西，比如工厂、机器、设备、产品、渠道、现金流、硬实力等等。物质激励是"实"，精神奖励是"虚"。制定战略叫务虚，执行战略叫务实。文化建设叫务虚，制度建设叫务实等。中国管理与西方管理，很像中医和西医的关系。西医是头痛医头、脚痛医脚。头痛就止痛，发烧就退烧，腹泻就止泻，很直接，效果立竿见影。中医不同，讲究辨证施治。头痛了，去看电影或听相声。脚痛了，在大腿上针灸。粗略地说，西方管理的重点是治表，中国管理的重点在治本。西方管理突出硬实力，中国管理更突出软实力。西方管理比较注重有为，中国管理比较注重无为等等。它们虚实相生，虚而实之，实而虚之，相反相成。

第四，显隐配合。一眼就能看到并且能看明白的就是"显"，看不见或看见了但看不明白的就是"隐"。西方管理学是分门别类的管理知识，知识看得见，可教可传授。中国管理学是分层不分科的智慧和技巧，智慧看不见，只可意会，难以言传，只能靠体悟和感悟。孔子说"形而上者谓之道，形而下者谓之器"。管理之道是看不见的，管理之器（工具）是显而易见的。中国管理学问主要在管理之道方面：如治国之道——以正治国、无为而治、为政以德，"政者正也。子帅以正，孰敢不正"；治家之道——孝悌、耕读、勤俭、睦邻；用人之道——德才兼备、以德为先、德才配位；与人相处之道——己所不欲、勿施于人，仁义礼智信等。中国管理学问中，管理工具很少。西方管理学问恰好与此相反，西方管理学问主要在管理实务和工具层面，比如卡普兰的平衡记分卡，即从财务、客户、内部运营流程、学习成长四个方面来评估和改善组织的绩效；比如博西迪的商业模式，即从外部现实（行业、客户、竞争者）、内部运营（战略、运营、人员、组织机构）、企业目标（利润、增长率、资本回报等）、反复矫正四个方面来设计并改进公司战略；再如彼得·圣吉打造学习型组织的5项修炼——自我超越、改善心智模式、建立共同愿景、团队学习、系统思考等等。西方管理学根本就是一个管理工具库。中国管理擅长管理之道，西方管理擅长管理之术。两者相反相成、相资相生、相得益彰。

### （2）中西管理学问各有长短，配合创新才是正道

中西管理学问各有长短优劣。简略地说，第一，中式管理的优势在管理智慧方面，比如允执厥中，统筹兼顾，无为而治，德才配位，刚柔相济，不战而胜，奇正相生，知止不殆等等。所有这些都是管理的大智慧，揣摩透一个，用在管理实践中就功效无穷。比如奇正相生，"正"是用心中正，包括认知中正、情感中正、思想中正、决策中正等。"奇"是奇特的、奇妙的、稀奇的、不同于常规的、出人意料的、让人难测的意思，管理学上叫"差异化"。老子讲"以正治国，以奇用兵"。用在企业经营上，战略要守正，执行要出奇，产品服务要守正，营销策略要出奇，经营观念要守正，运营系统要出奇等等。守正不出奇，经营成果不彰，出奇不守正，经营会走上邪路。西式管理的优势在管理方法论和管理工具方面，比如德鲁克的目标管理法，戴明的质量管理法，博西迪设计业务模式的方法，明茨伯格打造卓越组织的方法，彼得·圣吉的五项修

炼，波特的价值链分析法和国家竞争优势模型，波士顿矩阵、GE 矩阵等。第二，西方管理的根本遵循在效率，低效率是一种罪过，妨碍效率的管理是不可行的。这种观念极大地促进了生产力的持续提高。中国管理的根本遵循在公平，不公平的管理是不可接受的，公正公平理念极大地提高了社会的和谐度。第三，西方管理建立在"理性人"假设的基础上。以此为公理，西方管理发展出各种各样的管理制度、管理合约，用以规范人的行为。西方管理学问擅长于用制度来管理。中国管理建立在"社会人"假设的基础上，以此为公理，中国管理淬炼出很多价值观和文化理念，用以塑造和感化人的行为。中国管理学问擅长于用文化来管理。第四，西方管理学问的特色在"分"，包括分工、分权、分析、分专业，思考和决策重视数量化。中国管理学问的特色在"合"，包括合作、配合、综合、合情合理合规，思考和决策重视定位定性。

对待中西管理学问上，有两种错误主张和两种无效做法。所谓"两种错误主张"，一是全盘西化论，认为中国管理全是糟粕，一钱不值。二是全盘中化论，认为西方管理有术乏道，太小儿科。所谓"两种无效做法"，一是用西方管理来改造中国管理；二是用中国管理来改造西方管理。

如何善待且善用中西管理两种学问，最好的当然是配合创新。这里面有大学问，不是随便就能做好的。有三点很重要：第一，真懂西方管理学问。第二，真懂中国管理学问。第三，用太极图和因缘法来统筹中西管理学问，成就其创新。

## （3）榜样的力量

### 涩泽荣一

涩泽荣一是"日本的现代化之父"。他参与创办了500多家企业，有些至今还在。因此他也被尊称为"日本企业之父"。他写过一本被认为是企业管理宝典的书，名字叫《论语和算盘》。《论语》代表修炼道德，算盘代表谋求利益，《论语》是伦理学，是做人之道。算盘是经济学，是做事的方法。涩泽荣一说："拨算盘是利，读《论语》是道德，我坚信《论语》和算盘应该相伴随、相一致。这就是我的信条。"《论语》和算盘的关系是这样："算盘要靠《论语》来拨动，同时《论语》要靠算盘才能从事真正的致富活动。"因此，"一个好的商人，应该一手拿算盘，一手拿《论语》，即要在商业利益和道德原则之间、在私利和公益之间取得平衡。"

### 稻盛和夫

稻盛和夫是极具传奇色彩的大企业家，是名副其实的经营之圣。他白手起家，52岁时就创建了两个世界500强的大企业。65岁在人生事业到达巅峰时，突然放下世俗的一切，到寺庙出家，开始托钵生活。78岁时，他应日本首相的请求，出山拯救日航，不到一年时间，使濒临破产的日本航空起死回生。稻盛和夫对儒释道文化有很深的修炼。在他的演讲和著作中，他引用儒释道的经典是信手拈来。他推崇阳明心学，经常从"人心"的层面去思考和解决经营管理方面的难题。他说："从心的根本层面去解决一些看似无解的问题，原来是如此简单。""贪婪会使最简单的问题复杂化，无私的思考方式才能引导我们走向真正的成功。"他说："人生由'心'开始，到'心'终结。"

有一次，稻盛和夫在回答一个提问时说：在管理方法上，在发展模式上，理应向美国学习。但在经营的根本思想上、在经营哲学上，那就应该向中国的圣人们学习。稻盛和夫把儒释道文化融入企业经营管理的方方面面，他的经营理论，融通了儒释道文化与西方管理科学，将两者结合得天衣无缝，真是奇妙无比。

稻盛和夫的管理境界，就是儒释道文化追求的境界。稻盛和夫的名言："人生不是一场物质的盛宴，而是一次灵魂的修炼。通过修炼，人能在谢幕之时比在开幕之初更为高尚。不论你多么富有、多么有权势，当生命结束时，所有的一切，只能留在世上，而唯有灵魂跟着你走下一段旅程。"（《活法》）稻盛和夫说：我活了 89 岁，一生所有的经验总结起来，就 4 个字：敬天爱人。"敬天"是"作为人应当做的正确的事情"，"爱人"就是"关爱众人"。2019 年，我托友人让稻盛先生给我写几句话，拿回来的也是这四个字。中国文化中，一个"天"，一个人，含义太深了，需要用心体悟。

### 任正非和华为

任正非是当今世界少有的最有影响力的企业家之一。他格局很大，看问题深远。管理智慧深不可测，管理技巧匠心独具。常听人说，任正非真的有两下子。但我觉得他有三下子：毛泽东思想 + 西方管理 + 中国文化。

第一，他军人出身，熟读《毛选》，是学毛标兵。懂毛泽东思想的人明白，看华为的战略战术，很多是毛泽东思想在企业经营上的活学活用。任正非读《孙子兵法》，知道如何"知彼知己"，明白如何掌握竞争主动权（"善战者，致人而不致于人"）。他也读西方兵圣克劳塞维茨的《战争论》。美国以举国之力打压华为，他引用克劳塞维茨的话说："伟大的将军们是在茫茫黑暗中，把自己的心拿出来点燃，用微光照亮队伍前行。"他还引用美国军事家马丁·邓普西的话说："要让打胜仗的思想成为一种信仰；没有退路就是胜利之路。"

第二，了解华为的人都知道，华为的管理是世界一流的。这缘于华为对西方管理的认真学习。任正非说：华为数十年来认认真真、恭恭敬敬地向西方公司学习管理。这是一条成功之路，也是必由之路。怎么学习？花重金请世界顶级的咨询公司和顾问团队。任正非多次说过：我们每年要花好多亿美元的咨询顾问费。例如，1998年，华为请IBM为公司建构产品研发流程、集成供应链管理流程，5年期间共计花费4亿美元。华为的运营体系（研发、供应链、信息系统、客户关系系统），是IBM、埃森哲和日立咨询帮助做的。华为的人力资源管理体系（职位、薪酬、任职资格、绩效管理、股权设计等），是Hay Group帮助做的。华为的财务管理体系（核算、预算、监控、审计等），是毕马威、普华永道、德勤帮助做的。华为的质量控制和生产管理系统（生产线布局、仓库、物流等），是日本丰田退休董事团队和德国工程研究院帮助做的。任正非说：华为花了数十亿美元，下了很大力气，才把西方的那套管理体系学习过来。有了完善的管理体系，公司才能做到无为而治。

第三，有一次记者问任正非：华为一直在向西方公司学管理，华为现在是第一了，华为有无可能总结出一套可供大家学习的方法论？任正非说：其实，我们总结的方法来自中国五千年的文明，也来自共产党的文化。五千年文明讲"童叟无欺"，就是以客户为中心。共产党讲"为人民服务"，也是以客户为中心。我们为客户服务。我想赚你的钱，就要为你服务好。其实我们就这点价值，没有其他东西。华为没有超越中国五千年的基础文化，只是将这种文化精神付诸实施。

总的说来，走向中西结合的管理学问，中国文化有很大优势。首先，我们是"学"的文化，有乐学好学的传统。孔子说："三人行，必有我师焉。择其善者而从之，其不善者而改之。"西方不一样，近代以来，西方一直奉行的是一种"教人"的文化。长远看，总有一天，西方会为这种唯我独尊的意识付出代价。其次，我们是阴阳太极思维，认为世界的一切都是阴阳二元一体的结构，阴阳相反相成、相克相生，我中有你，你中有我，兼容并包是正路。这与西方的二元对立思维也不一样。

## 2. 管行与管心相互配合，才能标本兼治

### （1）西方管理聚焦于行为，中国管理直指人心

在所有的管理学问中，管人是大学问。在如何管人方面，中国和西方走的是不同路线。西方管理聚焦于人的行为上，而行为管理基于两大假设：第一，人性本恶，第二，人是理性

的。心理学中的行为主义学派，为其提供了理论基础。行为主义认为，心理学不应该研究意识、意志、心智等主观的东西，而只应该研究行为，并且最好是用自然科学的实证方法来研究人的行为。华生是行为主义心理学的创立者，他说：心理学的目的，就是观察行为、解释行为、预测行为、控制行为。预测和控制行为的心理学，将会对工商企业做出重大贡献。华生有句名言：给我一打健全的婴儿，我保证能把他们训练成任何想要的类型——医生、律师、艺术家、巨商，或者乞丐、盗贼，而不用考虑他的天赋、倾向、能力以及家庭背景。行为主义在20世纪前半叶大行其道，这也是"胡萝卜＋大棒"管理模式盛行的年代。

与此不同，中国管理学问自古以来就是以人为本，以心为归，管理直指人心。看中国历史上那些圣明的帝王，没有哪个不重视人心的。舜帝禅让大位给大禹时对他说：如何才能治理好家和国？我传你16字的秘诀，你要铭记不忘："人心惟危，道心惟微，惟精惟一，允执厥中。"人心很危险但人心也正直。与人相处之道（道心）太微细、太微妙了，要懂得见微知著。做任何管理决策，永远要恪守公允中正之道，并且要拿捏好分寸，不能偏心。这是中国管理学问的精髓。

社会上的一切问题，往根子上追，最后都是人心问题。好事坏事在人心。心好，坏事变好事。心不好，好事也变坏事。《华严经》说"心如工画师，能画诸世间"。在中国文化看来，任何针对特定行为设计出的管理制度，大都治标不治本。并且上有政策、下有对策，执行成本是递增的。

王阳明有诗说："人人自有定盘针，万化根源总在心，欲笑从前颠倒见，枝枝叶叶外边寻。"别到外面去寻找各种是是非非的原因，它们都在人心里。眼睛看什么不看什么、耳朵听什么不听什么、嘴巴吃喝什么不吃喝什么、身体做什么不做什么等等，通通都是由心来指挥和操控的。心才是思想、言论、行动的幕后主人。因此，擒贼要先擒王，管人要先管心。人心才是管理的总开关。

管理人心就要读懂人心，要读懂人心，就必须明白人心是什么、人心在哪里、人心是怎样运作的、如何才能改善人心等等。对这些问题，佛家有非常高明的理论和实行方法。佛教著名经典《楞严经》中有个"七处征心"故事，讲阿难与佛陀讨论心究竟在哪里。阿难七次猜测心在哪里：①心在身内；②心在身外；③心潜隐在六根里；④心在内外明暗之间；⑤心在随所合处；⑥心在六根六境之中；⑦心无所着处。佛陀说通通不对。

那心是什么，心在哪里？佛陀说：心是"识"，它包括四大部分，即认知、情感、思考、决策。心是缘起的，即六根和六境的因缘生六识——眼识、耳识、鼻识、舌识、身识、意识。不同的认识就会引起不同的情感活动、不同的思想活动、不同的决策行动，从而造成不同的结果。心是集灭法，因缘生、因缘灭。总而言之，心是行为的操作系统。不论是个人行为还是组织行为，说到底最后都是由人心来操控的。因此说，人心才是管理的轴心。

## （2）人心才是管理的轴心

司马光在《资治通鉴》中说："牧心者，牧天下。""牧"是指管理、治理。管理好人心，就能治理好天下，所谓"得人心者得天下"。习近平说："人心是最大的政治，共识是奋进的动力。"什么是政治？孙中山说："政"是大家的事情，"治"是管理，管理大家的事情就是政治。由上可见，管理的要义就是凝聚共识和赢得人心。任何组织、任何领导，只要赢得人心，就能立于不败之地。企业赢得客户心，经营就没有问题。政党赢得民心，执政就没有问题。领导人赢得利益相关者的心，领导地位就没有问题。任何组织和领导者，只要失去人心，早晚垮台。人心，也只有人心，才是管理的轴心。

如何赢得人心？一般认为，只要能满足人们的需求就能赢得人心。人的需求虽然有多个层面，但不离两个东西，一个是钱，一个是名。需要钱的给钱，需要名的给名，如此就能赢得人心。高明的领导人则不以为然。曾国藩就说过：古代名将赢得兵心，都不是靠钱财。将领假如只靠钱财来牢笼兵心，那太浅薄了。金多则奋勇蚁附，利尽则冷落兽散。任正非说："以物质利益为基准，是建立不起一个强大队伍的，建立了也不能长久的。"就是说，仅仅依靠满足人的物质欲望来赢得人心，靠不住，也不可持续。任何组织、任何领导，如果真想持久地赢得人心，不管是工人的心、农民的心，还是客户的心、员工的心乃至上司的心等等，最可靠的终极原则，不出"仁义"这两个字。孟子说："仁者，人心也，义者，人路也。"仁者爱人，爱人是赢得人心的根本，义者公正。所谓"公正"，就是正确处理"义利"关系，比如见利思义、重义轻利、以义统利、以义制利，这是赢得人心的正路。除此之外，其他都不能算是正道。墨子说：义者，公正也。怎么做？公正要自上而下地建立，也就是从组织的最高领导者建立。公正绝不可能从下而上来建立。诚哉斯言。仁和义是持久赢得人心的关键抓手。

要想持久赢得人心，实际做法就是要管理好人心。首先是领导者要管理好自己的心，其次才是管理好利益相关者的心。人心管理有5大方面：第一，管理好认知模式，如不无明愚痴、不颠倒妄想、不利令智昏。第二，管理好情感模式，如不抱怨、不嗔恨、不恼怒、不焦虑等。第三，管理好语言模式，如不说瞎话，不说骗人的话，不说挑拨离间、搬弄是非的话，不说制造矛盾的话，不用语言伤害人，不花言巧语、诱导别人干坏事等。第四，管理好思想模式，如不自以为是、不以偏概全、不胡思乱想、不失正念、不离正见。第五，管理好行为模式，如不做伤害他人和组织的事、不占任何人和组织的便宜、作风正派等。这5大方面，其核心是两点：一是管理注意力，即把组织成员的注意力引向组织成功的关键因素上。二是管理定力。所谓"定力"就是持续的专注力。不管遇到什么风浪，心不散乱。佛陀说"置心一处，无事不办"。这也正是乔布斯成功的秘诀。

管理要从心下手，最好是从改善认知模式或改善情感模式切入。错误的认知模式，产出的都是邪知偏见，颠倒妄想。在邪知偏见主导下，不可能有正确的思想、正确的决策行动。受颠倒妄想的影响，也不可能有正向的情绪模式。错误的认知模型，佛陀称之为"无明"，无明生贪欲，无明为父，贪欲为母，就会制造出无尽的烦恼痛苦来。

赢得人心不能助长贪心，赢得人心也不能无原则地去迎合。管理人心也不是操弄人心。管理人心，首先是管理好自己的心。所有伟大的宗教领袖和伟大的政治领袖，都是管理人心的高手。

（3）管理即修行：从改造思想到改变行为

管理即修行。修行应该从哪里下手？最好是从认知模式下手。因为人的生活逻辑是这样：认知影响情感，而情感会影响思考。思想左右决策，而决策指导行动。修炼认知模式怎么做？儒家的方法是"格物致知"。《大学》说："致知在格物。物格而后知至，知至而后意诚，意诚而后心正，心正而后身修，身修而后家齐，家齐而后国治，国治而后天下平。"（详细解说参看本书第2章第2节）这是一条从改造内心世界到改变外在行为、从治本到治表的管理大道。中国文化习惯称之为"内圣外王之道"。

修正认知模式的下手处在"格物"。什么是"格物"？如何"格物"？这是很要命的问题。对"格物"的定义不同、理解不同，管理修行就会走不同的路线。王阳明龙场悟道，彻底明白了"格物"究竟指什么以及如何做。王阳明说：所谓"格物者，格其心之物，格其意之物，格其知之物"。什么意思？"格物"就是对心中的物欲、思想中物欲、认知记忆中的物欲，通通格杀勿论。人的心中如果有物欲作怪，认知不可能客观，情绪不可能端正，思维不可能正常，不可能有正语，也不可能有正行。只有革除了物欲，清空了私心杂念，认知才不受主观主义的干扰，才有认识的客观性。有了客观认知，思想才变得诚实，思想诚实，心态才能端正，心态端正，行为才能自律。人有自觉和自律，才能治理好家国、干成大事业。这就是《大学》说的"物格而后知至，知至而后意诚，意诚而后心正，心正而后身修，身修而后家齐，家齐而后国治，国治而后天下平"的修行路线。参见下图：

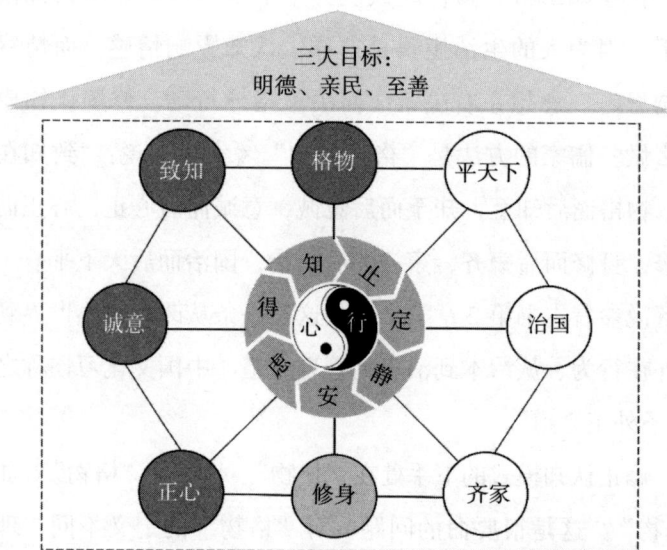

关于如何修心，王阳明讲过四句传世的经典名言："无善无恶心之体，有善有恶意之动。知善知恶是良知，为善去恶是格物。"心的本体没有善恶。人一起心动念，这念头就有了善恶。分辨善恶要靠良知，为善去恶要靠格物。格物就是革除物欲和杂念。

如何革除心中的物欲和杂念？曾子在《大学》中说："知止而后有定，定而后能静，静而后能安，安而后能虑，虑而后能得。"知→止→定→静→安→虑→得，这七步法就是"格物致知"的功夫。人心就像是 App Store，里面预装了很多应用程序，有好的、有坏的，有良善的、有邪恶的等等。良善的程序如自律、定力、慧力以及仁义礼智信等。邪恶的程序如贪欲、嗔恨、愚痴、嫉妒、傲慢、不孝、不知羞耻等等。所有这些程序，一遇到适宜的对象就启动运行。修炼七步法，就是在静坐中检视这些应用程序，掌握方法，去完善和固化良善的应用程序，去删除和修改邪恶和不好的应用程序，直到能自主掌控这些程序。总的说来，管理修行是标本兼治之道，是走向低成本管理的卓越方法。

## 3. 大道至简

### （1）人文观与科学观应配合

驱动人类文明进步有两个轮子：一是人文，二是科技。科技在推动物质文明进步方面无与伦比，而人文在锻造精神文明方面独一无二。人文和科技如同文明的两个翅膀，一个支撑着另一个。两者协调配合，人类文明才能行稳致远。从管理上说，科学观念与人文观念就像是管理的两只手，两只手协同配合，避免互搏，如此才能走向持久卓越的管理。

什么是人文观念？人文观念包括两个基本方面：一是学做人，二是学相处。所谓"学做人"，就是建立人格人品，修炼精神灵魂。佛家的"学做人"是转凡成佛，儒家的"学做人"

就是学为君子。君子的定义是：智、仁、勇三者具足。孔子说："智者不惑，仁者无忧，勇者不惧。"无论是成佛还是成为君子，都需要长期修炼并且方法要正确。所谓"学相处"，佛家讲"自觉觉他、自利利他"。儒家讲"己所不欲，勿施于人"，"己欲立而立人，己欲达而达人"。总的说，与人相处，就应该推己及人、换位思考。对人要尊重，对人要关怀，对人要爱护，对人要帮助，这才是学相处的正道。人文不是专业学问。学医可成为医生，学法律可以成为律师，学工程可以成为工程师。但当医生、当律师、当工程师，都要讲道德、有操守。由此可见，人文是任何专业的伦理基础。杨振宁说：上中学时，父母请人教我读《孟子》。成年之后发现，孟子讲的如何做人的道理，居然成了我为人处世的基本原则。做人处事，不能靠物理学，不能靠数学、化学。科学不会告诉你人与人如何相处才对。这些东西只能依靠人文教育。

什么是科学观念？科学有三大特质：第一，追求真理，探究真相。第二，通过方法论（实验方法、逻辑方法）获取知识。因此科学知识具有普遍有效性和可验证性。第三，科学思维方法，凡事都追求合理化、分析化、定量化。戴明的质量管理模型（PDCA），包括四个阶段、八个步骤，有七种工具，它是科学思维在管理上最经典的样板。科学导向的管理，极大提高了组织的创新和效率。

人文与科技应该协同配合，因为谁都不能包打天下。科学不能告诉人：人生的价值何在、生命的意义是什么、人与人应该如何相处。对此类问题，科学没有答案，答案只能靠人文。

同样，我们也不能靠人文知识去发明蒸汽机、发明计算机，去搞人工智能、提高产品质量等。所有这些要靠科技。就管理实践说，人文观念与科学观念应该并行不悖、互资互助。管理要以人为本，管理应成全人生，管理应价值观优先，这些就是人文导向的管理。同样，管理要以工作或任务为中心，管理要追求效率，管理要出成果。凡事追求合理化等，这些就是科学导向的管理。因此，在管理实践中，绝不能把科技与人文当成两个不同场景来分别对待。它们是同一个场景的两个方面。做事与做人不能分开。它们是你中有我，我中有你。做事也是做人，产品中有人品在。人文观念如组织之双眼，它赋能管理者看清管理的大方向、大画面。科学观念如组织之双腿，它帮助管理者走近组织目标。

（2）一切管理问题都应作太极观和因缘观

**用太极图看管理**

太极图是天下第一图。它告诉人们，世界上的一切人、一切事、一切物，通通都是阴阳相反相成，相克相生，你中有我、我中有你的结构（如下图所示）。家庭、企业、市场、政

府、人生等等，都是这样的结构。阴阳相克相生，推动事物的变化发展。自然界有春夏秋冬，人生有生老病死，事业有成住坏空。凡变化都是量变累积到一定程度引起质变，质变再开始量变。任何事物发展到最后，都会走向自己的反面，即所谓的"物极必反"。

用太极图来观察一切管理问题就是"太极观"。它有六个步骤：第一步，依照太极图将任何管理问题结构化。第二步，观察分析其相反相成、相克相生的各方面。第三步，观察分析其你中有我、我中有你的复杂关系。第四步，掌握其整体结构和变化发展规律。第五步，从全局出发，统筹其解决办法。第六步，决策和行动。下面我们用这两张图来结构化企业管理的重大问题：

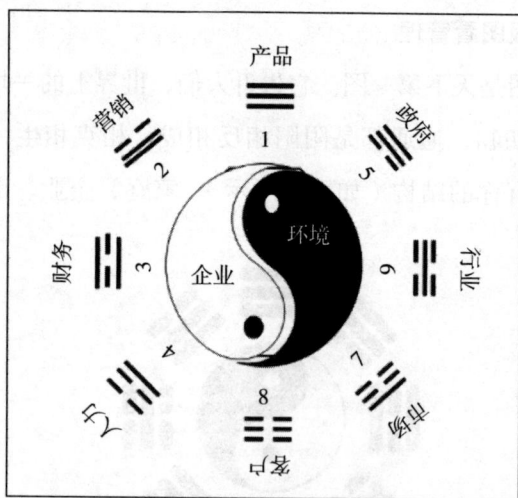

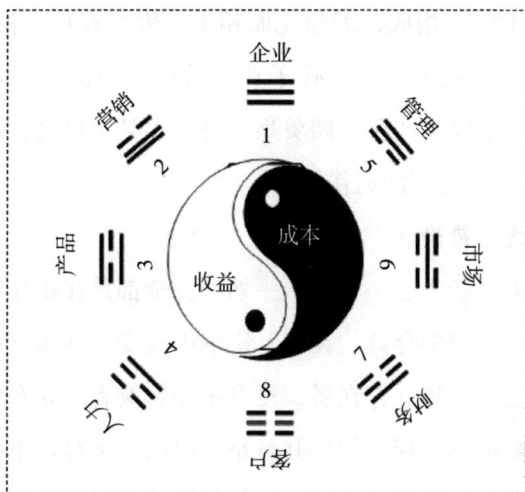

第一张图是企业经营活动的宏观太极图，左边是企业内部经营活动，包括产品、营销、财务和人力。右边是企业的外部经商环境，包括客户、市场、行业、政府。这八个要素中的任何一个，与其他另外一个，都构成阴阳太极八卦图，其基本关系都是相反相成、相克相生，你中有我、我中有你，你还是你、我还是我。其变化法则即生生不已、质量互变、物极必反。

第二张图是企业经营活动的微观太极图。企业存在的理由是满足客户需要。企业能否持续经营，归根到底取决于成本与收益的平衡。企业管理最重要的是调动员工的积极性，发挥员工的创造力。如果人人都能自觉自愿为公司尽心尽力，那公司前途就无量。企业的财务状况看营销，营销看产品的市场竞争力……企业经营的八个微观要素，每个要素与另外七个要素之间，都是相反而相成、因相克而相生，你中有我、我中有你，但你还是你，我还是我。孔子在《易传》中说："易有太极，是生两仪。两仪生四象，四象生八卦，八卦定得失，得失生大业。"这就是太极图的运作模式。

### 用因缘法看管理

世界上一切人、一切事、一切物，全都是在相互影响中发生，在相互影响中存续，在相互影响中改变，在相互影响中灭亡。世界上没有独立存在者，没有不受影响者，没有恒常不变者。任何影响都是相互的，并且是同时的，不存在单向度的影响。你对我的影响，包含着我对你的影响，反之亦然。相互影响造成彼此改变。世界的一切都是在相互影响中生、住、异、灭。因此世界上没有单一主宰者、没有终极主宰者。这就是因缘观。

用因缘观看管理，企业经营成功，必须具备一些成功的关键因素，比如技术、人才、资本、服务等。但最终决定企业成功的，并非这些关键要素本身，而是对它们的管理。没有好的管理，这些关键因素形不成力量或发挥不出应有的力量。技术再好，人才再好，生产设备再好，如果管理不能使它们相互效力，形成合力，绝无成功可能。

从因缘观看管理，最重要的是管理好五件事：第一，管理好组织的认知模式。组织和人一样，一辈子都在为自己的认知买单。认知模式左右思考，影响情感，引导决策行动。因此，认知管理是最重要的管理。第二，管理好组织的思考模式。思考模式决定语言模式，决定行为模式。对正确的思维模式要强化，对错误的思维模式要删除，对片面的思维模式要修正完善。第三，管理好组织的情绪模式。别让负面情绪伤害组织。在情绪状态下，不决策不行动。第四，管理好组织的语言模式。说正语，不说妄语。第五，管理好组织的决策和行动。

从因缘观看管理，管理即修行。修行的主要内容是上面说的五大方面，即认知模式、情感模式、思想模式、语言模型、决策行为模式等。修行要从确立正见开始，直到养成很强的定力为止。即正见→正思维→正语→正行→正命→正精进→正念→正定。

### （3）读懂人心，管理世界

社会和人生的诸多问题，追究到最后，都是人心问题。而解决人心问题的治本之策是管理好人心。要管理好人心就必须读懂人心。政治家读懂民心，才可能有好的政治。企业家读懂客户的心，才会有好的经营。领导者读懂员工的心，才会有好的管理。下属读懂老板的心，才可能有好的前途。任何人只有读懂自己的心，才可能管理好自己。

人的身、口、意、行由大脑指挥，而大脑由心来操控。人心是大脑的操作系统。"你就是你的大脑。"人心就是人生。人心就像APP，有操作系统，也有一大堆应用程序。这些程序有先天的，也有后天的。人们遇到不同的情境或事情，就会启动相应的程序。人与人的差别，根源在APP不同。所谓读懂人心，就是要搞明白这些应用程序是如何运作的，以及如何被编写和模式化的。

### 如何读懂人心?

读懂人心大体上有两种方法:一是外观法,如诸葛亮的知人七法。二是内观法,如佛陀所教导的佛法。诸葛亮在《孔明心书》中说:"知人之道有七:一曰:问之以是非,而观其志。二曰:穷之以词辩,而观其变。三曰:问之以计谋,而观其识。四曰:告之以祸难,而观其勇。五曰:醉之以酒,而观其性。六曰:临之以利,而观其廉。七曰:期之以事,而观其信。"这是典型的外观法:设计某种情境,测试其行为反应,从行为反应推定其心理特质和心识习性。

在读懂人心和管理人心方面,古今中外,没有比佛陀的佛法更高明的了。关于心是什么、心在哪里、人心的基本结构如何、人心是怎样运作的、改造人心从何下手、改造人心有哪些方法和流程等,所有这些,佛法中有极高明的理论、工具和流程。

心是什么?佛陀说"心就是识",根境因缘生识,心是因缘而生的。心在哪里?心在六根、六境、六识的因缘里。人心由5个部分组成:①感知器官,②认知活动,③情感活动,④思想活动,⑤决策行动。人心是如何运作的?根境因缘生识,根境识三者触通,生起认知活动、情感活动、思想活动、决策行动。这就是人心的运作模式。读懂人心的最好办法是,读懂自己的心。即通过禅法,如实观察自己的心是如何运作的。禅观从哪里下手?禅观要从六入处切入,即从眼入处,耳、鼻、舌、身、意入处,如实观察自己的心是如何运作的。比如:眼色因缘生眼识,三事和合生触,缘眼触生起情感活动、思想活动以及决策行动等(详细参见第3章第2节)。概而言之,所谓读懂人心，就是搞明白人心的基本结构和人心的运作模式。读懂人心，才能管理世界。

**如何管理人心？**

人生的世界究竟有多大？人生的世界由三大部分构成：一是身心的世界，包括眼耳鼻舌身意六根。二是资养身心的对象世界，包括色声香味触法六境。三是识知的世界，包括眼睛看到的（眼识），耳朵听到的（耳识），鼻子嗅到的（鼻识），嘴巴吃到的（舌识）、身体感触到的（身识）和头脑记忆和想象的（意识）。佛学名词叫六根、六境、六识，总共十八界。人生的现实世界就这么大。与此相应，所谓人心管理，也包括这三大方面：一是管理好人的六根，即眼耳鼻舌身意，六根是缘生法，可以训练和改造。二是管理好相应的六境，即色声香味触法，六境是缘生法，可以善用和选择。三是管理好六识，即眼识、耳识、鼻识、舌识、身识、意识。六识是缘生法，可以修正。概而言之，就是要管理好六根、六境、六识的因缘。所谓管理六根，包括管理眼睛——该看的才看，不该看的就不看；管理耳朵——该听的才听，不该听的就不听；管理鼻子——对嗅到的各种气味不动心；管理嘴巴——该说的才说，不该说的就不说；管理身行——该做的才做，不该做的就不做；管理大脑——该记住的要记住，不该记忆的就舍弃。该想的才想，不该想的就不胡思乱想等。所谓管理六境，一是远离恶境，二是营造善境。比如企业应该为员工营造见善、听善、触善、思善的工作环境。所谓管理六识，即在根境因缘生识的当下，实事求是、修因缘观，建立正见，由正见而正思维、而正语、而正行、而正念、而正定。对情境不起贪婪心、不起嗔恨心、不起愚痴心、不起傲慢心、不起疑惑心等等。

　　管理人心的根本是改造人心。人心就像 APP，安装了很多应用程序。正是这些应用程序决定人们能看到什么，能听到什么，能感触到什么，能记忆思考什么，乃至喜欢什么、讨厌什么等等。比如说，视觉经验程序决定着人的视野，触觉经验程序决定着人的感受，思考经验程序决定着人的思想等等。改造人心就是修改、删除、完善这些应用程序。如何改造人心？改造人心是一项系统工程。佛陀创造发明了一整套方法、工具和流程。见下图：

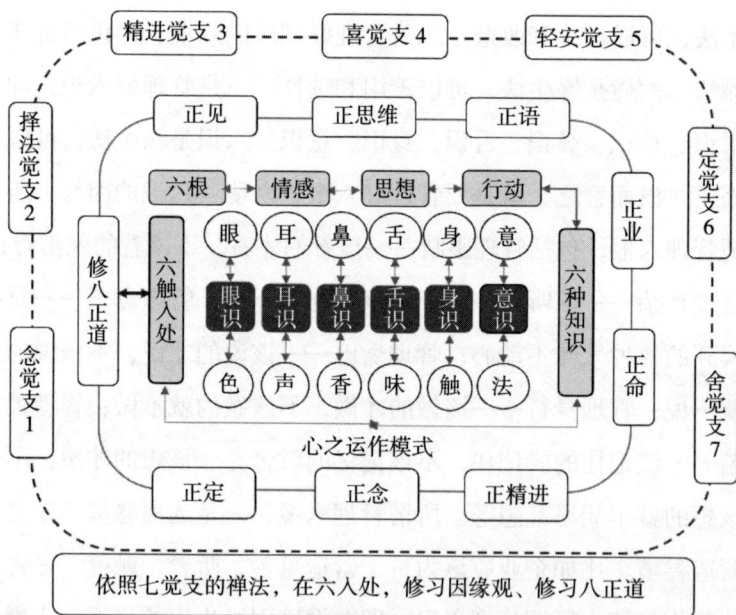

心之运作模式

依照七觉支的禅法，在六入处，修习因缘观、修习八正道

（图中文字）
精进觉支 3 — 喜觉支 4 — 轻安觉支 5
择法觉支 2　念觉支 1
定觉支 6　舍觉支 7
正见 — 正思维 — 正语
六根　情感　思想　行动
眼　耳　鼻　舌　身　意
修八正道　六触入处
眼识　耳识　鼻识　舌识　身识　意识
六种知识
色　声　香　味　触　法
正业　正命
正定 — 正念 — 正精进

这张图有四大要义：第一，改造人心，要从六入处下手。在六入处修因缘观，见因缘法，建立正见。第二，由正见开始，系统修行八大项目，即正见、正思维、正语、正行、正命、正精进、正念、正定等。第三，在操作上有七大流程，佛法的名词叫"七觉支"，即念觉支、择法觉支、精进觉支、喜觉支、轻安觉支、定觉支和舍觉支（参见第3章第2节、第3节）。第四，随时随地善用其心，即善用眼识、善用耳识、善用鼻识、善用舌识、善用身识、善用意识。

要想管理好一个组织，管理者首先要管好自己。要想管理好自己，先要管理好自己的言行。要想管理好自己的言行，先要管理好自己的心识。要想管理好自己的心识，先要搞明白人心的运作模式。搞明白人心的运作模式，就能读懂人心。读懂人心，就知道如何管理好人心，管理好人心就能管理好世界。

人生是一场修行，干事业、当领导，学会自我管理是根本。管理好自己的方法是严以修身。"修身"包括修炼五个方面，即修炼认知模式，修炼情感模式，修炼思想模式，修炼言语模式，修炼决策行为模式。这是人生走向幸福和成就感的正道。